21世纪普通高等院校系列规划教材

财务管理（第二版）

Caiwu Guanli

主　编　章道云　罗华伟
副主编　孙维章　张才志　王文兵　张正国

西南财经大学出版社

21 世纪普通高等院校系列规划教材

编　委　会

总序

为推进中国高等教育事业可持续发展，经国务院批准，教育部、财政部启动实施了“高等学校本科教学质量与教学改革工程”（下面简称“质量工程”）。这是深入贯彻科学发展观，落实“把高等教育的工作重点放在提高质量上”的战略部署，在新时期实施的一项意义重大的本科教学改革举措。“质量工程”以提高高等学校本科教学质量为目标，以推进改革和实现优质资源共享为手段，按照“分类指导、鼓励特色、重在改革”的原则，加强课程建设，着力提升我国高等教育的质量和整体实力。为满足本科层次经济类、管理类教学改革与发展的需求，培养高素质有特色应用型创新型人才，迫切需要普通本科院校经管类教学部门开展深度合作，加强信息交流。值得庆幸的是，西南财经大学出版社给我们搭建了一个平台，协调组织召开了普通本科院校经管学院院长联席会议，就教学、科研、管理、师资队伍建设、人才培养等方面的问题进行了广泛而深入的研讨。

为了切实推进“质量工程”，第一次联席会议将“课程、教材建设与资源共享”作为讨论、落实的重点。与会人员对普通本科的教材内容建设问题进行了深入探讨，认为目前各高校使用的教材存在实用性和实践性不强、针对性不够等问题，需要编写一套高质量的普通本科教材，以促进课程体系和教学体系的合理构建，推动教学内容和教学方法的创新，形成具有鲜明特色的教学体系，以利于普通本科教育的可持续发展。通过充分的研讨和沟通，与会人员一致同意，共同打造切合教育改革潮流、深刻理解和把握普通本科教育内涵特征、贴近教学需求的高质量的21世纪普通高等院校系列规划教材。鉴于此，本编委会与西南财经大学出版社合作，组织了二十余所院校的教师共同编写本系列规划教材。

本系列规划教材编写的指导思想：在适度的基础知识与理论体系覆盖下，针对普通本科院校学生的特点，夯实基础，强化实训。编写时，一是注重教材的科学性和前沿性，二是注重教材的基础性，三是注重教材的实践性，力争使本系列教材做到“教师易教，学生乐学，技能实用”。

本系列规划教材以立体化、系列化和精品化为特色，包括教材、辅导读物、讲课课件、案例及实训等；同时，力争做到“基础课横向广覆盖，专业课纵向成系统”；力争把每本教材都打造成精品，让多数教材能成为省级精品课教材、部分教材成为国家级精品课教材。

为了编好本系列教材，在西南财经大学出版社的支持下，经过了多次磋商和讨论成立了由西南财经大学副校长、博士生导师丁任重教授任名誉主任，章道云教授任主任，王朝全教授、李成文教授、花海燕教授、赵鹏程教授、傅江景教授、蒋远胜教授任副主任，二十余所院校的专家教授任委员的编委会。

在编委会的组织、协调下，该系列教材由各院校具有丰富教学经验并有教授或副教授职称的教师担任主编，由各书主编拟订大纲，经编委会审核后再编写。同时，每一种教材均吸收多所院校的教师参加编写，以集众家之长。自2008年启动以来，经几年的打造，现在已出版了公共基础、工商管理、财务与会计、旅游管理、电子商务、国际商务、专业实训、金融、综合类九大系列70余种教材。该系列教材出版后，社会反响好，有9种获评四川省“十二五”规划教材，有多种成为省级精品课程教材。

下一步根据各院校的教学需要，还将做两件事：一是结合转变教学范式，按照理念先进（体现人才培养的宽口径、厚基础、重创新的现代教育理念）、特色鲜明（体现科学发展观要求的学科特色、人才质量水平和转变教学范式的最新成果）、理论前沿（体现学科行业新知识、新技术、新成果和新制度）、立体化建设（基于网络与信息技术支持，形成一本主教材加与之配套的数字化资源，以辅助教学的网络平台提供创新型教学服务为支撑的内容产品体系）、模块新颖（教材应充分利用现代教育技术创新内容结构体系，以利于进行更加生动活泼的教学，引导学生利用各种网络资源促进自主学习和个性化学习，兼具“客观化教材”“开放性索引”“研究性资料”和“实践性环节”的功能）的要求，引进先进的教材编写模块来修订、完善已出版的教材；二是重点补充规划旅游类、实训类教材。

希望经多方努力，力争将此系列教材打造成适应教学范式转变的高水平教材。在此，我们对各学院领导的大力支持、各位作者的辛勤劳动以及西南财经大学出版社的鼎力相助表示衷心的感谢！

21世纪普通高等院校系列规划教材编委会

2013年4月

修订前言

西南财经大学出版社出版的“21世纪普通高等院校系列规划教材”之一的《财务管理》一书，自2009年出版以来，受到使用单位的一致好评；2015年西南财经大学出版社决定将其作为重点教材打造。受《财务管理》原主编章道云教授的委托，原第一副主编罗华伟教授全权承担本次教材的修订事宜。

再版修订时，我们坚持下列原则：第一，保留原教材的体系，基本不做大的变动；第二，增加反映本学科最新研究的成果，补充最新案例；第三，在板块设计上，每章设置“学习目标”和“本章内容”，使学生在学习之前对本章内容和学习要求有一个全面、清晰的了解；第四，为了实现启发式教学，在每章后面增加了“课后思考和练习”，思考题忠实于教材，但又超越教材，练习题能够更好帮助学生理解和掌握教材内容。

本书由章道云教授和罗华伟教授共同担任主编，全书的修订分工是：

第1、2、12章由四川农业大学管理学院会计学教授、博士生导师罗华伟博士执笔；第3、4章由西华大学副教授胡建平博士执笔；第5、6章由安徽财经大学副教授王文兵博士执笔；第7、8章由山东工商学院孙维章博士执笔；第9章由四川大学王灿博士执笔；第10章由西南政法大学副教授李姣姣博士执笔；第11章由海南师范大学副教授段华友博士执笔。

修订大纲是由主编罗华伟教授拟定后经编委会集体讨论确定的，初稿完成后，罗华伟负责修改、补充、总纂、定稿工作。

由于客观条件和作者水平所限，书中难免存在某些不足、疏漏和错误，恳请读者批评、指正。

编者

2015年10月

前 言

《财务管理》一书是西南财经大学出版社出版的“21世纪普通高等院校系列规划教材”之一。根据按编委会对普通高等教育管理类专业本科教材编写的总体要求，本书系统地阐述了社会主义市场经济条件下企业财务管理的基本理论、基本方法和基本技能。全书共12章，由财务管理基本理论、财务管理观念、筹资管理、投资管理、分资管理和财务分析与评价六个部分组成。本书可作为高等院校财务管理、会计学、市场营销专业开设财务管理课程的教材，也可作为财务会计人员和经济管理人员在职培训的教材和自学参考资料。

财务的起源很早，原始社会末期就出现了财务行为的萌芽。理财活动是商品经济条件下最基本的管理活动。但财务管理作为一门学科，只有近百年的历史。财权的重要性和早期财务活动的单纯性，使理财活动往往由企业主亲自从事，导致财务管理在一开始并未成为一项独立工作，也没有形成独立的财务管理学科。直到19世纪末，财务管理学科才初步形成。虽然财务管理学是一门年轻的学科，但财务管理理论的发展却非常迅速。从西方国家来看，财务管理学已经由传统的筹资财务管理理论发展成为以资产管理为中心的内部控制财务管理理论，进而又发展成为现代的投资财务管理理论。所以，现代财务管理学更加重视资金时间价值，注重事前财务控制，强调风险决策。

在现代社会日趋激烈的市场竞争中，一个企业能否取得成功，在很大程度上取决于它的财务管理水平。随着市场经济的发展和完善，财务管理理论日益发展、日趋成熟，财务管理的作用越来越重要，财务管理在企业管理中的地位将越来越重要。而且，现代科学技术的发展和应用，也将极大地推动现代财务管理学科的发展与完善。

根据现代财务管理学的要求和我国社会主义初级阶段的客观实际，我们在编写本书过程中力求做到超前性、继承性、开拓性和实用性。在市场经济体制下，我国社会主义初级阶段中大中型企业改革的方向是建立现代企业制度，组建股份有限公司或有限责任公司，所以，本书完全以市场经济的环境和条件来阐述企业财务管理的理论和方法，以现行法规、制度为基础，尽量按照国际惯例要求，结合股份公司特点来阐述具体业务管理，适当介绍行之有效的先进管理方法。本书在内容安排上，既体现学科的系统性，又避免学科之间的重复，适当增加新内容。

本书由章道云担任主编，罗华伟、张才志、张正国任副主编。编写大纲由主编拟定后经编委会集体讨论确定。全书初稿的编写分工是：第1章、第2章由章道云执笔，第3章由李文红执笔，第4章由陈英蓉执笔，第5章由张才志执笔，第6章由蒲林霞执笔，第7章、第8章由张正国执笔，第9章由刘名旭执笔，第10章由苏浩执笔，第11

章、第 12 章由罗华伟执笔。初稿完成后，章道云负责修改、补充、总纂和定稿工作。

由于客观条件和作者水平所限，书中难免存在某些不足、疏漏和错误，恳请读者批评、指正。

编者

2009 年 5 月

目 录

第一章　总论

学习目标

要求学生通过本章学习，了解财务管理要素、财务管理学的产生与发展，认识和理解企业财务管理的环节、环境和组织，领会现代企业财务管理目标的科学表达，并对企业目标与财务目标的联系与区别有一个基本的认识。

本章内容

财务管理要素：企业资金运动，企业财务，企业财务管理；**财务管理的目标**：财务管理目标与企业管理目标的关系，企业管理目标，财务管理的目标，影响企业财务管理目标实现的因素，财务目标的选择；**财务管理学的产生与发展**：财务管理学的产生，财务管理学的发展，中国企业财务管理的发展；**企业财务管理的环节**：财务预测，财务决策，财务计划，财务控制，财务分析与评价；**企业财务管理的环境**：经济环境，法律环境，政治环境，金融市场环境，人口环境，资源环境；**企业财务管理的组织**：企业的组织形式，财务机构的设置，财务人员的配备，财务管理制度体系。

现代财务管理是在市场经济条件下逐步形成、完善的，已形成了以财务管理目标为核心的理论体系，以筹资决策、投资决策、分资决策为主要内容的方法体系。本章介绍社会主义市场经济条件下企业财务管理的基本内容和特点，财务管理学的基本概念、产生与发展以及财务管理体制特征等。

第一节　财务管理要素

财务管理是企业组织财务活动，处理财务关系的一项经济管理工作。为此，要了解什么是财务管理，就必须先考察企业资金运动，分析企业的财务活动和财务关系。

一、企业资金运动

在商品经济条件下，拥有一定数量的资金，是企业进行生产经营活动的必要条件。企业的生产经营过程，从实物形态来看表现为物资运动，从价值形态来看表现为资金运动。随着企业再生产过程的不断进行，资金不断地运动，从货币资金形态开始，顺次通过供、产、销三个过程，分别转化成为储备资金、生产资金、成品资金等不同形态，最后又回到货币资金形态。周而复始的不断重复的资金循环，构成了资金运动。

经营资金在其运动过程中，必然引起资金的筹集、运用、耗费、收入、分配五个方面的经济内容，构成了一个相互作用的资金运行系统。

1. 资金筹集

企业要进行生产经营活动，首先应筹集一定数量的资金。企业从各种渠道筹集的资金，是资金运动的起点。这时的资金一般处于货币资金形态。

2. 资金运用

企业筹集的资金，必须通过使用才能带来增值。所筹集的资金要通过购建等过程，才能形成各种生产资料。一方面，企业兴建房屋建筑物、购置机器设备等，形成生产所必需的各种劳动手段；另一方面，企业通过支付货币资金或商业信用购进生产所需要的原材料、燃料、辅助材料等劳动对象。这样，企业的资金就从货币资金形态转化成为固定资金和生产储备资金形态。

3. 资金耗费

在生产过程中，企业要发生各种材料、固定资产的消耗，还要支付职工工资和其他费用；在购销过程中也要发生一定资金耗费。这样，生产中耗费的固定资产、储备资金和用于支付工资及其他费用的货币资金，先转化成为在产品成本的生产资金，随着产品制造完工，再转化成为成品资金。

4. 资金收入

企业将生产的产品对外销售，按产品价格取得销售收入。在这一过程中，企业的资金从成品资金形态转化成为货币资金形态。

5. 资金分配

企业取得的产品销售收入，一部分用于弥补生产过程中的耗费，其余部分作为企业纯收入要按《企业会计准则——基本准则》规定在国家、企业、职工、投资者之间进行分配。首先，要依法纳税；其次，要用来弥补亏损，提取公积金和公益金；最后，向投资者分配利润。用于弥补生产耗费和亏损的资金，又从货币形态开始，继续参加生产周转，实现简单再生产；提取的盈余公积金转增资本金部分，再投入生产周转，实现自我积累；上缴国家的税金、提取的公益金、分配给投资者的利润，则从企业经营资金运动过程中退出。

上述资金运动过程，可简括如图 1.1 所示。

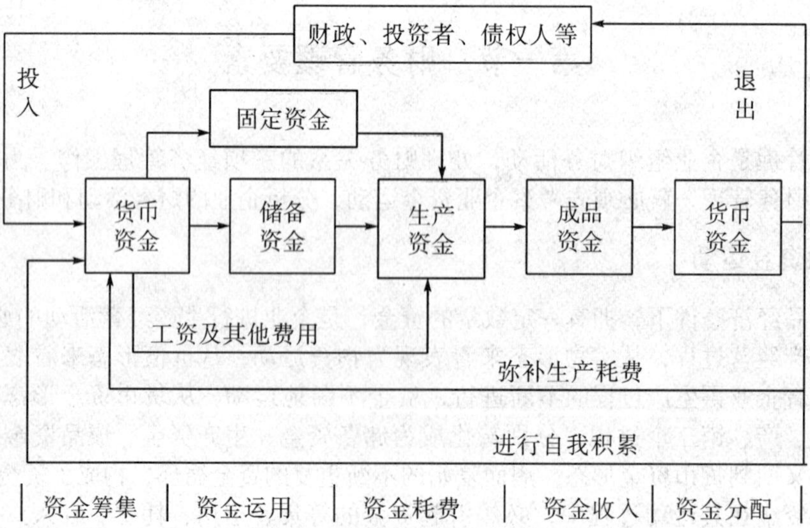

图 1.1　资金运动示意图

二、企业财务

企业财务是指企业财务活动及其所体现的财务关系的总称。它存在于企业生产经营过程的资金运行系统。

1. 企业财务活动

企业财务活动又称企业理财活动，是指企业为生产经营需要而进行的资金筹集、资金运用和资金分配以及日常资产管理等活动。

（1）资金筹集引起的财务活动。企业通过发行股票或吸收直接投资而从所有者那里筹集的资金，称为权益资本；以发行债券或通过借款、租赁、商业信用等方式从债权人那里筹集的资金，称为负债资本。筹集资金表现为企业资金收入；偿还借款、支付利息或股利以及支付各种筹资费用等，表现为企业资金支出。这种因筹集资金而产生的资金收支，便形成筹资财务活动。

（2）资金运用引起的财务活动。资金运用又称为投资活动。企业把筹集到的资金投资于企业内部用于购建固定资产、无形资产、流动资产以及支付工资和其他费用，便形成企业内部投资；企业把筹集到的资金投资于购买其他单位的股票、债券或与其他企业联营而进行的投资，便形成企业对外投资。投资会引起资金支出，收回投资会引起资金收入。这种因投资而产生的资金收支，便形成资金运用财务活动。

（3）资金耗费与回收引起的财务活动。企业在生产经营过程中，一方面要发生物化劳动和活劳动耗费，另一方面要生产出产品。前者的货币表现称为费用或成本，形成资金支出；后者的货币表现称为商品的价值，通过销售商品后回收资金耗费，形成资金收入。这种因生产和销售而产生的资金收支，构成了资金耗费与回收的财务活动。

（4）资金分配引起的财务活动。企业因生产经营活动、对外投资以及直接计入当期利润的利得和损失而形成的净利润，表现为资金的增值或获取了投资报酬；企业实现的净利润要按规定程序进行分配，引起资金支出。这种因利润形成与分配而产生的资金收支，便形成资金分配财务活动。

（5）日常资产管理引起的财务活动。日常资产管理是指企业对固定资产和流动资产等进行的日常管理，其目的是提高资产使用效率，获得较高的经济效益。企业在日常资产管理中，也要经常发生资金收支，从而引起财务活动。

以上五个方面的财务活动是相互联系、相互依存的，共同构成了完整的企业财务活动，也是企业财务管理的基本内容。

2. 企业财务关系

企业的财务活动只是企业财务的形式特征，要揭示企业财务的本质特征，需要对企业财务活动所体现的财务关系进行深入分析。企业的财务关系是指企业在组织财务活动过程中与各方面发生的经济利益关系。财务关系的内容和本质特征是由经济体制决定的。在市场经济条件下，企业的财务关系可以概括为以下几个方面：

（1）企业与所有者之间的财务关系。企业与所有者之间的财务关系是各种财务关系中最根本的财务关系，这种关系是企业所有者对企业投资、参与企业收益分配以及直接计入所有者权益的利得和损失等所形成的投资与分配关系。这种关系体现着所有权的性质，反映着经营权与所有权的关系。

（2）企业与债权人之间的财务关系。企业与债权人之间的财务关系是指企业向债权人借入资金，并按借款合同的规定按时支付利息和偿还本金而形成的债务清偿关系。

企业的债权人主要有债券持有者、提供贷款的金融机构、商业信用提供者、其他出借资金给企业的单位或个人，以及国家税务机关。这种关系体现的是债务与债权关系。

（3）企业与其被投资单位之间的财务关系。这种关系是指企业将其闲置资金以购买股票或直接投资的形式向其他单位投资，按约定履行出资义务后，有权参与被投资单位的利润分配。这种关系体现的是所有者性质投资与受资的关系。

（4）企业与债务人之间的财务关系。这种关系是指企业将其资金以购买债券、提供借款或商业信用等形式出借给其他单位后，有权要求债务人按约定的条件支付利息和偿还本金而形成的债权清偿关系。这种关系体现的是债权与债务的关系。

（5）企业内部各单位之间的财务关系。这种关系是指企业内部各单位之间在生产经营各环节中相互提供产品或劳务所形成的经济关系。企业在实行内部经济核算制的条件下，供、产、销各部门以及各生产单位之间，相互提供产品或劳务要进行计价结算。这种内部结算关系体现了内部各单位之间的经济利益关系。

（6）企业与职工之间的财务关系。这种关系是指企业向职工支付工资、津贴、奖金、补贴、福利费、住房公积金、工会经费、教育经费，以及各种社会保险费等方面的薪酬而形成的经济关系。它体现了企业为获得职工提供的服务而给予各种形式的报酬以及其他相关支出所形成的分配与债务关系。

以上各种财务关系都是通过企业日常财务活动来表现和处理的。随着市场经济的不断完善，企业与各方面的联系日益广泛，企业的财务活动和财务关系将日趋复杂，如何处理好企业与各方面的财务关系，将成为企业生存和发展的关键问题。

三、企业财务管理

企业财务管理，简单地讲，就是企业对组织财务活动、处理财务关系所实施的管理。

1. 企业财务管理的内容

企业财务管理既然是对企业财务所实施的管理，而企业财务又存在于企业经营过程的资金运行系统，那么就应该从加强企业财务各子系统的管理入手。相应的企业财务管理的内容应当反映其资金运动的全过程，包括以下五个主要方面：

（1）资金筹集管理。企业首先应以需要与节约兼顾为原则，采用先进合理的方法，确定资金的合理需求量；然后，在考虑资金成本、筹资风险等的前提下，及时、节约地保证企业资金的供应。

（2）资金运用管理。企业根据生产经营活动的需要，将筹集的资金用于内部投资购建固定资产、无形资产、流动资产以及支付工资和其他费用；用于外部投资购买其他单位的有价证券或与其他单位联营。资金运用管理的重点在于根据资金时间价值、投资风险等因素进行投资决策，提高资金运用效果。

（3）资金耗费管理。这主要是对费用发生和成本形成过程的管理。企业应严格遵守费用开支标准和成本开支范围标准，实行目标成本控制，挖掘降低成本潜力，落实责任成本考核，提高企业经济效益。

（4）资金回收管理。这主要是商品销售收入管理。企业应合理确定商品销售价格，编制营业收入计划，加强营业收入日常管理。

（5）分资管理。分资管理是项政策性非常强的管理工作。首先，企业应遵守税法规定，按时足额缴纳税款；其次，企业应按现行财务制度规定的程序分配净利润。

除上述财务管理的内容外，还有一些特定情况下的财务管理问题，如企业合并、分立、兼并、清算和破产等特定情况下财务活动的管理问题。这些特殊情况对企业来讲，并不经常发生，但如发生，对企业影响极大。因此，对这些特殊情况下的财务管理问题，企业应给予一定关注。财务分析与评价，也是财务管理的重要组成部分。

2. 企业财务管理的特点

企业财务管理是企业管理的组成部分。企业生产经营活动是一个复杂系统，其管理包括生产管理、技术管理、劳动管理、物资管理、设备管理、销售管理、财务管理等多方面的内容，各项管理工作既相互联系、紧密配合，又相互独立、严密分工，各有其自身特点。财务管理与其他管理工作相比，具有以下特点：

（1）综合性。财务管理是一项综合性管理工作。企业管理中的各专业管理，根据分工、分权逐步形成了各自管理的重点，有的侧重于使用价值管理，有的侧重于价值管理，有的侧重于劳动要素管理，有的侧重于信息管理。社会经济的发展，要求财务管理主要运用价值形式对经营活动实施管理，通过价值形式，把企业的一切物质条件、经营过程和经营结果都合理加以规划和控制，达到不断提高经济效益的目的。因此，企业财务管理既是企业管理的一个独立方面，又是一项综合性的管理工作。

（2）广泛性。财务管理与企业各方面具有广泛的联系。一切与资金收支有关的经济活动，都与财务管理相联系。企业的每一个部门通过资金的使用都会与财务部门产生联系，同时，各部门合理使用资金、节约资金支出等又都要接受财务部门的指导和监督，以保证企业经济效益的提高。

（3）及时性。财务管理能迅速反映企业生产经营状况。在企业管理中，决策是否得当、经营是否合理、技术是否先进、产销是否顺畅、资金周转快慢等，都能迅速地在企业财务指标中得以反映。财务管理工作既有其独立性，又受整个企业管理工作的制约。财务部门应通过自己的工作，向企业领导及时通报有关财务指标的变化情况，以便把各部门的工作都纳入提高经济效益的轨道，努力实现财务管理的目标。

3. 企业财务管理的任务

财务管理的任务取决于财务管理对象的特点和财务管理工作的客观要求。企业财务管理的任务主要有以下五个方面：

（1）合理筹集资金，及时满足需要。资金是企业赖以生存和发展的前提条件。财务管理的首要任务是从各方面合理地筹集资金，满足企业生产经营对资金的需要。企业在筹集资金时，要全面考虑筹资渠道、筹资方式、筹资规模和时间、资金结构和筹资成本等因素。

（2）统一规划企业的长短期投资，合理配置企业资源。企业筹资的目的是为了投资。确定企业的投资方向和投资规模，制订企业长短期投资计划，并据以进行项目投资决策，是财务管理的核心任务之一。它不仅关系到企业有限资源能否合理配置、有效运用，而且直接关系到企业未来的发展方向、发展规模和发展前景，对企业的生存和发展具有决定性的意义。

（3）加强日常资金管理，提高资金使用效率。企业在日常资金管理中，应保持资金收支平衡，及时处理闲散资金，加速资金周转，合理节约使用资金，提高资金使用效率。

（4）合理分配收益，协调经济利益关系。协调各方面经济利益关系是企业财务管理的一项重要任务。企业财务管理在处理经济利益关系时，首先要处理好企业与所有者的利益关系。但是，保障所有者的利益不能以损害其他方面的利益为代价。相反，要从根本上保障所有者的利益，就必须正确合理地处理好企业与各方面的利益关系。只有在各方面的利益关系协调的前提下，企业所有者的利益才能从根本上得到保证。

（5）进行财务监督，维护财经纪律。财务监督是通过财务收支和财务指标对企业的生产经营活动进行审查和控制。财务监督要求企业严格遵守和执行国家的财经法规制度，制定企业内部财务管理制度和规定费用开支标准，设置财务管理机构，配备财务管理人员，对各项收支进行严格的审查和控制；通过对日常各项收支的审查和控制，消除不合理与不合法的收支，达到维护财经纪律、杜绝贪污浪费现象、保证资金安全完整的目的。

4. 企业财务管理的原则

财务管理的原则是企业财务管理工作必须遵循的准则。财务管理原则是从企业理财实践中抽象出来的并在实践中证明是正确的行为规范，它反映着理财活动的内在要求。财务管理尚未制定统一的准则，相应其原则也属于探讨之中，理论界对此亦无统一定论。企业财务管理一般说来包括以下几项原则：

（1）系统性原则。系统是由若干个相互作用、互相依存的部分有机结合而成的整体。财务管理从资金筹集开始，到资金收回为止，经历了资金筹集、资金使用、资金耗费、资金收回与资金分配等几个阶段，而这几个阶段互相联系、互相作用，组成一个整体，具有系统的性质。为此，做好财务管理工作，必须从财务管理系统的内部和外部联系出发，从各组成部分的协调和统一出发，这就是财务管理的系统性原则。在财务管理中应用系统性原则，中心是在管理中体现系统的基本特征。①系统具有目的性。要体现财务管理系统的目的性，企业就必须确定正确的财务管理目标，因为目标决定着财务管理的内容和方法，影响着企业的财务行为。如果企业确定了错误的目标，必然导致财务管理系统的紊乱。②系统具有整体性。财务管理系统可以从不同角度分解成不同的子系统，各个子系统从总体上来说目标是一致的，但有时也会产生矛盾。因此，必须把财务管理系统作为一个整体来进行分析，只有整体目标才是系统的最高目标，只有整体功能最佳才是最佳的管理系统。③系统具有层次性。财务管理由若干个子系统组成，每个子系统又由若干个分系统组成，形成不同的系统层次，各层次既有不同职能，又有不同的责权利关系，若打乱了合理的层次界限就会导致系统处于无序状态。在财务管理实践中，分级归口管理、目标利润管理、投资项目可行性分析等，就是系统性原则的具体运用。

（2）成本与效益原则。企业的根本目的在于实现最佳经济效益，使企业投资者财富达到最佳，因此成本与效益原则就是企业财务管理的一项重要原则。它要求企业在经济活动中讲求投入和产出的比较，要求以尽可能少的劳动垫付和劳动消耗，创造出尽可能多和尽可能好的劳动成果，满足社会不断增长的物质和文化需要。在社会主义市场经济条件下，这种劳动垫付、劳动消耗和劳动成果的计算和比较，是以货币价值指标来综合反映的。劳动垫付和劳动消耗的货币综合反映，就是企业的资金占用和成本费用；劳动成果的货币综合反映，就是企业实现的收入和利润。企业资金的筹集、运用、分配等财务活动，必须充分考虑成本和效益。财务管理就是要在讲求效益的基础上节约资金占用和降低成本费用，在节约资金占用和降低成本费用的前提下不断提高经济效益和社会效益。只有这样，企业才能实现在资本金保全基础上努力提高资本金利润率，实现投资者财富最佳。

（3）风险与收益均衡原则。财务管理中的风险，通常是指企业经营活动的不确定性影响财务成果的不确定性。企业为了获得较多的收益，往往需冒较大的风险；相反，风险较小的活动收益也较少。风险与收益均衡原则要求企业不能只顾追求最大收益而不顾风险，风险越大，预期收益也应越高，使风险与收益适当均衡，并采取措施分散风险，趋利避害，提高利润率，争取最大的收益。企业在提高预期收益率的同时，尽可能考虑降低经营风险和财务风险。

（4）财务状况总体衡量原则。企业在正常经营期间，既要提高营运能力和盈利能力，又要保持良好的支付能力和偿债能力。在利润率（包括成本费用利润率、销售收入利润率、资本金利润率等）不断提高的同时，尽可能维持资产负债率、流动比率、速动比率指标的良好状态，提高应收账款周转率和存货周转率，加速资金周转。

（5）依法理财原则。为了适应我国社会主义市场经济发展的需要，规范企业财务行为，加强财务管理和经济核算，财政部根据有关法律和法规，制定了《企业财务通则》和《企业会计制度》，明确规定我国境内的国有企业、集体企业、私营企业、外商投资企业和股份制企业的一切财务活动都必须遵守国家的法律、法规和有关制度的规定，接受财政税务机关的检查和监督。各类企业都必须以财务通则、财务制度、会计制度的规定为依据，根据生产经营特点合理组织财务活动，建立健全企业内部财务管理制度（尤其是企业内部责权利分配与协调制度），做好财务基础工作；依法合理筹集资金并有效使用资金，严格遵守国家规定的各项财务开支范围和标准，做好财务收支计划预测、控制核算和分析考核工作，努力提高经济效益；正确计算企业经营成果和如实反映企业财务状况，依法计算和缴纳税金，按规定程序和要求分配利润，保证投资者利益不受侵犯。

5. 企业财务管理的方法

财务管理的方法是反映财务活动内容、执行和完成财务管理任务的手段。财务管理的基本方法包括财务预测、财务决策、财务计划、财务控制、财务分析与评价。具体内容详见本章第三节。

此外，财务管理与会计核算有着十分密切的联系。会计核算运用一整套特有的方法，对企业日常发生的经济活动进行连续、系统、全面、综合反映和控制，形成系统的财务会计信息。会计核算提供的信息是进行财务预测与决策、编制财务计划、进行财务控制、开展财务分析与评价的重要依据。因此，会计核算是搞好财务管理的前提和基础。

第二节 财务管理的目标

一、财务管理目标与企业管理目标的关系

企业作为一个经济组织有特定的目标，企业目标可以分为经济目标和非经济目标。经济目标就是追求自身利益最大化，而非经济目标主要是企业应尽的社会责任。所以财务目标属于企业目标中的经济目标，而不属于非经济目标。财务目标的实现通过资金在不断的转换与交换中实现增值而实现，而财务活动也是一种管理资金运动的活动。由此可见财务目标是企业经济目标的一部分。虽然财务目标在企业的经济目标中占主

导，但财务目标不能代替企业目标。所以，财务目标应与企业的经济目标保持一致，同时也受到企业非经济目标的影响。财务管理作为一种价值管理，应当维护企业财务状况最优化，这是实现财务目标的前提和保证。

任何管理工作都需要一个确定的目标，如果没有一个确定的目标，管理工作就无从谈起。财务管理作为一项以价值为基础的管理工作，也必须有其确定的管理目标。由于财务管理是整个企业管理工作的组成部分，因此其工作目标不能与企业管理目标相背离。企业的经营目标一旦确定，企业内部所有职能部门、人员与工作（包括财务机构、财务人员以及他们承担的财务管理工作）都应紧密围绕企业目标的实现做出自己的贡献。

企业财务管理的目标，是指企业财务管理在一定环境和条件下所应达到的预期结果，它是企业整个财务管理工作的定向机制、出发点和归宿。企业的财务管理是基于企业这个实体的存在为前提而进行的一系列理财活动。这使得企业的财务管理成为企业管理的一部分，财务管理的目标取决于企业总目标。企业是根据市场反映的社会需要来组织和安排商品生产和交换的社会经济组织，企业必须有自己的经营目标。企业一旦成立，就要面临竞争，并处于生存和倒闭、发展和萎缩的矛盾之中。企业必须生存下去才可能获利，而只有发展才能求得生存。因此，企业的目标可概括为生存、发展和获利，其中获利最大化应该是企业的终极经济目标。

资本提供者出资办企业的动机尽管在事实上未必都是为了营利，但“企业以营利为目标”这一基本经济学假定，通常情况下确实是符合实际的。否则，企业就无法生存和发展，因而也违背了企业的基本属性。如果我们承认这个基本假定，将资本提供者视为“经济人”，那么，它所决定的企业终极目标就是实现企业的盈利。企业管理是一个庞大复杂的控制系统，财务管理是该系统的一个子系统，子系统必须服从系统的整体效益。目标整体性要求协调整体目标与子系统目标的关系，以实现整体目标的最优。从这个意义上说，财务管理的总目标与企业管理的整体目标是统一的。

二、企业管理的目标

企业财务管理是企业管理的一部分，是有关资金的获得和有效使用的管理工作。因此，企业财务管理的目标离不开企业的总目标，并且受企业财务管理本身特点的影响。

企业管理的总目标可以概括为生存、发展和获利。

1. 生存

企业要生存就必须具备两个基本条件：①以收抵支；②到期偿债。

以收抵支要求企业通过销售商品或提供服务所获得的货币收入要大于所付出的货币；否则企业就没有足够的货币从市场换取必要的维持企业再生产所需要的资源，企业就会萎缩，直到企业无法维持最低的生存条件为止。如果企业长期亏损且前景暗淡，为避免发生更大的损失，股东就会决定终止企业。因此，企业长期亏损是企业终止的直接原因。

同样，企业如果不能按期偿还到期债务，就可能被债权人接管或被法院判定破产。长期亏损的企业如扭亏无望，迟早会不能偿还到期债务。即使是盈利企业，也可能由于财务安排不当使企业没有足够的现金偿还到期债务而使企业终止。因此，不能按期偿还到期债务是企业终止的直接原因。

力求保持以收抵支和偿还到期债务，使企业持续经营下去，减少企业破产的风险，是对企业财务管理的第一个要求。

2. 发展

企业只有在发展中才能求得生存。企业经营犹如逆水行舟，不进则退。企业的停滞是其死亡的前奏。企业为了发展，一要加强研究与开发，推出更好、更新、更受顾客欢迎的产品；二要加强市场营销的力度，不断提高企业的市场份额。

企业的发展需要大量的资金投入，因此，拥有筹集资金的能力是对企业财务管理的第二个要求。

3. 获利

企业只有获利，才有存在的价值。企业不同于其他组织，建立企业的目的就是为了获利。已经建立起来的企业虽然有改善劳动条件、增加职工收入、提高产品质量和减少环境污染等多重目标，但是获利是最具综合能力的目标。获利不仅是企业的出发点和归宿，而且可以概括为其他目标的实现程度，并且有助于其他目标的实现。通过合理、有效地使用资金使企业获利，是对企业财务管理的第三个要求。

由此可见，企业管理的三大目标中，获利是关键。企业只有实现利润，才能谈生存、发展，才能进一步谈承担一定的社会责任，为解决社会性问题、优化社会与自然环境、保障社会进步做出应有的贡献。

三、财务管理的目标

上述企业的总目标对财务管理的要求，可以统一起来概括为企业财务管理的目标。现代企业财务管理目标的综合表达有以下几种观点：

（一）利润最大化

这种观点是一种传统的观点。这种观点认为企业是营利性组织，所以企业必须追求利润最大化。将利润最大化作为企业财务管理的目标有其合理性。其理由主要有：①利润是企业新创造的价值，是企业生存和发展的必要条件；②利润是一个综合性指标，它反映了企业综合运用各种经济资源的能力和经营管理的效率；③企业追求利润最大化是市场经济体制发挥作用的基础。

但是，将利润最大化作为企业财务管理的目标也有其缺点。具体表现为：①没有充分考虑利润的取得时间，例如，今年获利 100 万元和明年获利 100 万元，哪一个更符合企业目标呢？如果不考虑货币的时间价值，就很难做出正确的判断。②没有考虑为获得利润而承担的风险，例如，企业有两个投资方案，一个会使企业获得确定的收入 200 万元；另一个方案可以使企业获得有风险的收入 200 万元，哪一个方案符合企业的目标？同样，如果不考虑风险因素，也很难做出正确的判断。③忽视了所获得的利润与所投入的资本之间的关系。

（二）满意的利润水平

这种观点认为，企业必须以利润最大化作为自己的目标，但现实经济生活中存在着许多不确定的因素，人们无法确定一个最佳的利润水平，或需要花费很大的代价。因此，企业财务管理的目标应修正为达到一个满意的利润水平。这种观点从根本上是与利润最大化的目标一致的，并没有避免利润最大化目标的缺点。

（三）每股盈余最大化

这种观点将企业的利润和股东投入企业的资本联系起来考察，所以用每股盈余来概括企业财务管理的目标，可以避免以上两种观点中没有考虑所获得的利润与所投入的资本之间的关系的缺点。但这种观点仍然存在以下两个缺点：①仍然没有考虑每股盈余取得的时间；②仍然没有考虑每股盈余的风险。

（四）股东权益最大化

股东权益最大化亦称股东财富最大化。它的理论依据是资本的强权理论和股东利益与社会利益相统一理论。资本强权理论认为，资本的专用性、非流动性、稀缺性和信号显示功能等，决定了企业的“剩余控制权”或所有权天然地归资本所有者所有，“资本雇佣劳动”是最合理的企业制度，因此企业的财务自然也应当以股东利益为基本取向。股东利益与社会利益相统一的理论认为，最大限度地为股东赚钱，就能极大地增进社会福利。

股东权益最大化财务目标的优点是：它考虑了货币的时间价值和风险报酬；它注重企业利益的长远性；它和企业的价值最大化有一定的一致性。它的缺点是：随着产权的交易，股东凭借自己的有利地位侵犯其他利益主体的行为时有发生，平等保护各产权主体利益的要求则不容置疑，股东权益最大化的财务目标从经济学和社会学的角度来说都是不负责任的，也不符合商业道德原则，因为它忽略了利益相关人的重要性。

（五）企业价值最大化

企业价值最大化亦称企业财富最大化，这是当前学术界比较认可的一种观点。与股东权益最大化相比，这种观点同样充分考虑了不确定性和时间价值，强调风险与报酬的均衡，并将风险限制在企业可以承受的范围之内，而且它还有着更为丰富的内涵：①营造企业与股东之间的协调关系，努力培养安定性股东；②创造和谐的工作环境，关心职工利益，培养职工的认同感；③加强与债权人的联系，重大财务决策邀请债权人参与，培养可靠的资金供应者；④关心政府政策的变化并严格执行，努力争取参与政府制定政策的有关活动。

但是，强调企业价值最大化也存在不足：

第一，“企业价值最大化”是一个十分抽象而很难具体确定的目标。从非上市企业来看，其未来财富或价值只能通过资产评估才能确定，但这种评估要受到其标准或方法的影响，因而难以准确地予以确定。再从上市企业来看，其未来财富或价值虽然可通过股票价格的变动来显示，但股票价格的变动不是公司业绩的唯一反映，而是受诸多因素影响的“综合结果”，因而股票价格的高低实际上不可能反映上市公司财富或价值的大小。所以，“价值最大化”目标在实际工作中让企业管理当局和财务管理人员难以捉摸。

第二，上市企业大都相互参股，其目的在于控股或稳定购销关系，可以说，法人股东似乎并不把股价最大化作为其财务管理追求的唯一目标。

第三，“企业价值最大化”目标在实际工作中可能导致企业所有者与其他利益主体之间的矛盾。企业是所有者的企业，其财富最终都归其所有，所以“企业价值最大化”目标直接反映了企业所有者的利益，是企业所有者所希望实现的利益目标。这可能与其他利益主体如债权人、经理人员、内部职工、社会公众等所希望的利益目标产生矛盾。

四、影响企业财务管理目标实现的因素

企业股票的价格受外部环境和管理决策两个方面因素的影响。外部环境对企业财务管理目标的影响，将在第四节进行讨论，这里首先说明企业管理当局可以控制的因素。从企业管理当局可以控制的因素看，企业价值的高低取决于企业的报酬和风险；而企业的报酬和风险又是由企业的投资项目、资本结构和股利政策决定的。因此，投资报酬率、风险、投资项目、资本结构和股利政策这五个因素影响企业财务管理目标的实现。

1. 投资报酬率

投资报酬率可以用每股盈余指标来表示，即：

每股盈余＝税后净利润÷流通在外的普通股股数

在风险相同的情况下，投资报酬率可以反映股东财富的大小。

2. 企业风险

任何投资活动都是面向未来的，会有或多或少的风险。企业在进行财务决策时，必须在报酬和风险之间进行权衡。

3. 投资项目

企业投资项目是决定企业报酬率和风险的首要因素。在市场经济中，一般是高风险、高报酬。报酬和风险的相互替代是企业财务管理中需要解决的核心问题。

4. 资本结构

资本结构是指债权人权益和股东权益之间的比例关系，会影响企业的报酬和风险。当企业借款的利息率低于投资的预期报酬率时，通过负债会提高企业的每股盈余，但同时增加了预期每股盈余的风险，即如果市场不景气使得企业的实际报酬率低于企业借款的利息率时，将会大幅度地减小每股盈余的数额。选择什么样的资本结构仍然是收益和风险的转换问题。

5. 股利分配政策

对企业的股东来说，企业减少当前股利分配的数额，由企业将资金用于再投资，可以增加未来股利的分配数额，是一种高风险、高报酬的方案；企业如果加大当前股利分配的比例，减少了股东的风险，同时也牺牲了未来每股盈余增长的前景，是一种低风险、低报酬的投资方案。

综上所述，企业财务管理的核心问题是选择适当的投资项目、资本结构和股利分配政策，进行报酬和风险的转换，以实现企业价值最大化的目标。

五、财务管理目标的选择

从利润最大化、股东权益最大化到利益相关者利益最大化、企业价值（财富）最大化，我们可以看出推动财务目标理论发展的两条线索：一是财务管理目标理论本身的缺陷性——这是推动财务管理目标理论发展的内在因素，二是产权制度及其发展——这是推动财务管理目标理论发展的外在因素。

当前理论界对财务管理的目标的提法都是极端化的表述，带有浓厚的单边治理的色彩，在企业多边治理的情况下，这既不利于财务理论的研究，也不利于以此目标指导实务。这主要表现在：①企业所有权与经营权的分离，使股东不可能追求到利益或

价值的最大化；②经营者受到外界的干扰和自身的约束，也缺乏实现股东或企业价值最大化的激励；③产权残缺使企业利益相关者追求自身利益时受到限制，最终不能实现利益最大化。

财务管理作为企业管理的组成部分，必须从实际出发选择其目标。事实上，不同国家的企业面临的财务管理环境存在着差异，因而其财务管理的目标也并非完全一致；即使同一企业由于其财务活动涉及不同利益主体的利益，其财务管理的目标也不是唯一的。

企业性质不同，财务目标会有所差异。企业的规模和企业的生命周期也会对财务目标的确定产生重要影响。

财务管理目标应分为总体目标和具体目标。总体财务管理目标应着眼于企业的长期利益，以企业利益的可持续增长为目标，与企业经营目标一致。由于企业的情况各不相同，在企业的相关利益各方博弈过程中，就可能出现不同的企业有不同的财务目标的情况。所以总体财务目标会因企业的不同而不同。但它们的共性在于总体财务目标都应注重企业的长期利益；而具体的财务目标则应该是财务成果最大化、财务状况最优。无论企业的性质如何和规模大小或者处于什么样的发展阶段，只有实现财务成果最大化、财务状况最优化才能实现企业利润最大化或者经济效益最大化的企业目标。所以具体的财务目标是实现企业总体财务目标的前提和保证；而总体财务目标则是具体财务目标的必然结果。企业只有实现了具体的财务目标，才能实现总体的财务目标。具体的财务目标的特点在于它的具体性、可理解性、可操作性；而总体的财务目标的特点在于它的整体性、前瞻性。

在社会主义市场经济环境下，企业财务管理行为作为协调有关各方经济利益的一种方式，为之服务的对象便呈现出多元化格局。企业为了实现其生存、发展和获利之目标，就必须要求其财务管理完成筹措资金、有效使用资金之重任；企业的所有者为了实现其资本保值与增值之目的，就必须要求企业财务管理提高资金使用效益，维护其合法权益；企业的债权人为了实现其到期收回本金并获得利息收入之目的，就必须要求企业财务管理提高资金的使用效益和流动性，维护其合法权益；社会管理者为了建立一个规范、公平的企业理财环境，防止企业财务活动中违规行为的发生，就必须要求企业财务管理贯彻执行国家有关经济法规，履行其监督职能，维护社会公众利益。综合这些因素，并结合现代企业财务管理的职能，我们认为，在我国市场经济环境下，企业财务管理的具体目标从其实现的客观效果来看，应由三个部分构成：

一是提高企业经济效益目标。从资本保全、资本保值增值、利润和经济效益四者的关系来看，提高企业经济效益是关键、是核心。因为没有经济效益，就没有利润；没有利润，就没有资本保值与增值；没有资本保值，就没有资本保全。

二是提高企业财务能力目标。即要科学有效地组织企业财务活动，不断提高企业的营运能力、盈利能力和偿债能力。其中：营运能力是指企业根据外部市场环境的变化，合理配置各项生产要素的能力，它对盈利能力的持续增长和偿债能力的不断提高均有着决定性的影响；盈利能力是指企业赚取利润的能力，它是偿债能力的基础；偿债能力是指企业偿还各种到期债务的能力。企业的所有者、债权人、经营者等有关方面都十分重视这三个能力，企业只有具备了这三个能力，才能在市场竞争中立于不败之地。

三是维护利益目标。即要正确地处理与协调企业同各方面的财务关系，维护它们的合法利益。

上述三个目标的关系是：要提高企业经济效益，就必须科学合理地组织财务活动，提高财务能力，也必须以各种财务关系协调发展、各方的合法利益不受损害为前提；对财务活动实施科学而有效的决策与管理，实质上是经济效益方面的决策与管理，提高财务能力实质上是提高经济效益的具体化；维护各方的合法利益实质上是使各方的经济效益和谐统一。因此，提高企业经济效益目标，是企业财务管理的根本目标，而提高企业“三个能力”的目标和维护利益目标，则是企业财务管理的直接目标或基本目标。

第三节　财务管理学的产生与发展

要了解财务管理的现状，就必须研究财务管理思想和实务的历史发展。财务管理学与其他管理学科一样，是由于社会实践的客观需要而产生的，是社会分工、生产力及生产关系发展变化的结果。在 19 世纪以前，无论是在我国还是在西方国家，财务管理都是依附于其他学科，与其他学科相结合的。后来由于社会经济的发展，经济管理分工越来越细，财务管理学才逐渐分离成为独立的学科。

一、财务管理学的产生

现代财务管理学产生于 19 世纪末的西方发达资本主义国家。西方国家在 18 世纪产业革命后，过去的作坊、工场手工业的生产方式被工厂化的机器生产方式所代替，社会生产力得到巨大发展，生产规模迅速扩大。社会生产力的发展，促进了生产关系的变革，企业的组织形式逐步由独资企业、合伙企业发展成为以股份公司为主的形式。当企业采取独资或合伙等组织形式时，企业的规模较小，组织结构比较简单，财务关系也比较单纯，其财务活动大多由业主凭经验和习惯亲自管理，没有一定的理论作指导。到了 19 世纪末期，股份公司已占国民经济的主导地位，企业的规模越来越大，生产经营所需资金显著增多，财务关系日益复杂。股份公司出现后，企业的经营管理权与所有权分离，所有者不再亲自进行企业管理。同时，企业财务关系日益复杂，金融市场兴旺，企业发行股票、债券的筹资活动十分频繁，财务管理工作日益繁重，迫使各公司纷纷设立专门的财务管理机构和配备专门的财务管理人员，使财务管理工作从企业管理中分离形成一项独立的专门工作。财务管理实务的发展，又促进了财务管理理论的兴起。股份公司迅速发展后，既需要大量专业化的财务管理人才，又迫切需要财务管理理论作指导，于是财务管理教材和理论著作应运而生。1897 年，美国著名经济学家格林（Green）出版了《公司财务》一书。该书是世界上最早的财务管理理论著作之一，它标志着财务管理学科的初步形成。

现代财务管理的产生是社会生产力发展的结果，其直接原因是代表着现代化大生产的股份公司的产生并发展成为主要的企业组织形式，且在相当大程度上改变了社会生产关系。

二、财务管理学的发展

20 世纪以来，西方国家的企业又经历了巨大的变革，与此相适应，企业财务管理工作的职能也发生了很大的变化，促进了财务管理学科的迅速发展和成熟。财务管理学的发展过程，就是其职能的不断深化和理论的不断完善过程。财务管理职能的发展和理论的逐步成熟主要经历了以下几个阶段：

第一阶段，传统的筹资财务管理理论阶段。从19世纪末到20世纪30年代，自由竞争资本主义发展成为垄断资本主义阶段（即帝国主义阶段），此期的企业大多处于迅速发展壮大时期。垄断并没有消除竞争，相反使竞争更加激化。企业资本家为了在竞争中立于不败之地，亟须筹措大量的资本。在财务管理方面，企业最重要的任务是如何筹集资本，相应财务管理职能的重点是有效筹集资本和合理安排资本结构。这样，围绕着企业筹资产生了诸如资金有哪些来源、怎样筹资及筹资数额多少、筹资方式如何选择、筹资成本高低等问题，于是便产生了筹资财务管理理论。第一部以筹资为中心的企业财务管理著作是美国的米德（E. S. Meade）于1910年出版的《公司财务》一书，其内容包括了公司盈余的决定、固定资产维持与折旧、周转资本管理、盈余分配等问题，后来其他学者进一步完善了这一理论。这就是传统的筹资财务管理理论，又称为传统型公司财务论。

第二阶段，以资产管理为中心的内部控制财务管理理论阶段。20世纪30年代，资本主义世界发生了全面性经济大危机，无数企业相继破产倒闭。生存成为企业投资者和债权人的头等大事，由此财务管理的重点由扩张性外部融资转向防御性的企业生存。企业偿债能力的保持，企业破产、清算和重组等财务问题成为当时财务管理研究的重点。相应的企业财务管理职能的重点转移到资金的运用、加强财务监督、注意资金的使用效果以及降低财务风险等方面。在这样的经济环境下，经济学家逐渐认识到财务管理的主要问题不仅在于筹措资金，还在于用科学的管理方法管理资金的使用，从而要将资金筹集和运用进行统一研究。既重视企业资金筹集，又重视资金的科学管理，从理论上把财务管理向前推进了一步。这就是以资产管理为中心的内部控制财务管理理论，以拉夫（W. H. Long）1917年出版的《企业财务》最早涉及此内容为标志。

第三阶段，现代的投资财务管理理论阶段。自20世纪50年代末期以来，财务管理进入了现代阶段。在这一时期中，企业技术进步速度明显加快、劳动生产率进一步提高、产品更新换代周期缩短、市场竞争加剧、企业利益关系更为复杂、跨国公司进一步发展。所有这些变化，都对财务管理提出了更高的要求；而现代管理技术和管理方法的发展，又为财务管理的变革提供了可能。财务管理的职能发生了变化：重视资金的时间价值，管理重点由资金筹集、运用转向风险条件下的投资决策，改事后管理为主的形式为重视事前财务控制。相应的财务管理理论也得到前所未有的发展，逐渐趋于成熟。

20世纪50年代末期，在内部控制财务管理理论的基础上，财务管理人员已开始理解和掌握投资者及债权人如何根据公司的盈利能力、资本结构、股利政策、经营风险等因素来评估企业的价值，以及某一特定决策如何影响对企业价值的评估。企业总价值理论得到财务界人士的普遍重视。

20世纪60年代财务管理理论的另一重大成就，是投资组合理论的发展及其最终在财务管理中的应用。马克维茨（Markowitz）最早提出投资组合理论。他认为在一投资组合中，某一证券的估价取决于该证券对由各种证券构成的投资组合总体风险所做的边际贡献。在此理论影响下，许多学者对金融市场的作用做了大量的理论和实证研究，取得了成就。夏普（Sharpe）认为，投资者可以通过股票的组合投资来分散企业的个别风险，并创立了反映证券风险、报酬关系的计量模型——资本资产定价模型。

20 世纪 70 年代是财务管理大发展的时期，突出表现在两个方面：一是罗斯（Ross）等人通过实证研究对资本资产定价模型提出挑战，并创立了套利定价理论的新资本资产计价模型；二是以布莱克（Black）和斯科尔氏（Scholes）为首创立的用于评估财务要求权的选择权理论，这在一定程度上推动了财务管理理论的发展和完善。1972 年，法玛（Fama）和米勒（Miller）出版的《财务理论》一书，集财务管理理论之大成，标志着财务管理理论进入成熟阶段。

20 世纪 80 年代以后，财务管理理论的重点逐渐转移到不确定条件下企业价值的确定，以及市场不完善性对企业价值的影响等方面。信息经济学为人们研究金融工具的市场行为指明了方向，财务信息说已引起人们的日益注意。目前，财务管理学已形成了比较完善的理论体系和方法论体系，如证券价值理论、资本结构理论、财务杠杆理论、风险与收益原理等。在理论和方法的研究中，财务管理学大量采用定量分析，使许多财务管理方法数学模型化，形成了风险分析模型、证券组合模型、资本资产价格模型、负债水平模型等。此外，人们近年来还成功地研制出大量的财务管理应用软件，如各种财务预测软件、可行性研究软件、证券市场分析软件等。所有这些都标志着财务管理学科走向了成熟。

三、中国企业财务管理的发展

新中国成立后，企业财务管理的发展大致经历了三个阶段。

第一阶段，从 20 世纪 50 年代初到 20 世纪 70 年代后期。这一时期国家对企业实行统收统支的财务体制，企业财务依附于国家财政。由于受财务体制限制，企业财务缺乏必要的独立，财务管理工作对外从属于财政，对内与会计核算相结合。因此，这一时期的财务管理工作主要是按照国家下达的财务计划任务，核定定额、编制内部财务计划、进行日常资金收支和核算、定期编制报表、检查分析计划与定额的执行情况。财务管理的职能没有得到应有的发挥。

第二阶段，从 20 世纪 70 年代末到 20 世纪 90 年代初。这一时期国家实行经济改革和对外开放政策，企业财务活动出现了许多新情况。第一，企业与国家的分配关系发生了变化。国家先后对企业实行了企业基金、利润留成、利改税以及承包经营、租赁经营、利税分流等利润分配制度。第二，改变了企业筹资渠道和筹资方式。企业的筹资渠道除国家拨款和银行贷款外，还有非银行金融机构贷款、其他单位借款、职工与民间借款、企业内部积累、外商投资等。同时，企业筹资方式也出现多样化，除国家拨款、银行贷款和企业积累外，还有股票、债券、租赁、联营、商业信用等社会筹资方式。第三，涉外财务活动日益增多。外商投资企业、“三来一补”企业大量涌现，对外贸易、对外投资、跨国经营等活动迅猛发展，促使企业涉外财务活动十分频繁。在这些新情况下，财务管理工作的重点转移到资金运用和收益分配的管理，企业初步开展资金筹集工作。但是，由于企业没有真正成为自主经营、自负盈亏的经济实体，不能完全自主理财，资金的筹集和使用不能由企业自主决定，加之企业产权关系不清、分配关系不顺，财务管理工作受到限制，不能充分发挥企业财务管理职能。所以，这一阶段，企业财务管理仍处于初级阶段。

第三阶段，从 20 世纪 90 年代起到现在。党的十四大确定了建立社会主义市场经济的改革目标，使我国经济体制改革进入了新阶段。随着企业经营机制的逐步转换，企业财务管理也进入一个新的历史发展时期。市场经济体制的建立，对企业财务管理工作产生了巨大影响。第一，企业成为自主理财的理财主体。市场经济要求企业成为自主经营、自负盈亏、自我发展、自我约束的经济实体，相应地企业就必须自主理财，自主决定资金筹集、资金运用和收益分配方式，这样才能自主经营、自我发展。第二，企业理财内容发生变化。企业财务管理不再局限于编制财务计划、进行日常资金管理，而是根据企业发展规划进行筹资、投资等财务决策，编制财务计划，实施财务控制等，并处理各种财务活动和财务关系。第三，企业的理财环境发生了变化。随着市场经济体制的建立与完善，影响企业财务活动和财务关系的客观环境和因素也发生了巨大变化，如金融体制改革及金融市场建立、财政体制改革及新税收体系实施、会计准则的颁布实施、市场机制逐步完善、对外开放深入发展等，都将对企业财务管理产生巨大影响。第四，企业承担全部财务风险。在市场经济条件下，企业享有理财自主权，同时也必须承担理财过程中可能发生的一切损失。企业进行财务决策时，不仅要考虑收益，更要权衡风险。风险管理必将成为企业财务管理研究的重要课题。

我国现处于社会主义初级阶段，建立和完善市场经济体制需要一个相当长的时期，现阶段的企业财务管理手段、方法较原始，管理水平较低，管理人员素质也有待于进一步提高。因此，加强我国企业财务管理理论研究，迅速提高财务管理水平，使之适应市场经济发展需要，已成为一项十分紧迫的任务。

第四节　企业财务管理的环节

企业财务管理的环节，是指企业财务管理工作的各个阶段。企业财务管理包括财务预测、财务决策、财务计划、财务控制和财务分析与评价五个基本环节。这些管理环节相互配合，紧密联系，构成完整的企业财务管理工作体系。

一、财务预测

财务预测是财务人员根据历史资料，依据现实条件，运用特定的方法对企业未来的财务活动和财务成果所做出的科学预计和测算。准确的财务预测是做出正确财务决策的前提，是编制财务计划的基础，并为进行财务控制提供科学依据。财务预测的内容包括资金来源与运用的预测、成本预测、销售收入预测和利润预测。企业在进行各项内容预测时，应选用科学的方法，保证预测结果尽可能准确。近年来，由于预测越来越受到重视，预测方法迅速发展，据国外统计，预测方法已达 100 多种。显然，企业在预测时应根据具体情况选择适当的方法。常用的财务预测方法有专家意见法、专家调查法（德尔菲法）、趋势预测法、因果预测法、曲线预测法、回归预测法、指数预测法等。财务预测过程一般包括以下工作内容：

1. 确定预测的目的和对象

明确预测的目的，将关系到预测方法的选择和预测期限的确定。有了明确具体的目的，便可以确定预测对象，决定对哪些指标进行预测，并分析预测对象所处的环境。

2. 收集和整理资料

根据预测的目的和对象，企业要广泛收集有关资料。不同的预测内容对资料的要求不同。对于纵向资料，即以前的历史资料，要求具备完整性和连贯性；对于横向资料，即预测当时与预测对象有关的资料，要求具有广泛性和代表性。企业对所收集的资料，还要进行归类、汇总、调整等加工处理，使资料符合预测的需要。

3. 选择预测方法进行预测

预测的方法必须与预测的目的、对象适应，企业要根据所收集资料的情况以及预测要求的精度和客观可能性，选择适当的方法进行预测，取得初步的预测结果。常用的定量预测方法有移动平均法、趋势预测法、指数平滑法、回归分析法、比率预测法、因果预测法等。

4. 研究预测结果，编写预测报告

预测是建立在各种假定之上的估算，可能会有误差。因此，相关人员要对初步的预测结果与今后发展的形势估计结合起来，进行综合判断，并进行修正，根据修正后的预测结果，即可编写出预测报告。

二、财务决策

财务决策是在科学的财务预测基础上，对可供企业选择的多个备选方案进行计算、分析、评价和选优的过程。财务决策包括筹资决策、投资决策、收益分配决策，以及生产经营中的资金使用和管理决策等。财务决策是企业财务管理工作的决定性环节。企业经营管理的关键是经营决策，经营决策的核心是财务决策，财务决策的正确与否直接关系到财务管理工作的成败乃至企业的兴衰。因此，企业必须遵循财务管理的基本原理，按照严格的决策程序，采用科学的决策方法进行财务决策。常用的财务决策方法有差量对比法、指标对比法、损益决策法、概率决策法、线性规划法等。财务决策一般包括以下步骤：

1. 提出问题，确定目标

发现问题并提出问题，是决策的前提。企业进行财务决策首先应根据财务预测的信息提出问题，并确定目标。

2. 拟订解决问题的方案

根据提出的问题及确定的目标，即可拟订各种不同的解决问题、达到目标的备选方案。一个决策方案必须具备如目标、途径、时间、数量、限制性条件、决策性条件等基本要素，并充分体现这些要素的综合利用。

3. 评价方案

评价方案便是对各个备选方案根据所占的各种数据资料，计算出有关评价指标，并加入必要的非计量因素进行综合的定性思考，分析评价其可行性及其经济意义。常用的方法有优选对比法、数学微分法、线性规划法、概率决策法、损益决策法等。

4. 选择最优方案

企业根据各可行方案的财务效果的大小进行比较筛选，确定最优方案。最优方案应当是有助于财务状况的优化，并在正常条件下经过努力能够完成的方案。

三、财务计划

财务计划是在一定的计划期内以货币形式反映生产经营活动所需要的资金及其来源、财务收支、财务成果及分配的计划。财务计划是以财务决策确立的方案和财务预测提供的信息为基础来编制的，是财务预测和财务决策的具体化，是控制财务活动的依据。财务计划一般包括资金筹集计划、资金运用计划、财务收支及平衡计划、成本费用计划、销售计划、利润计划等。财务计划的编制过程，实际上就是确定计划指标、进行平衡的过程。确定财务计划指标常用的方法有平衡法、因素法、比例法、定额法等。财务计划工作一般包括以下内容：

1. 全面安排计划指标

企业要按照国家宏观计划（规划）和产业政策的要求，根据供产销条件和企业生产能力，分析主客观条件，制定出主要的计划指标。

2. 进行综合平衡

企业要科学安排人力、物力、财力，使之与生产经营目标的要求相适应，并对需要进行协调，实现综合平衡。常用的方法有平衡法、因素法、比例法、定额法等。

3. 编制计划表格

企业在计算出企业计划期各项计划指标并检查、核对各项有关计划指标是否密切衔接、协调平衡之后，即可采用一定的格式编制出计划表。

四、财务控制

财务控制是指在财务管理过程中，利用有关信息和特定手段，对企业的财务活动施加影响或调节，以便实现计划所规定的财务目标。财务控制是企业财务管理的极为重要的环节，是实现企业财务目标的基本手段。财务计划只是反映对计划年度财务运行系统的要求与期望，但能否达到这一财务目标主要取决于财务控制是否有效。财务控制的方法有很多，最常见的有防护控制法、前馈控制法、反馈控制法等。财务控制的一般工作步骤为：

1. 制定标准

没有标准，控制便无从进行。因此，首先就是要制定控制标准。控制标准必须覆盖整个资金运行系统。控制标准可以是目标、限额，甚至是一种限制或期望。在实际工作中，通常是按照责权利相结合的原则，将计划任务以标准或指标的形式层层分解，落实到各责任中心直到班组乃至个人。

2. 执行标准

企业要在财务运行中进行事先控制。凡符合控制标准的，予以支持；凡不符合控制标准的，加以限制，并采取措施进行处理。

3. 确定差异

企业要依靠信息系统反馈的实际财务运行状况，对照控制标准，及时确定差异的程度和性质，并通过对实际财务运行的考察，及时预测出可能出现的偏差。

4. 消除差异

企业要深入分析差异形成的原因及责任归属，采取有效措施，消除差异，使资金运行系统按预定目标运行。企业消除差异常采用防护性控制、前馈性控制、反馈性控制等方法。

五、财务分析与评价

财务分析是根据企业的各种财务报表，评价企业财务状况并进而改进企业财务管理工作的活动。财务分析的直接目的是评价企业财务状况，而根本目的是改进企业财务管理工作。企业通过财务分析，可以掌握各项财务计划指标的完成情况，评价财务状况，研究和掌握企业财务活动的规律性，改善财务预测、决策、计划和控制，提高企业经济效益，改善企业管理水平。财务分析与评价常用的方法有对比法、因素分析法、比率分析法、综合分析法、指标评价法等。财务分析与评价的一般程序是：

1. 进行对比，做出评价

对比分析是发现问题的基本方法。将彼此相联系的指标进行比较，确定差异，以评价企业财务状况。将实际与计划比较，以检查财务计划的执行情况；将本期与前期比较，以了解财务指标的变动趋势；将本企业与外单位比较，以找出差距，有助于学习先进，更好地挖掘企业潜力。

2. 进行因素分析

进行对比分析，可以找出差距，而进行因素分析，则是说明出现差异的原因，即分析出影响财务指标出现差异的各因素及其影响方向和影响程度，以便分清责任和有针对性地采取改进措施。常使用的方法有对比分析法、比率分析法、连环替代法、综合分析法等。

3. 制定改进措施

财务分析的根本目的是改进企业财务管理工作。根据因素分析的结果，企业应有针对性地提出明确具体的切实可行的改进措施，并确定负责人员，规定实现的期限，以保证改进措施的执行。

财务预测、财务决策、财务计划、财务控制和财务分析与评价是企业财务管理的基本环节。这五个环节的运行，构成了一个企业财务管理的循环过程。财务预测是财务决策的前提，财务计划是财务预测和财务决策的系统化、正规化的表达方式，财务控制和财务分析与评价是对财务计划的执行情况和结果的管理。在这一循环中，财务预测、财务决策、财务计划是企业资金运行前的管理，财务控制是企业资金运行中的管理，财务分析与评价是企业资金运行后的管理。它们互相配合，构成了一个完整的企业财务管理工作体系。

第五节　企业财务管理的环境

企业财务管理的环境，又称理财环境。它是指企业财务管理过程中所面临的各种影响企业财务活动的客观条件或因素。在现代社会中，理财环境错综复杂，变化迅速，因此，企业必须进行理财环境的研究，把握理财环境，为开展财务活动提供便利和机遇，适应理财环境变化对开展财务活动的要求，尽量消除不利影响，趋利除弊，以提高财务管理工作对理财环境的适应能力、应变能力和利用能力，实现企业的财务管理目标。企业的财务管理环境主要包括经济、法律、政治、金融、人口、资源六个方面。

一、经济环境

企业财务管理的经济环境是指企业进行财务活动时所面临的宏观经济状况，以及企业自身的组织形式和管理体制。

1. 经济发展状况

经济发展状况对企业理财有重大影响。经济繁荣时期，企业不仅能因销售额增加带来更多的收益，而且会因为要扩大生产经营规模而增加资金筹集规模；在经济衰退时期，销售额下降，成品资金占用增多，资金周转不灵。

2. 经济政策

经济政策是指国家为了调控经济活动所采取的各种方针政策。主要包括财税政策、金融政策、价格政策、产业政策、对外贸易政策等。国家不同时期的经济政策，都直接影响企业的筹资、投资等财务活动。如国家为了发展某一产业，在税收、信贷等方面都会给予一定优惠（通过利息率、税率来调整），在价格上也会对其产品实行保护，从而引导企业筹集资金向这一产业进行投资。

3. 通货膨胀

通货膨胀会给企业理财带来很大困难。在通货膨胀时期，投资风险增大，利润虚增而引起资金流失；存货价值量占用增加引起资金需求增长；而资金供应紧缺、有价证券价格下降使筹资成本陡升，给筹资带来困难。

4. 市场竞争

激烈的市场竞争对企业来说既是机会又是挑战。企业为了在竞争中取胜，可能采取降低价格、赊销、分期收款等措施，这就会减少企业的收益。企业为了取胜可能扩大经营规模，但若投资失利则可能导致更加被动不利。市场竞争也会促使企业提高产品质量，改善生产结构，开发名优特新产品，尽可能降低产品成本，这样不仅能使企业获取竞争胜利，而且对整个国民经济的发展也起促进作用。

此外，企业管理体制与组织形式对财务管理也有影响。企业的不同组织形式，内部管理机制不同，拥有的投资决策权和筹资来源渠道不同。

二、法律环境

企业财务管理的法律环境，是指企业与外部发生经济关系时所应遵守的各种法律、法规和规章。企业在生产经营过程中，必然要与国家、投资者、受资者、债权人、债务人、客户以及内部各单位和职工之间发生经济关系。国家管理企业和协调各种经济关系，是通过行政手段、经济手段和法律手段来完成的。在市场经济条件下，行政手段逐步减少，经济手段和法律手段日益增多。国家运用法律手段，可以把各种经济关系和经济活动的准则用法律形式固定下来，使得大家有法可依，从而有效地维持经济秩序，协调各种经济关系。财务管理人员必须熟悉各种经济法规，遵守法律并利用法律保护企业的合法权益，实现企业财务管理的目标。

企业在进行经济活动和处理各种经济关系时，要遵守的法律规范包括三个方面：

1. 企业组织法规

企业组织必须依法成立。组建不同企业，要依据不同的法律规范，各企业应按照相应企业法规来进行理财活动。企业组织方面的法规主要有公司法、各类企业法等。不同经济类型的企业，法律规范的筹资渠道、筹资方式以及资本金标准、自主经营权限等不同。

2. 经济活动法规

企业在生产经营过程中，涉及财务管理方面的经济活动法规主要有证券法、证券交易法、财政法、银行法、会计法、统计法、审计法、税法、债券管理条例等。这些法规有的影响企业资金筹集，如银行法、财政法、证券交易法等；有的影响未来投资收益及交易，如税法、商法等。特别是税收法规对企业财务管理影响更为直接。不同企业、不同纳税环节，缴纳不同税金；不同的税金在企业财务处理上又不同，有的计入资产价值，有的计入产品成本，有的作为销售支出，有的作为抵减所得税，有的作为净利润开支。显然，企业缴纳税金而增加现金流出，不仅直接影响投资收益，还影响企业采取什么方式筹集资金。财务管理人员应熟悉经济活动法规，在不违背法规的前提下尽可能维护企业权益。

3. 企业财务法规

财务法规是规范企业财务行为的法律规范，是企业财务管理的工作准则。我国实行的是社会主义市场经济，逐步建立一整套与市场经济相适应的企业财务管理法规、制度体系，是财务管理工作的客观要求。目前，我国的企业财务管理法规制度体系包括三个层次：

（1）《企业财务通则》。它是企业财务管理法规制度体系中最基本和最高层次的法规，是企业从事财务活动、实施财务管理的基本原则和规范。《企业财务通则》主要对企业的资金筹集、资产管理、成本开支范围、收益及分配等问题做出了明确规定。

（2）行业财务制度。它是根据《企业财务通则》的规定，由财政部根据不同行业的特点和管理要求制定的法律规范。目前，行业财务制度涵盖工业、运输、商品流通、邮电、金融、旅游饮食服务、农业、对外经济合作、施工和房地产开发、电影和新闻出版十个行业，各制度都对从资金筹集到企业清算等全过程的具体内容和要求做出了明确规定。

（3）企业内部财务管理制度。它是各企业根据《企业财务通则》和行业财务制度的规定，结合本企业的特点和内部管理的需要，制定的适合企业内部管理的财务管理制度。在市场经济条件下，企业在财务管理上应具有充分的自主权，制定企业内部管理制度是独立商品生产经营者、市场竞争者以及转换企业经营机制的需要。

以上三个层次的财务法规制度相互联系，形成一个有机整体。它们之间的关系是：以《企业财务通则》为基本原则，以行业财务制度为主体，以企业内部财务管理制度为补充，共同构成统一体系。

三、政治环境

任何一个国家，为了维护统治阶级的利益，都要制定一系列的方针、政策、法规来宏观管理企业。从政治因素上看，不同的政治制度对筹资、投资、分配管理体制有极大的影响，特别是在国际政治斗争中更为突出。在社会主义市场经济体制下，企业的生产经营活动虽然由市场调节，国家不再直接干预，但是其筹资、投资、分配活动必须符合国家统一发展规划（国有企业更应如此），接受国家的宏观监督和调节，不能偏离国家的产业政策和发展方向，坚持四项基本原则。

四、金融市场环境

金融市场是资金供应者和资金需求者双方借助金融工具融通资金达成交易的场所。企业筹资和投资活动必须通过金融市场完成，因此，金融市场环境如何，对企业理财活动有很大的影响。金融市场由三大要素构成：①资金供应者、资金需求者、金融中介机构。资金供应者可以是国家、金融机构、法人单位、外商、居民等；资金需求者即筹资者；金融机构有银行、非银行金融组织、财务公司、证券交易所等。②信用工具。股票、债券、票据、可转让存单、借款合同、抵押契约等，都是资金交易的工具。③市场机制。调节融资活动的市场机制，主要是发挥市场利率的调节作用。

金融市场可按不同标准进行分类：按交易对象分为资金市场、外汇市场、黄金市场；按偿还期限分为短期金融市场和长期金融市场；按长期证券的具体功能分为发行市场和流通市场。金融市场的分类及相互关系，可用图 1.2 表示。

- 金融市场
  - 外汇市场
  - 资金市场
    - 货币市场（短期）
      - 短期存放市场
      - 同业拆借市场
      - 票据承兑与贴现市场
      - 短期证券市场
    - 资本市场
      - 长期存放市场
      - 长期证券市场
        - 发行市场
        - 流通市场
  - 黄金市场

图 1.2　金融市场分类图

金融市场环境对企业财务管理的影响，主要表现在：

1. 金融市场是企业筹资和投资的场所

企业需要资金，可以通过金融市场筹集，如发行股票、债券等。企业有了剩余资金，也可以通过金融市场进行投资，如购买股票、债券、国库券、短期融资券等。

2. 企业通过金融市场使长短期资金相互转化

企业持有的股票、债券等长期投资，在金融市场上转让变现，转化成为短期资金。企业以短期资金在金融市场上购入股票、债券等，即可使其转化成为长期资金。企业可根据需要，通过金融市场进行长短期资金转化，形成资金的合理、灵活结构。

3. 金融市场为企业理财提供有用信息

金融市场上利率的变动，可以反映出资金的供求关系；有价证券市场价格涨落，能够反映出企业财务状况。企业进行筹资、投资决策时，就可以利用金融市场提供的这些有用信息进行分析、评价，以便做出正确的选择。

五、人口环境

企业进行各种筹资、投资的社会效果及经济效益，在很大程度上还取决于社会人口的数量、质量、构成及其发展变化等因素，尤其是在我国这样一个人口众多的农业大国更为突出。

1. 人口数量

生产活动总是以一定劳动资料和劳动手段为基础的，离开了一定的物质基础，人们的生产将无法完成。人口数量的增加，一方面要求社会追加新投资来满足新增人口的就业，另一方面，消费需求增加而相应要求投资增加。可见，人口数量的变化，影响企业的筹资和投资规模。

2. 人口素质

人口素质提高，现代科学技术进一步发展，就要求企业以性能更好、技术更先进的劳动工具代替现有设备，就需要再投资来实现设备更新。同时，人口素质的提高，消费结构、消费水平质量将发生改变，迫使企业进行技术改造，生产名优特新产品，这也需要追加投资。

3. 人口构成

人们的消费总是与其构成相关。人口素质高、收入高必然导致消费高，而高消费又能刺激投资的增长、经济的繁荣。此外，不同年龄层次消费者的需求也不同。所以，人口构成对企业筹资、投资的影响表现在收入层次和年龄构成两个因素导致市场容量的增减变化上。

六、资源环境

资源，一般理解为“财源”，即资财之源、财富之源，包括自然赋予的自然资源和人类社会劳动的社会资源。马克思在《资本论》中将资源高度概括为“劳动力和土地”，认为这是“形成财富的两个原始要素”，是“一切财富的源泉”。但联合国环境规划署对资源定义为：所谓资源，特别是自然资源，是指在一定时间、地点条件下能够产生经济价值，以提高人类当前和将来福利的自然环境因素和条件。

1. 自然资源

自然资源是指自然界进入生产过程的各种物质资源，主要包括金属与非金属矿藏、农用土地、森林用地，以及为人类提供服务的林产品、森林、自然风景、江河湖海水域、大气层等。企业拥有这些资源的程度不同，就决定了其生产范围和生产规模不同，相应制约着其资金筹集和资金使用。尤其是农业企业，土地作为其主要劳动资料，它的地理位置、肥沃程度、土壤结构等直接影响到农业投入。此外，自然气候的变化也影响投入。

2. 社会资源

社会资源是指人类自身通过劳动提供的资源，集中体现为劳动力资源。人口数量增加、素质提高、构成优化，必然导致消费数量增长，消费质量提高，消费结构趋于合理，使企业不断追加投资进行生产技术改造和生产结构调整。

第六节 企业财务管理的组织

要实现企业财务管理的目标，就要组织财务活动，实施财务管理。而要组织财务活动并实施财务管理，首先必须建立财务管理的组织机构，配备财务管理人员。而且，企业的生产经营规模越大，经营活动的范围越广，企业财务管理的内容就越复杂，企业财务管理的组织就越重要。

企业财务管理的组织，主要包括财务机构的设置、财务人员的配备、财务管理制度的建立与完善，而这些内容都与企业的组织形式、内部财务管理体制密切相关。

一、企业的组织形式

企业的组织形式是指企业的性质及体制。企业财务管理受企业组织形式的制约和决定。不同形式的企业，财务管理的侧重点及内容有较大差别。根据有关法规规定及当前企业的实际情况，企业的组织形式主要有以下几类：

1. 股份有限公司

股份有限公司（简称股份公司）是指全部资本由等额股份构成，并通过发行股票筹集资本的企业法人。我国的股份公司是近年来按市场经济的客观要求进行经济体制改革试点的产物。股份公司在短短几年中得到了迅速发展，显示出其强大的生命力。可以预料，股份公司在不久的将来将成为我国主要的企业组织形式。股份公司的主要特点是：①资本由等额股份构成，通过发行股票筹集资本；②公司规模大，注册资本不得少于 1 000 万元人民币；③公司的所有权与经营权分离；④公司的产权关系及分配关系明确，公司净资产归全体股东所有，按股分利，同股同利；⑤股东对公司负债的责任以其出资额为限。

2. 有限责任公司

有限责任公司是指由两个以上股东共同出资，股东以其出资额为限对公司承担责任，公司以其全部资产对公司债务承担责任的法人式企业。有限责任公司是近年来经济体制改革的产物，是按照现代产权关系设计的一种企业组织形式。《中华人民共和国公司法》规定，组建企业时，凡是投资者以出资额为限承担责任的法人式企业，但又达不到股份公司条件，不能发行股票的，均按有限责任公司的形式成立。有限责任公司的基本特征是：①公司的全部资本不划分为等额股份；②公司不得发行股票，仅向股东签发出资证明书；③公司股份的转让受到严格限制；④股东数量较少，一般不超过 50 个；⑤股东以其出资比例享受相应的权利和承担相应的义务。

3. 外商投资企业

外商投资企业是指有外国资金投入、依照外商投资企业的有关法律规定、在中国大陆注册成立的企业，包括中外合资经营企业、中外合作经营企业和外商独资企业。发展外商投资企业是我国利用外资的主要方式。改革开放以来，这类企业从无到有，发展十分迅速，为我国经济建设、经济体制改革和对外开放等都做出了很大贡献。外商投资企业的主要特征为：①有外商投入资本和参与管理；②企业成立时通常都规定具体的经营期限，期满后解散。

4. 国有企业

国有企业是指由国家直接投资创办的企业。到目前为止，这类企业仍是我国企业的主体。当前，国有企业仍是经济体制改革的重要对象，仍在不断变化发展之中。按照党的十八大精神，建立现代企业制度是国有企业改革的方向。要按照“产权清晰、权责明确、政企分开、管理科学”的要求，对国有大中型企业实行规范化的公司制改革，使企业成为适应市场的法人实体和竞争主体。大中型企业以资本为纽带，通过市场形成具有较强竞争力的跨地区、跨行业、跨所有制和跨国经营的大企业集团；小型企业采取改组、联合、兼并、租赁、承包经营和股份合作制，以及出售等形式放开搞活。

5. 集体企业

集体企业是指由农村的乡镇村或城市的街道集体自筹资金创办的企业。集体企业不需要国家投资，有利于搞活城乡经济，因而国家给予其比较优惠和灵活的政策，使其得以迅速发展。集体企业的主要特征是：①企业资金全部来自集体自筹资金；②企业的管理机制比较灵活，受国家政策约束较少；③大多数企业规模较小，主要为劳动密集型企业。

6. 私营企业

私营企业是指由国内个人出资举办的具有法人资格的企业。私营企业的特点是：①企业资金全部由业主个人投入；②企业的规模较小，管理灵活；③企业成立及解散较为频繁。

7. 联营企业

联营企业是指两个以上不同单位联合投资而形成的一种新的经济组织。其重要特征是：①一般具有法人资格；②联合各方以出资额为限承担经济责任。

此外，我国还存在为数众多的个体工商户，它们是以个人的名义进行经营，以个人的名义缴纳税金。个体工商户不属于法人，不是独立的经济组织。

以上各类型企业中，股份公司和有限责任公司是按市场经济的要求组建的规范性企业。随着市场经济的深入发展，我国作为世界贸易组织（WTO）成员国，应按照国际惯例组建现代企业，将国有企业、集体企业以及其他类型企业逐步改造为股份公司或有限责任公司。

二、财务机构的设置

财务机构是指组织领导和直接从事财务管理工作的职能部门。按照财会法规规定，任何独立核算的企业，都必须设置财务机构进行财务管理。由于在实际工作中财务与会计的关系非常密切，很难截然分开，所以常将它们合二为一设置机构。企业财务管理机构的设置，应注意以下几个问题：

第一，企业财务管理机构的级别与层次，应贯彻集中领导、分级管理的原则，与企业管理层次和企业内部财务管理体制相适应。财务管理体制是对财务与会计工作的组织机构、管理层次和企业资金的筹集、运用、分配等财务活动的运行方式所做的系统的规定，它包括国家与企业之间的财务管理体制和企业内部的财务管理体制两个方面。企业内部财务管理体制又有一级核算、二级核算、三级核算等方式。企业财务管理机构的设置，要与企业内部财务管理体制相适应，如大型企业实行总公司、分公司、厂三级管理与核算，其财务管理机构也可相应设三级。

第二，企业财务管理机构的权力和责任，应与企业内部各级单位的经济权力和经济责任相适应，同时，要根据重要性原则适当调整。

第三，企业财务管理机构的人员编制，应与企业财务管理工作量相适应。财务管理工作量小的，设财务负责人和若干财务管理人员抓各项工作；工作量大的，则可设置工作小组来分工抓好各项工作。典型的公司财务管理机构设置如图 1.3 所示。

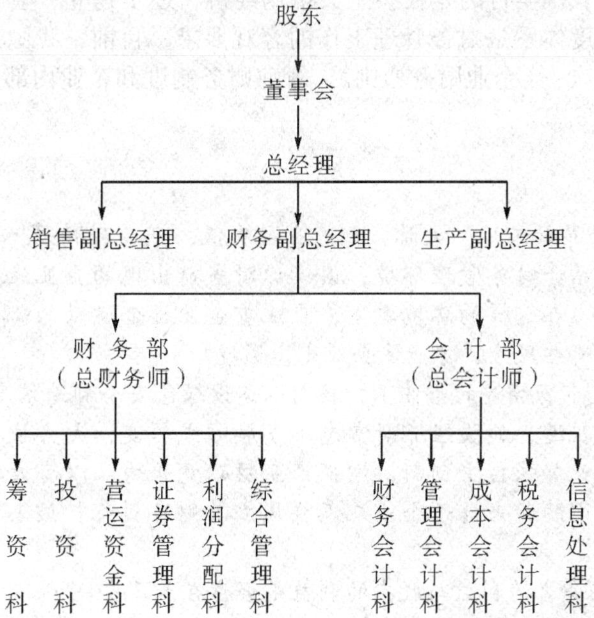

图 1.3　公司财会管理机构设置

三、财务人员的配备

财务人员是指具有专门技能、从事财务管理工作的专业技术人员。财务管理人员是搞好企业财务管理工作的决定性因素，在加强管理、提高经济效益、促进国民经济发展方面起着重要作用。企业在财务人员的配备方面，应抓好两个方面的工作：

1. 财务人员的选择

企业财务管理水平的高低，首先取决于财务管理人员的素质高低。财务管理人员应具备良好的政治素质、知识素质、思想素质和理财能力素质。政治素质是财务管理人员应具备的首要的、根本的素质，包括政治觉悟品质、理论水平和政策水平等；财务管理人员必须熟悉各种经济政策，掌握财务管理基本理论、基本知识和基本方法，应具备文化科学、经济理论、经济法规、经济管理、经济核算、财务管理等知识；思想观念素质要求财务管理人员树立正确的理财观念，如经济效益观念、时间价值观念、财务信息观念、风险观念、财务系统观念、财务公共关系观念、政策法制观念、责权利相结合观念等；理财能力素质，实际上是一种综合性的素质，包括预测能力、决策能力、组织能力、分析能力、公关能力等多方面。

2. 财务管理人员的管理

企业应根据有关法规、制度的要求，加强对财务管理人员的管理。企业应根据财务管理人员的实际工作能力，具体安排财务管理工作；建立健全岗位责任制，赋予财务管理人员相应的权力，保证其完成各项任务；提高财务管理人员素质，加强财务管理人员的进修、培训、学习。

四、财务管理制度体系

企业财务管理制度是对企业财务管理工作的原则和要求做出的统一规定，是财务管理的工作准则。我国实行的是社会主义市场经济，逐步建立一套与市场经济相适应的企业财务管理制度体系是财务管理工作的客观要求。目前，我国的企业财务管理制度体系包括三个层次：《企业财务通则》、行业财务制度和企业内部财务管理制度。具体内容详见本章第三节。

课后思考与练习

1. 我国有“世界加工厂”之称，但产业层次低、产品利润薄，面临产品升级换代等结构调整问题。结合财务管理环境，谈谈你对当前出现的企业经营困难、大量企业外迁或倒闭的看法。在这样的环境之下，应注重企业资金运动的哪些环节、财务活动的哪些方面，避免哪些风险，才能使企业走出困境。

2. 在社会主义市场经济的条件下，我国以建设绿色安全制造信息化示范区为契机，抢抓信息经济发展机遇，加快经济新常态下发展方式转变，大力扶持电子信息等新兴产业发展，引导企业加强自主创新，增强产业核心竞争力，以有效推动电子信息业的快速健康发展。我国的新兴电子企业应怎样树立其财务目标？该怎样做到生存、获利和发展？

3. 企业利益相关者的利益与股东的利益是否存在矛盾？

4. 我国现处于社会主义初级阶段，建立和完善市场经济体制需要一个相当长的时期，企业财务管理工作需要怎样的变革？

5. 在全球经济一体化的大环境下，越来越多的中国企业开始实施企业的全球化经营，如联想公司、华为公司、海尔公司等。在这过程中，为了支持企业各种资源的全球配置就势必要求企业的信息技术（IT）系统能够提供有力的信息技术保障，于是这些中国企业对IT的投入逐年递增，从供应链IT系统、客户管理IT系统，到整合企业全部资源的企业资源计划（ERP）系统（如SAP）等，这些IT系统动辄需要上千万美元的投入，而且每年还需要价格不菲的日常维护费用。中国IT行业面临的问题，从企业财务管理环节的角度该如何解决？

6. 在我国目前的金融市场条件下，近期股票市场震荡波动，对企业的财务管理及决策有何影响？

7. 我国大多数的中小企业缺乏明确的产业发展方向，对项目投资缺乏科学论证，资金短缺，融资困难，管理模式僵化，管理观念陈旧，管理基础薄弱，内部控制不严格，财会人员素质偏低，高级财务管理人员缺乏，财务机构设置不合理。从企业财务管理组织这方面的角度考虑，企业该怎么做？

8. 企业价值最大化与利益相关者财富最大化有什么关系？如何协调所有者与经营者之间的矛盾？

9. 有两家企业：A企业，盈利200万元，已发行的普通股股数为300万股；预期A公司股票在未来1年的投资期间中，若运气好可获得高达30%的报酬率，运气一般的时候也可以获得15%的报酬率，运气差的时候则能获得5%的报酬率；同时该年度减少股利分配1 000万元。B企业，盈利100万元，已发行的普通股股数为100万股；预期B公司股票在未来1年的投资期间中，一半可能运气好可获得高达25%的报酬率，否则可以获得15%的报酬率；同时该年度增加股利分配1 000万元。

试问在不考虑外部环境的情况下，哪家企业财务管理目标实现得更好？

第二章　财务管理的价值观念

学习目标

要求学生通过本章学习，对货币时间价值和风险报酬这两个概念有一个全面、深刻的理解和掌握，包括货币时间价值的含义与计算、风险与风险报酬的定义及衡量。

本章内容

时间价值：时间价值的意义，时间价值的确定，时间价值计算中的特殊问题；风险价值：风险及其种类，风险的衡量，风险价值的确定；利息率：利息率的概念与种类，影响利息率水平的基本因素，利率水平的构成要素。

时间价值、风险报酬和利息率是现实财务活动中客观存在的经济现象，也是企业资金筹集、资金投放、收益分配等财务活动中必须考虑的重要方面，并在财务实践中被广泛应用。树立时间价值观念、风险报酬观念，合理预测利率水平的变化是财务工作者应具有的最基本的素质。

第一节　时间价值

一、时间价值的意义

1. 时间价值的含义

时间价值，又称货币的时间价值，是指货币在资金周转过程中，由于时间因素而形成的差额价值。即随着时间的推移，一定量资金所产生的增值。资金周转使用中会产生时间价值，是由于资金使用者将资金投入生产经营活动，可以带来利润，实现价值增值。周转使用的时间越长，获得的利润越多，实现的增值额越大。

时间价值有绝对数（时间价值额）和相对数（时间价值率）两种表示形式，财务管理中一般采用相对数的形式表示。

2. 资金时间价值实质

（1）西方经济学者对货币的时间价值的产生有不同的理解。英国经济学家凯恩斯从资本家和消费者心理出发，高估现在货币的价值，低估未来货币的价值，从而认为时间价值主要取决于流动偏好、消费倾向、边际效用等心理因素。在这种思想指导下，“时间利息论”者认为，时间价值产生于人们对现有货币的评价高于对未来货币的评价，它是价值时差的贴水；“流动偏好论”者认为，时间价值是放弃流动偏好的报酬；“节欲论”者则认为，时间价值是货币所有者不将货币用于生活消费所得的报酬。虽然表述不尽相同，但归结起来，货币时间价值的实质，是货币作为资本在资本周转使用后所产生的增值。

（2）正确理解资金时间价值的产生原因。马克思认为，货币只有被当作资本投入生产和流通后才能增值。并不是所有的货币都有时间价值，货币只有作为资金投入生产经营活动才能产生时间价值。时间价值是在生产经营活动中产生的，不作为资金投入生产经营过程的货币，是没有时间价值可言的。全部生产经营中的资金都具有时间价值，这是资金运动的一种客观规律性。

（3）正确认识资金时间价值的真正来源。在发达商品经济条件下，商品流通运动公式是 G—W—G′，这一运动的特点是始点和终点都是货币，虽没有质的区别，但有量的变化，即 $G'=G+\Delta G$。这个增值额（ΔG）就是剩余价值。如果把生产过程和流通过程结合起来分析，资金运动的全过程则为 G—W…P…W′—G′。由此可以看出，处于终点的 G′是 W′实现的结果，而 W′中包含增值额在内的全部价值是在生产过程中形成的，其中增值部分是工人创造的剩余价值。因此，时间价值不可能由“时间”创造，而是由工人的劳动创造。时间价值的真正来源是工人创造的剩余价值。

（4）合理解决资金时间价值的计量。马克思在《资本论》中精辟地论述了剩余价值是如何转化为利润，利润又如何转化为平均利润的，并指出到最后投资于不同行业的资金，将获得大体上相当于社会平均资金利润率的投资报酬。在通货膨胀的客观存在下，资金利润率除包括时间价值以外，还包括风险报酬和通货膨胀，时间价值率是扣除风险报酬和通货膨胀贴水后的社会平均资金利润率；时间价值额是资金在生产经营中带来的增值额，即一定数额的资金与时间价值率的乘积。在利润不断资本化的条件下，资本将按几何级数增长，计算资本的积累需按复利方式进行。

3. 时间价值在财务管理中的意义

（1）资金时间价值是衡量企业经济效益、考核经营成果的重要依据。研究资金时间价值就是要考察企业资金在周转使用一定时期以后所增值（或贬值）的程度。资金时间价值代表着无风险的社会平均资金利润率水平，后者应是企业资金利润率的最低限度，而企业资金利润率正是反映企业资金利用效果的综合指标，在一定程度上也是企业经济效益的集中表现。没有资金时间价值观念，就缺乏衡量企业资金利用效果的标准。而且，企业的各项财务收支都是在一定的时点发生的，离开了资金时间价值的观念和具体计算，就无法正确估量不同时期的财务收支，也就无法正确评价企业的盈亏。

（2）时间价值是企业进行筹资决策、评价筹资效益的重要依据。在筹资活动中，时间价值是进行筹资决策、评价筹资效益的重要依据。筹资时机的选择、举债期限的选择、资本成本的确定、资本结构的决策等均要考虑货币时间价值因素。

（3）时间价值是进行投资决策、评价投资效益的重要依据。在投资活动中，树立时间价值观念也具有重要的意义。首先，利用时间价值原理，投资者能够从动态上比较投资项目的各种方案在不同时期的投资成本、投资报酬，避免从静态上简单地进行比较，从而提高投资决策的正确性。其次，树立时间价值观念，投资者能够有意识地加强投资经营管理；降低投资成本，争取更大的货币时间价值。最后，树立时间价值观念，有利于缩短投资项目建设期，早日投产，从时间上为项目投产后的经营争取更大的效益。

（4）时间价值是进行收益分配决策中必须考虑的一个重要因素。企业在收益分配决策中，根据各项现金流出和现金流入的时间确定现金的运转情况，可以合理选择现金股利（分派现金）、股票股利（送股、转股）、股票配售（配股）等股利分配方式。

(5) 时间价值是企业进行生产经营决策的重要依据。分期付款销售的定价决策、商品发运结算时间的决策、积压物资的降价处理决策以及流动资本周转速度的决策等，都必须考虑时间价值。

二、时间价值的确定

为了正确进行财务决策，企业必须明确在不同时点上资金时间价值之间的数量关系，掌握资金时间价值确定的方法。

1. 单利时间价值的确定

单利是计算利息的一种方法。按照这种方法，只要本金在贷款期获得利息，不管时间多长，所生利息均不加入本金重复计算。这里所说的“本金”是指带给别人以收取利息的原本金额。“利息”是指借款人付给贷款人超过本金部分的金额。

(1) 单利利息的计算。单利利息的计算公式为：

$$I=P\cdot i\cdot n \tag{2.1}$$

式中：I 表示利息额；P 表示本金，即以后年度收到或付出资金的现在（第一年初）的价值，也称现值；i 表示利率；n 表示时间，通常以年为单位。

(2) 单利终值的计算。单利终值的计算公式为：

$$F=P\ (1+i\cdot n) \tag{2.2}$$

式中：F 表示终值，也就是本利和，即第 n 年年末的价值。

(3) 单利现值计算。由（2.2）式，我们可以得到单利现值。其计算公式为：

$$P=F\ (1+i\cdot n)^{-1} \tag{2.3}$$

(4) 年金终值计算。每年年初存入或付出金额为 A，n 年年末本利和（终值）应为：

$$F=A\sum_{t=1}^{n}[1+i\times(n-t+1)] \tag{2.4}$$

2. 复利终值和复利现值的确定

复利也是计算利息的一种方法，按照这种算法，每经过一个计息期，要将所生利息加入本金中再生利息，逐期滚算。这里所说“计息期”是指相邻两次计息的时间间隔（如年、月、日），除非特别说明，计息期一般为一年。

(1) 复利终值，是指一定数量资金若干期后的本利和。复利终值的计算公式为：

$$F=P\ (1+i)^n \tag{2.5}$$

(2) 复利现值，是指未来一定数量资金折合成现在的价值。复利现值的计算公式为：

$$P=F\ (1+i)^{-n} \tag{2.6}$$

上式中 $(1+i)^n$ 和 $(1+i)^{-n}$ 分别称为复利终值系数和复利现值系数，用 $(F/P,\ i,\ n)$ 和 $(P/F,\ i,\ n)$ 表示，在实际工作中可查阅复利终值系数表和复利现值系数表获得。

（2.5）式、（2.6）式也可改写为：

$$F=P\cdot(F/P,\ i,\ n) \tag{2.7}$$

$$P=F\cdot(P/F,\ I,\ n) \tag{2.8}$$

［例 2.1］某企业现存入本金 1 000 万元，在年利率 7%时，5 年后的本利和为：

$$F=P\cdot(F/P,\ i,\ n)=1\ 000\times(1+7\%)^5=1\ 000\times1.403=1\ 403\text{（万元）}$$

［例 2.2］某企业准备在 4 年后购置价值为 40 000 元设备一台，按年利率 6%计算，

则现在应存入款项为：

$P=F\cdot(P/F,\ i,\ n)=40\ 000\times(1+6\%)^{-4}=40\ 000\times0.729=31\ 680$（元）

3. 年金终值和年金现值的确定

年金是指在一定时期内每期期末（或期初）收、付款相等的金额。现实生活中的折旧、租金、保险金等通常采用年金的形式。按照年金发生的时点不同，年金可分为普通年金、即付年金、递延年金和永续年金四种类型。

（1）普通年金终值与现值。普通年金，也称为后付年金，是指在每期期末收到或支付相等金额的年金形式。普通年金是社会经济生活中最常见的年金形式，其他的年金形式均可通过普通年金予以表示。

［例 2.3］某人每年年末存入款项 1 000 元，年利率为 10%，则 5 年后各年存入款项的终值分别为：

第 1 年年末存入 1 000 元，第 5 年年末终值：$1\ 000\times(1+10)^4=1\ 464$（元）

第 2 年年末存入 1 000 元，第 5 年年末终值：$1\ 000\times(1+10)^3=1\ 331$（元）

第 3 年年末存入 1 000 元，第 5 年年末终值：$1\ 000\times(1+10)^2=1\ 210$（元）

第 4 年年末存入 1 000 元，第 5 年年末终值：$1\ 000\times(1+10)^1=1\ 100$（元）

第 5 年年末存入 1 000 元，第 5 年年末终值：$1\ 000\times(1+10)^0=1\ 000$（元）

上述各项呈现为一种等比数列，每年年末存入 1 000 元在第 5 年年末的复利总和为 6 105 元（1 464 元+1 331 元+1 210 元+1 100 元+1 000 元）。我们也可运用等比数列求和的方法来确定第 5 年本利总和，即普通年金终值。普通年金终值是指每期期末收付相等金额在最后一期期末的本利总和，也就是每期期末收付复利终值总和。普通年金终值的一般公式为：

$$F_A=A\sum_{t=1}^{n}(1+i)^{t-1} \tag{2.9}$$

式中：F_A为年金终值；A 为普通年金。

运用等比数列求和的原理，上式可变为以下形式：

$$F_A=A\left[\frac{(1+i)^n-1}{i}\right] \tag{2.10}$$

式中 $\sum_{t=1}^{n}(1+i)^{t-1}$ 和 $\frac{(1+i)^n-1}{i}$ 称作普通年金终值系数，记为（F/A，i，n），年金终值的计算公式可改写为：

$$F_A=A\cdot(F/A,\ i,\ n) \tag{2.11}$$

从（2.10）式可知，在 F_A、i、n 已知的情况下，可确定 A，计算公式为：

$$A=\frac{F}{\sum_{t=1}^{n}(1+i)^{t-1}}=\frac{F}{\frac{(1+i^n)-1}{i}}=F\times\frac{i}{(1+i)^n-1} \tag{2.12}$$

上式中 $\frac{1}{\sum_{t=1}^{n}(1+i)^{t-1}}$ 和 $\frac{i}{(1+i)^n-1}$ 称作偿债基金系数，A 称作年偿债基金。偿债基金是为了在约定的未来某一时点清偿某笔债务或积累一定数额的资金而必须分次等额提取的存款准备。呈现为一种年金形式，其未来应偿还债务或应积累的资金为年金终值（F_A）。偿债基金系数与年金终值系数互为倒数关系，在实际应用中可通过查阅年金终值系数表来确定偿债基金系数。

［例 2.4］某人出国 3 年请你代为支付房租，每年租金 100 元，当银行存款利率为 10%时，他应在出国时给你在银行存入多少钱？

此时我们需要计算其每年租金的现值总和，也就是：

第一年年末租金 100 元的现值 $=100\times(1+10\%)^{-1}=90.91$（元）

第二年年末租金 100 元的现值 $=100\times(1+10\%)^{-2}=82.64$（元）

第三年年末租金 100 元的现值 $=100\times(1+10\%)^{-3}=75.13$（元）

故 3 年租金的现值总和应为：

$$P=100\text{元}\times(1+10\%)^{-1}+100\text{元}\times(1+10\%)^{-2}+100\text{元}\times(1+10\%)^{-3}=$$
$$100\text{元}\times[(1+10\%)^{-1}+(1+10\%)^{-2}+(1+10\%)^{-3}]=100\text{元}\times2.4868=248.68\text{元}$$

本例是已知 A、i、n 确定现值 P 的基本过程。此时现值称作普通年金现值，记作 P_A，是指每期期末取得或支付相等金额款项的现在价值。

普通年金现值的一般公式为：

$$P_A=A\cdot\sum_{t=1}^{n}(1+i)^{-t} \tag{2.13}$$

运用等比数列求和原理，可转换为：

$$P_A=A\cdot\frac{1-(1+i)^{-n}}{i} \tag{2.14}$$

式中 $\sum_{t=1}^{n}(1+i)^{-t}$ 和 $\frac{1-(1+i)^{-n}}{i}$ 称作普通年金现值系数，记为 $(P/A, i, n)$。普通年金现值计算公式又可表示为：

$$P_A=A\cdot(P/A, i, n) \tag{2.15}$$

在普通年金现值运用中，若已知 P/A，i，n 时，可确定 A 为：

$$A=P_A\cdot\frac{i}{1-(1+i)^{-n}} \tag{2.16}$$

$$A=P_A/(P/A, i, n) \tag{2.17}$$

式中 $\frac{i}{1-(1+i)^{-n}}$ 称为资本回收系数，A 为年资本回收额。资本回收系数与年金现值系数互为倒数关系，在实际应用中可通过查阅年金现值系数表来确定资本回收系数。

（2）即付年金终值与现值。即付年金，也称为先付年金，是指在每期期初收到或支付相等金额的年金形式，即付年金与普通年金现金流量比较见图 2.1。

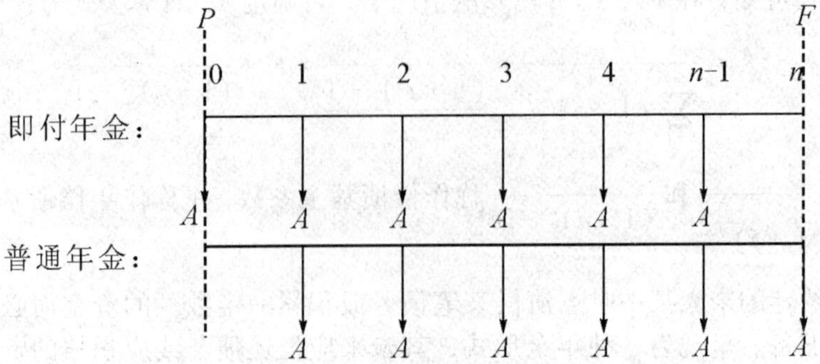

图 2.1 即付年金与普通年金现金流量比较

由图 2.1 可知，即付年金与普通年金在现金流入或流出的时间上相差一个期间，收、付款期数相同。计算即付年金终值比普通年金终值要多一个计息期；计算即付年金现值比普通年金现值要少一个贴现期。据此，即付年金终值计算公式可表示为：

$$F_A = A \cdot (F/A,\ i,\ n) \cdot (1+i) \tag{2.18}$$

$$F_A = A \cdot \frac{(1+i)^n - 1}{i}(1+i) \tag{2.19}$$

即付年金现值计算公式为：

$$P_A = A \cdot (P/A,\ i,\ n) \cdot (1+i) =$$

$$A \cdot \frac{1-(1+i)^{-n}}{i} \cdot (1+i) = A \cdot \left[\frac{1-(1+i)^{-(n-1)}}{i} + 1\right] \tag{2.20}$$

$$P_A = A \cdot [(F/A,\ i,\ n-1) + 1] \tag{2.21}$$

$\left[\frac{(1+i)^{n+1}}{i} - 1\right]$ 称作即付年金终值系数，它与普通年金终值系数相比，存在着期数加 1，而系数减 1 的关系。$\left[\frac{1-(1+i)^{-(n-1)}}{i} + 1\right]$ 称作即付年金现值系数，它与普通年金现值系数相比，存在着期数减 1，而系数加 1 的关系。在应用时，可以运用普通年金终值和现值系数来确定年金终值和现值系数。

［例 2.5］某人每年年初存入款项 2 000 元，年利率 7%，则 5 年后本利和应为：

$$F_A = A\left[\frac{(1+i)^{(n+1)}}{i} - 1\right] = A\ [\ (F/A,\ i,\ n+1)\ -1]$$

$$= 2\,000 \times \left[\frac{(1+7\%)^{(5+1)}}{7\%} - 1\right]$$

$$= 2\,000 \times\ [F/A,\ 7\%,\ (5+1)\ -1]$$

$$= 2\,000 \times\ [7.153\ \ 1] = 12\,306\ (\text{元})$$

［例 2.6］某人 6 年分期付款购物，每年年初支付 200 元，银行利率为 10%，则分期付款所购物品的价值应为：

$$P_A = A[(P/A,\ i,\ n-1) + 1] = A\left[\frac{1-(1+i)^{-(n-1)}}{i} + 1\right]$$

$$= 200 \times [(P/A,\ 10\%,\ 6-1) + 1]$$

$$= 200 \times (3.791 + 1) = 958.20(\text{元})$$

（3）永续年金现值的计算。永续年金是指无期支付的年金。在实际经济生活中，优先股股利、存本取息基金等被视为永续年金。永续年金由于没有终止时间，也就没有终值。永续年金现值是普通年金现值的特殊形式，即 n 为无穷大时的年金现值。永续年金现值的计算公式为：

$$P = A\sum_{t=1}^{\infty}(1+i)^{-t} = A \cdot \frac{1}{i} = \frac{A}{i} \tag{2.22}$$

（4）递延年金现值的计算。递延年金是指最初若干期没有收付款，而随后若干期有等额的系列收付数额。m 期以后的 n 期的即付年金现值，可以用图（2.2）表示：

递延年金在延期的 m 期后的 n 年的年金与 n 年的年金相比，两者收付款期数相同，但该递延年金现值的 n 期年金现值，还需要再贴现 m 期。因此，为计算 m 期后的 n 期年金现值，要先计算出该项年金在 n 期期初（m 期期末）的现值，再将它作为 m 期的

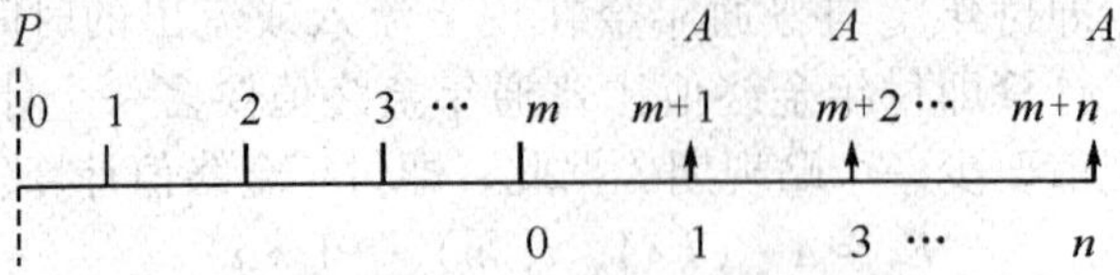

图 2.2　递延年金现值计算示意图

终值贴现至 m 期期初的现值，计算公式如下：

$$P_A=A\ (P/A,\ i,\ n)\ \times\ (P/F,\ i,\ m) \tag{2.23}$$

此外，还可先求出 $m+n$ 期普通年金现值，减去没有付款的前 m 期的普通年金现值，即为近期 m 期的 n 期普通年金现值，计算公式如下：

$$P_A=A\ (P/A,\ i,\ m+n)\ -A\ (P/A,\ i,\ m) \tag{2.24}$$

［例 2.7］某投资项目 1996 年动工，由于施工期为 5 年，于 2001 年年初投产，从投产之日起每年得到收益 400 000 元，按年利率 10%计算，则 10 年收益于 1996 年年初的现值为：

$$\begin{aligned} P_A &= 40\ (P/A,\ 10\%,\ 10)\ \times\ (P/F,\ 10\%,\ 5) \\ &= 40\times 7.36\times 0.747 \\ &= 219.917\ (\text{万元}) \end{aligned}$$

或

$$\begin{aligned} P_A &= 40\times\ [\ (P/A,\ 10\%,\ 10+5)\ -\ (P/A,\ i,\ 5)\ ] \\ &= 40\times\ [9.712-4.212] \\ &= 220\ (\text{万元}) \end{aligned}$$

（5）资金时间价值计算公式之间的关系。以下通过图 2.3 比较说明时间价值确定过程各计算公式的关系。

三、时间价值计算中的特殊问题

以上所述时间价值的基本原理，是对一般情况而言的。在现实经济生活中，时间价值会呈现不同的形式。以下就时间价值计算中有关特殊问题加以说明。

1. 不等额系列收付款的现值、终值计算

不等额系列收付款是针对年金而言的，在现时生活中企业每年获取的盈利、股东每年收到的股利等虽然在时间上与年金具有相同的一面，但其每期收付款的金额并不一定相等，也就是说，并不一定呈现为一种年金。

为了确定不等额系列收付款的现值，我们可以将每期收付款的现值求和而得到。计算公式如下：

$$P=U_1(1+i)^{-1}+U_2(1+i)^{-2}+\cdots\cdots+U_n(1+n)^{-n}=\sum_{t=1}^{n}Ut(1+i)^{-t} \tag{2.25}$$

式中，U_n为每年年末收付款金额，$U_1\neq U_2\neq U_3\cdots\cdots\neq U_n$。

2. 年金与不等额系列付款混合情况下的现值

如果在一组不等额的系列付款中，有一部分现金流量为连续等额的付款，则可分段计算其年金现值，然后加总就是该组不等额系列的现值。

3. 短于一年的计息期

计息期就是每次计算利息的期限。在单利计算中通常按年计息，不足一年的可根据年利，以日数除以 365 天来计算。所以不需要单独规定计息期。在复利计算中存在

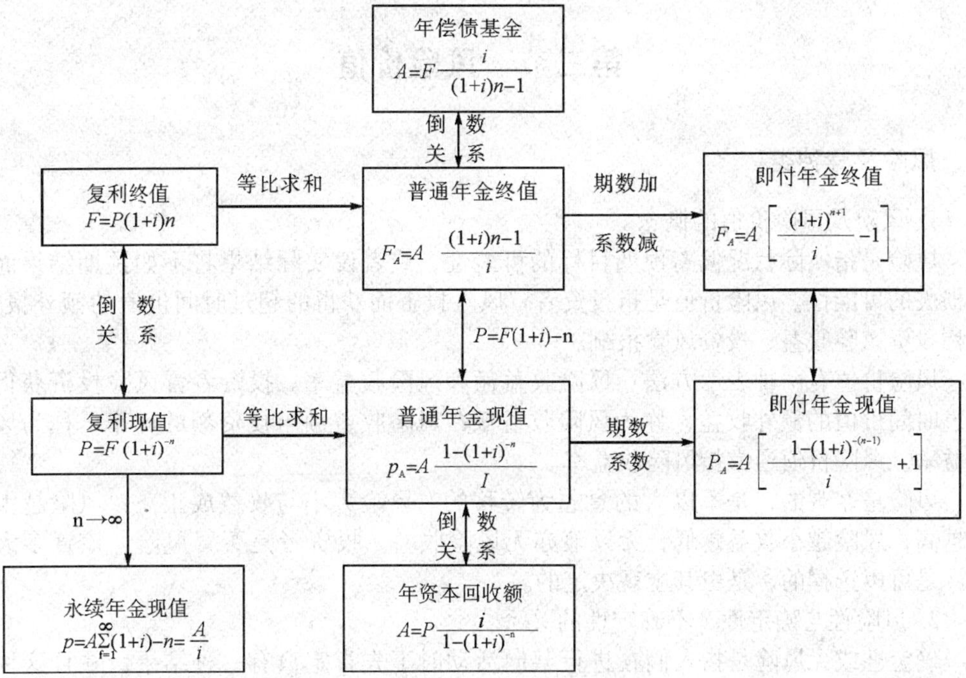

图 2.3 时间价值计算关系图

着按年计息、按季计息、按日计息等计息方式，不同计息方式下一年中复利的次数是不同的，如按季计息时每年有四个计息期。计息期越短一年中复利的次数就越多，利息额就会越高，在借贷协议中往往事先规定了计息期的长短。

按国际惯例，通常的利率在未加特殊说明的情况下，就是指年利率。当计息期短于一年时，则期利率和计息期数应加以换算，公式如下：

$$r=i\div m \tag{2.26}$$

$$t=m\times n \tag{2.27}$$

式中：r 表示期利率；m 表示一年复利期数；t 表示复利总期数。

经过换算后的期利率和计息期数，就可直接用于时间价值的计算。在这种情况下，规定的年利率小于分期计算的年利率，故上述期利率换算公式为近似计算公式。分期计算的年利率 k 按下列公式计算：

$$k=(1+r)^m-1=(1+i/m)^m-1 \tag{2.28}$$

4. 贴现率和期数的确定

以上所述时间价值中，假定贴现率和期数都是确定的。在实际经济生活中，有时仅知道计息期数、终值和现值，要求确定贴现率，如投资项目的内含报酬率的计算；有时仅知道贴现率、终值和现值，要求计算贴现期数。

根据前述有关终值和现值计算公式，可得下列各种系数：

$$(F/P,\ i,\ n)=F/P \quad (P/F,\ i,\ n)=P/F$$

$$(P_A/A,\ i,\ n)=P/A \quad (F_A/A,\ i,\ n)=F/A$$

第二节　风险价值

一、风险及其种类

1. 风险及风险价值的概念

风险是指实际状况偏离预期目标的可能性，或者说实际结果将不如预期结果而遭受损失的可能性。风险价值是指投资者冒风险投资而获得的超过时间价值的额外报酬，又称投资风险收益、投资风险报酬。

风险价值有两种表示方法：风险收益额和风险收益率。投资者冒风险投资获得的超过时间价值的额外收益，称为风险收益额；风险收益额与投资额的比率，称为风险收益率。风险价值通常指风险收益率。

风险是客观的，是不以人的意志为转移的。风险大小与收益成正比：风险越大收益越高，风险越小收益越低，无风险亦无风险收益。投资者是否冒风险，该冒多大风险，是可以选择的，是由其主观决定的。

2. 风险性与确定性、不确定性的关系

确定性或无风险是指人们在进行某向活动时事先肯定只有一种结果，并且这种结果的可能性是肯定的，出现的概率为100%。与风险联系的另一个概念是不确定性，即人们事先知道所有可能结果，但不知道出现的可能性是多少或两者都不知道，而且只能对两种情况做粗略的估计。

在财务管理中，为了将财务分析建立在科学的基础上，对不确定性的决策不得不依靠决策者的知觉判断设想几种可能性，并给出主观概率，使不确定性的决策转化为风险决策。风险确定性与不确定性的关系如表 2. 1 所示。

表 2. 1　　风险确定性与不确定性的关系

投资决策关系	决策结果	概率
确定性投资决策	唯一结果	概率已知：100%
风险性投资决策	多种结果	概率已知
不确定性投资决策	多种结果或结果未知	概率未知

意外损失和突发性灾害不属于风险范畴。意外损失和突发性灾害是由不确定的情况所致，即人们对全部情况都不知情，可能是由于不懂，也可能是由于信息不通。突发事件所造成的损失，通常是不易控制、不易管理的，因而难以避免。既然是生产经营中不可避免的损失，意外损失就可以视为必要损失或不正常支出。所以意外损失在理论上就属于成本支出。巨额的意外损失则属保险范畴。风险投资和风险管理所造成的损失则是由决策失误、技术管理等问题所致，理论上属于企业盈余支出。所以，风险理论是关于意料之内事件运行及其操作的理论，即关于各种已知事件及其不肯定结果的运作原理。保险则是关于意外事件的运作原理，一般企业的保险事件则是保险公司的风险。

3. 风险的种类

从个别投资主体的角度看，风险分为市场风险和公司特别风险两类。

（1）市场风险，也称作系统性风险、不可分散风险，是指那些对所有的公司产生影响的因素引起的风险，如战争、经济衰退、通货膨胀、高利率等。这类风险涉及所有的投资对象，不能通过多元化投资来分散，因此又称不可分散风险或系统性风险。

（2）公司特别风险。公司特别风险（也称作非系统风险、可分散风险），是指特有事件造成的风险，如罢工、新产品开发失败、没有争取到重要合同、诉讼失败等。这类事件是随机发生的，因而可以通过多角度投资来分散。所以这类风险可称为可分散风险或非系统性风险。

4. 对风险的态度

人们对待风险的态度是有差别的。从理论上讲，人们对待风险可能采取三种态度：喜欢风险、厌恶风险、对风险既不喜欢也不厌恶。假定在风险较高和风险较低，但预期收益相同的项目间进行选择，风险喜欢者总会选择风险高的项目，而风险厌恶者总会选择风险低的项目。实践证明，一般的投资者都在回避风险，他们不愿意进行只有一半成功机会的赌博。尤其是作为不分享利润的经营管理者，在冒险成功时报酬大多归于股东，冒险失败时他们的声望下降，职业的前景受到威胁。因此，西方财务理论认为，风险厌恶假设是财务管理中运用许多决策模型的基础。在风险厌恶的假设下，人们选择高风险项目的基本条件是：它必须有足够高的预期投资报酬率。也就是在风险相同时，人们总会选择预期投资报酬率高的方案；在预期投资报酬率相同时，人们总会选择风险较低的方案；对于风险高而预期报酬率也高的项目的选择，要看报酬是否高得值得去冒险，以及投资人对风险的态度。

二、风险的衡量

对风险的衡量需要借助于概率与统计方法。

1. 确定概率分布

在经济活动中，某一事件在相同的条件下可能发生也可能不发生，这类事件称为随机事件。概率就是用来表示随机事件发生可能性大小的数值，记为 P_i。随机事件的概率是客观存在的，具有以下特点：

（1）任何时间的概率不大于1，不小于零，即 $0 \leqslant P_i \leqslant 1$；

（2）所有可能结果之和等于1，即：$\sum_{i=1}^{n} P_i = 1$；

（3）必然事件的概率为1，不可能事件的概率为0。

把事件所有可能的结果都列示出来，且每一结果都给一种概率，就构成了概率分布。

[例2.8] 某公司有两个投资机会，A项目是一种高新科技产品项目，B项目是一种老产品并且是必需品项目。假设未来的经济情况只有三种：繁荣、一般、衰退。有关的概率分布和预期报酬率见表2.2。

表 2.2　　公司未来经济情况表

经济情况（i）	经济情况发生概率（P_i）	A 项目预期报酬率（K_{Ai}）	B 项目预期报酬率（K_{Bi}）
繁荣	0.3	90%	20%
一般	0.4	15%	15%
衰退	0.3	-60%	10%
合计	1.0		

2. 计算期望值

随机变量的各个取值，以相应的概率为权数的加权平均数，叫作随机变量的期望值（预期值或均值），它反映随机变量取值的平均数。投资报酬率的期望值：

$$\bar{K} = \sum_{i=1}^{n} P_i K_i \tag{2.29}$$

式中：$\bar{K}$ 为期望报酬率；P_i表示第 i 结果出现的概率；K_i表示第 i 种结果出现后的报酬率；n 表示所有可能结果的数目。

上例中：A 项目期望报酬率 $K_A = 0.3 \times 90\% + 0.4 \times 15\% + 0.3 \times (-60\%) = 15\%$，$B$ 项目期望报酬率 $K_B = 0.3 \times 20\% + 0.4 \times 15\% + 0.3 \times 10\% = 15\%$。

以上两个投资项目的期望值都是 15%。但应注意的是，虽然两个项目的期望报酬率相同，但它们的概率分布是不同，见图 2.4。相比之下，B 项目在不同经济情况下的报酬率的概率分布相对稳定集中，变动幅度在 10%~20%；而 A 项目概率分布却比较分散，变动范围在 60%~90%。这表明 B 项目的投资风险相对较小，A 项目投资风险较大。

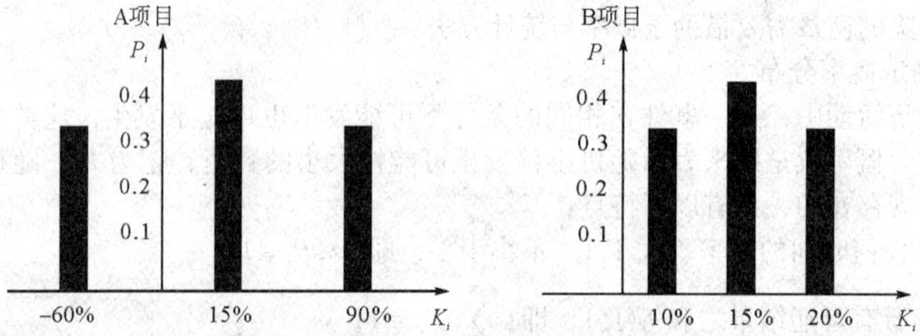

图 2.4　A、B 项目报酬率的概率分布比较

3. 计算标准离差（标准差）

概率分布的集中与分散程度在概率与统计学中常用方差和标准离差来衡量。方差（δ^2）就是一组变量与其平均值（期望值）偏差平方和的平均数，是测定变量离散程度常用的一种统计量；标准离差是方差的平方根。报酬率的概率分布越集中，方差和标准离差就越小，风险就越小；反之，风险就越大。方差和标准离差计算公式如下：

$$\delta^2 = \sum_{i=1}^{n} (\bar{K} - K_I)^2 . \ P_I \tag{2.30}$$

$$\delta = \sqrt{\sum_{i=1}^{n} (\bar{K} - k_i)^2 . \ P_i} \tag{2.31}$$

式中：δ^2为方差；δ 为标准离差。

上例中 A 项目的标准差是 62.75%，B 项目的标准差是 4.183 3%；由计算可知，A 项目的风险大于 B 项目。计算过程见表 2.3、表 2.4。

表 2.3　　A 项目的标准离差计算表

$(k_i-\bar{k})$	$(k_i-\bar{k})^2$	$(k_i-\bar{k})^2P_i$
90%-15% 15%-15% -60%-15%	0.562 5 0 0.562 5	0.562 5×0.3=0.168 75 0×0.4=0 0.562 5×0.4=0.225
方差（δ^2） 标准差（δ）		0.393 75 62.75%

表 2.4　　B 项目的标准离差计算表

$(k_i-\bar{k})$	$(k_i-\bar{k})^2$	$(k_i-\bar{k})^2P_i$
20%-15% 15%-15% 10%-15%	0.002 5 0 0.002 5	0.002 5×0.3=0.000 75 0×0.4=0 0.002 5×0.4=0.001
方差（δ^2） 标准差（δ）		0.001 75 4.183 3（%）

4. 置信概率和置信区间

根据概率与统计原理可知，在概率为正态分布的情况下，随机变量出现在期望值±1 个标准差范围内的概率为 68.2%；出现在期望值±2 个标准差的范围内的概率为 95.44%；出现期望值±3 个标准差范围内的概率为 99.72%，如表 2.5 所示。我们把期望值±X 个标准差称为置信区间，把相应的概率称为置信概率。在已知置信区间概率时利用分布表便可以查出相应的置信区间；反之亦然。

表 2.5　　置信概率与置信区间表

置信概率	A 项目的置信区间	B 项目的置信区间
99.72% 95.44% 68.26%	15%±3×58.09% 15%±2×58.09% 15%±1×58.09%	15%±3×3.87% 15%±2×3.87% 15%±1×3.87%

由表 2.5 可以看出，A 项目的实际报酬有 68.26%的可能性是在 15%±62.75%的范围内，风险较大；B 项目的实际报酬率有 68.26%的可能性在 15%±4.18%范围内，风险较小。这说明两个项目的平均报酬相同，但风险大小不同，A 项目可能取得较高的报酬，亏损的可能性也大；B 项目取得较高报酬的可能性小，亏损的可能性也小。

置信区间与置信概率的图示如图 2.5 所示。

5. 计算标准离差率

标准离差是反映随机变量离散程度的一个指标，它作为绝对数，只能用来比较期望值相同的各项目的风险程度，而多个项目在期望投资报酬率不同时，标准离差也不同，此时，必须借助于作为相对数的标准离差率，用以衡量期望值不同的各项目的风险程度。

标准离差率（V）是标准离差（δ）与期望报酬率（$\bar{k}$）之比，计算公式如下：

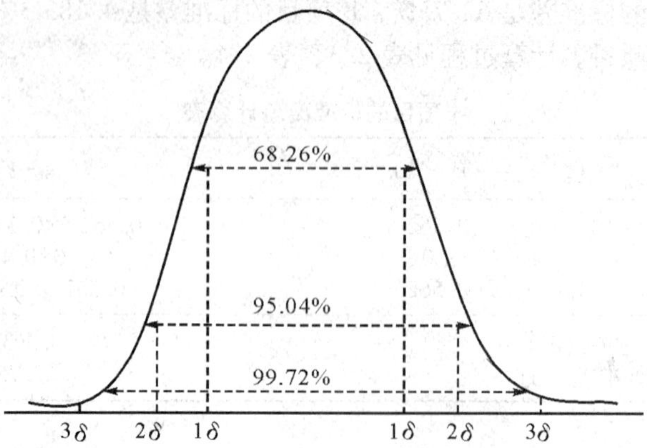

图 2.5 置信区间与置信概率

$$V = \delta \div \bar{k} \times 100\% \tag{2.32}$$

A 项目的标准离差率为 418.33%（62.75%÷15%）；B 项目的标准离差率为 27.87%（4.18%÷15%）。A 项目的标准离差率大于 B 项目的标准离差率，由此可知，A 项目的风险明显高于 B 项目。

三、风险价值的确定

1. 风险价值的概念

风险价值，也称为风险报酬，是投资者由于冒风险进行投资而获得的超过资金时间价值的额外收益。它有两种表达形式，即风险报酬额和风险报酬率。财务管理中，一般使用风险报酬率。在不考虑物价变动情况下，投资报酬率（即投资报酬额与投资额之比）包括两部分：一部分是资金时间价值，它是不经受投资风险而得到的价值，即无风险报酬率；另一部分是风险报酬，即风险报酬率。三者的关系可表示为：

$$K = R_F + R_R \tag{2.33}$$

式中：K 表示投资报酬率；R_F表示无风险报酬率；R_R表示风险报酬率。

2. 风险报酬的计算

（1）应得风险报酬额和报酬率。应得风险报酬额和报酬率，是指投资者在进行投资过程中所要求的与所承担风险相对应的风险报酬，它的取值既与投资项目的风险大小有关，也与投资人对待风险的态度有关。如果投资项目的风险报酬不能达到投资者所要求的应得风险报酬，投资者就不会投资或将资金投向其他项目。前述投资报酬率的标准离差率，表示投资者所承担风险的大小，反映了投资者所冒风险的程度，但还不是报酬率，必须转化为报酬率的形式才能进行比较。一般来说，投资者可承担的风险越大（即标准离差率 V 越大），应得到的风险报酬率 R_R 也就越高。风险报酬应与反映风险程度的标准离差率成正比例关系。将报酬率的标准离差率转化为投资风险报酬率，还需引进反映投资者对待风险态度的一个参数，即风险报酬系数（b）。应得风险报酬率与风险报酬系数、风险之间的关系可表示为：

$$R_R = bV; \ K = R_F + bV$$

其关系如图 2.6 所示。

正是因为无风险报酬率和风险报酬率的共同作用，投资者才会获得一定的收益。

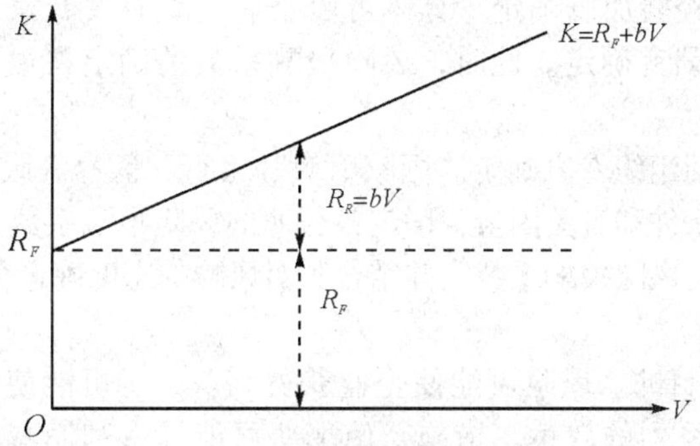

图 2.6　风险报酬构成

所以，应得风险报酬额应按其在投资报酬率中的比例大小在期望投资报酬中予以分配。应得风险报酬额可表示为：

$$P_R = \bar{E} \times \frac{R_R}{R_R + R_F} \tag{2.34}$$

$$\bar{E} = T \cdot \bar{K} = \sum_{i=1}^{n} T \cdot K_i \cdot P_i \tag{2.35}$$

式中：T 为项目投资额；$\bar{K}$ 为项目期望投资率；$\bar{E}$ 表示期值收益额，它是 T 与 $\bar{K}$ 之积；P_R表示投资赢得的风险投资额。

（2）预测风险报酬额和报酬率的计算。应得风险报酬率是在现有风险程度下要求的风险报酬率，为了对投资项目的可行性进行评价，可以将预测风险报酬率同应得风险报酬率进行比较，判断预测风险收益率是否大于应得风险收益率。对于投资者来说，预测的风险收益率越高越好。应得风险报酬率和应得风险报酬额的计算公式为：

$$R_R' = \bar{K} - R_F \tag{2.36}$$

$$P_R' = \bar{E} \times \frac{R_R'}{R_R' + R_F} \tag{2.37}$$

式中：R_R'表示预测风险报酬率；P_R'表示预测风险报酬额。

（3）投资项目评价。投资者在确定预测风险报酬率、风险报酬额后，可以与应得风险收益率（报酬额）进行比较，对投资方案进行评价，确定方案可行或不可行。投资者对投资方案评价时应对其风险与报酬进行权衡。

（4）风险报酬系数（b）。从应得风险报酬率（R_R）与应得风险报酬额（P_R）确定过程中，我们可以看出风险报酬系数（b）所具有的作用，合理确定风险报酬系数对项目评价起着关键的作用。风险报酬系数反映了投资者的风险回避态度。如果投资者愿意冒险，风险报酬系数可取较小值；如果投资者不愿冒险，风险报酬系数就应取较大值。

风险报酬系数的大小，可根据投资者的经验以及其他因素加以确定。主要有以下几种方法：

①根据以往同类项目的有关数据确定。例如，企业进行某项投资，其同类项目的投资报酬率为10%，无风险收益率为6%，报酬标准利差率为50%。根据公式 $K=R_F+bV$，可表示为：$B=(K-R_F)/V=(10\%-6\%)/50\% = 8\%$。

②由企业领导或有关专家确定。如果现在进行的投资项目缺乏同类项目的历史资

料，则可根据主观的经验加以确定。具体可由企业组织有关专家（总经理、财务副总经理、财务主管等）研究确定。此时，风险报酬系数的确定在很大程度上取决于企业对风险的态度。

③由国家有关部门组织专家确定。国家财政、银行、证券等政府部门可组织有关专家，根据各行各业的条件和有关因素，确定各行业的风险报酬系数，并定期向社会公布。投资者根据国家公布的风险报酬系数，并结合其对风险的态度确定合适的风险系数。

3. 风险管理

（1）风险管理的目的。风险可能使企业获得利益，也可能使企业遭受损失。风险管理就是预先确定一系列的政策、措施，使那些可能导致利润减少的风险降到最低程度，从而保证企业经营活动按预定的目标进行。由于风险的大小与风险的价值是成正比例的，因此，风险管理的目的不在于一味追求降低风险，而在于在收益和风下之间做出恰当的选择。

（2）风险管理的程序。①确定风险，即确定风险性能和风险类型，并确定风险发生的可能性。②设立目标，即对可能的风险进行分析研究，分析其对企业财务活动的影响程度和影响范围，在此基础上设立风险管理的目标。③制定策略。为了保证风险管理的目标得以实现，企业应针对风险的性质、种类及其对企业财务活动的影响，制定相应的风险管理策略，避免可能出现的各种损失。④实施评价，即将制定的风险管理策略付诸实践，在实施中，企业应对照风险管理目标，定期或经常进行检查，并对风险管理工作的绩效进行评价和考核。

（3）风险管理的策略。①回避风险策略。这是一种保守的风险管理策略。那些厌恶风险的决策者，常常把那些可能发生风险的被选方案拒之于外。这种策略尽管较为稳健、简便易行，但并不被经常采用，因为风险总是和收益联系在一起的，没有风险也就没有丰厚的收益。一个成功的经营者往往很少采用这种策略。②减少风险策略，即在风险管理中，采取相应的措施，减少因发生风险可能给企业带来的损失，也称为控制风险策略。这种策略在实践中经常被采用。③接受风险策略。这种策略是指对可能发生的风险，提前做好准备，以应付风险带来的损失，如实践中的提取坏账准备、资产减值准备等就是这种策略的具体运用。④转移风险策略。这种策略是指对某些可能发生风险损失的财产或项目，用转让的方式转出企业，并交换回较为保险的财产或项目。例如，用转手承包的形式把有风险的项目转包给他人；以参加保险的形式，通过支付保险费，把风险转移给保险公司；把风险大的股票抛出购回风险小的股票；等等。

第三节　利息率

时间价值和风险报酬，都是以利息率的形式表现出来的。这里所说的利息率是指广义利息率。马克思曾指出，利息不外乎是一部分利润的特别名称、特别项目，执行职能的资本家不能把这部分利润装进自己的腰包，而必须把它支付给资本的所有者。在任何方式下，利息都是劳动者创造的剩余产品价值的一部分，即利润的一部分。利息率是进行财务决策的基本依据，无论进行筹资决策还是进行投资决策都不能离开利息率因素，否则就不可能达到预期的理财目标。

一、利息率的概念与种类

1. 利息率的概念

利息率简称利率，是资金的增值额同投入资金价值之比率，是衡量资金增值程度的指标。从资金的借贷关系来看，利率是特定时期运用资金这一资源的交易价格。资金作为一种特殊商品，在资金市场上的买卖，以利率作为价格标准，资金的融通实质上是资源通过利率这个价格在市场机制作用下进行再分配。因此，利率在资金分配及企业财务决策中起着重要作用。

2. 利息率的种类

利率可按照不同标准划分，主要有以下几类：

（1）按利率之间的换算关系，分为基准利率和套算利率。基准利率（又称基本利率）是指在多种利率并存的条件下起决定作用的利率。基本利率变动，其他利率也相应变动。基准利率在西方通常是中央银行的再贴现率，在我国是中国人民银行对商业银行贷款的利率。套算利率是指基准利率确定后，各金融机构根据基准利率和借贷款项的特点而换算出的利率。例如，某金融机构规定，AAA 级、AA 级、A 级企业的贷款利率，应分别在基准利率基础上加 1%、1.5%和 2%，若基准利率是 6%，则 AAA 级、AA 级和 A 级企业贷款利率则分别是 7%、7.5%和 8%。

（2）按投资者取得的报酬情况，可分为实际利率和名义利率。实际利率是指在无通货膨胀情况下的利率，或是指在物价有变化时扣除通货膨胀补偿后的利息率。名义利率是指包含对通货膨胀贴水在内的利率。物价上涨是一种普遍的现象，所以，名义利率一般都高于实际利率。两者之间的关系可用公式表示如下：

$$K=K_o+IP \tag{2.38}$$

式中：K 为名义利率；K_o为实际利率；IP 为预计通货膨胀率。

（3）根据利率是否随市场资金供求关系而变化，可分为固定利率与浮动利率。固定利率是指在借贷期内固定不变的利息率。这种利率对借贷双方确定成本和收益十分方便，但在通货膨胀时期，实行固定利率会使债权人利益受到损害，因此西方国家逐步放弃固定利率政策。浮动利率是指在借贷期内可以根据贷款人信用等级、贷款风险等因素调整的利率，根据借贷双方的协定，由一方在规定的时间依据某种市场利率进行调整。采用浮动利率可使债权人减少损失，但计算手续繁杂，工作量比较大。

（4）根据利率变动与市场的关系，可分为市场利率和法定利率。市场利率是指根据资金市场上的供求关系，随市场规律而自由变动的利率。法定利率是指由政府金融管理部门或者中央银行确定的利率，又称官定利率、管理利率。法定利率是国家进行宏观调控的一种手段。我国的利率属于法定利率，由国务院统一制定，中国人民银行统一管理。

二、影响利息率水平的基本因素

与实物商品价格一样，资金这种特殊商品的价格——利率，也是由资金的供给与需求来决定的。从资金供给角度来看，总是希望较高的利息率，利息率水平与资金供给量成正比，即利息率水平越高资金供给量越大，利息率水平越低资金供给量越小；从资金需求角度来看，总是希望较低的利息率，利息率水平与资金需求量成反比，即利息率水平越高资金需求量越小，利息率水平越低资金需求量越大。

资金供应和需求是影响利息率的两个基本因素。除此以外，经济周期、通货膨胀、国家货币政策和财政政策、国际经济政治关系、国家利率管制程度等对利率的变动均有不同程度的影响。这些因素有些也是通过影响资金的供应和需求而影响利息率的。政府在宏观金融调控中，常用利率杠杆来调节中央银行及商业银行资金供给与市场资金需求的平衡。因此，在财务管理中必须重视资金的供应和需求关系对利率的影响。

三、利率水平的构成要素

金融市场上利息率水平的决定因素，只是从理论上解释利率会发生变动。分析利率的构成有助测算在未来特定条件下的利率水平。利率通常由纯利率、通货膨胀补偿（或称通货膨胀贴水）和风险报酬三部分构成。其中风险报酬又分为违约风险报酬、流动性风险报酬和期限风险报酬三种。利率的一般计算公式可表示如下：

$$K=K_o+IP+DP+LP+MP \tag{2.39}$$

式中，K 为利率（指名义利率）；K_o为纯利率；IP 为通货膨胀补偿；DP 为违约风险报酬；LP 为流动性风险报酬；MP 为期限风险报酬。

（1）纯利率。纯利率是指没有风险和没有通货膨胀情况下的平均利率。例如，在无通货膨胀时，国库券的利率可以看作纯利率。纯利率的高低受资金供应和需求关系影响。因利息作为利润的一部分，所以利息率依存于利润率，并受利润率的制约。一般来讲，利息率随利润率的提高而提高，利息率最高不能超过平均利润率，否则，企业无利可图，不会借入资金；利息率的最低限度应大于零，不能等于或小于零，否则提供资金的人不会提供资金。利息率占平均利润率的比重取决于金融业与工商业的竞争结果。精确地测定纯利率是非常困难的，在实际工作中，通常以无通货膨胀情况下的无风险证券利率来代表纯利率。

（2）通货膨胀补偿。持续的通货膨胀，会降低货币的实际购买力，对投资项目的投资报酬率也会产生影响。资金的供应者在通货膨胀的情况下，必然要求提高利率水平以补偿其购买力损失。所以，即使是无风险证券的利率，除纯利率之外还应加上通货膨胀因素。例如，政府发行的短期无风险证券的利率就是由这两部分组成的，即短期无风险证券利率 K_F = 纯利率 K_o + 通货膨胀补偿 IP。假设纯利率为3%，预计下一年度的通货膨胀率是7%，则一年期无风险证券的利率应为10%。

计入利率的通货膨胀率，并不是过去实际达到的通货膨胀水平，而是对未来通货膨胀的预期值，这是未来时期的平均数。其计算方法有算术平均法和几何平均法两种。

①算术平均法，即用各年通货膨胀率之和与年数的比率来计算平均通货膨胀率。计算公式为：

$$IP=(x_1+x_2+x_3+\dots+x_n)/n \tag{2.40}$$

式中：x_i为第 i 年的通货膨胀率；n 为年数；IP 为平均通货膨胀率。

②几何平均法，即利用统计学中的几何平均原理来计算平均通货膨胀率。计算公式为：

$$IP=[(1+x_1)\cdot(1+x_2)\cdot(1+x_3)\cdots(1+x_n)]^{1/n}-1 \tag{2.41}$$

利息率的变化与通货膨胀率的变化并不是完全同步的，一般而言，利息率变化滞后于通货膨胀率变化。另外，无风险利率的计算也不一定完全像上述计算公式中那样精确。但是，随着通货膨胀率的提高，利率有上升的趋势，这一点是毫无疑义的。

（3）违约风险报酬。违约风险是指借款人无法按时支付利息或偿还本金而给投资人带来的风险。违约风险反映着借款人按期支付本金、利息的信用程度。借款人如经常不能按期支付本利，说明这个借款人的违约风险高。为了弥补违约风险，必须提高利息率，否则，投资人不会进行投资。国库券等证券由政府发行，可以看作没有违约风险，其利率在到期日和流动性等因素相同的情况下，各信用等级债券的利率水平同国库券利率之间的差额，便是违约风险报酬率。

（4）流动性风险报酬。流动性是指某项资产能够迅速转化为现金的可能性。一项资产能迅速转化为现金，说明其变现能力强，流动性好；反之，则说明其变现能力弱，流动性不好，流动性风险大。政府债券、大公司的股票与债券，由于信用好，变现能力强，所以流动性风险小；而一些不知名的中小企业发行的证券，流动性风险则较大。一般而言，在其他因素相同的情况下，流动性风险小的证券与流动性风险大的证券相比，利率高1%~2%，这就是所谓的流动性风险报酬。

（5）期限风险报酬。期限风险报酬，是指因到期时间长短不同而形成的利率差别。一项负债，到期日越长，债权人承受的不肯定因素就越多，承担的风险也越大。期限风险报酬正是为了弥补这种风险而增加的利率水平。由此可见，长期利率一般高于短期利率，高出的利率便是期限性风险报酬。当然，在利率剧烈波动的情况下，也会出现短期利率高于长期利率的情况，但这只是一种偶然的情况。

课后思考与练习

1. 货币的时间价值如何影响投资？

2. 为何风险也被称之为机会？区分风险的种类对公司的投资有什么意义？

3. 利率的变化对公司的投资有什么影响？

4. 如果要在10年后还清200 000元债务，从现在起，每年年末等额存入银行一笔款项。假设银行存款利率为4%，每年需要存入多少元钱？

5. 某企业打算购买一处建筑用房，财务部门提出两种付款方案：

（1）从现在起，每年年初支付10万元，连续支付10次，共100万元；

（2）从第6年开始，每年年初支付15万元，连续支付10次，共150万元。

假设企业的资金成本率（即最低报酬率）为10%，该公司应选择哪个方案？

6. 某人以8%的利率借款500万元，投资于某个寿命为12年的项目，每年至少要收回多少现金才是有利的？

7. 有三种投资组合，相关资料如表2.6所示。

表2.6　三种投资组合

项目	A	B	C
报酬率	10%	18%	22%
标准差	12%	20%	24%
投资比例	0.5	0.3	0.2

A和B的相关系数是0.2；B和C的相关系数是0.4；A和C的相关系数是0.6。

要求：计算投资于A、B和C的组合报酬率以及组合风险。

8. A公司向银行借款，有两种计息方式：①年利率8%，按月计息；②年利率8.5%，按半年计息。请问：A公司应选择哪种计息方式？它的实际利率是多少？

第三章　资本成本与资本结构

学习目标

要求学生通过本章学习，认识资本成本的意义，熟悉资本成本估算的基本方法，理解经营杠杆、财务杠杆及复合杠杆的含义及度量，掌握资本结构理论的基本框架，以及企业目标资本结构确定的基本思路、方法及考虑因素。

本章内容

资本成本：资本成本的概念及性质，资本成本的计算；财务管理杠杆效应：杠杆效应原理，经营杠杆与经营风险，财务杠杆与财务风险，复合杠杆与复合风险；资本结构：资本结构的意义，资本结构与资本成本的关系，资本结构决策方法。

第一节　资本成本

一、资本成本的性质与构成

（一）资本成本的概念及性质

1. 资本成本的概念

资本成本是一种机会成本，指公司可以从现有资产获得的，符合投资人期望的最小收益率。在市场经济条件下，企业筹集资本的渠道，主要是所有者投资和向债权人举债，通过前者筹集的资本称为自有资本，通过后者筹集的资本称为借入资本。投资人将资金用于投资是为了取得一定的投资报酬，债权人将资金贷出是为了获得利息收入。由此可见，作为资金的使用者，其所筹集的资金不论是来自投资者，还是来自债权人，都必须为此付出一定的代价，这里的“代价”就是资本成本。因此，资本成本可定义为：企业因筹集或使用资金而支付的各种费用的总和，包括资本筹集费用和资本使用费用两部分。

在企业财务管理中，资本成本的作用十分重要。从企业筹资的角度看，资本成本是筹资决策的主要依据，企业一般尽可能地选择资本成本最低的筹资方式。从企业投资的角度看，资本成本是决定投资项目取舍的重要标准，一个投资项目，其投资收益率必须高于资本成本，才具有经济可行性，因此，企业一般将资本成本视作投资项目的最低收益率。从企业经营角度看，资本成本可以作为评价企业整个经营业绩的基准，利润率大于资本成本，经营有利，反之业绩不佳。

2. 资本成本的属性

（1）资本成本是商品经济条件下资本所有权和使用权分离的必然结果。资本是一种特殊商品，其特殊性表现在它与其他经营要素结合后能使自身价值增值。商品经济的发展和借贷关系的普遍存在，使资本的所有权与使用权产生分离。资本使用者使用资本，必须付出一定的代价。资本使用者无论是直接取得资本还是通过资本市场间接取得资本，都必须支付给所有者和中介人一定的报酬，这些报酬是资本在周转使用中发生的价值增值的一部分。因此，资本成本实质是劳动者的剩余劳动所创造的价值的一部分，体现了资本使用者和资本所有者之间的利益分配关系。

（2）资本成本具有一般商品成本的基本属性，但又有不同于一般商品成本的某些特性。一般商品的生产成本需要从其收入中予以补偿。资本成本作为企业因使用资本而发生的支出，需要由企业的收益补偿，通常并不直接表现为生产成本。

（3）资本成本与资金时间价值是不同的概念。资本成本不仅包含了资金时间价值，还包含了投资的风险价值、通货膨胀贴水和取得成本等。资本成本是资金时间价值和风险价值的统一，资金时间价值是资本成本的基础。

（二）资本成本的构成要素

资本成本由筹资费用和用资费用两部分构成。

1. 筹资费用

筹资费用是指企业在筹集资本活动中为获得资本而支付的各项费用，主要包括银行借款手续费，发行股票和债券支付的各项代理费（如印刷费、广告费、担保费、注册费、资产评估费、公证费等）。筹资费用通常是在筹资时一次性支付的，在获得资本后的用资过程中不再发生，而且支付数额通常与资本使用期限无直接联系，因而属于固定性资本成本，可视为筹资额的一项扣除。

2. 用资费用

用资费用是指企业使用资本而承担的费用，即在生产经营、投资过程中因使用资本而支付给资本所有者的报酬，主要包括支付给股东的股利、向债权人支付的利息等。用资费用是经常性的，并随使用资本数量的多少和期限的长短而变动，因而属于变动性资本成本。

（三）资本成本的表示方法

资本成本的表示，可用绝对数表示，也可用相对数表示。

1. 绝对数表示的资本成本

绝对数表示的资本成本有年资本成本和资本成本总额。年资本成本是企业为使用资本每年支付的费用数额，如每年支付的债券利息、每年分给股东的股利等。年资本成本中一般只包括用资费用，不包括筹资费用。资本成本总额是企业为筹集和使用资本需支付的费用总额，包括支付的筹资费用和各期支付的用资费用总额。如考虑资金的时间价值，则某项筹资的资本成本总额应为该项筹资所发生的全部筹资费用和用资费用按一定折现率计算的现值之和。

2. 相对数表示的资本成本

相对数表示的资本成本即资本成本率，它是资本成本额与筹集资本总额的比率。由于筹资费用数额一般较小，因而一般将其作为筹资额的减项处理。资本成本率计算公式如下：

$$\text{资本成本}=\frac{\text{年用资费用}}{\text{筹资总额}-\text{筹资费用}}$$

筹资费用作为筹资总额的扣减项的原因：

（1）筹资费用在筹资前已作为一次性费用发生了耗费，不属于资金使用期内预计持续付现项目。

（2）可被企业利用的资金是筹资净额而非筹资总额，按配比原则，只有筹资净额才能与使用费用配比。

（3）从出让资金的投资者来看，资本成本即为投资报酬，投资报酬主要表现为在投资期间获得的收益额，显然，投资费用并非投资者的收益。

在企业财务管理中，资本成本通常用相对数来表示，这便于对不同筹资方式下的资金成本进行比较分析。以下所讨论的资本成本也仅指资本成本率。

二、资本成本的计算

（一）资本成本的种类

资本成本按计量形式不同，分为个别资本成本、综合资本成本、边际资本成本等多种形式。在企业筹资决策中不同形式的资本成本分别用于不同的决策项目。

（1）个别资本成本，是指使用各种长期资金的成本，具体分为债券成本、长期借款成本、普通股成本、优先股成本、留存收益成本等。个别资本成本的高低，是企业评价筹资方式优劣、选择资本来源的重要依据。

（2）综合资本成本，是企业全部长期资金以一定的标准为权数计算的加权平均资本成本。综合资本成本的高低，是企业比较筹资组合方案、确定最佳资本结构的重要依据。

（3）边际资本成本，是资金每增加一个单位所增加的成本。边际资本成本是企业需追加筹资时，比较筹资方案的重要依据。

（二）个别资本成本的计算

个别资本成本是指各种长期资本的成本，包括债务成本与权益成本。其中债务成本指长期借款成本与债券成本，权益成本包括优先股成本、留存收益成本和普通股成本。

1. 长期借款成本

（1）不考虑货币时间价值影响。长期借款成本的构成包括借款利息和借款筹资费用。借款利息在税前支付，可以抵税，因此在计算长期借款资本成本时，用资费用应为已抵税后的借款利息。借款筹资费用主要是借款手续费，当费用很小时，也可以忽略不计。一次还本、分期付息的长期借款成本计算公式为：

$$K_i = \frac{I \times (1-T)}{L \times (1-f)} = \frac{i \times (1-T)}{1-F} \tag{3.1}$$

式中，K_i为长期借款资本成本；i为长期借款利率；L为长期借款总额；I为长期借款年利息；T为所得税税率；f为长期借款费用率；F为长期借款费用。

[例3.1] 某企业向银行取得800万元的长期借款，年利息率为5%，期限3年，每年付息一次，到期一次还本。假定筹资费率为0.2%，所得税税率为25%，不考虑货币时间价值影响，则该笔长期借款的成本可计算如下：

$$K_i = \frac{800 \times 5\% \times (1-25\%)}{800 \times (1-0.2\%)} = 3.76\%$$

长期借款的筹资费用主要是借款手续费，一般数额相对很小，为了简化计算，也可忽略不计。这样，长期借款成本可按下列公式计算：

$$K_i = i \times (1 - T) = 5\% \times (1 - 25\%) = 3.75\%$$

上述计算长期借款资本成本的方法比较简单，但缺点在于没有考虑货币的时间价值。

（2）考虑货币时间价值影响。债务的成本是使下式成立的 K_d（内含报酬率）：

$$P_0 \times (1 - f) = \sum \frac{I_i \times (1 - T)}{(1 + K_d)^i} + \frac{P_n}{(1 + K_d)^n} \tag{3.2}$$

式中：P_0为长期借款本金，即债务的现值；f 为筹资费用率；P_n为到期偿还的本金；I_i 第 i 年年末支付的利息；n 为借款期限，通常以年表示；K_d为长期借款资本成本；T 为所得税税率。

［例 3.2］续例 3.1，考虑货币时间价值影响时，债务的成本是使下式成立的 K_d（内含报酬率）：

$$800 \times (1 - 0.2\%) = \frac{40 \times (1 - 25\%)}{(1 + K_d)} + \frac{40 \times 5\% \times (1 - 25\%)}{(1 + K_d)^2} + \frac{40 \times 5\% \times (1 - 25\%)}{(1 + K_d)^3} + \frac{800}{(1 + K_d)^3}$$

采用内插法计算 K_d之值如下：

左边 = 800×（1−0.2%）= 798.4（万元）

右边当 K_d = 4%时有：

$$\frac{40 \times (1 - 25\%)}{(1 + 4\%)} + \frac{40 \times (1 - 25\%)}{(1 + 4\%)^2} + \frac{40 \times (1 - 25\%)}{(1 + 4\%)^3} + \frac{800}{(1 + 4\%)^3} = 794.453 < \text{左边}$$

右边当 K_d = 3%时有：

$$\frac{40 \times (1 - 25\%)}{(1 + 3\%)} + \frac{40 \times (1 - 25\%)}{(1 + 3\%)^2} + \frac{40 \times (1 - 25\%)}{(1 + 3\%)^3} + \frac{800}{(1 + 3\%)^3} = 816.938 > \text{左边}$$

$$K_d = 3\% + \frac{(798.4 - 794.453)}{(798.4 - 794.453) + (816.938 - 798.4)} = 3.18\%$$

值得注意的是，在估计债务成本时，要正确区分债务的历史成本和未来成本。作为投资决策和企业价值评估依据的资本成本，只能是未来借入新债务的成本。现有债务的历史成本主要用于对过去业绩的分析，对于未来的决策是不相关的沉没成本。

2. 债券成本

（1）不考虑货币时间价值影响。发行债券的成本主要指债券利息和筹资费用。债券利息的处理与长期借款利息的处理相同，应以税后的债务成本为计算依据。债券的筹资费用一般比较高，不可在计算成本时省略。按照一次还本、分期付息的方式，债券资本成本的计算公式为：

$$K_b = \frac{I \times (1 - T)}{B \times (1 - f_b)} \tag{3.3}$$

式中：K_b为债券资本成本；I 为债券的年利息额；B 为债券的筹资总额，按实际发行价格确定；f_b为债券筹资费用率；T 为所得税税率。

［例 3.3］假设某长期债券的总面值为 100 万元，溢价发行，发行总价为 105 万元，

期限为 3 年，票面利率为 11%，每年年末付息一次，到期一次还本。手续费为发行总价的 2%。所得税税率为 30%。不考虑货币时间价值影响，则该债务的税后成本为：

$$K_i = \frac{100 \times 11\% \times (1 - 30\%)}{100 \times (1 - 2\%)} = 7.86\%$$

（2）考虑货币时间价值影响。上述计算债券成本的方式，同样没有考虑货币的时间价值。如果将时间价值考虑在内，债券成本的计算与长期借款成本的计算一样。

［例 3.4］续例 3.3，考虑货币时间价值影响时，债务的成本是使下式成立的 R_b（内含报酬率）：

$$105\times(1-2\%) = \frac{100 \times 11\% \times (1 - 30\%)}{(1 + Rb)} + \frac{100 \times 11\% \times (1 - 30\%)}{(1 + Rb)^2} + \frac{100 \times 11\% \times (1 - 30\%)}{(1 + Rb)^3} + \frac{100}{(1 + Rb)^3}$$

求得 K_d = 6.603%。

3. 优先股成本

优先股成本的构成包括优先股股利和优先股发行费用。优先股股利一般是固定支付的，其发行费用也较高。与债券不同的是，股利从税后利润中支付，不能抵税，而且没有固定到期日。优先股成本可以按以下公式计算：

$$K_P = \frac{D_P}{P_P(1 - F_P)} \tag{3.4}$$

式中：K_p为优先股成本；D_p为优先股年股利；P_p为优先股筹资额（按发行价格确定）；F_p为优先股筹资费率。

［例 3.5］某公司发行优先股 10 万股，每股面值 10 元，固定年股利率为 10%，按每股 20 元的价格发行，发行费率为 6%。则优先股成本为：

$$K_p = \frac{100\,000 \times 10\text{元} \times 10\%}{100\,000 \times 20\text{元} \times (1 - 6\%)} = 5.32\%$$

由于优先股的股利是从税后利润中支付的，不能抵税，故优先股成本一般要比长期借款成本和债券成本高。

4. 普通股成本

普通股成本的构成包括普通股股利和普通股发行费用。普通股与优先股一样，股利也是从税后利润中支付，没有固定的到期日，需支付很高的发行费用；所不同的是普通股的股利一般不是固定的，它随企业的经营状况而改变。计算普通股的方法很多，常用的方法有两种：资本资产定价模式和现金流量法。

（1）资本资产定价模式。根据资本资产定价模式，普通股的资本成本被视为普通股股东对股票投资的期望收益率，用以下公式表示：

$$K_c = K_f + \beta(K_m - K_f) \tag{3.5}$$

式中：K_c为普通股成本；K_f为无风险收益率；β 为股票的风险系数；K_m为市场股票平均收益率。

无风险报酬率一般采用国库券利率，风险系数反映该股票的风险相对于股票市场平均风险的波动倍数。

［例 3.6］某期间 A 公司普通股的 β 值为 1.5，市场股票平均收益率为 12%，国库

券利率为 8%。A 公司的普通成本为：

$$K_c = 8\% + 1.5 \times (12\% - 8\%) = 14\%$$

（2）现金流量法。现金流量法是根据股票估价公式，将股票的资本成本视为使股票筹资的现金流入现值等于其现金流出现值的贴现率。计算公式如下：

$$P_c(1 - F_c) = \sum_{t=1}^{\infty} \frac{D_t}{(1 + K_c)^t} \tag{3.6}$$

式中：K_c为普通股成本；D_t为普通股年股利；P_c为普通股市价；F_c为普通股筹资费率；t 为股利支付期。

假定下一年的股利为 D_1，以后各期股利按某一比率 g 逐年稳定增长，则普通股成本可按下列公式计算：

$$K_c = \frac{D_1}{P_c(1 - F_c)} + g \tag{3.7}$$

［例 3.7］某企业新发行普通股，每股市场价格为 10 元，发行费率为股票市价的 6%，预计第一年股利为 0.8 元，未来各年股利将按 5%的比率增长。该企业新发行普通股的成本为：

$$K_c = \frac{0.8\text{ 元}}{10\text{ 元} \times (1 - 6\%)} + 5\% = 13.51\%$$

假定股利长期稳定，每期股利为 D_C，则普通股成本可按下列公式计算

$$K_c = \frac{D_c}{P_c(1 - F_c)} \tag{3.8}$$

［例 3.8］仍按例 3.7 的资料，若每年股利固定为 1 元，长期保持不变，该企业新发行普通股的成本为：

$$K_c = \frac{1\text{ 元}}{10\text{ 元} \times (1 - 6\%)} = 10.64\%$$

由于普通股没有固定的到期日，股利一般也不固定，对投资者而言，投资于普通股比投资于其他方面所承担的风险更大，因而要求的投资报酬也更高。所以，在各种筹资形式中，普通股的资本成本是最高的。

5. 留存收益成本

留存收益是企业未把税后利润全部派给股东，而将其中的一部分留存于企业形成的，它属于普通股股东所有。从表面上看，企业留用利润并未发生成本支出，但实质上股东未将利润作股利支取而留存于企业是股东对企业的追加投资，股东对这部分追加投资与原先缴纳股本一样，也是要求有相应报酬的。所以，留存收益筹资也有成本。

留存收益成本的计算方法与普通股成本的计算方法基本相同，但不用考虑筹资费用。股利按一定比率长期稳定增长的企业，其留存收益成本按下式计算：

$$K_s = \frac{D_1}{P_c} + g \tag{3.9}$$

式中：K_s为留存收益成本；D_1为普通股预计下一年股利；P_c为普通股市价；g 为股利年固定增长率。

股利保持长期稳定不变的企业，其留存收益成本按下式计算：

$$K_s = \frac{D_c}{P_c} \tag{3.10}$$

式中：D_c为普通股年股利。

企业利用留存收益方式筹集长期资金不需支付筹资费用，故其资本成本比普通股低。

（三）综合资本成本的计算

企业的资本结构一般都不是单一的，企业可从多种渠道，以多种方式筹集资本。为使企业价值最大化，企业必须优化资本结构，而综合资本成本是确定最佳资本结构的重要依据。综合资本成本是以各种资本在全部资本中所占比重为权数，对个别资本进行加权平均后确定的，也称加权平均资本成本。所谓“加权平均资本成本”也就是指企业全部长期资金的总成本。影响综合资本成本的因素有两个：一是各种来源资本的个别资本成本，二是资本来源的结构。它一般是以各种个别资本资金占全部资金的比重作为权数，并对个别资本成本进行加权，从而确定加权平均资本成本（即综合资本成本）。其计算如下：

$$\overline{K_R} = \sum_{i=1}^{n} K_{R_i} W_i \tag{3.11}$$

式中：$\overline{K_R}$ 为加权平均资本成本率；K_{Ri}为某一个别资本成本率；W_i为相应的个别资金权数；n 为企业筹资种类数；$\sum_{i=1}^{n} W_i = 1$。

由上述公式可以看出，综合资本成本的计算是由两大因素构成的，即各个别资本和该资金的权数。因此在实际计算时，我们可分三个步骤进行：第一步，先计算个别资本成本；第二步，计算各个资金的权数；第三步，利用上面公式计算出综合资本成本。

[例 3.9] 某公司拟筹资 4 000 万元，其中发行票面利率为 12%的债券 1 000 万元，偿还期限为 5 年，发行手续费率为 3%；发行优先股股票 10 万股，每股 100 元，固定年股息率为 15%，支付发行费 3 万元；发行普通股股票 20 万股，每股 100 元，假定一年期国库券利率为 11%，市场组合收益率为 16%，该公司贝塔系数为 1.3，公司所得税税率为 33%。试计算筹资 4 000 万元的资本成本。如预期投资报酬率为 16%，试分析该投资方案是否可行。

（1）计算各筹资方式资本成本

债券的资本成本= 1 000×12% ×（1−33%）/［1 000 ×（1−3%）］=8.29%

优先股资本成本 =10 ×100 ×15% /（10×100 − 3）= 15.05%

普通股资本成本 =11%+（16% − 11%）×1.3=17.5%

（2）计算加权平均资本成本

R_a =1 000/4 000 ×8.29%+ 1 000/4 000 × 15.05%+ 2 000/4 000 ×17.5%

=14.85%

（3）判断

预期投资报酬率为 16%，超过 14.58% 的加权平均资本成本，说明该投资方案可行。

上述计算中，W_i是按资金的账面价值计算的资金的权数，其资料容易取得。但当资本的账面价值与市场价值差别较大时，如股票、债券的市场价格发生较大变动，计算结果会与实际有较大的差距，从而贻误筹资决策。为了避免这一缺陷，个别资本占全部资本比重的确定还可以按市场价值或目标价值确定，也可选用平均价格。

目标价值权数是指债券、股票以未来预计的目标市场价值确定权数。这种权数能体现期望的资本结构，而不是像账面价值权数和市场价值权数那样只反映过去和现在的资本结构，所以按目标价值权数计算的加权平均资本成本更适用于企业筹措新资金。然而，企业很难客观合理地确定证券的目标价值，使这种计算方法不易推广。

（四）边际资本成本的计算

边际资本成本，是指资金每增加一个单位而增加的成本。边际资本成本采用加权平均法计算，其权数为市场价值权数，而不应使用账面价值权数。当企业拟筹资进行某项目投资时，应以边际资本成本作为评价该投资项目可行性的经济指标。

计算确定边际资本成本可按如下步骤进行：①确定公司最优资本结构。②确定各种筹资方式的资本成本。③计算筹资总额分界点。筹资总额分界点是某种筹资方式的成本分界点与目标资本结构中该种筹资方式所占比重的比值，反映了在保持此资本成本的条件下，可以筹集到的资金总限度。一旦筹资额超过筹资分界点，企业即使维持现有的资本结构，其资本成本也会增加。④计算边际资本成本。根据计算出的分界点，可得出若干组新的筹资范围，对各筹资范围分别计算加权平均资本成本，即可得到各种筹资范围的边际资本成本。

［例 3.10］甲公司目前拥有长期资本 400 万元，其中长期借款 60 万元，长期债券 100 万元，普通股（含留存收益）240 万元。公司为了满足追加投资的需要，拟筹集新的长期资本。试确定新筹集长期资本的资本成本（为计算方便，假设债券发行额可超过净资产的 40%）。

（1）公司经过分析，测定了各类资本的资本成本分界点及各个别资本成本筹资范围内的个别资本成本率，如表 3.1 所示。

表 3.1 甲公司筹资成本测算表

资本种类	资本成本分界点（万元）	个别资本筹资范围（万元）	资本成本（%）
长期借款	4.5 9.0	4.5 以内 4.5~9.0 9.0 以上	3 5 7
长期债券	20 40	20 以内 20~40 40 以内	10 11 12
普通股	30 60	30 以内 30~60 60 以内	13 14 15

（2）公司决定，筹集新资本仍保持现行的资本结构，即长期借款占 15%，长期债券占 25%，普通股占 60%。

（3）计算追加筹资总额的突破点，并划分追加筹资总额的各段范围。

所谓筹资突破点，是指企业在保持其资本结构不变的条件下可以筹集到的资本总额。换言之，企业在筹资突破点以内筹资，资本成本不会改变，一旦超过了筹资突破点即使保持原有的资本结构，其资本成本也会增加。筹资突破点的计算公式为：

$$筹资突破点=\frac{可用某一特定成本率筹集到某种资本最大数额}{该种资本在资本结构中所占的比重}$$

根据上述资料，计算出若干筹资突破点如下：

4. 5/15%=30；9/15%=60；20/25%=80

40/25%=160；30/60%=50；60/60%=100

由此可得七组追加筹资总额范围：30 万元以内；30 万~50 万元；50 万~60 万元；60 万~80 万元；80 万~100 万元；100 万~160 万元；160 万元以上。

（4）分组计算边际资本成本。计算结果见表 3. 2 所示。

表 3. 2　　甲公司边际资本成本计算表

筹资范围	资本种类	资本结构	个别资本成本	综合资本成本
30 万元以内	长期借款 长期债券 普通股	15% 25% 60%	3% 10% 13%	10. 75%
30 万~ 50 万元	长期借款 长期债券 普通股	15% 25% 60%	* 5% 10% 13%	11. 05%
50 万~ 60 万元	长期借款 长期债券 普通股	15% 25% 60%	5% 10% * 14%	11. 65%
60 万~ 80 万元	长期借款 长期债券 普通股	15% 25% 60%	* 7% 10% 14%	11. 95%
80 万~ 100 万元	长期借款 长期债券 普通股	15% 25% 60%	7% * 11% 14%	12. 20%
100 万~ 160 万元	长期借款 长期债券 普通股	15% 25% 60%	7% 11% * 15%	12. 80%
160 万元以上	长期借款 长期债券 普通股	15% 25% 60%	7% * 12% 15%	13. 05%

注：以上带有 * 符号的数字比上一组筹资范围中相应的个别资本成本有所变动。

第二节　财务管理杠杆效应

一、杠杆效应原理

杠杆效应是一个应用非常广泛的概念，在工程技术、技术经济学、经济学等很多学科中都常使用。杠杆理论在财务管理中的应用，反映的是产量、收入、利息及税前利润和每股收益之间的关系。杠杆可定义为：由自变量 x 的百分比变动而引起的因变

量 y 的百分比变动的幅度或结果，或称两者百分比变动之比。其基本原理为：

设：Δx 为自变量 x 的变动值，Δy 为因变量 y 的相应变动值。则有：

$$\frac{Q_y}{Q_x}=\frac{\frac{\Delta y}{y}}{\frac{\Delta x}{x}} \tag{3.12}$$

这里的 Q_y/Q_x 就称为 x 相关的 y 的杠杆系数。例如，假设某公司的销售额取决于广告费预算额的多少，现公司每支出 10 000 元广告费（自变量），销售收入为 400 万元（因变量）。公司测算，计划增加广告费 1 000 元，销售收入因此会增加 100 万元。则销售杠杆系数为：

$$\frac{Q_y}{Q_x}=\frac{\frac{100}{400}}{\frac{1\ 000}{10\ 000}}=2.5$$

销售杠杆系数 2.5 表示，销售量变动幅度是广告费的变动幅度的 2.5 倍。

所以，财务管理的杠杆效应就表现为：由于特定费用的存在而导致的，当某一财务变量以较小幅度变动时，另一相关财务变量以较大幅度变动。财务管理中的杠杆效应主要有三种形式：经营杠杆、财务杠杆、复合杠杆。

二、经营杠杆与经营风险

（一）经营杠杆

企业的经营成本可分为固定成本和变动成本。由于固定成本的存在，销售量的变化与营业利润的变化并不成比例。固定成本在一定销售量范围内不随销售量的增加而增加，所以随着销售量增加，单位销售量所负担的固定成本会相对减少，从而给企业带来额外收益；相反，随着销售量的下降，单位销售量所负担的固定成本会相对增加，从而给企业带来额外损失。如果不存在固定成本，总成本随产销量变动且成比例变化，则企业营业利润变动率就会同产销量变动率完全一致。

经营杠杆（亦称营业杠杆）就是指由于企业经营成本中固定成本的存在而造成的营业利润变动率大于产销量变动率的现象。在销售量上升时，经营杠杆的作用表现为经营杠杆利益；在销售量下降时，经营杠杆作用表现为经营杠杆损失。这就是经营杠杆效应的具体表现。企业可以通过扩大销售量来获得经营杠杆利益，避免减少销售量而遭受经营杠杆损失。

经营杠杆效应的大小是通过经营杠杆系数来反映的。它是企业计算利息和所得税之前的利润（简称息前税前利润，用 *EBIT* 表示）变动率与销售量变动率之间的比率。计算公式为：

$$DOL=\frac{\frac{\Delta EBIT}{EBIT}}{\frac{\Delta S}{S}}=\frac{\frac{\Delta EBIT}{EBIT}}{\frac{\Delta Q}{Q}} \tag{3.13}$$

式中：DOL 为经营杠杆系数；$\Delta EBIT$ 为息前税前利润变动额；$EBIT$ 为变动前息前税前

利润；ΔQ 为销售量变动数；Q 为变动前销售量；ΔS 为销售额变动数；S 为变动前销售额。

根据息税前利润与销售量、销售单价、单位变动成本、固定成本总额的关系，可以得到以下 DOL 的简化计算公式。

因为：

$$EBIT = Q \times (P - V) - F$$

$$\Delta EBIT = \Delta Q \times (P - V)$$

所以：

$$DOL_Q = \frac{Q(P - V)}{Q(P - V) - F} \tag{3.14}$$

$$DOL_S = \frac{S - VC}{S - VC - F} \tag{3.15}$$

$$DOL_S = \frac{EBIT + F}{EBIT} \tag{3.16}$$

式中：Q 为销售量；P 为单位销售价格；V 为单位变动成本；F 为固定成本总额；S 为销售额；VC 为变动成本总额。

理解经营杠杆系数应注意以下几点：

一是经营杠杆系数反映的是息税前利润变动率相当于销售额变动率的倍数，而不是息税前利润变动额相当于销售额变动额的倍数；二是经营杠杆系数越大说明经营风险越大，是指在其他经营风险因素不变的条件下，即 DOL 高但其他因素变化不大的企业的经营风险，可能低于 DOL 但其他因素变化大的企业的经营风险，只有在其他影响风险的因素不变时，经营风险才会随 DOL 的增大而增大；三是经营杠杆系数不是固定不变的，当上述计算 DOL 公式中的固定成本（F）、单位变动成本（V）、销售价格（P）、销售数量（Q）等因素发生变化时，经营杠杆系数也会发生变化；四是在影响经营杠杆系数的四个因素中，销售量和销售价格与经营杠杆系数大小呈反方向变化，而单位变动成本和固定成本与经营杠杆系数大小呈同方向变化。

[例 3.11] 光华公司的固定成本总额为 80 万元，单位销售价格为 0.3 万元，变动成本率为 60%，在销售量为 1 200 单位（即销售额为 360 万元）时，息前税前利润为 64 万元，则公司的经营杠杆系数为：

$$DOL_Q = \frac{1\,200 \times (0.3 - 0.3 \times 60\%)}{1\,200 \times (0.3 - 0.3 \times 60\%) - 80} = 2.25$$

$$\text{或} \frac{360 - 360 \times 60\%}{360 - 360 \times 60\% - 80} = 2.25$$

$$\text{或} \frac{64 + 80}{64} = 2.25$$

经营杠杆系数 2.25 的含义是：当公司销售额增长 1 倍时，息税前利润增长 2.25 倍；反之，当销售额下降 1 倍时，息税前利润也下降 2.25 倍。

（二）经营风险

经营风险是指因生产经营方面的原因给企业盈利带来的不确定性。由于企业生产经营的许多方面都会受到来源于企业外部和内部诸多因素的影响，因此具有很大的不确定性，而这些不确定性，会引起企业的利润或利润率的高低变化，从而给企业带来风险。经营风险变化情况来源于企业外部，尽管如此，企业仍应采用有效的内控措施加以防范。影响企业经营风险的因素很多，包括公司的成本结构、产品需求特征和行业内部的竞争地位等，主要有：

（1）产品需求。市场对企业产品的需求越稳定，经营风险越小；反之经营风险越大。

（2）产品售价。产品售价变动小，则经营风险小；产品售价变动大，则经营风险大。

（3）产品成本。收入减去成本得利润，成本变动会导致利润不稳，成本变动大，则经营风险大；反之则经营风险小。

（4）固定成本比重。在全部成本中，固定成本所占的比重较大时，则产销量变动引起利润变动的幅度也越大，经营风险就大；反之则经营风险就小。

（三）经营杠杆与经营风险的关系

影响企业经营风险的因素很多，其中经营杠杆系数所反映的经营风险是总经营风险的一个重要组成部分，因为经营杠杆系数将放大其他因素对营业利润变化性的影响。但经营杠杆系数本身并非是这种“变化性”的来源。如果企业保持固定的销售规模和固定的成本结构，再高的经营杠杆系数也没有意义。因此，不能将经营杠杆系数作为经营风险的同义语。但事实上企业的销售规模是经常变动的，经营杠杆系数就会放大营业利润的变动性，也就放大了企业的经营风险。所以，对经营杠杆系数的正确理解应该是，经营杠杆系数应当仅被看作是对“潜在风险”的衡量，这种“潜在风险”只有在销售规模的变动性存在的条件下才会被“激活”。

一般而言，经营杠杆系数越大，经营风险水平亦越高，较高的经营风险会使企业发生亏损。当企业销售量高于盈亏平衡点时，企业的经营杠杆系数越大，其销售量（额）就越接近盈亏平衡点，因而，其杠杆利益和风险也就越大（在销售量处于盈亏平衡状况时，经营杠杆系数达到最大值，此时若销售量稍有增加，企业就可获得盈利；但若销售量稍有减少，企业也就会出现亏损）。特别地，当经营杠杆系数接近于1（但大于1）时，其息税前利润将达到最大值，而企业的经营风险将降至最小。有效的经营杠杆系数（即销售量高于盈亏平衡点时的经营杠杆系数）之值在（1，+∞）之间。

三、财务杠杆与财务风险

（一）财务杠杆

财务杠杆又称融资杠杆，是指企业对资本成本固定的筹资方式的利用程度。

在固定成本取得的资金总额一定的情况下，从税前利润中支付的固定性资本成本是不变的。因此当息税前利润增加时，每一元息税前利润所负担的固定性资本成本就会降低，扣除所得税后属于普通股的利润就会增加，从而给所有者带来额外的收益。相反，当息税前利润减少时，每一元息税前利润所负担的固定性成本就会上升，扣除所得税后属于普通股的利润就会减少，从而给所有者带来额外的损失。由于这种额外收益或损失并不是由扩大生产经营、增加投资规模等经营因素所致，而是由改变财务结构所引起的，故我们将这种仅支付固定性资本成本的筹资方式对增减普通股收益的现象，称之为财务杠杆效应。

所以，财务杠杆效应是指因筹资成本中固定资本成本的存在，普通股收益的变动率（增长或下降）大于息税前利润的变动率（增长或下降）的现象。在息税前利润增加时，财务杠杆效应表现为财务杠杆利益；在息税前利润减少时，财务杠杆效应表现为财务杠杆损失。企业可以通过调节资本结构，获得财务杠杆利益，避免财务杠杆损失。

财务杠杆效应的大小通常用财务杠杆系数（DFL）表示。财务杠杆系数，是普通股每股税后收益的变动率对息税前收益的变动率的倍数。财务杠杆系数越大，表明财务杠杆作用越大，财务风险也就越大；财务杠杆系数越小，表明财务杠杆作用越小，财务风险越小。财务杠杆系数的计算公式为：

$$DFL=\frac{\dfrac{\Delta EPS}{EPS}}{\dfrac{\Delta EBIT}{EBIT}} \tag{3.17}$$

式中：DFL 为财务杠杆系数；ΔEPS 为普通股每股收益变动额；EPS 为变动前的普通股每股收益；$\Delta EBIT$ 为息前税前利润变动额；$EBIT$ 为变动前的息前税前利润。

根据每股收益与息税前利润、债务利息、所得税税率和普通股股数之间的关系，可以得到 DFL 的简化计算公式。

因为：

$$EPS=\frac{(EBIT-I)(1-T)-D}{N}$$

所以：

$$DFL=\frac{EBIT}{EBIT-I-\dfrac{D}{1-T}} \tag{3.18}$$

式中：I 为债务利息；T 为所得税税率；D 为优先股股息。

我们理解财务杠杆系数应注意以下几点：一是财务杠杆系数反映的是普通股每股收益变动率相当于息税前利润变动率的倍数，而不是普通股每股收益变动额相当于息税前利润变动额的倍数；二是财务杠杆系数不是固定不变的，当计算 DFL 公式中的 $EBIT$、I、P 和 T 发生变化时，DFL 也会发生相应的变化；三是在影响财务杠杆系数的四个因素中，息税前利润和所得税税率与财务杠杆系数大小呈同方向变化；而利息费用和优先股股息与财务杠杆系数呈反方向变化；四是在影响财务风险的其他因素（资本供求、利率水平、获利能力、资本结构等）不变的条件下，财务杠杆系数越大，说明企业财务风险越大。

［例 3.12］假设甲、乙、丙三个公司的长期资本都为 1 000 万元。甲公司无负债，无优先股，全部为普通股股本；乙公司借入资本为 300 万元（利率 10%），普通股股本为 700 万元，无优先股；丙公司借入资本为 500 万元（利率 10%），优先股为 100 万元（股息率 12%），普通股股本为 400 万元。假定预期息前利润均为 200 万元，所得税税率为 30%。分别计算三个公司的财务杠杆系数及普通股收益率如下。

甲公司：

$DFL=200\div200=1$，税后利润为 140 万元，普通股股本利润率为 14%（$140\div1\,000$）。

乙公司：

利息费用=30万元，$DFL=200\div(200-30)=1.18$，税后利润为119万元，普通股股本利润率为17%（119÷700）。

丙公司：

利息费用=50万元，股息=12万元，$DFL=1.5$，税后利润为105万元，普通股股本利润率为23.25%（93÷400）。

可见，在长期资本结构中固定性资本成本占比重越大，财务杠杆系数就越大，普通股股本利润率也随之增长。其根本原因就是由于三个公司的投资报酬率20%大于利息率10%，大于股息率12%，从而导致随着固定性资本成本比重增加，财务杠杆利益增长。

（二）财务风险

财务风险又称筹资风险，是指由于举债而给企业财务成果带来的不确定性。企业举债经营，全部资金中除自有资金外还有一部分借入资金，这会对企业自有资金的盈利能力造成影响；同时，借入资金需还本付息，一旦无力偿还到期债务，企业便会陷入财务困境甚至破产。当企业息税前资金利润率高于借入资金利息率时，使用借入资金获得利润除了补偿利息外还有剩余，因而使自有资金利润率提高。但是，若企业息税前资金利润率低于借入资金利润率，这时，企业使用借入资金获得的利润还不够支付利息，还需要动用自有资金的一部分利润来支付利息，从而使自有资金利润降低，发生亏损，甚至招致破产的危险。这种风险即为筹资风险。这种风险程度的大小受借入资金对自有资金比例的影响，借入资金比例越大，风险程度随之增大，借入资金比例越小，风险程度也随之减少。企业对财务风险的控制，关键是要保证有一个合理的资金结构，维持适当的负债水平，既要充分利用举债经营这一手段获取财务杠杆收益，提高自有资金盈利能力，又要注意防止过度举债而引起财务风险的增大，这是企业内部控制的重要环节，必须采取必要的措施防范筹资风险。

具体而言，影响财务风险的因素主要有如下几个方面：

（1）债务比例的大小。如果企业不发行债券，不借款，就不存在财务风险。企业运用债务的比例上升，财务风险就增大。

（2）企业清偿债权的顺序。投资者的债权排列顺序越靠后，无法收回本金和利息（股息）的可能性就越大，即其投资风险越大。因此，筹资企业的资本成本提高，筹资风险加大。

（3）收支的匹配程度。如果企业的现金流入量与债务本金和利息的支付不匹配，财务风险就会上升。流动负债所占的比例越大，无法按时还本付息的可能性越大，财务风险也就越大。

（三）财务杠杆与财务风险的关系

只要有负债或优先股资本经营的企业，就肯定有财务风险，而负债经营或优先股资本的存在是产生财务杠杆的直接原因，因此财务风险和财务杠杆具有密切的关系。财务杠杆大小表示了息税前利润变动对每股收益变动的影响程度，而每股收益的变动又反映了财务风险。因此财务杠杆的大小在一定程度上反映了财务风险的大小。财务杠杆系数反映着财务杠杆的大小，进而也可以反映财务风险的大小。财务杠杆系数越小，对每股收益的影响程度就越小，此时企业的财务风险也就越小；反之，财务杠杆系数越大，对每股收益的影响程度就越大，此时企业的财务风险也就越大。

但是我们必须注意：财务杠杆并不是导致财务风险的唯一因素，财务杠杆的大小并不能完全反映财务风险的大小。财务杠杆大，财务风险并非一定大，财务杠杆的存在只是对企业财务风险产生潜在的影响，关键是要看息税前利润如何变化。财务杠杆可能发生正的作用，也可能发生负的作用，它只是起了一个放大镜的作用，它放大了息税前利润变动对每股收益变动的影响，放大了各种因素对企业的影响，加大了企业的财务风险。

四、复合杠杆与复合风险

（一）复合杠杆

从以上介绍可知，经营杠杆通过扩大销售影响息前税前盈余，而财务杠杆通过扩大息前税前盈余影响收益。如果两种杠杆共同起作用，那么销售稍有变动就会使每股收益产生更大的变动。我们通常把这两种杠杆的连锁作用称为总杠杆效应。

复合杠杆又称总杠杆，是指经营杠杆与财务杠杆同时起作用对企业收益的综合影响。其影响程度可用复合杠杆系数（*DTL*）表示，它是经营杠杆系数和财务杠杆系数的乘积。其计算公式为：

$$DTL = DOL \cdot DFL = \frac{\frac{\Delta EBIT}{EBIT}}{\frac{\Delta Q}{Q}} \times \frac{\frac{\Delta EPS}{EPS}}{\frac{\Delta EBIT}{EBIT}} = \frac{\frac{\Delta EPS}{EPS}}{\frac{\Delta Q}{Q}} \tag{3.19}$$

假定企业的成本—销量—利润保持线性关系，可变成本在销售收入中所占的比例不变，固定成本也保持稳定，则：

$$DTL = \frac{Q(P-V)}{Q(P-V)-F-I} = \frac{S-VC}{S-VC-F-I} = \frac{EBIT+F}{EBIT-I-D/(1-T)} \tag{3.20}$$

［例 3.13］甲公司长期资本总额为 200 万元，其中长期负债占 50%，利率为 10%，无优先股。公司销售额为 50 万元，固定成本总额为 5 万元，变动成本率为 60%，则复合杠杆系数可计算如下：

$$EBIT = 50-5-50\times60\% = 15\text{（万元）}$$

$$I = 200\times50\%\times10\% = 10\text{（万元）}$$

$$DCL = \frac{EBIT+F}{EBIT-I-D/(1-T)} = \frac{15+5}{15-10} = 4$$

若先分别计算经营杠杆系数和财务杠杆系数，可得：$DOL=1.333$，$DFL=3$，$DCL=1.333\times3=4$。

显然，复合杠杆的作用大于经营杠杆与财务杠杆的单独影响作用。而两种杠杆又可以有多种组合。一般情况下，企业将复合杠杆系数即总风险控制在一定范围内，这样经营杠杆系数较高（低）的企业只能在较低（高）的程度上使用财务杠杆。

（二）复合风险

复合风险又称为总风险，是指经营杠杆带来的经营风险和财务杠杆带来的财务风险的总和。经营风险表现为 *EBIT* 增长的不确定性，财务风险表现为 *EPS* 增长的不确定性。因此，在建立财务战略时，企业面临的是它对所愿意承担风险程度的决策。从原则上讲，企业通过改变财务结构或改变资产结构，都可达到任一风险水平。固定资产所占的比例越高，经营杠杆越高，这样的企业会采用比较保守的财务杠杆比率。因此，企业可在总风险确定的情况下，确定经营风险和财务风险的比例关系。

（三）复合杠杆与复合风险的关系

由于企业总杠杆率（*DTL*）是经营杠杆率（*DOL*）和财务杠杆率（*DFL*）的乘积，所以要实现某种程度的总杠杆作用，有多种固定营业成本和固定资本成本的组合可供选择。例如，某企业较多地使用了财务杠杆，为了达到或维持某种适度的总杠杆率，就可用较低的经营杠杆率来抵销财务杠杆率较高的影响；反之，假如企业过多地发挥了经营杠杆的作用，可通过减少使用财务杠杆来加以平衡。

企业为追求普通股每股净收益的增长而使用经营杠杆和财务杠杆，在数量上并不是毫无限制的。因为随着企业总杠杆率的增大，其综合风险也越来越突出，而向企业提供资本的债权人和投资者决定其要求的贷款利率和预期的投资报酬率时，毫无例外地都要考虑风险因素。企业的综合风险越大，债权人和投资者要求的利率和预期的报酬就越高。换句话说，过多使用总杠杆的企业将不得不为此付出较高的固定成本，而较高的成本支出反过来又在一定程度上抵销了公司普通股股东因企业发挥经营杠杆和财务杠杆的作用而获得的收益。

第三节　资本结构

一、资本结构的意义

（一）资本结构的含义

资本结构是指企业各种资本的构成及其比例关系。企业用各种筹资方式筹措资金时，付出的代价是不相同的；而且，用不同的筹资方式筹集资本还会给企业带来不同的风险。为了降低筹资成本和筹资风险，提高筹资效益，企业有必要研究资本来源的构成问题。

企业资本来源的构成有两种含义：一种是指企业全部资本来源的构成比例，称为财务结构；另一种是指长期资本来源的构成比例，称为资本结构。资本来源的构成及含义如图 3.1 所示。

$$\text{财务结构}\begin{cases}\text{短期负债}\\ \left.\begin{array}{l}\text{长期负债}\\ \text{所有者权益}\end{array}\right\}\text{资本结构}\end{cases}$$

图 3.1　企业资金来源构成图

结合我国的具体情况，我们一般把财务结构和资本结构统称为资本结构。

由于企业筹资的目标是既要筹集到所需要的资金，又要使资本成本最低、风险最小，为此，合理地确定资本结构就成为企业理财的重要问题，它也是做出筹资决策的基础。

资本结构的安排涉及三个比例关系：第一是权益资本（自有资本）与债务资本（借入资本）的比例；第二是长期资本（长期负债和所有者权益）与短期资本（流动

负债）的比例；第三是权益资本构成比例。

1. 权益资本与债务资本比例

企业的资本一般都由权益资本和债务资本组成。权益资本与债务资本的比例（简称负债比率）是资本结构的核心问题。一般来说，权益资本的资本成本高、筹资风险低；债务资本的资本成本低，但筹资风险高。所以，企业对权益资本和债务资本构成的安排不仅会影响企业的风险，还会对企业所有者的收益产生不同的影响。

由于财务杠杆的效应，当债务资本的利息率小于投资收益率时，企业用投资收益支付利息后的剩余部分，全部记作权益资本收益，举债使权益资本得到了扩大。但是，如果债务资本的利息率大于投资收益率，负债越多，权益资本收益率越小。也就是说，当债务资本的投资收益还不足以支付利息时，必须用权益资本的投资收益予以弥补，此时权益资本收益率就会下降，甚至会因负债过多而出现亏损。因此，确定权益资本与债务资本的比例时，应计算权益资本收益率。

权益资本与债务资本具体比例的确定还应视企业自身的条件（如举债能力、经营业务内容）以及各个时期的经济发展状况、国家政策因素来确定，并根据实际执行结果进行调整。除此以外，比例安排是否恰当，还可以以投资人的态度来判断，上市公司还可视企业发行证券价格变动情况来衡量。因为企业债务过重，必然会增加投资人的投资风险，所以，投资人对企业权益资本与债务资本比例十分关心。在较为完善的资本市场上，投资人的态度又必然会在证券价格变动中反映出来。为此，财务人员应密切注意资本市场信息，并根据资本市场信息调整负债数额和比例，使资本结构保持在最佳水平。

2. 长期资本与短期资本的比例

长期资本与短期资本的比例又称为资本组合。不同的资本组合对企业收益和风险会产生程度不同的影响。

企业筹集的资本一般用于购建固定资产和购置流动资产，两类资产的资金占用情况各不相同。固定资产占用资金时间长，数额比较稳定，如从长期看，固定资产占用资金额将会随企业扩展而逐渐增大。流动资产占用资金的情况较为复杂，有一部分流动资产（如企业的基本存货）占用资金时间较长，数额比较稳定，可称为“永久性”流动资产；另一部分流动资产占用资金的时间和数额不稳定（如银行存款、应收账款等），可称为“波动性”流动资产。

企业资本组合的决策，实际是对各类资产占有资金的期限和各种资本期限相配比的过程。

再看企业资本组合情况，企业一部分资本是长期资本，包括所有者权益和长期负债。这部分资本一经取得就可以长期使用，财务风险小，但资金成本较高，还会给企业带来定期支付利息和发放股利的负担。企业的另一部分资本是短期资本，主要是流动负债。这部分资本的取得和使用成本较低，使用灵活性强，企业不使用时可随时归还。但是，短期资本使用时间短，财务风险大。另外，短期资本的借入、归还频繁，还会增加财务人员的工作负担，而且一旦遇到信用紧缩，企业资金的周转会发生困难。

根据上述情况，企业在安排长期资本与短期资本时，有以下三种确定方法：

第一，全部固定资产和“永久性”流动资产所需资金用长期资本解决，“波动性”流动资产则可用短期资本——流动负债解决。企业这样安排能使资金的占用时间和负债的偿还时间配合，可以降低到期无法偿还债务的风险。但这种安排的综合资金成本较高。

第二，全部固定资产和部分“永久性”流动资产所需资金用长期资本解决，其余部分流动资产需要的资金用短期资本——流动负债满足。企业采用这种方法安排资本组合可以降低资金成本，提高资金使用效率；但是，财务风险也会相应提高，尤其是在短期债务不能延期或企业利用其他方式再筹资的能力较差时，就会面临无法偿还债务的风险。另外，如果利率在企业资金使用期内提高，企业还会面临利息加大、负担加重的风险。

第三，全部资金都用长期资本满足。这种安排风险最小，但成本也最高。此外，由于企业流动资产中有一部分为“波动性”流动资产，若企业某个时期对这部分资产的需求下降，就会出现资金的闲置浪费。虽然企业也可以将闲置资金进行短期证券投资来获取收益，但在短期投资收益小于长期资本的资本成本时，同样会给企业造成损失。

由此可知，各种安排方式既有优点也有缺点，企业在具体安排时主要取决于管理人员对风险的态度。另外，安排方式还受如下其他因素的影响：

其一，企业信誉。企业信誉好，筹资能力强，就可以适当增加短期资本比重。

其二，企业与债权人的关系。若企业与债权人关系良好，当企业由于一时资金调度不灵而偿付不了债务时，能得到债权人谅解；当企业临时需要资金时，能得到债权人的支持。在此情况下，企业也可以适当增加短期资本的比重。

其三，企业财务管理水平。财务人员如能做到灵活调度资金，使收支配合紧密，并能采用各种方法提高资金使用效率，说明企业财务管理水平较高。在此情况下，企业也可以增加短期资本的比重。

3. 权益资本构成比例

权益资本构成比例是指各投资主体在企业所占的产权比例，又称为投资比例，一般是指各投资主体在注册资本中所占的比例。该比例的大小直接关系到各投资主体在企业的控制权、决策权和收益分配权。因此，它也是安排资本结构时必须考虑的重要比例关系。例如，《中华人民共和国公司法》规定，生产某些特殊产品的公司和军工企业，应由国家独资经营，其权益资本全部由国家授权投资的机构或由国家授权的部门单独投资形成，对这类企业国家享有全部控制权、决策权和收益分配权。又如，国家为了发挥国有经济在国民经济中的主导作用和扩大其影响范围，对支柱产业和基础产业中的骨干企业投入较多的资金，一旦国家投资比例占50%以上时，也能掌握企业的控制权和决策权。再如，国家为了吸引国外资金，吸取先进技术和先进管理经验，在《中华人民共和国中外合资经营企业法》中规定：“合营企业的注册资本中，外国合营者的投资比例一般不低于25%。”

由此可知，权益资本构成比例主要决定于企业的性质、经营内容、经营范围以及适时的国家政策。企业在安排这一比例时，应考虑上述因素后再作决定。

（二）资本结构优化

现代企业财务学中的“资本结构”是指长期资金来源之间的比例关系，即长期负债与所有者权益间的比例关系，而不包括短期资金来源。一般来说，衡量一个企业资本结构是否最优的标准主要包括：所有者权益最大化；企业总价值最大化；企业综合资本成本最小化；企业财务风险最小化；有助企业治理结构效率提高；企业资金的流动性好等。但在实际中，要使企业资本结构完全符合上述要求是十分困难的，企业只有权衡利弊实现资本结构较优。

1. 资本结构理论

（1）净收益理论，认为由于负债资本成本低于权益资本成本，利用债务筹资可以降低企业的综合资本成本，负债程度越高，综合资本成本就越低，企业价值越大。当负债比率达到100%时，企业价值将最大。

（2）净营业收益理论，认为企业增加成本较低的债务资本的同时，企业权益资本的风险会增加，导致权益资本成本上升，从而抵销财务杠杆作用带来的好处，企业综合资本成本仍固定不变。依此，我们将推出“企业不存在最优资本结构”的结论。

（3）传统理论。它是介于净收益理论和净营业收益理论之间的一种折中理论。该理论认为企业在一定负债限度内利用财务杠杆作用时，尽管权益成本会上升，但并不能完全抵销利用资本成本较低的债务资本带来的好处，因而综合资本成本下降，企业价值上升。但一旦超过这一限度，权益成本的上升就不再能为债务的低成本所抵销，综合资本成本又会上升。此后，债务成本也会上升，从而使综合资本成本加快上升。综合资本成本处在下降变为上升的转折点时，企业资本结构最优。

（4）MM 理论。①不考虑所得税的 MM 理论，认为企业在不考虑企业所得税、市场完全有效且经营风险相同等一系列假设前提下，企业不可能因资本结构的不同而改变其总价值和资本成本。②考虑所得税的 MM 理论，认为在企业所得税的影响下，负债会因利息是可减税支出而增加企业价值，负债越多，企业价值越大，权益资本的所有者所获收益也越大。

（5）权衡理论。它以 MM 理论为基础，将市场均衡理论纳入了资本结构的理论分析之中。该理论认为由于免税优惠政策，企业虽可通过适度的负债抵税来增加企业的价值，但只要运用负债经营就可能会发生代理成本、财务拮据成本和破产成本，从而抵销一部分负债的减税好处。当节税利益与代理成本、财务拮据成本和破产成本相互保持平衡时，最优资本结构方能确定。

（6）优序融资理论。它的分析基础是非对称信息论。该理论认为由于破产风险和代理成本的存在，发行新股融资会被投资者认为企业经营出现了不良状况，从而低估企业的市值。因而，企业融资的“优序”是先内部融资，再债务融资，最后采取股票融资。依据优序融资理论，企业没有最优资本结构，因为同是构成主权资本的留存收益和发行新股，只不过是位于融资顺序的两端而已。

2. 企业资本结构优化的主要影响因素

（1）宏观经济环境。企业能否盈利以及盈利多少在很大程度上受到宏观经济环境的制约，宏观经济环境决定了企业的生存和发展。一国的中长期发展规划、产业结构政策、货币政策、税收政策等，不但会影响企业当前的资本结构，而且也为企业确定今后的资本结构提供了指导。

（2）市场竞争环境。在相同的宏观环境下，企业因各自处在的市场环境不同而负债水平也就不尽相同。一般来说，在市场竞争中处于相对垄断地位的企业，由于其销售稳定，生产经营波动小，负债比率可适度提高；反之，处在市场竞争大的环境中的企业，销售受市场的影响大，价格易于波动，企业利润难以稳定，不宜过多地采用债权融资，应倾向于采用股权融资。

（3）行业因素。实际工作中，不同行业以及同一行业的不同企业在运用债务融资的方式和方法上大相径庭，从而资本结构也各不相同。企业在确定资本结构的过程中，应充分了解同行的资本结构的一般水平以做参考，分析自身与同行间的差别以确定资本结构。同时，资本结构并不是一成不变的，应随着时空的转变而适时调整和优化。

（4）资产结构。企业资产结构的不同也影响着企业融资方式和资本结构。固定资产拥有量大的企业，一般采取长期借款和发行股票的方式融资；存货和应收账款等流动资产拥有较多的企业，一般采取流动资金负债的方式融资；高新技术企业负债较少，一般采取股权资本融资方式。

（5）所有者与管理人员的态度。股票的发行会稀释股本的控制权，如果企业所有者不愿使控制权被削弱，一般会尽量避免采用普通股融资，而采用优先股或负债方式融资。倘若企业管理人员风险意识较强，管理方式趋于稳健，一般比较关注企业的资本结构，不会过分追求较高的财务杠杆而使企业的负债过高；相反，乐于冒风险的管理人员则可能会追求较高的负债比例。

3. 资本结构优化的方法

（1）存量优化。所谓存量调整是指在不改变现有资产规模的基础上，根据目标资本结构要求，对现有资本结构进行必要的调整。具体方式有：①在债务资本过高时，将部分债务资本转化为权益资本。例如，将可转换债券换为普通股票。②在债务资本过高时，将长期债务收兑或提前归还，而筹集相应的权益资本额。③在权益资本过高时，通过减资并增加相应的负债额，来调整资本结构。不过这种方式很少被采用。

（2）增量优化。它是指通过追加筹资量，从而增加总资产的方式来调整资本结构。具体方式有：①在债务资本过高时，通过追加主权资本投资来改善资本结构，如将公积金转换为资本，或者直接增资。②在债务资本成本过低时，通过追加负债筹资规模来提高筹资比重。③在权益资本过低时，通过筹措权益资本来扩大投资，提高权益资本比重。

（3）减量优化。它是指通过减少资产总额的方式来调整资本结构。具体方式有：①在权益资本过高时，通过减资来降低其比重（股份公司则可回购部分普通股票等）。②在债务资本过高时，利用税后留存归还债务，用以减少总资产，并相应减少债务比重。

二、资本结构与资本成本的关系

在通常情况下，企业的资本结构由长期债务资本和权益资本构成。资本结构指的就是长期债务资本和权益资本各占多大比例。短期资金的需要量和筹集是经常变化的，且在整个资金中所占比重不稳定，因此不列入资本结构管理范围，而仅作为营运资金管理。

净收入理论认为，负债可以降低企业的资本成本，负债程度越高，企业的价值越大。这是因为债务利息和权益资本成本均不受财务杠杆影响，无论负债程度多高，企业的债务资本成本和权益资本成本都不会变化。因此，只要债务成本低于权益成本，那么负债越多，企业的加权平均资本成本就越低，企业价值就越大。当负债比率为100%时，企业加权平均资本成本最低，企业价值将达到最大值。

净营运收入理论认为，不论财务杠杆如何变化，企业加权平均资本成本都是固定的，因而企业的总价值也是固定不变的。但由于企业加大了权益的风险，也会使权益成本上升，加权平均资本成本不会因为净负债比率的提高而降低，而是维持不变。按照这种理论推论，企业不存在最佳资本结构，筹资决策也就无关紧要。可见，净营运收入理论和净收入理论是完全相反的两种理论。

传统理论是一种介于净收入理论和净营运收入理论之间的理论。传统理论认为，企业利用财务杠杆尽管会导致权益成本上升，但在一定程度上却不会完全抵销利用成本率低的债务所获得的好处，因此会使加权平均资本成本下降，企业总价值上升。但是，企业利用财务杠杆超过一定程度，权益成本的上升就不再为债务的低成本所抵销，加权平均资本成本便会上升。以后，债务成本也会上升，它和权益成本的上升共同作用，使加权平均资本成本上升加快。加权平均资本成本从下降变为上升的转折点，是加权平均资本成本的最低点，这时的负债比率就是企业的最佳资本结构。

要使企业资本成本最低，企业资本结构必须得到最大程度的优化；同样，资本结构最佳能使企业综合资本成本最低和企业价值最大。资本结构优化决策的根本目的之一就是使企业综合资本成本最低，而不同筹资方式的资本成本又是不同的，企业进行资本结构优化必须充分考虑资本成本因素。然而，决定资本成本高低的因素又是多方面的，既受外部环境（包括国家的宏观经济政策、资金市场供求形势、市场利率和通货膨胀状况等因素）的制约，又与企业本身条件和工作有关。

良好的资本结构其综合资本成本较低，却能帮助企业实现价值最大化。企业使用债务资本可以降低企业资本成本。由于债务利息率会低于股票股利率，而且债务利息从税前支付，企业可减少所得税，这就是通常所说的所得税抵税效应。因此，在一定限度内合理提高债务资本的比率，就可降低企业的综合资本成本；反之，若降低债务资本的比率，综合资本成本就会上升。企业使用债务资本还可以获取财务杠杆利益。由于债务利息通常都是固定不变的，当息税前利润增大时，每一元利润所负担的固定利息就会相应减少，从而可分配给企业所有者的税后利润也会相应增加。运用债务筹资虽然具有上述优点，但同时也给企业带来一定的财务风险，包括定期付息还本的风险和可能导致所有者权益下降的风险。因此，适度负债对企业的生存和发展至关重要，它是企业筹资决策的核心问题，其关键在于确定合理的资本结构。

综合资本成本率的高低，除了取决于个别资本成本率这一因素以外，还取决于各种资金来源在资金总额中所占的比重。就一般情况而言，长期债券的资本成本率最低，而普通股成本率则最高。如果企业将其资金结构中长期债券的比重提高到一定程度，既不明显增加债券成本率，对普通股的成本率也不会产生多大影响，这样就可能降低综合的资本成本率，因而是可取的。但是，如果企业长期债券的增加超过了一定限度，债券在全部资金中比重增大，债券和普通股的风险都会增加，两者的资本成本率也都会提高，企业综合成本率也就要随之提高。正是因为超过了一定限度，成本最低的资金来源（长期债券），就成为最不经济的了。

资本结构理论为企业融资决策提供了有价值的参考，可以指导决策行为。但是，由于融资活动本身和外部环境的复杂性，目前仍难以准确地显示出存在于财务杠杆、每股收益、资本成本及企业价值之间的关系，所以在一定程度上融资决策还要依靠有关人员的经验和主观判断。

三、资本结构决策方法

（一）比较资本成本法

这种方法就是指企业管理人员通过计算和比较企业的各种可能的筹资组合方案的综合资本成本，选择综合资本成本最低的方案。该方案下的资本结构即为最优资本结构。这种方法侧重于从资本投入的角度对资本结构进行优选分析。

［例3.14］甲公司需筹集100万元长期资本，可以从贷款、发行债券、发行普通股三种方式筹集，其个别资本成本率已分别测定，有关资料如表3.3所示。

表3.3　　甲公司资本结构数据

筹资方式	资本结构			个别资本成本率
	A方案	B方案	C方案	
贷款	40%	30%	20%	6%
债券	10%	15%	20%	8%
普通股	50%	55%	60%	9%
合计	100%	100%	100%	

首先，分别计算三种方案的综合资本成本 K。

A方案：$K=40\%\times6\%+10\%\times8\%+50\%\times9\%=7.7\%$

B方案：$K=30\%\times6\%+15\%\times8\%+55\%\times9\%=7.95\%$

C方案：$K=20\%\times6\%+20\%\times8\%+60\%\times9\%=8.2\%$

其次，应根据企业筹资评价的其他标准，考虑企业的其他因素，对各个方案进行修正；之后，再选择其中成本最低的方案。本例中，我们假设其他因素对方案选择影响甚小，则A方案的综合资本成本最低。这样，该公司的资本结构为贷款40万元，发行债券10万元，发行普通股40万元。

（二）无差别点法

它是通过分析杠杆利益对融资方案的影响，利用每股收益无差别点来确定资本结构。每股收益无差别点指每股收益不受融资方式影响的销售水平。当预计的息税前利润等于每股收益无差别点时，不管采取何种方案，每股收益均相等；当预计息税前利润小于每股收益无差别点时，应采取以权益融资为主的资本结构；当预计息税前利润大于每股收益无差别点时，应采取以负债融资为主的资本结构。该方法只考虑了资本结构对每股收益的影响，忽视了资本结构对风险的影响。随着负债的增加，投资者风险增大，股票价格和企业价值会有下降的趋势，企业如果仅仅依靠每股收益分析方法，有时不一定符合企业价值最大化的要求。

每股收益无差别点可以通过计算得出，每股收益（EPS）的计算公式为：

$$ESP=\frac{(S-VC-F-I)(1-T)-D}{N}=\frac{(EBIT-I)(1-T)-D}{N} \quad (3.21)$$

式中：S 为销售额；VC 为变动成本；F 为固定成本；I 为负债利息；T 为所得税税率；N 为流通在外的普通股股数；$EBIT$ 为息前税前利润；D 为优先股股息。

在每股收益无差别点上，无论是采用负债融资，还是采用权益融资，每股收益都是相等的。若以 EPS_1 代表负债融资，以 EPS_2 代表权益融资，有：

$$EPS_1=EPS_2$$

$$\frac{(S_1-VC_1-F_1-I_1)(1-T)-D_1}{N_1}=\frac{(S_2-VC_2-F_2-I_2)(1-T)-D_2}{N_2} \quad (3.22)$$

在每股收益无差别点上，$S_1=S_2$，则：

$$\frac{(S-VC_1-F_1-I_1)(1-T)-D_1}{N_1}=\frac{(S-VC_2-F_2-I_2)(1-T)-D_2}{N_2} \quad (3.23)$$

能使得上述条件公式成立的销售额（S）为每股收益无差别点销售额。

决策的方法：只要追加筹资以后的息税前利润大于无差别点的息税前利润，那就选择负债来筹资；如果小于无差别点的息税前利润，就选择增发股票来筹资。

［例3.15］甲公司目前资本结构为：长期资本总额为600万元，其中债务为200万元，普通股股本为400万元，每股面值为100万元，4万股全部发行在外，目前市场价为每股300元。债务利息率为10%，所得税税率为33%。公司由于扩大业务追加筹资200万元，有两种筹资方案：

甲方案：全部发行普通股，向现有股东配股，4配1，每股配股价200元，配发1万股。

乙方案：向银行取得长期借款200万元，因风险增加，银行要求的利息率为15%。

根据会计人员的测算，追加筹资后销售额可望达到800万元，变动成本率为50%，固定成本为180万元。

甲方案：$EPS=\dfrac{(S-0.5S-180-20)\times(1-33\%)}{4+1}$

乙方案：$EPS=\dfrac{(S-0.5S-180-50)\times(1-33\%)}{4}$

令上述两式相等，求得：$S=700$（万元）。700万元为两个方案的筹资无差别点。在此点上，两个方案的每股收益相等，均为21.10万元。企业的预期销售额800万元大于无差别点销售额，所以资本结构中负债比重较高的方案即乙方案为较优方案。

这种方法只考虑了资金结构对每股利润的影响，并假定每股利润最大，股票价格也就最高。最佳资金结构亦即每股利润最大的资金结构。

（三）比较公司价值法

从根本上讲，财务管理的目标在于追求企业价值的最大化或股价的最大化。然而只有在风险不变的情况下，每股利润的增长才会导致股价的上升，实际上经常是随着每股利润的增长，风险也在加大。如果每股收益的增长不足以补偿风险所增加的报酬，股价仍会下降。因此，企业的最佳资本结构应当是企业的总价值最大，而不一定是每股利润最大的资本结构。同时，在企业总价值最大的资本结构下，企业的资本成本也是最低的。

这种方法的基本步骤为：

（1）计算股票的资本成本

$$K_S=R_F+\beta(R_m-R_F) \quad (3.24)$$

式中，K_S为股票的资本成本；R_F为无风险报酬率；β为股票的贝塔系数；R_m为平均风险股票必要报酬率。

（2）计算企业的市场总价值

①债务价值。债务的价值一般用其面值。

②股票市场价值。假设企业的经营利润是可以永续的，股东和债权人的投入及要求的回报不变，股票的市场价值则可表示为：

$$S = \frac{(EBIT - I)(1 - T)}{K_s} \tag{3.25}$$

式中，S 为股票市场价值；$EBIT$ 为息前税前利润；I 为年利息额；T 为企业所得税税率；K_s 为权益资本成本。

③企业的市场总价值 V 等于股票市场价值 S 加上债务价值 B，即：$V=S+B$。

（3）计算综合资本成本

企业的资本成本，应用加权平均资本成本（K_W）来表示。其公式为：

$$\text{加权平均资本成本} = \text{税前债务资本成本} \times \text{债务额占总资本比重} \times \left(1 - \text{所得税税率}\right) + \text{权益资本成本} \times \text{股票额占总资本比重}$$

［例 3.16］甲企业年息前税前盈余为 500 万元，资金全部由普通股资本组成，股票账面价值为 2 000 万元，所得税税率为 40%。该企业认为目前的资本结构不够合理，准备用发行债券购回部分股票的办法予以调整。经咨询调查，目前的债务利率和权益资本的成本情况见表 3.4 所示。

表 3.4　　不同债务水平对企业债务资本成本和权益资本成本的影响

债券的市场价值 B（万元）	税前债务资本成本 K_b	股票 β 值	无风险报酬率 R_F	平均风险股票必要报酬率 R_m	权益资本成本 K_S
0	—	1.20	10%	14%	14.8%
200	10%	1.25	10%	14%	15%
400	10%	1.30	10%	14%	15.2%
600	12%	1.40	10%	14%	15.6%
800	14%	1.55	10%	14%	16.2%
1 000	16%	2.10	10%	14%	18.4%

根据上表的资料，我们即可计算出筹措不同金额的债务时企业的价值和资本成本（见表 3.5）。

表 3.5　　企业市场价值和资本成本

债券的市场价值 B（万元）	股票的市场价值 S（万元）	企业的市场价值 V（万元）	税前债务资本成本 K_b	权益资本成本 K_S	加权平均资本成本 K_W
0	2 027	2 027	—	14.8%	14.80%
200	1 920	2 120	10%	15%	14.15%
400	1 816	2 216	10%	15.2%	13.54%
600	1 646	2 246	12%	15.6%	13.36%
800	1 437	2 237	14%	16.2%	13.41%
1 000	1 109	2 109	16%	18.4%	14.23%

从表 3.5 中可以看到，在没有债务的情况下，企业的总价值就是其原有股票的市场价值。当企业用债务资本部分地替换权益资本时，一开始企业总价值上升，加权平均资本成本下降；在债务达到 600 万元时，企业总价值最高，加权平均资本成本最低；债务超过 600 万元后，企业总价值下降，加权平均资本成本上升。因此，债务为 600 万元时的资本结构是该企业的最佳资本结构。

课后思考与练习

一、思考题

1. 企业资本成本的高低取决于哪些因素?
2. 资金成本、综合资本成本和边际资本成本有哪些区别与联系?
3. 杠杆效应的三种分类及其区别与联系是什么?
4. 什么是最佳资本结构?在企业确定最佳资本结构时需要考虑哪些因素?

二、选择题

1. 【多选】以下关于资本成本的理解中不正确的有(　　)。
   A. 从资本成本的计算与应用价值看,资本成本属于实际成本
   B. 资本成本与企业的筹资活动和投资活动有关
   C. 企业通过向所有投资人和债权人举债进行筹资,前者为借入资本后者为自有资本
   D. 资本成本是指企业因筹集或使用资金而支付的各种费用的总和,包括资本筹集费用和资本使用费用两部分
   E. 企业一般将资本成本视作投资项目的最高收益率
2. 【多选】以下关于财务杠杆的表述,错误的有(　　)。
   A. 财务杠杆系数是由企业资本结构决定的,在其他条件不变时,债务资本比率越高,财务杠杆系数越小
   B. 财务杠杆系数反映财务风险,即财务杠杆系数越大,财务风险越大
   C. 财务杠杆效益指利用债务筹资给企业自有资金带来的额外收益
   D. 财务杠杆系数可以反映息税前利润随着每股收益的变动而变动的幅度
3. 【多选】下列表述中正确的有(　　)。
   A. 在经营杠杆系数一定的条件下,权益乘数与总杠杆系数成正比
   B. 从某种意义上讲,一项资产或新项目是没有财务风险的,只有企业自身才有财务风险
   C. 当经营杠杆系数趋近于无穷大时,企业的营业利润率也趋近于无穷大
   D. 当财务杠杆系数为 1 时,企业没有固定性融资费用
4. 【多选】以下关于资本结构理论的表述中,正确的有(　　)。
   A. 依据无税的 MM 理论,无论企业负债程度如何,加权平均资本成本不变,企业价值也不变
   B. 依据代理理论,企业应在权衡理论模型基础上进一步考虑企业债务的代理成本与代理收益
   C. 依据有税的 MM 理论,负债程度越高,加权平均资本成本越低,企业价值越小
   D. 依据权衡理论,当债务抵税收益与财务困境成本相平衡时,企业价值最大
5. 【单选】可以通过降低经营杠杆系数,从而降低企业经营风险的途径是(　　)。
   A. 提高资产负债率　　　　B. 提高权益乘数
   C. 减少产品销售量　　　　D. 节约固定成本开支
6. 【单选】“过度投资问题”是指(　　)。
   A. 企业面临财务困境时,企业超过自身资金能力投资项目,导致资金匮乏

B. 企业面临财务困境时，不选择净现值为正的新项目投资

C. 企业面临财务困境时，管理者和股东有动机投资于净现值为负的高风险项目

D. 企业面临财务困境时，管理者和股东有动机投资于净现值为正的项目

7.【单选】下列措施有利于降低复合杠杆系数，从而使企业复合风险降低的是(　　)。

A. 降低产品销售单价　　B. 提高资产负债率

C. 节约固定成本支出　　D. 减少产品销售量

三、计算题

1. 某公司需要对资本成本进行估价，估计资本成本的有关资料如下：

(1) 公司目前有面值为 1 000 元，票面利率为 12%，每半年付息的不可赎回债券；该债券还有 5 年到期，目前市价为 1 051. 19 元；不考虑发行成本。

(2) 公司目前有面值为 100 元，股息率为 10%的优先股，当前市价为 116. 79 元。

(3) 公司目前有普通股，当前市价为 50 元，最近一次支付的股利为 4. 19 元/股，预期股利的永续增长率为 5%，该股票的 β 系数为 1. 2。公司不准备发行新的普通股。

(4) 在资本市场上，国债收益率为 7%，市场平均风险溢价估计为 6%。

(5) 使用的企业所得税税率为 40%。

求：(1) 债券的税后资本成本。

(2) 优先股资本成本。

(3) 普通股资本成本。用资本定价模型和股利增长模型两种方法估计，以两者的平均值作为普通股资本成本。

(4) 假设目标资本结构是 40%的长期债券，10%的优先股，50%的普通股，估计公司的平均资本成本。

2. 某企业全部固定成本和费用为 200 万元（含利息），企业资产总额为 4 000 万元，资产负债率为 30%，负债平均利息为 5%，净利润为 550 万元，企业使用的所得税税率为 25%。

求：(1) 计算 DOL、DFL 和 DTL。

(2) 预计营业收入增长 20%，则企业每股收益增长多少？

3. 某公司目前有两种可供选择的资本结构：

(1) 方案一：公司的资产负债率为 20%，其负债利息率为 10%，股东要求的必要报酬率为 10%。

(2) 方案二：公司的资产负债率为 50%，则其负债利息率为 10%，股东要求的必要报酬率为 20. 50%。

(3) 该公司适用的所得税税率为 25%。

要求：

(1) 利用加权平均资本成本进行判断，公司应采用哪种资本结构？(百分位保留两位小数)

(2) 假设公司目前处于除存在所得税外，其余满足完美资本市场假设前提的资本市场中，要求判断所得税是否影响了资本市场的均衡。

4. 市场的无风险报酬率为 8%，平均风险股票报酬率为 10%，某公司的普通股 β 值为 1. 2，求普通股的资本成本。

第四章 筹资管理概述

学习目标

要求学生通过本章学习，了解企业筹资的动机、原则，筹资的渠道与方式，掌握财务预算的各种编制方法，尤其是现金预算的编制。

本章内容

企业筹资概述：企业筹资的动机，企业筹资的原则，企业筹资的分类，筹资渠道与方式；资金需要量预测：定性预测法，资金习性预测法，趋势预测法，销售百分比法；财务预算：财务预算的意义和作用，财务预算的编制，财务预算的方法。

资本是企业组织生产经营活动的前提条件，也是再生产活动的必要保证。筹集资本对保证企业生产经营需要，促进企业发展有着重要作用。筹集资金也是企业财务活动的起点，筹资管理是企业财务活动的重要内容。

第一节 企业筹资概述

企业筹资是指企业在国家宏观调控政策的指导下，根据自身的生产经营活动现状和未来发展需要，经过预测，选用合适的筹资渠道和筹资方式取得资本的过程。筹资既是企业理财的起点，也制约着资本的投放和使用。

一、企业筹资的动机

企业筹资的基本目的是为了自身的生存和发展。具体说来，企业筹资的动机有以下几种：

（1）设立性筹资动机，是企业设立时为取得资本金而产生的筹资动机。

（2）扩张性筹资动机，是企业为扩大生产经营规模或增加对外投资而产生的追加筹资的动机。

（3）调整性筹资动机，是企业因调整现有资本结构的需要而产生的筹资动机。

（4）混合性筹资动机，是企业同时既为扩张规模又为调整资本结构而产生的筹资动机。

二、企业筹资的原则

企业筹资决策涉及筹资渠道与方式、筹资数量、筹资时机、筹资结构、筹资风险、筹资成本等。其中筹资渠道受到筹资环境的制约，外部的筹资环境和企业的筹资人共同决定了企业的筹资方式；筹资数量和筹资时机受到企业筹资战略的影响，反映了企业发展战略目标；筹资结构取决于企业所处的发展阶段，是企业通过控制和利用财务风险来实现企业价值最大化的决策，它和企业的经营风险以及财务风险大小有关。企业筹资应当有利于实现企业顺利健康成长和企业价值最大化。企业筹资制度必须在宏观筹资体制的框架下做出选择，因此受到国家金融制度安排的约束。

具体来说，企业筹资应当遵循以下基本原则：

1. 合理确定资金需要量

企业的资金需要量往往是不断波动的。企业财务人员要认真分析科研、生产经营状况，采用一定的方法，预测资金的需要量。这样，既能避免因资金筹集不足影响生产经营的正常进行，又可防止资金筹集过多造成资金闲置。

2. 适时取得资金

同等数量的资金，在不同时点上具有不同的价值。企业财务人员在筹集资金时，必须熟知资金时间价值的原理和计算方法，以便根据资金需求的具体情况，合理安排资金的筹集时间，适时获取所需资金。这样，既能避免过早筹集资金形成资金投放前的闲置，又能防止取得资金的时间滞后，错过资金投放的最佳时间。

3. 认真选择资金来源

资金的来源渠道和资金市场为企业提供了资金的源泉和筹资场所，它反映了资金的分布状况和供求关系，决定着筹资的难易程度。不同来源的资金，对企业的收益和成本有不同影响，因此，企业应认真研究资金来源渠道和资金市场，合理选择资金来源。

4. 确定最优的筹资方式

在确定筹资数量、筹资时间、资金来源的基础上，企业在筹资时还必须认真研究各种筹资方式。企业筹集资金必然要付出一定的代价，不同筹资方式条件下的资金成本有高有低。为此，企业就需要对各种筹资方式进行分析、对比，选择经济、可行的筹资方式。与筹资方式相联系的问题是资金结构问题，企业应确定合理的资金结构，以便降低成本，减少风险。

三、企业筹资的分类

企业筹集的资金可按多种标准进行分类。

1. 按照资金的来源渠道不同，分为权益筹资和负债筹资

企业通过发行股票、吸收直接投资、内部积累等方式筹集的资金都属于企业的所有者权益或称为自有资金。企业通过发行债券、向银行借款、融资租赁等方式筹集的资金属于企业的负债或称为借入资金。企业采用吸收自有资金的方式筹集资金，财务风险小，但付出的资金成本相对较高；企业采用借入资金的方式筹集资金，一般承担风险较大，但相对而言，付出的成本相对较低。

2. 按照资金取得的方式不同，分为内源筹资和外源筹资

内源筹资，是指企业将自身的储蓄（折旧和留存收益）转化为投资的过程。内源筹资具有原始性、自主性、低成本性和抗风险性等特点，是企业生存与发展不可或缺的重要组成部分。其中，折旧是以货币形式表现的固定资产在生产过程中发生的有形和无形损耗，它主要用于重置损耗的固定资产的价值；留存收益是投资或债务清偿的主要资金来源。企业以留存收益作为融资工具，不需要实际对外支付利息或股息，不

会减少企业的现金流量，也不需要支付融资费用。外源筹资，是指企业吸收其他经济主体的闲置资金，使之转化为自己投资的过程，包括股票发行、债券发行、商业信贷等。外源筹资具有高效性、灵活性、大量性和集中性等特点。

3. 按照所筹资金使用期限的长短，分为短期资金筹集和长期资金筹集

按照资金使用期限的长短，可把企业筹集的资金分为短期资金与长期资金。短期资金一般是指供 1 年以内使用的资金。短期资金主要投资于现金、应收账款、存货等，一般在短期内可收回。短期资金常采取利用商业信用和取得银行流动资金借款等方式来筹集。长期资金一般是指供 1 年以上使用的资金。长期资金主要投资于新产品的开发和推广、生产规模的扩大、厂房和设备的更新，一般需要几年甚至十几年才能收回。长期资金通常采用吸收投资、发行股票、发行公司债券、长期借款、融资租赁和内部积累等方式来筹集。

四、筹资渠道与方式

企业筹资活动需要通过一定的渠道并采用一定的方式来完成。

1. 筹资渠道

筹资渠道是指客观存在的筹措资金的来源方向与通道。认识和了解各筹资渠道及其特点，有助于企业充分拓宽和正确利用筹资渠道。我国企业目前筹资渠道主要包括以下几类：

（1）银行信贷资金

银行对企业的各种贷款，是我国目前各类企业最为重要的资金来源。我国银行分为商业性银行和政策性银行两种。商业性银行是以营利为目的、从事信贷资金投放的金融机构，它主要为企业提供各种商业贷款。政策性银行是为特定企业提供政策性贷款。

（2）其他金融机构资金

其他金融机构主要指信托投资公司、保险公司、租赁公司、证券公司、财务公司等。它们所提供的各种金融服务，既包括信贷资金投放，也包括物资的融通，还包括为企业承销证券等金融服务。

（3）其他企业资金

企业在生产经营过程中，往往形成部分暂时闲置的资金，并为一定的目的而进行相互投资；另外，企业间的购销业务可以通过商业信用方式来完成，从而形成企业间的债权债务关系，形成债务人对债权人的短期信用资金占用。企业间的相互投资和商业信用的存在，使其他企业资金也成为企业资金的重要来源。

（4）居民个人资金

企业职工和居民个人的结余货币，作为“游离”于银行及非银行金融机构之外的个人资金，可用于对企业进行投资，形成民间资金来源渠道，从而为企业所用。

（5）国家财政资金

国家对企业的直接投资是国有企业特别是国有独资企业获得资金的主要渠道。现有国有企业的资金来源小，其资本部分大多是由国家财政以直接拨款方式形成的，除此以外，还有些是国家对企业“税前还贷”或减免各种税款而形成的。不管是何种形式形成的，从产权关系上看，它们都属于国家投入的资金，产权归国家所有。

（6）企业内部资金

它是指企业内部形成的资金，也称企业内部留存，主要包括提取公积金和未分配

利润等。这些资金的重要特征之一是，它们无须企业通过一定的方式去筹集，而直接由企业内部自动生成或转移。

各种筹资渠道在体现资金供应量的多少时，存在着较大的差别。有些渠道的资金供应量多，如银行信贷资金和非银行金融机构资金等，而有些相对较少，如企业留存资金等。这种资金供应量的多少，在一定程度上取决于财务管理环境的变化，特别是宏观经济体制、银行体制和金融市场发展速度等因素。

2. 筹资方式

筹资方式是指可供企业在筹措资金时选用的具体筹资形式。它属于企业资金筹集的主观能力。企业筹资管理的重要内容是如何针对客观存在的筹资渠道，选择合理的筹资方式进行筹资。我国企业目前筹资方式主要有以下几种：①吸收直接投资；②发行股票；③利用留存收益；④向银行借款；⑤利用商业信用；⑥发行公司债券；⑦融资租赁；⑧杠杆收购。其中，利用①~③方式筹集的为权益资本；利用④~⑧方式筹集的为负债资本。

3. 筹资渠道与筹资方式的对应关系

筹资渠道解决的是资金来源问题，筹资方式解决的是通过何种方式取得资金的问题。它们之间存在一定的对应关系：一定的筹资方式可能只适用于某一特定的筹资渠道，但是同一渠道的资金往往可采用不同的方式去取得。其对应关系见表 4.1。

表 4.1 筹资渠道与筹资方式的对应关系

筹资方式 筹资渠道	吸收直接投资	发行股票	银行借款	发行债券	商业信用	融资租赁
国家财政资金	V	V				
银行信贷资金			V			
其他金融机构资金	V	V	V	V		V
其他企业资金	V	V		V	V	V
居民个人资金	V	V		V		
企业留存资金	V					

4. 各种筹资方式的比较及其优缺点

（1）发行普通股票是公司筹集资金的一种基本方式。其优点主要有：能提高公司的信誉；没有固定的到期日，不用偿还，没有固定的利息负担；筹资风险小，发行限制少。其主要缺点是：资本成本较高，容易分散控制权，新股东分享公司前期盈余积累，稀释普通股净收益，可能引起股价下跌。

（2）银行借款是企业经常采用的一种筹资方式。其主要优点是：筹资速度快，筹资成本低，借款弹性好。其主要缺点有：财务风险较大，限制条件较多，筹资数额有限。

（3）发行企业债券是企业筹集负债资本的一种重要方式。其主要优点有：资金成本较低，具有财务杠杆效应，能保障控制权。其主要缺点是：财务风险高，限制条件多，筹资额有限。

（4）融资租赁是由租赁公司按承租单位要求出资购买设备，在较长的契约或合同期内提供给承租单位使用的信用业务。它是以融通资金为主要目的的租赁。一般借贷的对象是资金，而融资租赁的对象是实物，融资租赁是融资与融物相结合的、带有商品销售性质的借贷活动，是企业筹集资金的一种新方式。融资租赁的主要特点是：出租的设备按承租企业提出的要求，由租赁公司选购后再租给承租企业使用；租赁期较长，接近于资产的有效使用期，在租赁期间双方无权取消合同；由承租企业负责设备的维修、保养和保险，承租企业无权拆卸改装设备；租赁期满，按事先约定的方法处理设备，包括退还租赁公司，继续租赁，企业留购，即以很少的“名义货价”（相当于设备残值的市场售价）买下设备。通常采用企业留购办法，这样，租赁公司也可以免除处理设备的麻烦。

其主要优点是：能迅速获得所需资产，限制少，减少设备陈旧风险，分期支付租金减轻支付风险，且租金税前列支享受免税利益。其主要缺点有：资本成本较高，定期支付固定租金负担重，存在设备残值的机会损失。

第二节　资金需要量预测

企业筹集资金，首先要对资金需要量进行预测，即对企业未来组织生产经营活动的资金需要量进行估计、分析和判断。由于企业资金主要用于固定资产和流动资产，而这两项资产的性质、用途和占用资金的数额并不相同，所以应分别测算。

企业固定资产资金需要量的预测，一般是通过投资决策和编制资本预算来完成的。投资决策、资本预算的编制有一套特殊的方法，如进行可行性研究、计算项目投资的净现值等。

在企业正常经营的情况下，资金需要量预测是对流动资金需要量进行测算。测算方法可以分为定性预测法和定量预测法两类。

一、定性预测法

1. 定性预测法的概念

定性预测是指预测者依靠熟悉业务知识、具有丰富经验和综合分析能力的人员与专家，根据已掌握的历史资料和直观材料，运用个人的经验和分析判断能力，对事物的未来发展做出性质和程度上的判断，然后，再通过一定形式综合各方面的意见，作为预测未来的主要依据。

定性预测法特别适合于对预测对象的数据资料（包括历史的和现实的）掌握不充分，或影响因素复杂，难以用数字描述，或对主要影响因素难以进行数量分析等情况。

定性预测偏重于对市场行情的发展方向和施工中各种影响施工项目成本因素的分析，能发挥专家经验和主观能动性，比较灵活，而且简便易行，可以较快地提出预测结果。但是企业在进行定性预测时，也要尽可能地收集数据，运用数学方法，从数量上做出测算。

定性预测的特点在于：①着重对事物发展的性质进行预测，主要凭借人的经验以及分析能力；②着重对事物发展的趋势、方向和重大转折点进行预测。

定性预测的优点在于：注重对事物发展在性质方面的预测，具有较大的灵活性，易于充分发挥人的主观能动作用，且简单迅速，省时省费用。定性预测的缺点是：易受主观因素的影响，比较侧重于人的经验和主观判断能力，从而易受人的知识、经验和能力的束缚和限制，尤其是缺乏对事物发展作数量上的精确描述。

定量预测的优点在于：注重对事物发展在数量方面的分析，重视对事物发展变化的程度作数量上的描述，更多地依据历史统计资料，较少受主观因素的影响。定量预测的缺点在于：比较机械，不易处理有较大波动的资料，更难预测事物的变化。

定性预测和定量预测并不是相互排斥的，而是可以相互补充的，在实际预测过程中应该把两者正确地结合起来使用。

2. 定性预测法的步骤

第一步，由熟悉财务情况和生产经营情况的专家，根据以往所积累的经验，进行分析判断，提出预测的初步意见。

第二步，通过召开座谈会或发出表格等形式，对预测的初步意见进行修正补充。

第三步，反复第二步，得出预测的最终结果。

3. 定性预测常用的方法

定性预测法也称判断分析法，包括人的主观经验判断法和客观的市场调查分析法。下面介绍有关的几种常用方法：

（1）个人经验判断法。个人经验判断法是预测人员凭借个人的知识经验和分析综合能力，对预测目标做出未来发展趋势的推断。推断的成功和准确与否取决于个人所掌握的资料，以及分析、综合和逻辑推理能力。

①相关推断法。相关推断法是预测人员根据因果性原理，从已知的相关经济现象和经济指标，去推断预测目标的未来发展趋势。例如，农村用电的普及和收入的提高与农村电视机的销量相关。预测人员在调查到农村通电的户数和收入的增加率时，就可以推断出农村电视机的销售量增加额。儿童玩具的需要量增加，可从儿童人数和购买力的提高去推断。

预测人员运用相关推断法，应先根据理论分析和实践经验，找出影响预测目标的主要因素；再根据因果性原理，进行具体的推断。

②对比类推法。对比类推法是预测人员依据类比性原理，从已知的相类似经济事件去推断预测目标的将来发展趋势。例如，预测人员需要预测今后一段时间全国照相机市场需求状况，只需选取若干大、中、小城市及一些有代表性的农村地区进行调查分析，以类推全国总需求的情况。这是一种应用较广泛的局部总体类推法，除此之外，对比类推法还有产品类推法（根据产品的相似性类推）、地区类推法（根据地区的相似性类推）、行业类推法（根据行业的相似性类推）等。

在应用对比类推法时，应注意相似事物之间的差异。因相似不等于相等，预测人员在进行类推时，根据相似事物的差异往往要作一定的修正，才能提高类推预测的精度。

（2）企业集体经验判断法。企业集体经验判断法是由预测人员召集企业内部有经验的管理者（如经理、科长）、业务人员（如销售员、采购员）和职能部门人员（如会计人员、统计人员）等，组成一个小组，对未来市场的发展趋势做出判断预测，最后由预测人员把小组中每个成员的预测意见集中起来，进行综合处理，得出最后预测结果。小组内的人员可以单独进行各自的预测，也可以在会上进行充分的讨论并调整各自原来的预测结果。企业集体经验判断法，相对于个人经验判断法有十分明显的优点，它利用了集体的经验和智慧，避免了个人掌握的信息量有限和看问题片面的缺点。

企业集体经验判断法，又称为专家小组意见法。很显然，凡是有丰富经验和一定预测能力的人员均可成为这里的“专家”。

预测意见的综合处理一般分两步进行：第一步采用主观概率统计法计算出每个预测者的预测期望值；第二步运用加权平均法或算术平均法计算预测最终结果。

二、资金习性预测法

资金习性预测法是根据资金习性预测未来资金需要量的一种方法。所谓资金习性，是指资金变动与产销量变动之间的依存关系。按照资金习性可将资金分为固定资金、变动资金和半变动资金。

资金习性预测法就是根据资金占用总额同产销量的关系来预测资金需要量，采用先分项后汇总的方式预测资金需要量。

设产销量为自变量 x，资金占用量为因变量 y，它们之间的关系可用公式表示：

$$y = a + bx \tag{4.1}$$

式中：a 为固定资金，b 为单位产销量所需变动资金。它们之值可用高低点法和回归直线法求得。

1. 回归直线法

用回归直线法估计 a 和 b，可以通过解如下方程组得到：

$$\begin{cases} \sum y = na + b\sum x \\ \sum xy = a\sum x + b\sum x^2 \end{cases} \tag{4.2}$$

解方程组可得 a、b 之值：

$$\begin{cases} b = \dfrac{n\sum y - \sum x\sum y}{n\sum x^2 - (\sum x)^2} \\ a = \dfrac{\sum x^2\sum y - \sum x\sum xy}{n\sum x^2 - (\sum x)^2} \end{cases} \tag{4.3}$$

2. 高低点法

根据两点可以决定一条直线的原理，用高点和低点代入直线方程就可以求出 a 和 b。这里的高点是指产销业务量最大点及其对应的资金占用量，低点是指产销业务量最小点及其对应的资金占用量。将高点和低点代入直线方程：

最大产销业务量对应的资金占用量 = a+b×最大产销业务量

最小产销业务量对应的资金占用量 = a+b×最小产销业务量

解方程得：

$$b = \frac{\text{最大产销量对应的资金占用量} - \text{最小产销量对应的资金占用量}}{\text{最大产销量} - \text{最小产销量}}$$

a = 最大产销业务量对应的资金占用量 − b×最大产销业务量

或 = 最小产销业务量对应的资金占用量 − b×最小产销业务量

注意：高点产销业务量最大，但对应的资金占用量可能最大，也可能不是最大；同样，低点产销业务量最小，但对应的资金占用量可能最小，也可能不是最小。

三、趋势预测法

趋势预测法是根据事物发展变化的趋势和有关资料推测未来的方法，适用于事物发展变化呈长期稳定的上升或下降趋势的情况。趋势预测法又称趋势分析法，是指自变量为时间，因变量为时间的函数的模式。趋势移动平均法就是典型的代表。

趋势移动平均法以最近实际值的一次移动平均值为起点，以二次移动平均值估计趋势变化的斜率，建立预测模型，即：

$$a_t = 2m_t^{(1)} - m_t^{(2)}$$

$$b_t = \frac{2}{n-1}[m_t^{(1)} - m_t^{(2)}] \tag{4.4}$$

式中，a_t为预测直线的截距；b_t为预测直线的斜率；n为每次移动平均的长度；t为期数；m为实际数。

趋势移动平均法的预测模型为：

$$y_{t+k} = a_t + b_t \times k \tag{4.5}$$

式中，k为趋势预测期数；y_{t+k}为第$t+k$期预测值。

［例 4.1］取$n=5$，计算出二次移动平均值如表 4.2 所示。试用趋势平均法求第 13~15 期的预测值。

表 4.2　经营资金占用额及移动平均值计算表

月份	时期 t	实际销售额	一次移动平均 $m_t^{(1)}$（$n=5$）	二次移动平均 $m_t^{(2)}$（$n=5$）
1	1	1 024		
2	2	1 040		
3	3	1 052		
4	4	1 056		
5	5	1 060	1 046.40	
6	6	1 044	1 050.40	
7	7	1 064	1 055.20	
8	8	1 072	1 059.20	
9	9	1 080	1 064.00	1 055.04
10	10	1 088	1 069.60	1 059.68
11	11	1 096	1 080.00	1 065.60
12	12	1 092	1 085.60	1 071.68
次年 1 月	13	−	−	−

解：取$t=12$，则$m_t^{(1)}$、$m_t^{(2)}$分别为 1 085.60 和 1 071.68。

$$a_t = 2\times1\ 085.60 - 1\ 071.68 = 1\ 099.52$$

$$b_t = 0.5\times(1\ 085.60 - 1\ 071.68) = 6.96$$

$$y_{t+1} = 1\ 099.53 + 6.96\times1 = 1\ 106.49$$

$$y_{t+2} = 1\ 099.53 + 6.96\times2 = 1\ 113.45$$

$$y_{t+3}=1\ 099.53+6.96\times3=1\ 120.41$$

四、销售百分比法

销售百分比法是一种以资产负债表中各项目与销售额之间的变动关系为基础，利用会计恒等式“资产=负债+所有者权益”，对企业预测期的外部筹资额进行预测的一种方法。

销售百分比法的应用，建立在较为严格的假设基础之上，一旦有关因素发生变动，导致某些假设条件不能满足，就会使预测的结果与实际资金需求产生重大偏差，引起错误的决策。

1. 销售百分比法的若干假设

任何方法都是建立在一定的假设基础上的，销售百分比法也不例外。归纳起来，销售百分比法的假设条件有以下几个：

（1）资产负债表的各项目可以划分为敏感项目与非敏感项目。凡是随销售变动而变动并呈现一定比例关系的项目，称为敏感项目；凡不随销售变动而变动的项目，称为非敏感项目。敏感项目在短时期内随销售的变动而发生成比例变动，其隐含的前提是：现有的资产负债水平对现在的销售是最优的，即所有的生产能力已经全部使用。这个条件直接影响敏感项目的确定。例如，只有当固定资产利用率已经达到最优状态，产销量的增加将导致机器设备、厂房等固定资产增加，此时固定资产净值才应列为敏感资产；如果目前固定资产的利用率并不完全，则在一定范围内的产量增加就不需要增加固定资产的投入，此时固定资产净值不应列为敏感项目。

（2）敏感项目与销售额之间成正比例关系。这一假设又包含两方面意义：一是线性假设，即敏感项目与销售额之间为正相关；二是直线过原点，即销售额为零时，项目的初始值也为零。这一假设与现实的经济生活不相符，比如现金的持有动机除了与销售有关的交易动机外，还包括投机动机和预防动机，所以即使销售额为零企业也应持有一部分现金。又如存货应留有一定数量的安全库存以应付意外情况，这也导致存货与销售额并不总呈现正比例关系。

（3）基期与预测期的情况基本不变。这一假设包含三重含义：一是基期与预测期的敏感项目和非敏感项目的划分不变；二是敏感项目与销售额之间成固定比例，或称比例不变；三是销售结构和价格水平与基期相比基本不变。由于实际经济情况总是处于不断变动之中，基期与预测期的情况不可能一成不变。一般来说，各个项目的利用不可能同时达到最优，所以基期与预测期的敏感项目与非敏感项目的划分会发生一定的变化，同样，敏感项目与销售额的比例也可能发生变化。

（4）企业的内部资金来源仅包括留用利润，或者说，企业当期计提的折旧在当期全部用来更新固定资产。但是，企业固定资产的更新是有一定周期的，各期计提的折旧在未使用以前可以作为内部资金来源使用，与之类似的还有无形资产和递延资产的摊销费用。

（5）销售的预测比较准确。销售预测是销售百分比法应用的重要前提之一，只有销售预测准确，才能比较准确地预测资金需要量。但是，产品的销售受市场供求、同业竞争以及国家宏观经济政策等的影响，销售预测不可能是一个准确的数值。

2. 预测的步骤

预测人员进行预测的步骤：

第一步，对历史数据资料进行审核以判断哪些财务报表项目与销售成比例变化，并计算出相关项目与销售额的百分比。

第二步，运用一定方法预测销售额。

第三步，借助推断出的历史百分比和最新估计的销售额，估计预测期的单个财务报表项目。

第四步，根据会计恒等公式估计预测期的融资需求量。

预测人员运用销售百分比法，一般需要借助预计损益表和预计资产负债表。

(1) 预计损益表

预计损益表是运用销售百分比法的原理预测留用利润的一种报表。预测人员通过编制预计损益表，可以预测留用利润这种内部筹资的数额，也可以为编制预计资产负债表预测外部筹资数额提供依据。

预测人员运用预计损益表法的基本步骤：

第一步，收集基年实际损益表资料，计算确定损益表各项目与销售额的百分比。

第二步，确定预测年度销售额预计数，根据基年实际损益表各项目与实际销售额的比率，计算预测年度预计损益表各项目的预计数，并编制预测年度预计损益表。

第三步，根据预测年度净利润预计数和预定的留用比例，测算留用利润的数额。

(2) 预计资产负债表

预计资产负债表是运用销售百分比法的原理预测外部筹资额的一种报表。预测人员通过编制预计资产负债表，可以预测资产和负债及留用利润等相关项目的数额，进而预测企业需要外部筹资的数额。

预测人员运用预计资产负债表法的基本步骤：

第一步，取得基年资产负债表资料，并计算其敏感项目与销售收入的百分比。

第二步，确定预测年度销售收入预计数，编制预测年度预计资产负债表。

第三步，利用预测年度预计资产负债表中预计资产负债总额和预计负债总额及所有者权益总额的差额，预算预测年度需要外部筹资的数额。

预测人员根据预计资产负债表和各项目的销售百分比确定预计资产、预计负债、预计所有者权益；根据预计损益表确定预计留存收益增加额，然后，再确定外部融资需求量。计算公式如下：

预计留存收益增加额=预计销售额×销售净利率×（1-股利支付率）

外部融资需求数额=预计总资产-预计总负债-预计所有者权益

=资产增加额-负债自然增加额-留存收益增加额

=新增销售额×（资产销售百分比-负债销售百分比）-留存收益增加额

第三节 财务预算

一、财务预算的意义和作用

1. 财务预算的意义

财务预算是一系列专门反映企业未来一定预算期内财务状况、经营成果及现金收支等价值指标的各种预算的总称。财务预算具体包括营业预算、狭义财务预算和资本支出预算三大部分。

营业预算是指对企业日常的生产经营活动所编制的预算，包括销售预算、生产预算、直接材料预算、直接人工预算、制造费用预算、生产成本预算、销售及管理费用预算等。狭义财务预算是对有关现金收支、企业财务状况、经营成果的预算。资本支出预算是指对企业投资性活动的预算。

2. 财务预算的作用

财务预算具有以下作用：

（1）规划。财务预算使管理阶层在制订经营计划时更具前瞻性。

（2）沟通和协调。企业通过预算编制让各部门的管理者更好地扮演纵向与横向沟通的角色。

（3）资源分配。由于企业资源有限，企业通过财务预算可将资源分配给获利能力相对较高的相关部门或项目产品。

（4）营运控制。预算可视为一种控制标准，将实际经营成果与预算相比较可让管理者找出差异，分析原因，改善经营。

（5）绩效评估。企业通过预算建立绩效评估体系可帮助各部门管理者做好绩效评估工作。

二、财务预算的编制

编制财务预算是企业财务管理的一项重要工作。财务预算的编制需要以财务预测的结果为根据，并受到财务预测质量的制约；财务预算必须服从决策目标的要求，使决策目标具体化、系统化、定量化。财务预算的编制方法有固定预算、弹性预算、零基预算、概率预算和滚动预算。

根据企业的经营目标，科学合理地规划、预计及测算未来经营成果、现金流量增减变动和财务状况，并以财务会计报告的形式将有关数据系统地加以反映的工作流程，称为财务预算编制。财务预算由预算损益表、预算现金流量表、预算资产负债表组成。财务预算的期间一般为一年，并与企业的会计年度保持一致，以便于企业在实际的经营过程中，对财务预算执行情况进行监督、检查、分析。

1. 编制财务预算的准备

（1）确定财务预算的目标。财务预算要以企业经营目标为前提。企业经营目标包括：利润目标以及为实现这一目标的相关目标，如销售收入目标、成本控制目标、费用控制目标等。对相关的经营目标及财务预算指标，要进行综合分析及平衡。

（2）资料的收集。企业在编制财务预算以前，要收集编制财务预算的有关资料，要充分收集企业内部及外部的历史资料，掌握目前的经营及财务状况以及未来发展趋势等相关资料，并对资料采用时间序列分析及比率分析的方法，研究分析企业对各项资产运作的程度及运转效率，判断有关经济指标及数据的增减变动趋势及相互间的依存关系，测算出可能实现的预算值。

（3）汇总企业业务方面的预算。企业各部门编制的各项业务预算，如销售预算，生产预算，成本费用预算，材料、低值易耗品采购预算，直接人工预算等，是编制财务预算的重要依据。企业在编制财务预算前，应将汇总的各项业务预算的数据及经济指标，加以整理、分析，经相互勾稽确认后，作为财务预算各表的有关预算数。

（4）财务预算的编制程序。企业编制财务预算，首先应以销售预算的销售收入为起点，以现金流量的平衡为条件，最终通过预算损益表及资产负债表综合反映企业的经营成果及财务状况。财务预算的一系列报表及数据，环环紧扣、相互关联、互相补充，形成了一个完整的体系。

2. 财务预算的编制

（1）预算损益表

预算损益表综合反映企业在预算期间的收入、成本费用及经营成果的情况。由于整个财务预算是以营业收入为起点，因此，在预算损益表中只有确定了营业收入，才能进一步对与营业收入配比的营业成本进行规划和测算。营业收入超过营业成本的部分称为毛利，而毛利是确定企业盈利的关键。企业经营费用、管理费用、财务费用的支出，利润的实现，都依赖于毛利。预算损益表的构成要素、数据来源及平衡关系如下：

项目数据来源：

A：营业收入（销售预算及预测）；

B：营业成本（成本预算及预测）；

C：毛利等于 A-B；

D：销售费用（销售费用预算及预测）；

E：管理费用（管理费用预算及预测）；

F：财务费用（预算现金流量表中“发生筹资费用及偿付利息所支付的现金”）；

G：投资收益（被投资企业的财务预算或者通过对被投资企业历年经济效益及投资回报的资料分析）；

H：利润等于 C-D-E-F+F；

I：所得税等于 H×税率；

J：净利润等于 H-I。

（2）预算现金流量表

现金流量预算是以经营活动、投资活动、筹资活动产生的现金流入及流出量，反映企业预算期间现金流量的方向、规模和结构的。现金流入、流出的净值反映企业的支付能力和偿债能力。企业通过编制现金流量预算，合理地安排、处理现金收支及资金调度的业务，保证企业现金正常流转及相对平衡。

企业编制现金流量预算，以企业期初现金的结存额为基点，充分考虑预算期间的现金收入，预计期末的理想现金结存额，确定预算期间的现金支出。相互的关系可用公式表示为：

$$\text{期初现金结存额}+\text{预算期间的现金收入}-\text{预算期末理想的现金结存余额}=\text{预算期间的现金支出}$$

①期初现金结存数据，来源于预算资产负债表货币资金的期初数。

②现金收入由以下三个方面组成：经营活动、投资活动、筹资活动产生的现金收入。

A. 经营活动产生的现金收入，主要来源于销售商品或提供劳务的现金收入、租金收入、其他与经营活动有关的收入。它等于销售收入及其他经营收入，加或减应收、预收款项的期末与期初的差额。

B. 投资活动产生的现金收入，主要来源于对外投资收到的回报，收回投资，处置固定资产、无形资产和其他长期资产收到的现金。其中，对外投资收到的现金，由预算损益表的投资收益，加或减有关应收、预收款项的期末与期初的差额；收回投资收到的现金，根据董事会收回投资的决议，预计长期投资、短期投资的减少数，加或减有关应收、预收款项的期末与期初的差额；处置固定资产或无形资产收到的现金，由处置固定资产或无形资产的净收益，加或减有关应收、预收款项的期末与期初的差额。

C. 筹资活动产生的现金收入，由吸收权益性投资收到的现金、发行债券收到的现金、借款收到的现金构成。其中，吸收权益性投资收到的现金，为增资配股金额，加或减有关应收、预收款项的期末与期初的差额；借款收到的现金，由预算期间的现金支出与现金收入（不含借款收到的现金净加数）及期末与期初货币资金的差额计算。

③现金支出包括经营活动、投资活动和筹资活动的现金支出。

A. 经营活动的现金支出，包括购买商品或接受劳务支付的现金，支付职工工资以及为职工支付的现金，经营租赁所支付的现金，支付税金及其他与经营活动有关的现金。

企业在确定购买商品支付的现金时，以材料、低值易耗品采购预算为基础，要分清现购和赊购，分析赊购的付款时间及金额。购买商品及接受劳务支付的现金，等于采购商品物资及接受劳务金额，加或减应付、预付款项的期末与期初的差额。

企业在确定支付职工工资以及为职工支付的现金时，可在分析往年实际支付直接生产人员、销售人员、管理人员、其他间接人员工资、奖金及其他各种补助，往年实际为职工支付的住房公积金、医疗保险、养老保险、应付福利费等支出金额的基础上，调整有关的数据，计算出本期支付职工工资以及为职工支付的现金。它等于预算期间应付职工工资及为职工支付的住房公积金、医疗保险、养老保险等现金支出，加或减应付工资、应付福利费及其他应付款期末与期初的差额。

经营租赁所支付的现金，等于合同或协议确定的应付租金的金额，加或减应付款（租金）的期末与期初的差额。

支付税金的现金，等于预算期间应付增值税、营业税、所得税和其他税金及附加，加或减应付税金及应付税金附加的期末与期初的差额。

B. 投资活动的现金支出，包括购建固定资产、无形资产和其他长期资产支付的现金，企业权益性投资及债权性投资支付的现金，其他与投资活动有关的现金等支出。它等于投资预算确定的固定资产、无形资产和其他长期资产投资额，加或减涉及投资活动的应付及预付款项变动数。

C. 筹资活动的现金支出，包括分配股利或利润所支付的现金、支付利息所支付的现金、支付其他与筹资活动有关的现金。支付利息及支付其他与筹资活动有关的现金支出，等于贷款的期初与期末的平均数或筹资活动产生的现金收入乘以利率（或单位筹资成本）。分配股利或利润所支付的现金，等于董事会或股东大会决议确定的应分配利润金额，加或减应付股利（利润）期末与期初的差额。我们将企业现金流入、流出的项目和金额，参照现金流量表的格式填列，即编制成预算现金流量表。

（3）预算资产负债表

预算资产负债表反映企业在预算期末的资产、负债和所有者权益的全貌及财务状况。

企业编制预算资产负债表以资产负债表期初数为基点，充分考虑预算损益表、预算现金流量表的相关数据对资产、负债、所有者权益期初数的影响，采用平衡法加以增减后计得。其公式可表示如下：

资产及负债的期末数=期初余额+预算期增加数-预算期减少数

所有者权益期末数=期初余额+预算期增加数（包括预算期实现的净利润）-预算期分红数

可按资产负债表的分类和顺序，把资产、负债和所有者权益的期末数据，予以适当排列后，编制成预算资产负债表。

财务预算编制是建立在一系列预算的假设及管理者的经验判断的基础上的，虽然企业在编制财务预算的过程中，对企业内部或外部的不确定因素作了尽可能周详的考虑，但是，很难做出全面正确的估计，使财务预算仍然存在一定的局限性。在推行预算过程中如果出现非人为原因的较大差异时，企业应对财务预算作适当修正，以提高财务预算的合理性、客观性和正确性，发挥财务预算在企业经营管理中的作用。

三、财务预算的方法

财务预算的编制方法有多种，包括定期预算与滚动预算、固定预算与弹性预算、定值预算与概率预算、现基预算与零基预算等。

1. 固定预算

（1）固定预算的含义

固定预算，又称静态预算，是指在编制预算时，只将预算期内正常的、可实现的某一固定业务量（如生产量、销售量）水平作为唯一基础来编制预算的一种方法。在这种方法下，企业首先确定预算期销售量（根据市场预测或销售合同并结合企业生产能力确定的），其次根据固定的销售量预算销售收入、产品成本（其中制造费用有部分是固定费用），再次按预算期的可预见变化情况调整计算（以过去实际数额为基础）营业费用及管理费用，最后编制预算资产负债表和利润表。

（2）固定预算的缺点

①过于机械呆板。在此方法下，不论未来预算期内实际业务量水平是否发生波动，企业都只按事先预计的某一个确定的业务量水平作为编制预算的基础。

②可比性差。这也是固定预算方法的致命弱点。当实际业务量与编制预算所依据的预计业务量发生较大差异时，有关预算指标的实际数与预算数之间就会因业务量基础不同而失去可比性。因此，按照固定预算方法编制的预算不利于正确地控制、考核和评价企业预算的执行情况。

（3）固定预算的适用范围

一般来说，固定预算方法只适用于业务量水平较为稳定的企业或营利组织编制预算时采用。对于那些未来业务量不稳定、其水平经常发生波动的企业来说，如果采用固定预算方法，就可能会对企业预算的业绩考核和评价产生扭曲甚至误导作用。

例如某成本预算的预计业务量为生产能力的100%，而实际执行结果为120%时，那么在成本方面实际脱离预算的差异就会包括本不该在成本分析范畴内出现的非主观因素——业务量增长造成的差异（对成本来说只要分析单位用量差异和单价差异就够了，业务量差异无法控制，分析也没有意义）。

2. 弹性预算

（1）弹性预算的含义

弹性预算，又称变动预算或滑动预算，是为克服固定预算方法的缺陷而设计的，以业务量、成本和利润之间的依存关系为依据，以预算期可预见的各种业务量水平为基础，编制能够适应多种预算的一种方法。

企业编制弹性预算需将成本按成本性态区分为变动成本和固定成本两部分；选择经营活动水平的计量单位，一般选用一个最能代表本部门生产经营活动水平的业务量计量，如实物数量、人工工时、机器工时等；确定适用的业务量范围，一般可定为正常生产能力的70%~110%，或以历史最高业务量和最低业务量为其上下限；然后根据量本利之间的数量关系，计算出各种业务量水平下的预算数，并通过多水平法（列表方式）或公式法表达出来。

（2）弹性预算的优点

与固定预算相比，弹性预算具有如下两个显著的优点：

①预算范围宽。弹性预算方法能够反映预算期内与一定相关范围内的可预见的多种业务量水平相对应的不同预算额，从而扩大了预算的适用范围，便于预算指标的调整。因为弹性预算不再是只适应一个业务量水平的一组预算，而是能够随业务量水平的变动作机动调整的一组预算。

②可比性强。在弹性预算方法下，如果预算期实际业务量与计划业务量不一致，可以将实际指标与实际业务量相应的预算额进行对比，从而能够使预算执行情况的评价与考核建立在更加客观和可比的基础上，便于更好地发挥预算的控制作用。

（3）弹性预算方法的适用范围

由于未来业务量的变动会影响成本、费用、利润等各个方面，因此，弹性预算方法从理论上讲适用于编制全面预算中所有与业务量有关的各种预算。但从实用角度看，弹性预算方法主要用于编制弹性成本费用预算和弹性利润预算等。在实务中，由于收入、利润可按概率的方法进行风险分析预算，直接材料、直接人工可按标准成本制度进行预算，只有制造费用、销售费用和管理费用等间接费用应用弹性预算方法的频率较高，以至于有人将弹性方法误认为只是编制费用预算的一种方法。

3. 零基预算

零基预算的全称为“以零为基础编制计划和预算的方法”，又称零底预算，是指企业在编制成本费用预算时，不考虑以往会计期间所发生的费用项目或费用数额，而是将所有的预算支出均以零为出发点，一切从实际需要与可能出发，逐项审议预算期内各项资金的内容及开支标准是否合理，在综合平衡的基础上编制费用预算的一种方法。

零基预算不同于传统的现基预算。现基预算是在上期的基础上结合预算期的情况，加以适当调整而编制的预算。这种预算方法以过去为基础，承认过去的就是合理的，虽然编制简便，但容易导致企业安于现状，不求进取。

零基预算以零为基础，首先，要求对各项业务需要的人力、物力和财力进行估算，并说明其效果；其次，进行“成本—效益”分析，将所有项目按性质和轻重缓急及成本效益排列先后顺序，一般将必不可少的项目排在前面；最后，将可动用的资本，按排定的顺序进行分配投资。这种方法避免了原来不合理支出对预算的影响，有利于充分发挥各级管理人员的积极性，减少资金浪费，特别适用于那些较难分辨其产出的服务性部门。但是，零基预算编制的工作量大，企业一般每隔几年编制一次，其他年份略作调整。

4. 概率预算

概率预算是企业根据各因素在一定范围内的变动及在这个范围内有关数值出现的

概率，计算有关变量在预算期内的期望值来编制预算的方法。概率预算是相对于定值预算而言的。固定预算只考虑了一种业务量水平；弹性预算虽然考虑了多种业务量水平，但在各种不同的业务量水平下的价格、变动成本、固定成本等都是确定不变的。而实际上构成预算的各种变量是不确定的，概率预算正是考虑了这种不确定性，因而编制的预算接近于实际情况，同时还能帮助企业管理者对各种经营情况及结果出现的可能性进行估计，做到心中有数。

5. 滚动预算方法

滚动预算是指预算期始终保持在12个月，即每过一个月就在原预算基础上补充一个月，从而逐期向后滚动的预算。一般预算的期限是一年，且与会计年度一致，这样有利于在年度结束时将实际数与预算数进行比较，分析、评价预算执行情况。但因预算是在上一会计年度结束前编制，预算期较长，误差较大，且管理人员重视预算期，缺乏长远打算，不利于企业的长期稳定发展。

滚动预算的预算期为一年，一般前几个月的预算比较详细具体，后几个月的预算较笼统。随着时间的推移，企业经营环境的变化，滚动预算逐渐调整，并自动后续一个月。这样能保持预算的完整，使企业管理人员对未来一年的经营活动进行持续不断的计划，有利于保证企业的经营管理工作稳定而有序地进行。但滚动预算的编制工作比较繁重，编制时可以按月滚动，也可以按季滚动。

课后思考与练习

一、思考题

1. 企业筹资对企业的发展有什么作用？筹资方式与筹资渠道的对应关系有哪些？

2. 资金需要量的预测有哪几种方法？各自的优缺点是什么？

3. 预算损益表、预算现金流量表与预算总资产表各自的着重点是什么？

4. 混合筹资筹集的是混合性资金。我国上市公司目前取得的混合性资金的主要方式有哪些？

二、练习题

1. 甲公司采用销售百分比法预测资金需要量，预计2015年的销售收入为9 000万元，预计销售成本、销售费用、管理费用、财务费用占销售收入的百分比分别为60%、2%、15%、1%，适用企业所得税税率为25%。若甲公司2015年计划股利支付率为70%，则该公司2015年留存收益的增加额应为多少？

2. 某企业2011—2014年销售收入和各项资产、负债如表4.3所示：

表4.3　某企业2011—2014年销售收入和各项资产、负债情况　单位：万元

年度	销售收入	现金	应收账款	存货	固定资产	流动负债
2011	1 550	1 340	1 020	340	500	1 000
2012	1 500	1 500	1 000	1 000	500	1 150
2013	1 680	1 620	830	800	500	1 100
2014	1 700	1 600	1 100	1 100	500	1 250

要求：采用高低点法建立资金预测模型，并预测当2015年销售收入为1 800万元

时，企业资金需要总量。

3. 某公司根据历史资料统计的业务量与资金需求量的有关情况如表 4.4 所示。已知该公司 2012 年预计的业务量为 100 万件。

表 4.4　　某公司历年业务量与资金需求量　　单位：万元

年度	2007	2008	2009	2010	2011
业务量（万件）	80	95	86	75	92
资金需求量（万元）	165	180	173	150	190

要求：采用回归直线法预测该公司 2012 年的资金需求量。

4. 某企业在上年度资金平均占用额是 3 200 万元，经分析得到，其中不合理的资金占用有 200 万元，预计本年的销售增长率为 5%，资金周转速度增长率为 2%，那么该企业的资金需要量为多少？

5. 已知某企业产销量与资本需要量如表 4.5 所示，求 2015 年的资本需要量。

表 4.5　　某企业产销量与资本需要量　　单位：万元

年度	产销量（万件）	资本量（万元）
2010	6.0	500
2011	5.5	475
2012	5.0	450
2013	6.5	520
2014	7.0	550
2015	7.8	x

6. 已知某企业近四年的产销量和资本需求量如表 4.6 所示，假定 2015 年产销量为 6 万件，预计 2015 年的资本需求量。

表 4.6　　某企业近四年的产销量和资本需求量　　单位：万元

年度	产销量 x（万件）	资本需要量 y（万元）	xy	x^2
2010	6.0	500	3 000	36
2011	5.5	475	2 612.5	30.25
2012	5.0	450	2 250	25
2013	6.5	520	3 380	42.25
2014	7.0	550	3 850	49

第五章　短期筹资管理

学习目标

要求学生通过本章学习，了解流动负债筹资的特点与意义，理解流动负债筹资的战略模式和内容，掌握几种主要流动负债的使用条件、优缺点、成本计算。

本章内容

流动负债筹资概述：流动负债筹资的特点，流动负债筹资的意义，流动负债筹资的战略模式，流动负债筹资的内容；**短期借款**：短期借款的种类，短期借款的程序，短期借款的成本，短期借款筹资评价；**商业信用**：商业信用的形式，商业信用的条件，商业信用的成本，商业信用筹资评价；**短期筹资的其他方式**：发行短期融资券，定额负债。

第一节　流动负债筹资概述

一、流动负债筹资的特点

流动负债筹资是指企业为满足临时性流动资金需要而进行的筹资活动。其资金来源一般要满足临时性资产占用的资金，多是通过流动负债方式取得。

当企业因季节性或周期性的经营活动而出现资金需求时，流动负债筹资是较为恰当的途径。流动负债筹资主要有短期借款、商业信用、发行短期债券和其他短期应付款项等。它与长期负债筹资相比，具有如下一些特点：

1. 筹资成本低

在各种来源中，借款的资金成本最低，而流动负债中的短期借款成本比长期借款和长期债券成本还低，特别是其中的应付账款、应交税费、应计费用等自然性筹资方式，根本没有成本。

2. 筹资速度快

除一些自然性的流动负债筹资项目外，流动负债筹资的很大一部分是短期借款，而企业申请短期借款比申请长期借款更容易、更便捷、更快速。企业通常在提出申请后的很短时间内便可获得借款。因为短期借款贷款方风险较小，而长期贷款因为贷款时间比较长，贷款方风险大，贷款人需要对申请人的财务状况、发展能力、获利情况、还款情况进行全面调查、了解及评估后才能做出是否贷款的决定。因此，企业急需资金时，取得短期借款的速度非常快，这也是企业缺少资金时首先想到短期借款的原因。

3. 筹资弹性大

与长期债务相比，流动负债的债权人给了债务人较大的灵活性。长期负债的债权人出于自身的利益，一般都会在借款合同等债务契约中对债权人的行为、借款的用途等加以种种限制。而短期债务的契约中限制条件较少，一般短期债务经过与债权人协商还可展期归还，从而使企业有较大的自由。尤其是对季节性生产、销售的企业，短期债务比长期债务具有更大的弹性。

4. 财务风险大

尽管短期债务的成本低于长期负债，但其还款压力大，所以财务风险较大。主要是因为：一方面，长期债务的利息相对稳定，利息在较长期限内保持不变，企业有时间进行筹划，而短期债务尤其是短期借款的利率随市场利率的变化而波动，从而使企业难以应付；另一方面，假如公司过分依赖短期债务即短期债务过多，当负债到期时，公司不得不在短期内筹措大量货币资金还债，这样易导致公司的财务状况恶化，有时甚至因无法偿还债务而破产。

二、流动负债筹资的意义

流动负债筹资具有偿还期短、资金成本低、筹资弹性大、稳健性强等特点。因此合理地利用流动负债筹资是企业增加经营资本，优化资本结构，降低筹资成本，提高资金营运效能的良好途径。若企业在筹集流动负债的同时，注意保持资本的结构比例，保持一个合理的债务水平，会产生积极的作用。

1. 降低筹资成本

流动负债不仅为企业追求最大利润提供营运资金，同时也减少了筹资费用。企业要实现利益最大化，在很大程度上受企业盈利水平的影响，而负债成本则是直接影响企业盈利水平的重要因素之一。在流动负债中，只有短期借款涉及负债成本即借款的利息费用（税前列支，有抵税效应），且短期借款的利息还低于长期借款的利息，使流动负债的成本低于长期负债的成本。

2. 减少债权人控制

流动负债可以增加自有资金的运行成效，同时可以减少债权人控制。在一个正常生产经营的企业，流动负债中的大部分具有经常占用性和相对稳定性。例如，工业企业最低的原材料储备、在产品储备和商业企业中存货最低储备等占用的资金，一般都是采用短期负债方式筹集的，但却具有短期资金长期占用的特点。而长期贷款的期限长、风险大，为了规避风险，除借款合同的基本保障条款之外，银行等债权人通常还会在借款合同中附加各种保护性条款，以确保企业能按时足额偿还贷款。

3. 有利于现金的平衡流动与资金的充分利用

一方面，应付账款与应付股利等流动负债的存在使得资金的流出时间延迟，有利于企业对资金的充分利用；另一方面，短期负债的定期偿付性使得企业的现金流入与流出可以较容易达到平衡，短期负债的取得比较容易、迅速，对于企业资金的安排也就较容易。而长期负债的取得却比较难，取得后带来的是某一时点上的大量资金的流入流出。取得贷款时，大量资金瞬时流入，企业很难一下子将其充分利用，势必造成部分资金的闲置；偿还贷款时，由于需准备大量的资金，企业易形成财务拮据；由于企业需定期储备一定的资金，这就又造成了资金暂时闲置，影响了资金效益。

4. 符合稳健性原则，可以避免经营风险

经营风险，主要指由于信息不对称等原因，企业在投资中面临的不确定性的风险。由于长期负债的利率与期限确定，企业在长期投资过程中，如果发现投资项目失误，在放弃投资时，会增加负债的一部分占有成本。而流动负债则不同，应付股利与应付账款等由于成本的低廉、短期借款的短期性，使得企业对风险规避的可能性大大增强。

5. 可以增大融资能力

这一点主要是从信用方面考虑的。现在西方很多银行在评估企业的还贷能力时，很重要的一点是参考企业信用积分，即企业以前的借款信用。对于企业来说，为了实现长期利用短期负债的目的，需进行一定频率的重复借贷活动，这在客观上又会增加企业的信用积分，有利于公司的进一步负债筹资。

三、流动负债筹资的战略模式

（一）流动资产组合策略

短期负债筹资直接关系到流动资产的稳定性，企业的流动资产一般分为临时性流动资产（波动性流动资产）和永久性流动资产两部分。前者是指企业由于季节性或临时性的原因而持有的流动资产；后者是指企业经营中长期稳定持有的流动资产。企业的资本需求也分为临时性资本需求和永久性资本需求两部分。一般情况下，临时性资本需求通过短期负债筹资来解决，永久性资本需通过长期负债和股权资本筹资来解决。当流动资产所需要的资金来源包括短期筹资和长期筹资两部分的时候，企业如何利用短期筹资，就需要权衡与不同流动资产的相互关系问题。短期筹资与流动资产组合策略，就是确定短期筹资对不同流动资产的保证程度，由此形成稳健型、激进型、折中型三种组合策略。

1. 筹资策略的类型

（1）稳健型筹资策略

稳健型筹资策略是一种较为谨慎的筹资策略。企业的长期资本不但能满足永久性资产的资本需求，而且还能满足部分短期或临时性流动资产的资本需求。其主要目的是规避风险。采取这一策略，企业短期负债比例相对较低，其优点是可增强企业的偿债能力，降低利率变动风险。但这种策略会使企业的资本成本增加，利润减少；如用股权资本代替负债，还会丧失财务杠杆利益，降低股东的收益率。稳健型筹资如图 5.1 所示。

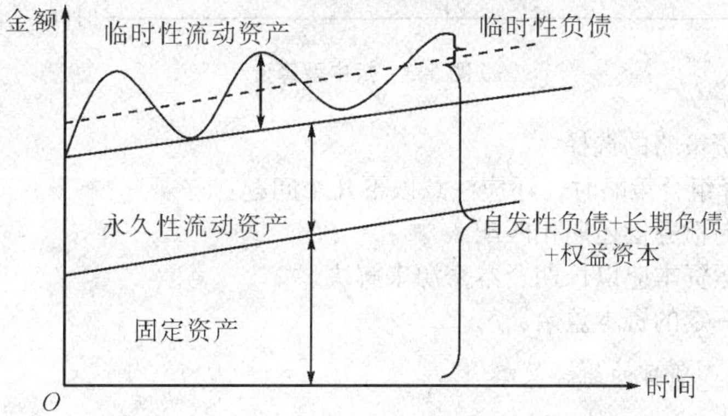

图 5.1 稳健型筹资

(2) 激进型筹资策略

激进型筹资策略是一种扩张型筹资策略，企业长期资本不能满足永久性资产的资本需求，要依赖短期负债来弥补。此策略的主要目的是追求高利润。企业采取这种策 略，一方面降低了企业的流动比率，加大了偿债风险；另一方面，短期负债筹资利率的多变性又增加了企业盈利的不确定性。激进型筹资如图 5. 2 所示。

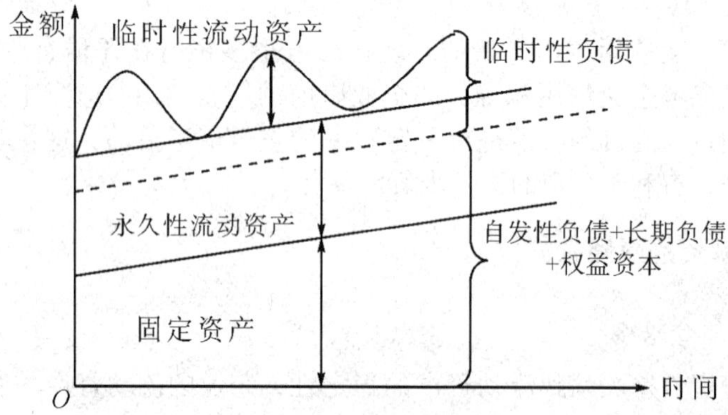

图 5. 2　激进型筹资

(3) 折中型筹资策略

折中型筹资策略是一种介于上述两者之间的筹资策略。企业的长期资本正好满足永久性资产的资本需求量，而临时性流动资产的资本需要则全部由短期负债筹资解决。这种策略一方面可以减少企业到期不能偿债风险，另一方面可以减少企业闲置资本占用量，提高资本的利用效率。折中型筹资如图 5. 3 所示。

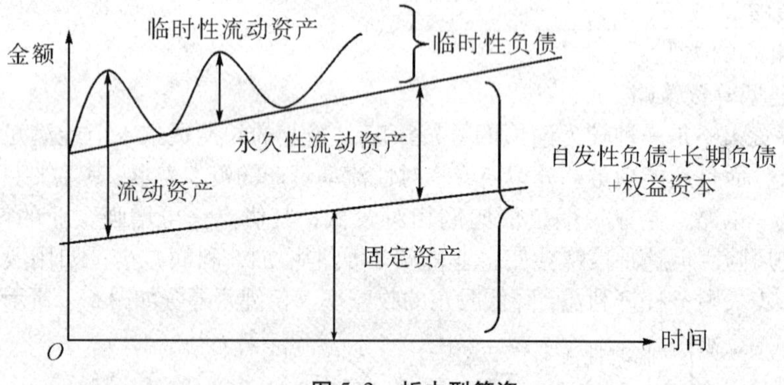

图 5. 3　折中型筹资

2. 筹资策略的选择

企业在选择组合策略时，还应注意以下几个问题：

(1) 资产与债务偿还期相匹配。

(2) 净营运资本应以长期资本来源来解决。

(3) 保留一定的资本盈余。

(二) 短期负债各项目的组合策略

由于短期筹资包括自发性筹资的应付费用，商业信用筹资的应付账款、应付票据、预收账款，银行信用的短期银行借款等，而不同筹资项目所表现的风险与成本也各不相同，因此，建立起合理的短期筹资内部组合也是财务管理的一项重要工作。企业应当在合法利用自发性筹资的基础上，尽量利用商品采购结算所形成的商业信用筹资，并将短期银行借款纳入事前计划之中。短期筹资的内部组合应当首先保证企业的正常资金需求，在保证需求的前提下，尽可能降低短期筹资的综合成本。因此，短期融资组合应考虑的主要因素有短期融资成本、短期融资的可行性、短期融资的时机、短期融资的弹性、资产所受约束的程度等。

四、流动负债筹资的内容

流动负债筹资大致有短期借款、商业信用以及其他短期融资项目等。

（一）短期借款

短期借款是企业为解决短期资金需要向银行或其他金融机构申请借入的归还期限在一年（含一年）以内的各种借款，具体又可分为担保借款和信用贷款等。

（二）商业信用

商业信用是指在商品交易中以延期付款或预收货款进行购销活动而形成的借贷关系，是企业间直接的信用行为，具体又包括应付账款、应付票据、预收账款和其他应付款等项目。

（三）其他短期融资项目

其他短期融资项目是指除商业信用、短期借款以外的各项短期融资项目，如经营租赁、应收票据贴现等。

另外，信用证作为国际贸易业务的结算方式，也是一种有意义的流动负债筹资来源。因为企业采用信用证结算方式从交易发生到款项支付有一段时间间隔，并且信用证本质上是由银行承担付款责任，它是以银行信誉代替了付款人的信誉。

第二节　短期借款

短期借款是指企业向银行或其他非银行金融机构等借入的偿还期限在一年以内（含一年）的各种借款。在社会主义市场经济条件下，短期借款已成为企业融通短期资金的主要来源之一。

一、短期借款的种类

短期借款可以按不同的标准，划分为不同的种类。短期借款按照目的和用途可以分为生产周转借款、临时借款、结算借款等；按照国际通行做法，还可依偿还方式不同，分为一次性偿还借款和分期偿还借款；按照利息支付方法不同，分为收款法借款、贴现法借款和加息法借款；按有无抵押担保品，分为无担保借款和担保借款等。

（一）无担保借款与担保借款

1. 无担保借款

无担保借款也叫信用借款，是指企业凭借自身的信誉从银行或其他金融机构取得的借款。这种借款一般只有财务状况良好、信誉度高的大企业才能取得。企业申请无担保借款时，需要将企业近期的财务报表、现金预算和预测财务报表提送银行等金融机构。银行根据这些资料对企业的风险—收益状况进行分析后，决定是否向其提供贷款，并拟定具体的贷款条件。具体信用条件有以下几种：

（1）信用额度。信用额度亦即信贷限额，是借款人与银行在协议中规定的允许借款人借款的最高限额。银行可以根据企业生产经营状况的好坏核准或调整信贷限额。在信用额度范围内，银行可以提供贷款也可以不提供贷款，即不承担按最高借款限额保证必须提供贷款的法律义务。此外，如果企业信誉恶化，即使银行曾经同意按信贷限额提供贷款，企业也可能因银行终止放贷而得不到借款。例如，在正式协议下，约定某企业的信用额度为 1 000 000 元，该企业前段已借用 800 000 元尚未偿还，则该企业仍可继续申请 200 000 元银行贷款，在正式协议下应予以保证。而在非正式协议下，银行可以不提供贷款。这种方式最大的优点是为企业提供较大的筹资弹性。企业需要资金时，可在信用额度内贷款，而当企业资金充裕时，可随时还款，从而避免过多的资金闲置。

信用额度的确立一般以银行出具的信函通知书为准，上面写明银行的信用额度、贷款期限或贷款条件。信用额度的时限大多为 1 年，但只要借款人的信用风险维持不变，而银行又能够接受，信用额度到期后往往可以再续，当信用额度更新时，信用限额、利率及其他条件也会随之变化。

（2）周转信用协议。周转信用协议是指银行具有法律义务承诺提供不超过某一最高限额的贷款的协议。在协议有效期限内只要企业的借款总额未超过最高限额，银行就必须满足企业随时提出的借款要求。否则，银行即构成违约。企业享用周转信用协议通常要对限额内未使用的部分给付一定的承诺费。因为一旦签订了周转信用协议，银行对未使用的限额以内的余额不得贷出或做其他处理，这部分未使用的余额对银行来讲属于呆滞资产。因此，银行相应收取一笔承诺费是必然的。承诺费一般按信用额度中未使用部分的一定比例计算。如双方签订的周转信用协议中规定贷款最高限额为 1 000 000 元，企业在年度内使用了 800 000 元，余额为 200 000 元。假设承诺费率为 2%，则企业在该年度内应支付的承诺费用为 4 000 元。因此，在签订合同时，企业必须慎重考虑贷款限额及有效期。

$$\text{企业应支付的承诺费} = (1\ 000\ 000 - 800\ 000) \times 2\% = 4\ 000\ (\text{元})$$

周转信贷协议的有效期通常超过 1 年，但实际上贷款每几个月发放一次，所以这种信贷具有短期和长期借款的双重特点。

（3）补偿性余额。补偿性余额是指银行要求借款企业在银行账户中保持的，按贷款数额的一定比例（10%~20%）计算的存款最低余额。如企业以 6.5% 的利率向银行借款 100 000 元，银行要求补偿性余额为 15%，则实际利率为：

$$\frac{6\ 500}{100\ 000 \times (1 - 15\%)} \times 100\% = 7.65\%$$

从银行的角度讲，补偿性余额可降低贷款风险，补偿其可能遭受的贷款损失。对于借款企业来讲，补偿性余额则提高了借款的实际利率。

（4）交易贷款。交易贷款是指企业由于特殊原因需要资金而向银行提出申请所获得的一次性贷款。例如，为修复遭受自然灾害的厂房，企业向银行所申请的贷款，或企业由于需要完成一项工程而向银行申请的贷款。交易贷款通常由银行按项目逐笔审核确定。

2. 担保借款

担保借款又称为抵押借款，是指借款企业根据银行的要求，以本企业的某些资产作为偿债担保品或以担保人为担保而取得的借款。银行向财务风险较大的企业或对其信誉不甚有把握的企业发放贷款，有时需要有抵押品担保，以减少自己蒙受损失的风险。短期借款的抵押品经常是借款企业的应收账款、存货、股票、债券等。银行接受抵押品后，将根据抵押品的面值决定贷款金额。贷款金额一般为抵押品面值的30%～90%。这一比例的高低，取决于抵押品的变现能力和银行的风险偏好。抵押借款的成本通常高于非抵押借款，这是因为银行主要向信誉好的客户提供非抵押贷款，而将抵押贷款看成是一种风险投资，故而收取较高的利率，同时银行往往另收手续费。

借款企业除以自己拥有的应收账款、存货、固定资产或其他不动产以及有价证券作为担保品外，也可以寻求企业以外的与企业有关联的企业、单位为担保而取得借款。申请担保借款时，借贷双方必需签订抵押借款合同；由他人担保的，与担保人之间还要签订担保合同，在合同中必须注明担保品的名称及有关说明，同时应将该合同送一份给有关政府机关备案，以保证债权人的权益。另外，企业向贷款人提供抵押品，会限制其财产的使用和将来的借款能力。

（1）存货担保借款。存货是企业具有一定流动性的资产，因而也是理想的短期借款担保品。存货担保借款是指以企业的存货作为担保品而取得的借款。但由于存货的性质不同、品种千差万别，变现速度快慢不一，总体上讲存货是企业流动资产中变现速度最慢的资产。所以银行一般只愿意接受易于保管、容易变现的存货作为贷款的担保品。银行根据担保品的质量高低来确定贷款比例，也就是说，银行并非按存货市价高低直接确定所提供的贷款金额，而是按存货市价的某一百分比确定贷款的金额。此百分比高低主要取决于企业所提供的存货的流动性强弱、易损程度、市价稳定程度、变卖难易程度等方面以及企业偿还借款的能力，对于有的存货，银行所提供的贷款比例高达90%，有的则很低，而有的存货银行拒绝用作担保品。

存货抵押贷款有多种不同形式，贷款企业可以根据具体情况从中选择。

①浮动留置权方式。留置权是指债权人对特定资产的索偿权。而浮动存货留置权是指贷款企业将存货留置权授予银行，银行对相应存货拥有索偿权。企业获得银行的贷款后，可以出售存货，但应如期归还借款。在这类借贷业务实行过程中，因为担保物（存货）并不固定，企业可以随时提取，银行很难对上述存货实行严密控制。因此银行通常只向信誉好、偿债能力强的企业开展这种业务，而浮动留置权往往只是作为额外保护。由于用作担保品的存货一般是大量的、不可标号的、单价较低的存货，因此即便担保品具有较好的质量，贷款银行一般也不愿提供较高比例的贷款。在这种融资方式下，利率是在最优惠利率的基础上另加3%～5%。

②信托收据贷款。信托收据贷款是一种以信托收据为抵押的贷款。采用该贷款方式时，借款企业以存货作为担保向银行取得贷款，届时开出信托收据交给银行。银行对借款企业以贷款购入的存货保留所有权。存货可以留在借款企业的仓库里，也可以

搬到指定的仓库里。借款企业以出售存货所得的资金作为还款来源。借款企业每销售一批货物，须取得银行同意后提货，货物售出后，企业将所得货款交与银行，作为归还借款的一部分，直至借款本息还清，信托收据才予以注销。与浮动留置权方式不同的是，信托收据贷款方式下所涉及的存货要求按照顺序号码或用其他方法逐个鉴别，以便避免借款企业出售存货所得款项不能及时偿还银行，这类贷款方式被汽车销售商、设备供应商和耐用品销售商广泛采用。

③仓库收据贷款。此贷款方式是指贷款企业利用有关部门开具的存货仓库收据向贷款银行取得借款。根据存货存放的地点不同，此类贷款又可以具体分为两类，一类是现场仓库收据贷款，另一类是公共仓库收据贷款。

现场仓库收据贷款方式是指企业以存放在自己仓库的某些存货作担保品向银行借入短期贷款。在这种方式下，存货担保企业在借款企业的仓库中划出一指定区域专门存放用作担保品的存货。这些存货始终处于存货担保企业的严密控制下。存货企业签发仓库收据，贷款银行依据此仓库收据向借款企业发放贷款。在此融资方式下，借款企业除了需要向贷款银行支付贷款利息，还要向存货担保企业支付有关费用，所以借款实际成本是比较高的。

公共仓库收据贷款方式是指贷款企业以存放于公共仓储企业中的存货作为担保品而从银行获得贷款。企业将自己的存货存放在公共仓储企业的仓库后，将公共仓储企业签发的标明存货品名、规格和价格总额的收据提供给贷款银行，该银行据此向企业发放贷款。在这种方式下，企业只有经贷款银行同意后方可动用作为担保品的存货。该贷款方式下，贷款成本包括贷款利息、银行手续费及其他存货费用。

（2）应收账款担保借款。应收账款担保借款是指以企业持有的应收账款作为抵押品而取得的借款。借款企业采用此方式筹资时，首先需要将应收账款单据送到贷款银行进行审定。银行将企业所提供的每笔应收账款作为担保品。信用等级较低的应收账款或未评级的应收账款通常会遭银行拒绝。此外，一笔应收账款尽管质量较高，如果其账面价值较低，银行通常也会拒收，其原因在于金额较小的应收账款的管理成本相对较高。银行确定了可以作为担保品的各种应收账款之后，再按其账面价值总值的一定百分比向借款企业发放贷款。这种贷款的信用风险完全由借款企业承担。如果作为担保品的应收账款无法收回，借款企业应承担坏账损失。如果作为担保品的应收账款到期后未能收回，借款企业应负责收回逾期的应收账款，并承担所发生的收账费用。应收账款担保借款具体又有应收账款抵押借款和应收账款让售借款两种方式。

①应收账款抵押借款。应收账款抵押借款是指借款公司以其拥有的应收账款债权为担保品而取得的借款。以这种方式取得借款后，贷款银行拥有应收账款的受偿权，同时还享有对借款企业的追索权。即在应收账款到期，对方支付货款时，贷款银行直接扣收应收账款，而将余额交还企业；而当应收账款到期不能按时偿还时，银行有权向借款企业扣收借款，同时将应收账款退还给借款企业，期间的争议由企业与对方自行协商解决。因此，以应收账款为抵押取得短期借款，借款企业仍然要承担应收账款的违约风险。

②应收账款让售借款。应收账款让售借款是指借款人将其所拥有的应收账款的债权转让给银行或金融机构而取得的借款。取得借款后，当购货方无力支付货款时，银行或金融机构不享有对借款企业的追索权，而要自行承担坏账损失的风险。在这种借款方式下，借款企业与贷款人必须在抵押协议书中明确规定双方各自应当遵守的基本

程序和应当承担的法律责任。当借款企业收到买方订单时，应填写信用评估表交贷款人审查，如果贷款人认同并批准贷款后，将销售发票寄给买方，并要求买方直接将款项付给贷款人；如果贷款人不同意这笔交易，企业应拒绝签单成交，但如果企业擅自成交了这笔业务，贷款人会拒绝购买这笔应收账款。因为贷款人既要提供贷款，又要承担风险。

当应收账款规模增加时，企业会增加资金需求，由于应收账款总额增加，企业可以通过该种贷款方式筹集更多的资金，从而解决企业资金需求增加的问题。另外，由于企业的持续经营，原有的应收账款纷纷收回，而新的应收账款又源源不断，因而企业可以持续采用该方式，长期为企业融通所需资金。但企业通过应收账款向商业银行借款的利息费用将比最优惠利率高出 2%~4%，而且许多银行还要按贷款金额收取 1%~2%的手续费。

（3）第三方担保贷款。第三方担保贷款是指由借款企业以外的第三方为企业提供担保而取得的贷款。在这种贷款方式下，借款企业要同担保人签订担保合同，还要与贷款人签订借款合同，在担保合同中明确双方的权利和义务。如果借款企业不能按期归还借款，担保人代为清偿。担保人一般是与借款企业关系密切的关联方。担保人有监督借款人按期归还本金支付利息的责任。贷款人还要对担保人的资格和担保能力进行审查，以降低贷款人的风险。

（4）有价证券抵押借款。有价证券抵押借款是指企业以自己拥有的其他企业的股票、债券等有价证券作为抵押品而取得的借款。一般在企业不想出售所持有的有价证券，或是为保持对其他企业的控制权而采用这种借款方式。

（二）生产周转借款与临时借款

1. 生产周转借款

生产周转借款是指企业为满足生产周转的需要，在确定的流动资金计划占用额缺乏足够的资金来源时从银行取得的借款。企业根据各项物资储备，通常都可以预先确定其定额占用量，其资金来源应当是周转用的营运资金。其数额大致为流动资产扣除流动负债后的部分。企业通过测算可以计算出计划年度定额流动资金需用量，扣除本年营运资金，如果差额为负数，即为生产周转借款需用量。企业可以在此范围内向银行申请贷款。这种借款期限可根据资金使用情况确定，一般不超过 1 年。

2. 临时借款

临时借款是指企业在生产经营过程中由于临时性或季节性原因需要超额储备物资而从银行取得的借款。

临时性借款通常是为了解决以下几种情况的资金需要：

（1）原材料季节性储备。

（2）进口物资集中到货。

（3）产品由于客观原因不能及时出售。

（4）引进软件，换取外汇。

（5）发展名优产品等临时需要。

临时性借款的期限应根据物资占用的时间和销售收入的情况来确定，一般不超过 6 个月。另外，当销货方采取延期收款或分期收款方式销售商品时，为解决企业资金需要，企业可向银行申请卖方信贷，即由销货（出口）方银行向本国出口商提供贷款，出口商利用这笔贷款代进口商付款，允许进口商以后分期偿还。这种信贷主要适用于向境外销售商品的情况。

二、短期借款的程序

（一）企业提出借款申请

企业要向银行借入资金，必须向银行提出申请，填写包括借款金额、借款用途、偿还能力、还款方式等内容的“借款申请书”并提供有关资料。

（二）银行进行审查

银行对企业的借款申请要从企业的信用等级、基本财务情况、投资项目的经济效益、偿债能力等多方面作必要的审查，以决定是否提供贷款。

（三）签订借款合同

借款合同是规定借款单位和银行双方的权利、义务和经济责任的法律文件。借款合同包括基本条款、保证条款、违约条款及其他附属条款等内容。

（四）企业取得借款

双方签订借款合同后，银行应如期向企业发放贷款。

（五）企业归还借款

企业应按借款合同规定按时足额归还借款本息，如到期无法归还，应在借款到期之前的3~5天内，提出延期申请，由贷款银行审定是否给予延期。

三、短期借款的成本

短期借款的资金成本体现为使用借款的实际利率。银行短期借款利率高低通常会随借款人的类型、贷款的金额与时间的变化而变化。一般而言，借款人承担的风险越大，贷款的金额越少或经济越繁荣，则银行贷款的利率就会越高。在其他条件相同的情况下，银行短期借款利率会因借款人的信用状况不同和付息方式的不同，其实际利率经常与名义利率存在差别。现分以下情况进行说明：

（一）收款法借款的实际利率

收款法是指企业在借款到期时向银行支付利息的方法，也叫利随本清法。企业采用收款法，借款的实际利率等于借款的名义利率。

$$\text{实际利率} = \frac{\text{支付利息}}{\text{借款数量}} \tag{5.1}$$

［例5.1］某企业向银行借款100 000元，年利率为5%，期限1年。在收款法下的实际利率为：

$$\text{实际利率} = \frac{100\ 000 \times 5\%}{100\ 000} = 5\%$$

如果借款计息期限小于1年，企业承担的实际利率就会大于银行的名义利率。若用n代表1年内还款的期数，则实际利率计算公式为：

$$\text{实际利率} = \left(1 + \frac{\text{年名义利率}}{n}\right)^n - 1 \tag{5.2}$$

［例 5.2］某企业向银行借款的年名义利率为 12%，每季付息一次，则该借款的实际利率为：

$$实际利率=\left(1+\frac{12\%}{4}\right)^4-1=12.55\%$$

（二）贴现法借款的实际利率

贴现法是指银行向企业发放贷款时，先从本金中扣除利息部分，到期时借款企业则要偿还贷款全部本金的方法。采用贴现法时，由于企业实际取得的可用借款额小于借款申请额，因此实际利率就会高于名义利率。

$$实际利率=\frac{利息支出}{借款总额-利息支出}\times100\% \tag{5.3}$$

［例 5.3］某企业向银行申请了 1 年期借款，借款申请额为 100 000 元，利率 10%，用贴现法付息。计算该笔借款的实际利率。

$$实际利率=\frac{10\ 000}{100\ 000-10\ 000}\times100\%=11.11\%>10\%$$

即：

$$借款的实际利率=\frac{名义利率}{1-名义利率} \tag{5.4}$$

（三）加息法借款的实际利率

加息法是指银行根据名义利率计算的利息加到贷款本金上计算出贷款的本息和，要求企业在贷款期内分期等额偿还本息之和的金额。由于借款分期等额偿还，借款企业实际上在借款期限内只平均使用了借款本金的一半，但是却支付了全部利息。因此，该种借款的实际利率大约是其名义利率的两倍。

$$实际利率=\frac{利息支出}{借款实际使用额}\times100\% \tag{5.5}$$

［例 5.4］某企业借入 1 年期年利率为 3%的借款 100 000 元，分 12 个月等额偿还本息，计算该笔借款实际利率。

$$实际利率=\frac{100\ 000\times3\%}{100\ 000/2}\times100\%=6\%$$

其实际利率为 6%，比名义利率翻了一倍。这是因为企业在开始时收到 100 000 元，并在未来的 12 个月中，每月末分别支付（100 000+100 000×3%）/12＝8 583.33 元。在这种情况下，由于企业只是在取得借款后的第一个月中借款额为100 000元，而此后借款额逐月减少，实际上企业在整个借款期的平均借款额仅有约50 000元。

（四）补偿性余额的实际利率

$$实际利率=\frac{利息支出}{实际借款额}=\frac{名义利率}{1-补偿性余额比例} \tag{5.6}$$

［例 5.5］某企业向银行取得一笔 200 000 元的借款，名义利率为 4%。补偿性余额占借款总额的比例为 12%，则实际利率为：

$$实际利率=\frac{200\ 000\times4\%}{200\ 000\times(1-12\%)}\times100\%=\frac{4\%}{1-12\%}\times100\%=4.5\%$$

鉴于存在补偿性余额的要求，企业从银行取得借款以满足支付需要时，应根据补偿性余额的比例和需要支付的资金额度，确定应该向银行申请的借款数额。

[例 5.6] 假定某企业准备从银行取得 200 000 元的资金用于支付一笔材料款，银行的补偿性余额要求为 20%，则应申请的借款额为：

$$申请借款额=\frac{需要的资金}{1-补偿性余额比例}=\frac{200\ 000}{1-20\%}=250\ 000（元）$$

[例 5.7] 如果企业从银行取得的上笔借款同时是名义利率为 12%的贴现借款，则应向银行申请的借款额为：

$$申请借款额=\frac{需要的资金}{1-补偿性余额比例-名义利率}=\frac{200\ 000}{1-20\%-12\%}\approx 294\ 118（元）$$

企业对银行的选择：

随着金融信贷业的发展，可向企业提供贷款的银行和非银行金融机构逐渐增多，企业有可以在各贷款机构之间做出选择，以图对己最为有利。

企业选择银行时，重要的是要选用适宜的借款种类、借款成本和借款条件，此外还应考虑下列有关因素：

1. 银行对贷款风险的政策

通常银行对其贷款风险有着不同的政策，有的倾向于保守，只愿承担较小的贷款风险，有的富于开拓，敢于承担较大的贷款风险。

2. 银行对企业的态度

不同银行对企业的态度各不一样。有的银行肯积极地为企业提供建议，帮助企业分析潜在的财务问题，有着良好的服务，乐于为具有发展潜力的企业发放大量贷款，在企业遇到困难时帮助其渡过难关；也有的银行很少提供咨询服务，在企业遇到困难时一味地为清偿贷款而向企业施加压力。

3. 贷款的专业化程度

一些大银行设有不同的专业部门，分别处理不同类型、不同行业的贷款。企业与这些拥有丰富专业化贷款经验的银行合作，会受益更多。

4. 银行的稳定性

稳定的银行可以保证企业的借款不致中途发生变故。银行的稳定性取决于它的资本规模、存款水平波动程度和存款结构。一般来讲，资本雄厚、存款水平波动小、定期存款比重大的银行稳定性好，反之则稳定性差。

四、短期借款筹资评价

1. 短期借款的优点有：

（1）银行资金充足，实力雄厚，能随时为企业提供较多的短期借款。对于季节性和临时性的资金需求，短期借款是一个最简洁、最方便的途径。而那些规模大、信誉好的大企业，更可以较低的利率借入资金。

（2）短期借款具有较好的弹性，企业可在资金需要增加时借款，在资金需要减少时还款。

2. 短期借款的缺点主要有：

（1）资金成本较高

企业采用短期借款成本比较高，不仅不能与商业信用相比，与短期融资券相比也高出许多。而抵押借款因需要支付管理和服务费用，成本更高。

（2）限制较多

企业向银行借款，银行要对企业的经营和财务状况进行调查以后才能决定是否贷款，有些银行还要对企业有一定的控制权，要企业把流动比率、负债比率维持在一定的范围之内，这些都构成了对企业的限制，使企业的风险加剧。

第三节 商业信用

商业信用是指企业在商业交易中的延期付款、预收货款或延期交货而形成的借贷关系，是企业之间的直接信用行为。它是商品交易中货物和货款在时间上与空间上的分离，其表现形式主要是“先取货，后付款”和“先付款，后取货”两种，是自然性筹资。这是因为供货商将货物赊销给购货公司的过程，实质上是将货物中所含的资金暂时让渡给购货方使用的一种筹资行为。这种筹资行为是在企业正常生产经营活动中产生的，只要交易对方允许延期付款或企业按有关规定定期支付某些费用，那么不用签订任何契约，也无须抵押品，企业就可获得相应短期资金连续使用的权利。

商业信用这种信贷关系产生时间最早，是一种原始的企业间的信用方式。据资料显示，商业信用这种筹资方式的数量在许多企业中已占到短期负债的40%，甚至更多，因而已经成为企业中比较重要的短期资金来源，具体又包括应付账款、应付票据、预收账款、票据贴现、其他应付款等项目。

一、商业信用的形式

（一）应付账款

应付账款是指企业因购买商品或接受劳务而暂时未支付的各种款项。企业利用应付账款融资，是一种最典型、最常见的商业信用形式。在这种方式下，买卖双方虽然也发生商品交易，但买方收到商品后不是立即支付货款，也不出具“借据”，而是形成“欠账”，即赊购商品，推迟一定时间后才付款。卖方利用这种方式促销；而对买方来说，延期付款相当于从卖方借入资金购进了一批商品，实际上就是获得了一笔短期融通的资金。应付账款有其优势，但是使用要适度，要根据未来销售量及付款能力确定一个相一致的额度。如果应付账款超出了应有的限度，则会形成连环拖欠（即通常所说的“三角债”）。所以，这种方式一般只在卖方掌握买方财务信誉的情况下采用。

企业在一定期间内应付账款数额的大小与企业的生产经营规模状况有关，也与卖方提供的信用政策、信用条件有关。一般情况下，供应商为尽早收回货款，在为客户提供一定的赊销优惠的同时，都附带提供一个折扣优惠。如“n/30”表示购买方必须在30天内支付货款。如“2/10，n/30”表示购货方在10天内付款可享受2%的折扣，超过10天但必须在30天内付款且无折扣。

（二）应付票据

应付票据属于商业信用中的票据信用，是一种具有流通性的债务凭证。根据承兑人的不同，应付票据分为商业承兑汇票和银行承兑汇票两种。商业承兑汇票是由收款人签发，经付款人承兑，或由付款人签发并承兑的票据。若到期时付款人银行存款账户余额不足以支付票款，银行不承担付款责任，只负责将汇票退还收款人，由收款人与付款人自行协商处理。银行承兑汇票是由收款人或承兑申请人签发，由承兑申请人向开户银行申请，经银行审查同意，由银行承兑的票据。若到期时承兑申请人存款余额不足以支付票款，承兑银行应向收款人或贴现银行无条件支付票款，同时对承兑申请人执行扣款，并对未扣回的承兑金额按每天万分之五计收罚息。经承兑的商业汇票允许背书转让。

商业汇票的期限可由交易双方协商确定，一般为1~6个月，最长不超过9个月，如果是分期付款的交易，应当一次签发若干张不同期限的商业汇票。应付票据可以带息，也可以不带息。带息票据利息率通常低于短期借款利息率。我国实务中多数为不带息票据，且使用应付票据提供的融资，一般不用保持补偿余额，所以资金成本很低，几乎为零。应收票据持有人需要资金时，可持未到期的商业汇票到银行办理贴现。

银行承兑汇票由于有银行的参与，信誉程度比商业承兑汇票高，它是对外贸易企业经常采用的一种筹资方式。与商业承兑汇票一样，银行承兑汇票也可背书转让、贴现等，是企业的一种比较灵活的筹资方式。由于应付票据的利率一般比银行借款利率低，且不用保持相应的补偿余额和支付协议费，所以应付票据的筹资成本低于银行借款成本。在我国应用较广的是银行承兑汇票。

（三）预收账款

预收账款是卖方企业在交付货物之前向买方预收部分或全部贷款的信用形式。对卖方而言，预收账款相当于向买方借入资金后用货物抵偿。预收账款一般用于生产周期长、资金需要量大的货物销售，生产者经常要向订货者预收部分或全部贷款，以缓解企业资金不足的矛盾，有时对信用较差的客户可能也采用这种销售方式。

（四）票据贴现

票据贴现是指持票人把未到期的商业票据转让给银行，贴付一定的利息以取得银行资金的一种信用形式。票据贴现是商业信用发展的产物，其实质为一种银行信用。企业采用票据贴现的形式，一方面可以使购买方融通临时资金，另一方面也可使自身及时得到所需要的资金，是企业一种灵活的筹资方式。

二、商业信用的条件

所谓信用条件是指卖方对赊销活动所作的具体规定，包括现金折扣百分比、折扣期限和信用期限，具体有以下几种形式：

1. 预收账款

这是企业在销售商品时，要求买方在卖方发出货物之前支付款项的情形。预收账款一般用于以下两种情况：企业已知买方的信用欠佳；销售生产周期长、售价高的产品。在这种信用条件下，销货单位可以得到暂时的资金来源，购货单位则要预先垫支一笔资金。

2. 延期付款，但不涉及现金折扣

这是指企业购买商品时，卖方允许买方在交易发生后一定时期内按发票金额支付货款的情形。如“n/45”，是指在45天内按发票金额付款。这种条件下的信用期间一般为30~60天，但有些季节性的生产企业可能为其顾客提供更长的信用期间。在这种情况下，买卖双方存在商业信用，买方可因延期付款而取得资金来源。

3. 延期付款，但早付款有现金折扣

在这种条件下，买方若提前付款，卖方可给予一定的现金折扣，如买方不享受现金折扣，则必须在一定时期内付清账款。如“2/10，n/30”便属于此种信用条件，具体含义为：若买方于购货发票日算起 10 日内付款，可享受发票金额 2%的折扣，若于 10~30 天付款则无折扣。现金折扣一般为发票面额的 1%~5%。

三、商业信用的成本

按照信用和折扣取得与否，可将应付账款这种信用形式分为免费信用、有代价信用和展期信用三种。

（一）免费信用

免费信用是指购货方不支付任何代价而获得的“免费筹资额”。如果供应商不提供现金折扣，购货方在信用期内任何时间付款都是无代价的；如果供应商提供现金折扣，购货方在折扣期内付款也是无代价的。这两种情况下购货方所获得的就是免费信用。反之，在规定的期限内推迟付款或放弃现金折扣就是有代价的。

[例 5.7] 某公司购买一批货物，发票金额为 100 000 元，卖方公司提供的信用条件为“2/10，n/30”。计算说明其享受商业信用的情况。

解：若公司在 10 天内付款，便可享受免费信用，获得折扣 2 000 元，免费信用额为 98 000 元。

（二）有代价信用

有代价信用是指买方以放弃现金折扣为代价而获得的信用。如在折扣销售方式下，购货方如果放弃现金折扣而在信用期内付款，所取得的信用就是有代价信用。但应注意这种代价不是企业的现实付出，而是放弃的一种收益，相当于企业付出的成本，因而企业要对这种成本进行计算，将计算结果与其他短期融资项目相比较，以决定是否应放弃享受现金折扣。

[例 5.8] 在例 5.7 中，若企业放弃现金折扣第 30 天付款，则意味着企业延期使用了 98 000 元的信用资金，为此而付出的代价即企业所放弃的现金折扣 2 000 元。用相对数表示的放弃现金折扣成本可以按公式（5.7）计算：

$$\text{放弃现金折扣成本}=\frac{\text{现金折扣百分比}}{1-\text{现金折扣百分比}}\times\frac{360}{\text{信用期限}-\text{折扣期限}} \tag{5.7}$$

$$\text{则企业放弃现金折扣的成本}=\frac{2\%}{1-2\%}\times\frac{360}{30-10}=36.73\%$$

通过计算不难看出，企业放弃现金折扣取得了这笔为期 20 天的资金使用权支付的代价是 2 000 元，其年利率为 36.73%，资金成本是比较高的。

以上计算的放弃现金折扣成本是按单利计算的，若按复利计算，则放弃现金折扣的成本会更高。按复利计算的放弃现金折扣成本为：

$$\text{放弃现金折扣的成本}=\left(1+\frac{\text{现金折扣}}{1-\text{现金折扣}}\right)^{\frac{360}{\text{信用期限}-\text{折扣期限}}}-1 \tag{5.8}$$

上例若按复利计算，则放弃现金折扣的成本为：

$$\text{放弃现金折扣的成本}=\left(1+\frac{2\%}{1-2\%}\right)^{\frac{360}{30-10}}-1=43.9\%$$

正如前所述，企业利用商业信用取得资金的做法是有成本的，表 5.1 列出了几种不同信用条件下放弃现金折扣的成本。

表 5.1　　不同信用条件下放弃现金折扣的成本

信用条件	单利计算的放弃现金折扣的成本（%）	复利计算的放弃现金折扣的成本（%）
1/10，*n*/20	36.36	53.59
1/10，*n*/30	18.18	19.83
2/10，*n*/20	73.47	106.95
2/10，*n*/30	36.73	43.86

从表 5.1 可以看出，企业放弃现金折扣而取得信用期的资金，其成本是非常高的，除非利用的这部分延期付款的资金所产生的收益高于放弃现金折扣的成本，否则企业应在折扣期内及时付款。

（三）展期信用

展期信用是买方企业超过规定的信用期推迟付款而强制获得的信用。展期信用虽然不付代价，还可降低实际利率，但它与免费信用相比有天壤之别。它是明显违反结算纪律而强制取得的，对企业各方面都会带来一定的影响，可能会使企业在以后的经营活动中遭遇较为苛刻的信用条件，是不可取的。在例 5.8 中，若企业因资金缺乏而推迟至第 50 天付款，则其商业信用成本为：

$$\frac{2\%}{1-2\%}\times\frac{360}{50-10}=18.73\%$$

可见，在企业放弃现金折扣的情况下，推迟付款的时间越长，其放弃现金折扣的成本越小。但要注意，这种成本降低是以企业的信用丧失为代价的，会降低企业的信用等级，甚至存在一定的风险或潜在的危机和成本。

其风险或潜在的危机和成本主要有：①信誉损失。如果企业过度利用展期信用，经常延期支付贷款或严重违纪，企业的信誉必将遭受损失，信用等级下降。而不良的信用等级必将影响企业与客户和金融机构的关系。②利息罚金。有些供应商会向延期付款的客户收取一定的利息罚金，有些供应商则将逾期应付账款转为应付票据或本票，而这两种正式的付款凭证对供应商更为有利。③停止供货。拖欠货款会使供应商停止或推迟供货，这不但会使企业因停工待料而造成损失，还会使企业丧失销售的机会而失去企业原有的客户群。④法律追索。供应商为保护自身利益，在长久索要不能取得货款的情况下，可能会利用法律手段，如对企业所购材料保留留置权、控制存货或诉诸法律，致使企业不得不耗费大量的时间、人力和物力，有时甚至会寻求破产保护。

企业究竟是否应该享受现金折扣，应结合实际情况来考虑，具体可作如下考虑：

（1）将放弃现金折扣成本与企业为支付这笔款项筹资所付出的代价进行比较。如同期银行借款利率为 12%，则买方企业应利用更便宜的银行借款在折扣期内偿还应付账款，享受现金折扣。

（2）如果企业在折扣期内将款项用于短期投资，该投资的收益率高于放弃现金折扣的成本，则应放弃折扣而追求更高收益。若放弃现金折扣，企业亦应将付款日推迟至信用期内的最后一天。例如在例 5.8 中，如果有投资回报率 40%的投资项目，则企业应选择将资金投放到投资回报率 40%（40%>36.7%）的投资项目上，而不享受现金折扣；并且决定不享受折扣时，应该选择在第 30 天付款。

[例 5.9] F 公司拟采购一批零件，供应商报价如下：

①立即付款，价格为 9 630 元；

②30 天内付款，价格为 9 750 元；

③31~60 天内付款，价格为 9 870 元；

④61~90 天内付款，价格为 10 000 元。

假设银行短期贷款利率为 15%，每年按 360 天计算。

要求：计算放弃现金折扣的成本，并确定对该公司最有利的付款日期和价格。

解：①立即付款：

$$\text{折扣率}=(10\,000-9\,630)/10\,000=3.7\%$$

$$\text{放弃折扣成本}=3.7\%/(1-3.7\%)\times360/(90-0)=15.37\%$$

②30 天付款：

$$\text{折扣率}=(10\,000-9\,750)/10\,000=2.5\%$$

$$\text{放弃折扣成本}=2.5\%/(1-2.5\%)\times360/(90-30)=15.38\%$$

③60 天付款：

$$\text{折扣率}=(10\,000-9\,870)/10\,000=1.3\%$$

$$\text{放弃折扣成本}=1.3\%/(1-1.3\%)\times360/(90-60)=15.81\%$$

因为在第 60 天付款时，公司放弃的折扣成本最大，所以最有利的是第 60 天付款 9 870元。

（3）如有两家以上供应商提供不同的信用条件，企业应先判断自身资金实力。当资金充裕，决定享受现金折扣时，企业应选择现金折扣高的供应商。如果估计不能享受现金折扣时，企业则应权衡放弃现金折扣成本的大小，选择信用成本最小的一家。

[例 5.10] 在例 5.8 中，若第二家供应商提供的信用条件为“2/20，n/60”，则放弃该现金折扣的成本为：

$$\frac{2\%}{1-2\%}\times\frac{360}{60-20}=18.37\%$$

应选择第二家供应商。

四、商业信用筹资评价

商业信用筹资有一定的优点：

（1）筹资便利。企业利用商业信用筹措资金非常方便，因为商业信用与商品买卖同时进行，属于一种自然性融资，不用作非常正规的安排。

（2）使用灵活且具有弹性。企业可根据某个时期内所需资金的多少，灵活掌握；而且企业一旦取得这种信用贷款后，可以选择在折扣期内付款、信用期内付款或与供应商协商展期付款，所以选择性比较大。

（3）筹资成本低。大多数商业信用都是由卖方免费提供的，因此与其他筹资方式相比筹资成本低。若没有现金折扣，或者企业不放弃现金折扣，以及使用不带息的应付票据，企业利用商业信用筹资并不产生筹资成本。

（4）限制条件较少。如果企业利用银行借款集资，银行往往对贷款的使用规定一些限制条件，而商业信用不需办理手续，一般也不附加条件，使用比较方便。

其主要缺点是：

（1）期限较短，尤其是应付账款，企业不可能长期使用，这不利于企业对资金的统筹运用。

（2）对应付账款而言，若企业放弃现金折扣，则需负担较高的成本。对应付票据而言，若不带息，可利用的机会极少，若带息则成本较高。

（3）在法制不健全的情况下，若企业缺乏信誉，容易造成企业之间相互拖欠，影响资金运转。

（4）筹资数额有限。应付账款虽然是企业间的一种持续的自然信用方式，但筹资数额非常有限。

（5）财务风险大。因应付账款的偿还期限短，企业需要准备充足的货币资金用来偿债，一旦货币资金不足，只能以资产偿还，或申请破产保护，所以财务风险高。

第四节　短期筹资的其他方式

一、发行短期融资券

（一）短期融资券的产生和发展

短期融资券，又称商业票据、短期债券，是由大型工商企业或金融企业所发行的短期无担保本票，是出票人在未来一定日期向持票人无条件付款的书面承诺，是一种新兴的筹集短期资金的方式。投资者主要为其他企业和金融机构。

传统意义上的商业票据最初是随商品和劳务交易而签发的一种债务凭证。例如，一笔交易不是采用现金交易，而是采用票据方式进行结算，则当货物运走后，买方按合同规定的时间、地点、金额，开出一张远期付款的本票给卖方，卖方持有票据，直至到期日再向买方收取现金。这种商业票据是一种双名票据，即票据上列明收款方和付款方的名称。20 世纪 20 年代，美国汽车制造业及其他高档耐用商品业开始兴盛，相关企业为增加销售量一般都采用赊销、分期付款等方式向外销售，这样在应收账款上进行了大量投资，从而感到资金不足，在银行借款受到多种限制的情况下，开始大量发行商业票据筹集短期资金。这样，商业票据与商品、劳务的交易相分离，演变成为一种在货币市场上融资的票据，发行人与投资者形成一种单纯的债务、债权关系，而不是商品买卖或劳务供应关系。商业票据上用不着再列明收款人，只需列明付款人，成为单名票据。为了与传统商业票据区别，我们通常把这种专门用于融资的票据叫作短期融资债券或短期商业债券。

近年来，美国的短期融资券的发行已逐渐成为许多类型企业的一个重要短期融资渠道，这些企业包括公用事业、金融企业、保险企业、银行持股企业以及加工制造企业。商业票据的运用不仅是满足季节性营运资本的需要，而且还是银行大楼、轮船、输油管道以及工厂扩建等大型工程的临时筹资工具。在 1979 年 12 月至 1984 年 12 月之间，美国发行在外的商业票据数目从 1 130 亿美元上升到 2 390 亿美元，净增 100% 之多，而 1984 年 12 月美国所有商业银行的商业和工业贷款总额为 4 680 亿美元，因此，发行在外的商业票据占了银行工商贷款总额的 51%。

在证券市场比较发达的西方国家，许多信誉程度高的大型公司往往通过发行商业票据来筹集短期资本。公司利用发行商业票据满足如下各种不同的筹资需求：①临时性或季节性资本需求；②转换信用，以求连续不断的资本来源；③当长期资本市场不能提供令人满意的长期筹资条件时，公司发行短期融资券可暂缓进行长期筹资的时间；④补充或代替商业银行的短期贷款，由于西方签发商业汇票不是以现实的商品交易为基础，而是以公司的信誉作担保，因此，信用程度较高的公司多利用这种筹资方式来取代短期借款。

（二）短期融资券的种类

1. 按发行方式，可分为经纪人代销的融资券和直接销售的融资券

经纪人代销的融资券又称间接销售融资券，它是指由发行人卖给经纪人，然后由经纪人再卖给投资者的融资券。经纪人包括银行、投资信托公司、证券公司等。公司委托经纪人发行融资券，要支付一定数额的手续费。

直接销售的融资券是指发行人直接销售给最终投资者的融资券。直接发行融资券的公司通常是经营金融业务的公司或自己有附属金融机构的公司。直接销售的融资券目前已占相当大的比重。

2. 按发行人的不同，可分为金融的融资券和非金融的融资券

金融的融资券主要指由各大公司所属的财务公司、各种投资信托公司、银行控股公司等发行的融资券。这种融资券一般都采用直接发行方式。

非金融的融资券是指那些没有设立财务公司的工商企业所发行的融资券。这些企业一般规模不大，多数采取间接方式来发行融资券。

3. 按融资券的发行和流通范围，可分为国内融资券和国外融资券

国内融资券是一国发行者在其国内金融市场上发行的融资券。国外融资券是一国发行者在其本国外的金融市场上发行的融资券。

（三）短期融资券的发行与管理

2005 年 5 月 24 日，中国人民银行以［2005］第 2 号令和［2005］第 10 号公告分别颁布了《短期融资券管理办法》以及《短期融资券承销规程》《短期融资券信息披露规程》两个配套文件，允许符合条件的非金融企业在银行间债券市场向合格机构投资者发行短期融资券。

1. 短期融资券的发行

根据《短期融资券管理办法》第十条的规定，非金融企业申请发行融资券应当符合下列条件：

（1）企业是在中华人民共和国境内依法设立的企业法人。

（2）具有稳定的偿债资金来源，最近一个会计年度盈利。

（3）流动性良好，具有较强的到期偿债能力。

（4）发行融资券募集的资金用于本企业生产经营。

（5）近三年没有违法和重大违规行为。

（6）近三年发行的融资券没有延迟支付本息的情形。

（7）具有健全的内部管理体系和募集资金的使用偿付管理制度。

（8）中国人民银行规定的其他条件。

企业发行融资券，均应经过在中国境内工商注册且具备债券评级能力的评级机构

的信用评级，并将评级结果向银行间债券市场公示。

近三年内进行过信用评级并有跟踪评级安排的上市公司可以豁免信用评级。

短期融资券的发行可直接使用自己的销售力量或委托商业票据代理商。代理商的服务费用一般为面值的0.125%。美国短期融资券的发行一般直接向大型机构销售，属私下募集方式，可免除向美国证券交易委员会（Securities and Exchange Commission，缩写为SEC）这样的管理机构注册的麻烦，还可以省去金融中介服务费用，因此其成本比较低。在美国，短期融资券的成本可以比优惠利率低一个百分点或更多。

发行短期融资券还有一些附加成本，包括以下几点：

（1）支持信用额度。支持信用额度是指为降低短期融资券的风险，发行融资券的企业要求银行为其提供一个信用额度作为发行票据的担保。支持信用额度的付费方式有两种：①用补偿现金余额的方式，该余额数值一般约为信用额度未用部分的10%与已用部分的20%之和；②直接付费，费用范围为信用额度的0.375%~0.75%。

（2）信用评级费用。短期融资券由专门的评级企业，如标准普尔企业、穆迪企业等进行评级，标准普尔企业的等级标准从高信誉至低信誉分别为A1、A2、A3、B、C、D。穆迪企业的等级标准为P1、P2、P3。美国SEC对A3或P3组以下的短期融资券的销售加以限制。评级费用一般为每年5 000~25 000美元。

新型的短期融资券包括欧洲美元票据以及通用商业票据等。通用商业票据可用各种货币标值，但要在美国清算。

2. 短期融资券的相关管理

《短期融资券管理办法》中还明确了央行依法对融资券的发行和交易进行监督管理，明确了融资券只对银行间债券市场机构投资人发行，不对社会公众发行。

短期融资券采取备案发行的方式，其发行规模实行余额管理制。其期限实行上限管理制，待偿还融资券余额不超过企业净资产的40%。根据该办法，短期融资券的发行利率不受管制，融资券在中央结算公司进行无纸化集中登记托管。

融资券的期限最长不超过365天，发行融资券的企业可在最长期限内自主确定每期融资券的期限。

短期融资券采用代销、包销、招标等市场化方式发行，发行利率通过市场竞争形成。

（四）短期融资券筹资评价

1. 发行短期融资券的优点

（1）短期融资券筹资的成本低。在西方国家，商业票据的利率加上发行成本，通常要低于银行的同期贷款利率。这是因办在采用商业票据筹资时，筹资者与投资者直接往来，绕开了银行中介，节省了一笔原应付给银行的筹资费用。但目前我国商业票据的利率一般要比银行借款利率高，这主要是因为我国短期融资债券市场刚刚建立，投资者对商业票据这种短期融资债券缺乏了解。随着短期融资债券市场的不断完善，商业票据的利率会逐渐接近银行贷款利率，直至略低于银行贷款利率。

（2）短期融资券筹资数额比较多。银行一般不会向企业发放巨额的流动资金贷款。如在西方，商业银行贷款给个别企业的最大金额不能超过该企业资本的10%。因此，对于需要巨额资金的企业，商业票据这一方式尤为适用。

（3）短期融资券筹资能提高企业的信誉。由于能在货币市场上发行短期融资券的企业都是著名的大企业，因而一个企业如果能在货币市场上发行自己的短期融资券，则说明该企业的信誉很好（发行短期融资券的都是大企业，万科、中信等都发行过）。

2. 发行短期融资券的缺点

（1）发行短期融资券的风险比较大。短期融资券到期必须归还，一般不会有延期的可能，到期不归还，会产生严重后果。

（2）发行短期融资券的弹性比较小。只有当企业的资金需求达到一定数量时才能使用短期融资券，如果数量小，则不宜采用短期融资券。另外，短期融资券一般不能提前偿还，因此，即使企业资金比较宽裕，也要到期才能还款。

（3）发行短期融资券的条件比较严格。并不是任何企业都能发行短期融资券，必须是信誉好、实力强、效益好的企业才能使用，而一些小企业或信誉不太好的企业则不能利用短期融资券来筹集资金。

二、定额负债

（一）定额负债的概念

企业在生产经营过程中，根据有关的费用结算制度、法律和契约规定，有些费用无须立即支付而能在一定时期后才能进行结算、支付，这些费用的发生多是受益在先，支付在后，而且支付期晚于结算期，因此形成了一种企业可长期占用的流动负债，可以作为企业资金的一项补充来源。以应付工资为例，企业通常以半月或月为单位支付工资，在应付工资已经计提但尚未支付的这段时间，就会形成应计未付款。这部分应付费用在西方一般称为“自然负债”，即这种负债并非企业主动筹资的结果。又因为企业无权扩大其规模，所以我国将其称为“定额负债”。

（二）定额负债的内容

由于结算原因所形成的这些应付费用即定额负债，有应付工资、应付福利费、应交税金、应付利息、应付利润或应付股利、预提费用等。它们都是企业在生产经营和利润分配过程中已经计提但尚未支付的款项，可以为企业在短期内所利用，从而形成企业的一种短期资金来源。

（三）定额负债筹资评价

从一个持续经营的企业来看，有些应付费用（如应付工资、应交税费）是随着销售水平的增加而增加的，而有些应付费用（应付利息、应付股利）与销售水平变化的关系并不明显，甚至无直接关系。但是，这些应付费用在企业内经常存在，只要企业从事经营活动，这些费用就会发生，其中相当一部分金额十分稳定，在支付之前构成了一项能经常占用的资金来源，可用于企业正常的经营周转。

课后思考与练习

一、思考题

1. 如果现有某企业经营处于季节性低谷中，除自发性负债，不再使用短期借款，那么这家企业所采用的是哪种营运资金融资政策呢？请说明理由。

2. 与长期负债筹资相比，短期负债筹资的优缺点有哪些？

3. 为什么我国的商业票据的利率一般要比银行同期借款利率高，而西方国家刚好相反呢？

4. 比较几种主要短期负债筹资，各自的优缺点及适用条件是什么？

二、计算题

1. 某企业从银行取得借款500万元，期限1年，名义利率为10%，利息为50万元，按贴现法付息，计算该项贷款的实际利率。

2. 若某周转信贷协议额度为300万元，承诺费率为0.2%，借款企业年度内使用了270万元，尚未使用的余额为30万元，则该企业向银行支付的承诺费用为多少？

3. 上海奇瑞公司发行了60亿元、为期90天、票面利率为7%的优等短期融资券，其他直接费用率是每年0.4%，且该公司利用备用信用额度获得资金的成本为0.3%，则该公司的短期融资券总成本是多少？

4. 一客户向某企业购买了原价为900万元的商品，并在第17天付款，而已知该企业的信用条件是“3/10，2/20，n/30”，则该客户实际支付的货款为多少？

5. 已知某企业打算向银行申请借款300万元，借款期限为1年，报价利率为9%，求下列几种情况下的有效年利率：

（1）收款法付息。

（2）贴现法付息。

（3）银行规定补偿性余额为20%（不考虑补偿性余额存款的利息）。

（4）银行规定补偿性余额为20%（不考虑补偿性余额存款的利息），并按贴现法付息。

（5）银行规定本金每月末等额偿还，不考虑资金时间价值。

6. 某公司向银行借入短期借款10 000元，支付银行贷款利息的方式同银行协商后，银行提出三种方案：

（1）采用收款法付息，利率为7%。

（2）采用贴现法付息，利率为6%。

（3）采用加息法付息，利率为5%。

如果你是该公司财务经理，出于公司利益最大化考虑，应采用哪种付息方式？并说明理由。

第六章　长期筹资管理

学习目标

要求学生通过本章学习，了解长期筹资的基本内容与方式，学会比较与分析吸收直接投资、股票筹资、债券筹资、长期借款及融资租赁等筹资方式的利弊和适用条件，并基本熟悉各种长期筹资方式的操作程序及有关法律规定。

本章内容

吸收直接投资：吸收直接投资的种类，吸收非现金投资的估价，吸收国家投资，吸收法人投资，吸收直接投资评价；**发行股票**：股票及其种类，股票发行与上市，普通股，优先股；**发行债券**：债券种类及其特点，债券的基本要素，债券的发行，债券的信用评价，债券筹资评价；**长期借款**：长期借款的作用，长期借款的种类，长期借款程序，长期借款偿还，长期借款筹资评价；**融资租赁筹资**：租赁及其种类，融资租赁的程序，租金的计算，融资租赁筹资评价。

第一节　吸收直接投资

吸收直接投资是指企业按照“共同投资、共同经营、共担风险、共享利润”的原则，吸收国家、法人、个人、外商投入资金的一种筹资方式。吸收直接投资与发行股票、留存收益都属于企业筹集自有资金的重要方式。它是非股份有限责任公司筹措资本金的基本形式。

吸收直接投资中的出资者都是企业的所有者，他们对企业具有经营管理权。企业经营状况好、盈利多，各方按出资比例分享利润；但企业经营状况差，连年亏损，甚至破产清算，投资各方则按其出资比例在出资限额内承担损失。

一、吸收直接投资的种类

现代企业制度要求企业产权明晰，所以企业吸收直接投资应按投资主体进行分类和产权登记。吸收直接投资的种类按照投资主体可分为国家投资、法人投资和个人投资。

1. 国家投资

国家投资是指有权代表国家投资的政府部门或者机构以国有资产投入企业，这种情况下形成的资本叫国有资本。这是国有企业融通资金的主要方式。

2. 法人投资

法人投资是指法人单位以其依法可以支配的资产投入企业，这种情况下形成的资本叫法人资本。这种投资发生在法人单位之间，以参与企业利润分配或获得控制权为目的，出资方式灵活多样。

3. 个人投资

个人投资是指社会个人或本企业内部职工以个人合法财产投入企业，这种情况下形成的资本称为个人资本。它的特点是参加投资的人员较多，但每人投资的数额相对较小，以参与利润分配为目的。目前，我国金融工具种类明显不足，投资渠道单一，以较好的投资收益吸引社会公众的直接投资，不失为一种筹资良策。同时，吸收个人投资也有利于调动社会个人尤其是内部职工关心本企业经营管理的积极性，有利于转换经营机制。

此外，《中华人民共和国中外合资经营企业法》和《中华人民共和国中外合作经营企业法》均明确规定，外国投资者包括公司、企业、其他经济组织或者个人，所以，以上吸收直接投资的各种方式中均包括外商投资，唯一不同的是，产权界定和登记的过程中应注明“外资”。

二、吸收非现金投资的估价

直接投资的方式由于种类的细分而多种多样，可以是货币资金，也可以是实物资产（设备、厂房、建筑物等），还可以是无形资产（土地使用权、工业产权等）。投入资本的出资方式除国家规定外，应在企业成立时经批准的企业合同、章程中作详细规定。

现金是进行投资的一种主要形式，它可以直接用于购买生产所需的原材料、机器设备等，也是被投资方希望接受的投资形式。《中华人民共和国公司法》（以下简称《公司法》）对现金出资的比例没有明确规定，实际中往往由投资各方协商确定。

对于非现金投资，我国《公司法》有以下规定：股东以实物、工业产权、非专利技术或土地使用权作为出资的，必须进行作价评估，核实财产，不得高估或者低估作价，并依法办理其财产权的转移手续。以工业产权、非专利技术作价出资的金额一般不得超过公司注册资本的20%，但国家特殊规定的以高科技成果入资的可达到35%。对于非现金投资应按照具有资质的评估机构确定的金额或合同、协议约定的金额进行计价。

1. 非现金流动资产的估价

企业直接吸收的非现金流动资产包括原材料、产成品、在产品、自制半成品、应收账款和有价证券等，应根据各自的特性采用不同的估价方法：

（1）对原材料、燃料、产成品可采用市价法进行估价；

（2）对在产品和自制半成品可按完工程度折算为相当于产成品的约当产量，再按产成品的估价方法估价；

（3）对应收账款则应合理估计其坏账损失，按可收回金额作为评估价值；

（4）对有价证券，能立刻变现的，按可变现净值估价，不能流通或流通有限制条件的（例如国有股），可按转让价格估价。

2. 固定资产的估价

企业直接吸收的固定资产主要包括机器设备、房屋建筑物等。其具体的估价方法是：对机器设备一般采用重置成本法或收益现值法，而对房屋建筑物则可根据新旧程度、所处地理位置等，在重置成本的基础上进行一定比例调整而定，或采用市价法确定。

3. 无形资产的估价

（1）对自己研制或自创的无形资产，按照会计准则规定的无形资产入账方式计价；

（2）对外购无形资产，按市场价值估价；

（3）对其他无形资产则可按收益现值法估价。

三、吸收国家投资

根据《企业国有资本与财务管理暂行办法》的规定，国家对企业注册的国有资本实行保全原则，即企业在经营期间内，对注册的国有资本除依法转让外，不得抽回，并且以出资额为限承担责任。随着国有资本在竞争行业的战略性退出和对民营资本和外资的进一步开放，该筹资方式将逐渐减少。在原国有企业的股份制改造中，属于国家拨款、投资及其增值的部分和拨改贷后用税前利润还贷及减免税收的部分，均应界定为国家投资。企业吸收国家投资一般具有以下特点：①产权归属国家；②资金的运用和处置受国家约束较大；③在国有企业中采用比较广泛。

四、吸收法人投资

随着企业对外投资、相互持股的增多，吸收法人投资这种筹资方式的运用也越来越广泛。对于投资企业来说，可以加强与被投资企业的经济关系，达到降低风险、获取投资收益的目的。企业吸收法人投资一般具有以下特点：①发生在法人单位之间；②以参与企业利润分配或获得控制权为目的；③出资方式灵活多样。

五、吸收直接投资评价

1. 吸收直接投资的优点

（1）有利于增强企业财务实力和信誉，提高负债筹资能力。吸收直接投资所筹集的资金属于自有资金，能显著增强企业信誉和举债能力，对于扩大企业规模、壮大企业实力具有重要作用。

（2）有利于尽快形成生产能力。吸收直接投资可以直接获得企业发展所需的机器设备和先进技术，有利于尽快形成生产能力，迅速开拓市场。

（3）有利于降低财务风险。吸收投资可以根据企业的经营状况向投资者支付报酬，企业经营状况好，要向投资者多支付一些报酬，企业经营状况不好，就可不向投资者支付报酬或少支付报酬，比较灵活，所以财务风险较小。

2. 吸收直接投资的缺点

（1）资金成本高。同负债筹资相比，吸收直接投资作为权益资本，一般而言，资金成本较高，特别是企业经营状况较好和盈利能力较强时，更是如此，因为向投资者支付的报酬是根据其出资的数额和企业实现利润的多寡来计算的。

（2）控制权易分散。采用吸收投资方式筹集资金，投资者一般都要求获得与投资数量相适应的经营管理权，这是接受外来投资的代价之一。企业的直接投资者数量越多，企业的控制权越分散，尤其是新增投资比例越高，对原股东控制权的稀释越明显，甚至会对企业实行完全控制，可能不利于企业的长期规划与发展。

第二节 发行股票

一、股票及其种类

1. 股票的含义

股票是股份有限公司为筹措权益性资本而发行的有价证券，是投资者拥有公司股份的凭证。持股人即为公司股东，拥有对股份公司的所有权。这种所有权是一种综合权利，如参加股东大会、投票表决、参与公司的重大决策、收取股息或分享红利等。同一类别的每一份股票所代表的公司所有权是相等的。每个股东所拥有的公司所有权份额的大小，取决于其持有的股票数量占公司总股本的比重。股票一般可以通过买卖方式有偿转让，股东能通过股票转让收回其投资，但不能要求公司返还其出资额。股东以其出资额为限对公司负有限责任，承担风险，分享收益。发行股票筹资是股份有限公司筹措股权资本的基本形式。

2. 股票的种类

按照不同的分类方法，股票可以分为不同的种类。

（1）股票不按股票持有者不同可分为国家股、法人股、个人股。三者在权利和义务上基本相同。不同点是国家股投资资金来自国家，不可转让；法人股投资资金来自企事业单位，必须经中国人民银行批准后才可以转让；个人股投资资金来自个人，可以自由上市流通。

（2）股票按股东的权利不同可分为普通股、优先股。普通股的收益完全依赖公司盈利的多少，因此风险较大，但享有优先认股、盈余分配、参与经营表决、股票自由转让等权利。优先股持有人享有优先领取股息和优先得到清偿等优先权利，但股息是事先确定好的，不因公司盈利多少而变化，一般没有投票及表决权，而且公司有权在必要的时间收回优先股。优先股还分为参与优先和非参与优先、积累与非积累、可转换与不可转换、可回收与不可回收等几大类。

（3）股票按票面有无金额可分为有面额股票和无面额股票。有面额股票在票面上标注出票面价值，一经上市，其面额往往没有多少实际意义；无面额股票仅标明其占资金总额的比例。我国上市的都是有面额股票。

（4）股票按票面是否记名可分为记名股票和无记名股票。记名股将股东姓名记入专门设置的股东名簿，转让时须办理过户手续；无记名股的股东名字不记入名簿，股东买卖股票后无须过户。

在我国，股票还有一些其他划分方式。如，按发行范围可分为 A 股、B 股、H 股、N 和 S 股五种。A 股是指已在或获准在上海证券交易所、深圳证券交易所流通的且以人民币为计价币种的股票，这种股票按规定只能由我国居民或法人购买，所以我国股民通常所言的股票一般都是指 A 股股票；B 股是专供境外投资者在我国境内以外币买卖的特种普通股票，以人民币为股票面值，以外币认购和交易，它是境外投资者向我国的股份有限公司投资而形成的股份，在上海和深圳两个证券交易所上市流通；H 股是我国境内注册的公司在香港发行，并在香港联合交易所上市的普通股票；N 股和 S 股与 H 股类同，我国境内企业在境外的纽约交易所上市的股票被称为 N 股，而在新加坡交易所上市挂牌的企业股票被称为S股。

二、股票发行与上市

（一）股票发行

股票的发行是指股份有限公司出售股票以筹集资本的过程。我国《公司法》明确规定，只有股份有限公司才能发行股票，而有限责任公司是不能发行股票的。股份有限公司在设立时要发行股票，设立之后为扩大经营、改善资本结构也会增发新股。股份的发行实行公开、公平、公正的原则，必须同股同权、同股同利。同次发行的股票，每股的发行条件和价格应当相同。任何单位或个人所认购的股份，每股应支付相同的价款。同时，发行股票还应接受国务院证券监督管理机构的管理和监督。

1. 股票发行的规定与条件

按照《公司法》和《中华人民共和国证券法》（以下简称《证券法》）的有关规定，股份有限公司发行股票，必须符合以下条件：

（1）每股金额相等。同次发行的股票，每股的发行条件和价格应当相同。

（2）股票发行价格可以按票面金额，也可以超过票面金额，但不得低于票面金额。

（3）股票应当载明公司名称、公司登记日期、股票种类、票面金额及代表的股份数、股票编号等主要事项。

（4）向发起人、国家授权投资机构、法人发行的股票，应当为记名股票；对社会公众发行的股票，可以为记名股票，也可以为无记名股票。

（5）公司发行记名股票的，应当置备股东名册，记载股东的姓名或名称，住所，各股东所持股份，各股东所持股票编号，各股东取得其股份的日期；发行无记名股票的，公司应当记载其股票数量、编号及发行日期。

（6）公司发行新股，必须具备下列条件：前一次发行的股份已募足，并间隔 年以上；公司在最近三年内连续盈利，并可向股东支付股利；公司在三年内财务会计文件无虚假记载；公司预期利润率可达同期银行存款利率。

（7）公司发行新股，应由股东大会做出有关下列事项的决议：新股种类及数额；新股发行价格；新股发行的起止日期；向原有股东发行新股的种类及数额。

我国《股票发行与交易管理暂行条例》还对新设立股份有限公司公开发行股票，原有企业改组设立股份有限公司公开发行股票、增资发行股票及定向募集公司公开发行股票的条件分别做出了具体的规定。

2. 股票发行的程序

股份有限公司在设立时发行股票与增资发行新股，程序上有所不同。

（1）设立发行股票是指股份公司设立时，为募集资本而发行股票，也称首次发行股票。其程序如下：

①发起人认足股份，交付资金。

②提出募集股份申请，如向社会公开募集资金，发起人必须向国务院证券管理部门递交募股申请，并投递相关文件。

③公告招股说明书，制作认股书，签订承销协议和代收股款协议。

④招认股份，缴纳股款。

⑤召开创立大会，选举董事会、监事会。

⑥办理设立登记，交割股票。

（2）增资发行新股是上市公司在获得有关部门的批准后，以证券市场的全体投资者为发售对象再次发行股票筹资。其程序如下：

①由股东大会做出发行新股的决议。

②由董事会向国务院授权的部门或省级人民政府申请并经批准。

③公告招股说明书和财务会计报表及附属明细表，与证券经营机构签订承销合同，定向募集时向新股认购人发出认购公告或通知。

④招认股份，缴纳股款。

⑤改组董事会、监事会，办理变更登记并向社会公告。

3. 股票发行方式

股票发行方式指公司通过何种途径发行股票。总的来讲，股票的发行方式分为公募和私募两类。

（1）公募，即公司通过中介机构，公开向社会公众发行股票。我国《公司法》规定，股份有限公司向社会公开发行股票必须与依法设立的证券经营机构签订承销协议，由证券经营机构承销。股票承销又分为包销和代销两种方法。所谓包销，是根据承销协议商定的价格，证券经营机构一次性全部购进发行公司公开募集的全部股份，然后以较高的价格出售给社会上的认购者。对发行公司来说，包销可及时募足资本，免于承担发行风险；但股票以较低的价格售给承销商会损失部分溢价。所谓代销，是证券经营机构代替发行公司销售股票，并由此获取一定的佣金，但不承担股款未募足的风险。公募发行方式的发行范围广、发行对象多，易于足额募集资本；股票的变现性强，流通性好；股票的公开发行还有助于提高发行公司的知名度和扩大其影响力，但手续繁杂，发行成本高。

（2）私募，是指不经中介机构承销，发行公司向少数特定的对象直接发行股票。这种发行方式由发行公司直接控制发行过程，实现发行意图，弹性较大，并可以节省发行费用；但往往筹资时间长，发行公司要承担全部发行风险，并且由于发行范围小，股票变现性差，需要发行公司有较高的知名度、信誉和实力。

4. 股票发行价格

股票发行价格是投资者认购股票时所支付的价格。股票发行价格通常由发行公司根据股票面额、公司盈利状况、股市行情和其他有关因素决定。以募集设立方式发行的股票价格由发起人决定；公司增资发行新股的价格由股东大会决定。股票发行价格一般有以下三种：

（1）等价。等价即以股票的票面金额为发行价格，等价发行也称为平价发行，这种发行方式较为简便易行，且不受股市变动影响，但缺乏灵活性和市场性。等价发行一般在股票初次发行或在股东内部分摊增资的情况下采用。市场价格往往高于股票面额，使得认购者获得差价收益，等价发行容易推销，但对于股份公司无股票溢价收入。

（2）时价。时价即以本公司股票在流通市场上买卖的实际价格为基准确定的股票发行价格。其原因是股票在第二次发行时已经增值，收益率已经发生变化。公司选用时价发行股票，考虑了股票的现行市场价值，对投资者也有较大的吸引力。时价发行时，股票面额与发行价格之间差异归发行者所有，并转入公司资本，降低了股票发行成本。从世界范围内来看，时价发行股票颇为流行，一般在股票公开招股和第三者配股时发行和采用。美国已经完全推行时价发行，德国、法国、日本也经常采用。

（3）中间价。中间价就是以时价和等价的中间值确定的股票发行价格。中间价兼具等价和时价的特点。一般在向股东配股发行股票时采用。

公司按时价或中间价发行股票，股票发行价格会高于或低于其面额。前者称为溢价发行，后者称为折价发行。如属溢价发行，发行公司所获的溢价款列入资本公积。

股票通常采取溢价发行或等价发行，很少折价发行。公司即使在特殊情况下折价发行，也要施加严格的折价幅度和时间等限制。我国《公司法》规定，股票发行价格可按票面金额（即等价），也可以超过票面金额（即溢价），但不得低于票面金额（即折价）。在美国，很多州规定折价发行股票为非法。英国公司法规定只有在特殊情况下，公司才可以折价发行股票，但必须经公司全体股东会议通过，并经法院批准，而且增发新股决议必须限定折价的最大幅度，必须自公司开业后至少 1 年以后方可折价发行股票。

（二）股票上市

股票上市，指股份有限公司公开发行的股票经批准在证券交易所进行挂牌交易。经批准在交易所上市交易的股票称为上市股票。

股份公司申请股票上市，一般出于这样一些目的：①资本社会化，分散风险；②提高股票的变现能力；③便于筹措新资金；④提高公司知名度，吸引更多顾客；⑤便于确定公司价值。当然，股票上市也产生一些不利影响：公司将负担较高的信息披露成本；各种信息公开的要求可能会暴露公司的商业秘密；股价有时会扭曲公司的实际情况，影响公司声誉；可能分散公司的控制权，造成管理上的困难。

1. 股票上市的条件

我国《公司法》规定，股份有限公司申请其股票上市，必须符合下列条件：

（1）股票经国务院证券管理部门批准已向社会公开发行。

（2）公司股本总额不少于人民币 3 000 万元。

（3）向社会公开发行的股份达公司股份总数的 25%以上；公司股本总额超过人民币 4 亿元的，其向社会公开发行股份的比例为 10%以上。

（4）公司在最近 3 年无重大违法行为，财务会计报告无虚假记载。

（5）国务院规定的其他条件。

具备上述条件的股份有限公司经申请，由国务院授权的证券管理部门批准，其股票方可上市。股票上市必须公告其上市报告，并将其申请文件存放在指定的地点供公众查阅。股票上市公司还必须定期公布其财务状况和经营情况。

2. 股票上市的暂停与终止

股票上市公司有下列情形之一的，由国务院证券管理部门决定暂停（终止）其股票上市：

（1）公司股本总额、股权分布等发生变化，不再具备上市条件（限期内未能消除的，终止其股票上市）。

（2）公司不按规定公开其财务状况，或者对财务报告作虚假记载（且拒绝纠正的，终止其股票上市）。

（3）公司有重大违法行为。

（4）公司最近 3 年连续亏损（在其后 1 个年度内未能恢复盈利的，终止其股票上市）。

另外，公司决定解散、被行政主管部门依法责令关闭或者宣告破产的，由国务院证券管理部门决定终止其股票上市。

三、普通股

普通股是股份有限公司发行的无特别权利的股份，也是最基本的、标准的股份，也是公司资金的基本来源。其基本特点在于投资收益（股息和分红）不是在购买时约定，而是事后根据股票发行公司的经营业绩来确定。公司的经营业绩好，普通股的收益就高；反之，若经营业绩差，普通股的收益就低。当股份有限公司清算时，普通股股东的受偿顺序往往排在最后。因此，普通股股东的收益可能大起大落，他们所担的风险最大。当公司获得暴利时，普通股股东是主要的受益者；而当公司亏损时，他们又是主要的受损者。由此可见，普通股股东当然也就更关心公司的经营状况和发展前景，他们一般都拥有发言权和表决权，即有权就公司重大问题进行发言和投票表决。在我国上交所与深交所上市的股票都是普通股。

（一）普通股股东权利

依据我国《公司法》的规定，普通股股东主要有以下权利：

1. 出席或委托代理人出席股东大会，并依公司章程规定行使表决权

这是普通股股东参与公司经营管理的基本方式。对于股份制公司来讲，普通股股东可能成千上万，不可能每个人都直接对公司进行管理，因此，普通股股东的管理权主要体现在任何普通股股东都有资格参加公司最高级会议，即每年一次的股东大会，并有发言权，表决权，在董事会选举中的选举和被选举权。如果普通股股东不愿参加，也可以委托代理人来行使其投票权。参与管理的权利与持有股份的数量成正比，即持有一股者便有一股的投票权，持有两股者便有两股的投票权。普通股股东有权投票选举公司董事会成员，并有权对修改公司章程、改变公司资本结构、批准出售某些公司资产、吸收或兼并其他公司等重大问题进行投票表决。

2. 股份转让权

股东持有的股份可以自由转让，无须其他股东的同意或知道，但必须符合《公司法》、其他法规和公司章程规定的条件和程序。在公司股票上市时，股东还可以在证券市场上自由转让或出售股票。股东出售股票的原因可有：①对公司的选择。有的股东由于与管理当局的意见不一致，又没有足够的力量对管理当局进行控制，便出售其股票，而购买其他公司的股票。②对报酬的考虑。有的股东认为现有股票的报酬低于所期望的报酬，便出售现有的股票，寻求更有利的投资机会。③对资金的需求。有的股东由于一些原因需要大量现金，不得不出售其股票。

3. 股利分配请求权

这是普通股股东的一项基本权利。持有普通股的股东有权获得股利，但必须是在公司支付了债息和优先股的股息之后才能分得。普通股的股利是不固定的，一般视公司净利润的多少而定，同时，受公司股利政策的影响，分配方案由董事会决定，每个会计年度由董事会根据企业的盈利数额和财务状况来决定分发股利的多少。

4. 对公司账目和股东大会决议的审查和对公司事务的质询权

从原则上讲，普通股股东具有查账权，但由于保密的原因，这种权利常常受到限制。因此，不是每个股东都可自由查账，这种权利是通过股东每年选举的不受任何影

响的会计查账员来行使的。在实践中，查账权一般通过委托注册会计师查证公司的各项财务报表来实现。

5. 分配公司剩余财产的权利

当公司因破产或结业而进行清算时，普通股股东有权分得公司剩余资产，但公司破产清算时的财产变价收入，首先要用来清偿债务，然后支付优先股股东，最后才能按普通股股东的持股比例分配，财产多时多分，少时少分，如果资不抵债，普通股股东实际上就分不到剩余财产。所以，在破产清算时，普通股股东很少能分到剩余财产。

6. 公司章程规定的其他权利

公司章程规定的其他权利，如优先认股权。当公司增发新普通股时，现有股东有权优先（可能还以低价）按持股比例购买新发行的股票，以保持其对企业所有权的原百分比保持不变，从而维持其在公司中的权益。比如某公司原有 1 万股普通股，而你拥有 100 股，占 1%，现在公司决定增发 10%的普通股，即增发 1 000 股，那么你就有权以低于市价的价格购买其中 1%即 10 股，以便保持你持有股票的比例不变。

同时，普通股股东也基于其资格，对公司负有义务。我国《公司法》中规定了股东具有遵守公司章程、缴纳股款、对公司负有有限责任、不得退股等义务。

（二）普通股筹资评价

1. 普通股筹资的优点

（1）公司发行普通股筹资没有固定的股利负担，股利支付与否和支付多少，视公司有无盈利和经营需要而定，经营波动给公司带来的财务负担相对较小。由于普通股筹资没有固定的到期还本付息的压力，所以财务风险较小。

（2）发行普通股筹资具有永久性，无到期日，不需归还，这对保证公司最低资本的需要、维持公司长期稳定发展极为有益。

（3）由于投资普通股只需承担有限责任，且股票流动性好、交易方便，因而公司发行普通股资金来源面广，能迅速筹集到大量资金，增强公司的财务实力和举债能力。

（4）发行普通股筹资可以吸引大量投资者，形成多元投资主体，从而引入公众监督机制，便于转换企业经营机制，优化法人治理结构。

（5）发行普通股筹资，尤其是配股，使得社会资金流向经济效益好的行业，从而优化社会资源配置。

2. 普通股筹资的缺点

（1）普通股的资本成本较高。首先，从投资者的角度看，投资于普通股风险较高，相应地要求有较高的投资报酬率；其次，对筹资公司来讲，普通股股利从税后利润中支付，不具有抵税效应；最后，普通股的发行费用一般也高于其他筹资方式。

（2）普通股筹资会增加新股东，可能会分散老股东对公司的控制权和收益权。

（3）新股东分享公司未发行新股前积累的盈余，会降低普通股的每股收益，可能引起股价的下跌。

四、优先股

优先股是指优先于普通股股东获取股利和公司剩余财产的股票。优先股的主要特征是股息率是事先固定的，且在普通股股利之前从税后利润中支付。所以，优先股兼具普通股和债务的两重性质，常常被人称之为“混血证券”。在国外，优先股是企业筹资中比较常见的一种工具。在我国，虽然《公司法》没有对优先股做出规定，而且上市公司中也很少发行优先股，但在海外上市的公司已经开始发行优先股。公司发行优先股一般要以发行普通股为前提。公司发行优先股，在具体操作中与发行普通股无大差别。

（一）优先股的性质

对优先股的性质的认定是不一样，从法律的角度上看，优先股是属于公司的权益资本，因为公司发行优先股，筹集的是公司自有的资本，永不退还本金，所以从这一点看，它是属于权益资本。在普通股股东眼里，优先股有公司永久性的债务资本性质，因为在公司的股利分配和剩余财产的分配中，优先股股东占据第一的优先位置，所以在普通股股东看来，优先股股东与债权人没有区别。在债券持有人眼里，优先股则属于股票，因为它属于主权资产，对债券起保护作用，可以减少债券投资的风险。从公司管理当局和财务人员的观点来看，优先股是具有双重性质的有价证券，这是因为，一方面，优先股要支付一定的股息，等同于债券，另外一方面，优先股不还本，且股息于税后支付，等同于公司的权益性资本。

（二）优先股的发行动机

1. 防止公司股权分散化

由于优先股股东一般没有表决权以及选举权和被选举权，所以公司发行优先股，就不会造成原有股东对公司权利的分散。

2. 调剂现金余缺

公司在需要现金资本时可发行优先股，在现金充裕时可赎回部分或全部优先股，从而调剂现金余缺。

3. 改善公司的资金结构

公司可以通过优先股和普通股的转化，来达到调节权益资本在公司资本结构中所占比例的目的。

4. 维持举债能力

从法律的角度看，优先股是属于公司的自有资本，优先股的发放，增加了公司的举债能力。

（三）优先股的种类

1. 按股利能否累积，分为累积优先股和非累积优先股

累积优先股是指在任何营业年度内未支付的股利可累积起来，由以后营业年度的盈利一起支付的优先股股票。一般而言，一个公司只有把所欠的优先股股利全部支付以后，才能支付普通股股利。非累积优先股则反之。

从规避风险的角度看，投资者一般乐于购买累积优先股。因为其风险小，但是报酬低，一般累积优先股的票面股息率低于非累积优先股。

2. 按是否可转换为普通股股票，分为可转换优先股与不可转换优先股

可转换优先股是股东可在一定时期内按一定比例把优先股转换成普通股的股票。它是一种期权方式，转换的比例是事先确定的，其值取决于优先股与普通股的现行价格。不可转换优先股则反之。

3. 按能否参与剩余利润分配，分为参与优先股和非参与优先股

参与优先股是指不仅能取得固定股利，还有权与普通股一同参与利润分配的股票。非参与优先股则反之。参与优先股分配的额外的股利数额取决于每股普通股股利与每股优先股股利之差。根据参与利润分配的方式不同，参与优先股又可分为全部参与分配的优先股和部分参与分配的优先股。但是，股份公司一般很少发行参与优先股，大部分优先股都是非参与性的，只能获得固定的股利。

4. 按是否有赎回优先股票的权利，分为可赎回优先股和不可赎回优先股

可赎回优先股又称可收回优先股，是指股份公司可以按一定价格收回的优先股股票。公司发行可赎回优先股，一般都事先规定有赎回条款，在赎回条款当中还要规定条款价格。赎回价格往往面值要高。至于是否收回，在什么时候收回，则由发行股票的公司来决定。不可赎回优先股是指不能收回的优先股股票。公司发行可赎回优先股是为了公司财务有一定的机动灵活性，增加弹性，因为分配给优先股股东的股利是公司财务的一个沉重负担，这样公司就可以在困难时期收回优先股，以减少负担。

（四）优先股股东的权利

优先股是相对普通股而言的，这种“优先”主要是某些权利上的优先。

1. 优先分配股利权

公司在股利分配的时候，优先分配于优先股股东，其次将剩下的再分配于普通股股东。这一特点是优先股的最主要的特点。

2. 优先分配剩余资产权

企业破产清算时，进行企业的剩余财产的分配，优先股股东在此分配的地位上占据第一，也就是说，在优先股股东分配完剩余财产后，才能进行普通股股东的分配。虽然优先股股东拥有以上两点优先权，但是，优先股股东是以丧失了在公司经营管理上的表决权为代价的，也就是说优先股股东没有表决权以及选举权和被选举权，他们的管理权限是有局限性的，优先股股东只是在当公司在讨论与优先股股东权利相关的事项时才有表决权。

3. 部分管理权

优先股股东的管理权限是有严格限制的。通常在公司的股东大会上，优先股股东没有表决权，但是，当公司研究与优先股有关的问题时，有权参加表决。如讨论把一般优先股改为可转换优先股时，或推迟支付优先股股利时，优先股股东都有权参加股东大会并有权表决。

（五）优先股筹资的评价

1. 优先股筹资的优点

（1）没有固定到期日，不用还本。优先股可以看作是一笔无期限的贷款，无偿还本金义务，对可赎回优先股，又附有收回条款，公司可在需要时按一定价格收回，使得利用这部分资本更有弹性，便于掌握公司的资本结构。

（2）股利既固定又有弹性。优先股采用固定股利，但是固定股利的支付并不构成公司的法定义务，如果公司财务状况不佳，则可暂时不支付优先股股利。这样，优先股股东也不能像债权人一样要求公司破产。

（3）利于增加公司信誉。从法律上讲，优先股属于自有资金，增加了公司的举债能力，提高了公司信誉。

（4）可产生财务杠杆利益，增加普通股收益。当公司的净资产收益率高于优先股利率时，优先股固定的股利会产生财务杠杆利益，优先股发行量越多，普通股收益增量越大。

（5）保持普通股股东对公司的控制权。由于优先股股东一般没有表决权以及选举权和被选举权，因此，优先股的发行不会造成原有股东对公司权利的分散。

2. 优先股的缺点

（1）筹资成本高。这是相对于债务投资而言的。一方面，同发行债券相对比，优先股对公司剩余财产的索偿的顺序是排在债权人之后的，它的风险高，所以它对公司要求的报酬率要高于债权人，所以筹资成本高。另一方面，优先股的股利是从税后净利润中支付，不像债务利息是税前扣除，所以成本高。

（2）筹资限制多。优先股与普通股相比较，筹资限制多。例如，为了保证优先股的固定股利，当企业盈利不多时普通股就不能分到股利。

（3）财务负担重。优先股要支付固定股利，又不能在税前扣除，当公司利润下降的时候，优先股的股利会成为公司的财务负担。有时不得不延期支付，会影响公司的形象。

第三节　发行债券

债券是社会各类经济主体为筹措资金而向债券投资者出具的，并且承诺按一定利率定期支付利息和到期偿还本金的债权债务凭证。债券性质如同借贷关系中的借据，但这种借贷关系证券化了。债券可以在中途转让，但借据一般不能转让。非公司制企业发行的债券称为企业债券，股份有限公司和有限责任公司发行的债券，则称为公司债券。公司发行债券通常是为某大型投资项目一次筹集大笔长期资本。

一、债券种类及其特点

（一）公司债券的种类

公司债券的种类很多，而且在不同国家、不同地区分类方法也不一样。基本的分类方法主要有以下几种：

1. 按是否记名可分为记名公司债券与不记名公司债券

（1）记名公司债券，即在券面上登记持有人姓名，支取本息要凭印鉴领取，转让时必须背书，并到债券发行公司登记的公司债券。

（2）不记名公司债券，即券面上不需载明持有人姓名的债券，还本付息及流通转让仅以债券为凭，不需登记，由债券持有人将债券交付给受让人后即发挥效力，流动性较好。

2. 按持有人是否参加公司利润分配可分为参加公司债券与非参加公司债券

（1）参加公司债券，指除了可按预先约定获得利息收入外，还可在一定程度上参加公司利润分配的公司债券。其参与分配的方式与比例必须事先规定。实际中，这种债券一般很少。

（2）非参加公司债券，指持有人只能按照事先约定的利率获得利息的公司债券，持有人没有参与盈余分配的权利。公司债券大多为非参与公司债券。

3. 按是否可提前赎回分为可提前赎回公司债券与不可提前赎回公司债券

（1）可提前赎回公司债券，即发行者可在债券到期前购回其发行的全部或部分债券。

（2）不可提前赎回公司债券，即只能一次到期还本付息的公司债券。

4. 按发行债券的目的可分为普通公司债券、改组公司债券、利息公司债券与延期公司债券

（1）普通公司债券，即以固定利率、固定期限为特征的公司债券。这是公司债券的主要形式，目的在于为公司扩大生产规模提供资金来源。

（2）改组公司债券，是为清理公司债务而发行的债券，也称为以新换旧债券。

（3）利息公司债券，也称为调整公司债券，是指面临债务信用危机的公司经债权人同意而发行的较低利率的新债券，用以换回原来发行的较高利率债券。

（4）延期公司债券，指公司在已发行债券到期无力支付，又不能发新债还旧债的情况下，在征得债权人同意后可延长偿还期限的公司债券。

5. 按发行人是否给予持有人选择权分为附有选择权的公司债券与未附选择权的公司债券

（1）附有选择权的公司债券，指在一些公司债券的发行中，发行人给予持有人一定的选择权，如可转换公司债券、有认股权证的公司债券和可退还公司债券。

可转换债券是可转换公司债券的简称。它是一种可以在特定时间、按特定条件转换为普通股票的特殊公司债券。可转换债券兼具债券和股票的特征。转股权是投资者享有的、一般债券持有人所没有的选择权。可转换债券在发行时就明确约定，债券持有人可按照发行时约定的价格将债券转换成公司的普通股票。如果债券持有人不想转换，则可以继续持有债券，直到偿还期满时收取本金和利息，或者在流通市场出售变现。如果持有人看好发债公司股票增值潜力，在宽限期之后可以行使转换权，按照预定转换价格将债券转换成为股票，发债公司不得拒绝。正因为具有可转换性，可转换债券利率一般低于普通公司债券利率，公司发行可转换债券可以降低筹资成本。

（2）未附选择权的公司债券，即债券发行人未给予持有人上述选择权的公司债券。

6. 按债券发行时有无抵押担保可分为信用债券、抵押债券与担保债券

（1）信用债券，是指发行无担保，一般靠单位的信誉发行的债券，主要是公债和金融债券。少数信用良好、资本雄厚的公司也可发行信用债券，但一般附有一些限制条件，以保证投资者的利益。

（2）抵押债券，是指债券发行者以不动产（如土地、房屋、机器设备）或有价证券（如股票、国债）作为抵押品而发行的债权。如果债务人到期不能按规定条件还本付息。债权人可行使抵押权，占有或拍卖抵押品作补偿。

（3）担保债券，是指由第三者担保还本付息的债券。这种债券的担保人一般为银行或非银行金融机构，或公司的主管部门，少数的由政府担保。如果债务人到期不能偿还，持券人有权向担保人追讨债务。

7. 按利率是否固定分为固定利率债券和浮动利率债券

（1）固定利率债券是将利率印在票面上并按其向债券持有人支付利息的债券。该利率不随市场利率的变化而调整，因而固定利率债券可以较好地抵制通货紧缩风险。

（2）浮动利率债券的利率是随市场利率变动而调整的利率。因为浮动利率债券的

利率同当前市场利率挂钩，而当前市场利率又考虑到了通货膨胀率的影响，所以浮动利率债券可以较好地抵制通货膨胀风险。

（二）债券的特点

债券作为一种重要的融资手段和金融工具具有如下特征：

（1）偿还性。债券一般都规定有偿还期限，发行人必须按约定期限偿还本金并支付利息。

（2）流通性。债券一般都可以在金融市场上流通、转让，因此流动性也较强。公司还能够以债券作抵押，取得银行等金融机构的贷款。

（3）安全性。与股票相比，债券通常规定有固定的利率。债券与企业绩效没有直接联系，收益比较稳定，风险较小。此外，在企业破产时，债券持有者享有优先于股票持有者对企业剩余资产的索取权。由于债券风险小，因此其收益相对股票也低一些。

（4）收益性。债券的收益性主要表现在两个方面，一是投资债券可以给投资者定期或不定期地带来利息收入：二是投资者可以利用债券价格的变动，买卖债券赚取差额。

一般来讲，债券的这几个特点很难同时兼顾，比如要保证债券安全性，可能收益就低些，要使债券流动性强，收益就差些。因此，公司发行债券进行融资时，应充分考虑这几者之间的关系，兼顾收益性、安全性与流动性，以吸引更多投资者购买，从而达到筹集资金的目的。

二、债券的基本要素

债券是发行人依照法定程序发行的、约定在一定期限向债券持有人还本付息的有价证券。债券是一种债务凭证，反映了发行者与购买者之间的债权债务关系。债券尽管种类多种多样，但是在内容上都要包含一些基本的要素。这些要素是指发行的债券上必须载明的基本内容，这是明确债权人和债务人权利与义务的主要约定，具体包括：

1. 债券面值

债券的面值是指债券的票面价值，是发行人对债券持有人在债券到期后应偿还的本金数额，也是公司向债券持有人按期支付利息的计算依据。债券的面值与债券实际的发行价格并不一定是一致的，发行价格大于面值称为溢价发行，小于面值称为折价发行。

2. 票面利率

债券的票面利率是指债券利息与债券面值的比率，是发行人承诺以后一定时期支付给债券持有人报酬的计算标准。债券票面利率的确定主要受到银行利率、发行者的资信状况、偿还期限和利息计算方法以及当时资金市场上资金供求情况等因素的影响。

3. 付息期

债券的付息期是指公司发行债券后的利息支付的时间。它可以是到期一次支付，或1年、半年或者3个月支付一次。在考虑货币时间价值和通货膨胀因素的情况下，付息期对债券投资者的实际收益有很大影响。到期一次付息的债券，其利息通常是按单利计算的；而年内分期付息的债券，其利息是按复利计算的。

4. 偿还期

债券偿还期是指公司债券上载明的偿还债券本金的期限，即债券发行日至到期日之间的时间间隔。公司要结合自身资金周转状况及外部资本市场的各种影响因素来确定公司债券的偿还期。

三、债券的发行

债券是公司筹集资金的重要渠道，公司发行债券，应该具备法律规定的条件，确定合理的价格，采用适宜的方式，依据合法的程序进行，充分保障债券的顺利发行。

1. 债券发行条件

根据《公司法》的规定，我国债券发行的主体，主要是公司制企业和国有企业。企业发行债券的条件是：

（1）股份有限公司的净资产额不低于人民币 3 000 万元，有限责任公司的净资产额不低于人民币 6 000 万元。

（2）累计债券总额不超过净资产的 40%。

（3）最近 3 年平均可分配利润足以支付公司债券 1 年的利息。

（4）筹资的资金投向符合国家的产业政策。

（5）债券利息率不得超过国务院限定的利率水平。

（6）其他条件。

此外，发行公司债券所筹集的资金，必须用于核准的用途，不得用于弥补亏损和非生产性支出，否则会损害债权人的利益。

发行公司凡有下列情形之一的，不得再次发行公司债券：

（1）前一次发行的公司债券尚未募足。

（2）对已发行的公司债券或者其债务有违约或延迟支付本息的事实，且仍处于持续状态的。

2. 债券发行价格

债券的发行价格，是指债券原始投资者购入债券时应支付的市场价格，它与债券的面值可能一致也可能不一致。债券发行价格受诸多因素影响，主要包括票面金额、票面利率、市场利率和债券期限等。一般而言，债券发行价格与票面金额和票面利率成正向关系，与市场利率和债券期限呈反向关系，即票面金额越大、票面利率越高，债券发行价格越高，市场和债券期限利率越高，债券期限越长，债券发行价格越低。由于债券的票面金额、票面利率在债券发行前即已参照市场利率和发行公司的具体情况确定下来，并载明于债券之上。但由于发行是有一个过程的，通常持续时间还很长。所以实际发行时，市场利率可能已经改变了，即发行债券时已经确定的票面利率不一定与当时的市场利率一致。为了平衡债券购销双方在债券利息上的利益，就要调整发行价格。理论上，债券发行价格是债券的面值和要支付的年利息按发行当时的市场利率折现所得到的现值。

受票面利率和市场利率的关系的影响，公司债券的发行价格通常有三种：平价、溢价和折价。当债券票面利率等于市场利率时，债券发行价格等于面值，即平价发行；当债券票面利率低于市场利率时，企业仍以面值发行就不能吸引投资者，故一般要折价发行；反之，当债券票面利率高于市场利率时，企业仍以面值发行就会增加发行成本，故一般要溢价发行。

债券发行价格的计算公式为：

$$\text{债券发行价格} = \frac{\text{票面金额}}{(1+i)^n} + \sum_{t=1}^{n} \frac{\text{票面金额} \times \text{票面利率}}{(1+i)^t} \quad (6.1)$$

公式中：n 为债券期限；t 为付息期数；i 为债券发行时的市场利率。

[例6.1] 某公司发行面额为1 000元，票面利率为10%，期限为10年的债券，每年年末付息一次，市场利率为10%、8%和12%时，债券发行价格分别是多少？

(1) 市场利率为10%时，发行价格为：

$$P = \frac{1\,000}{(1+10\%)^{10}} + \sum_{t=1}^{10} \frac{100}{(1+10\%)^t} = 1\,000(\text{元})$$

即市场利率与票面利率一致，平价发行。

(2) 市场利率为8%时，发行价格为：

$$P = \frac{1\,000}{(1+8\%)^{10}} + \sum_{t=1}^{10} \frac{100}{(1+8\%)^t} = 1\,134(\text{元})$$

即市场利率小于票面利率，溢价发行。

(3) 市场利率为12%时，发行价格为：

$$P = \frac{1\,000}{(1+12\%)^{10}} + \sum_{t=1}^{10} \frac{100}{(1+12\%)^t} = 886(\text{元})$$

即市场利率大于票面利率，折价发行。

在实务中，根据上述公式计算的发行价格一般是确定实际发行价格的基础，还要结合发行公司自身的信誉情况。

3. 债券发行方式

债券的发行方式可分为公募发行和私募发行两种类型。

(1) 公募发行，是指公司按法定程序，经证券主管机关批准在市场上公开发行债券。这种债券的发行方式的最大特点是向社会发行，集资对象广泛。发行公募债券有一系列严格的程序和制度，发行费用较高，且公募发行债券必须具备一定的条件。大多数债券的发行都采用这种形式。

(2) 私募发行，是指债券只向少数与发行者有特定关系的投资者发行，如企业内部职工、金融机构等。由于发行范围小，一般是企业直接销售，因此一般不实行向主管部门和社会公众呈报制度，节省时间、费用，但转让时也受到种种限制。

4. 债券发行程序

尽管不同国家的债券发行程序有所区别，但都必须按照政府的有关法律和规则进行。在我国，公司发行债券要经过一定的程序，办理相关的手续。一般为：

(1) 发行债券的决议或决定。股份有限公司和国有有限责任公司发行公司债券，由董事会制订方案，股东大会做出决议；国有独资公司发行公司债券，由国家授权投资的机构或者国家授权的机构做出决定。

(2) 发行债券的申请和批准。我国对公司债券的发行实行审批制，凡欲发行债券的公司，先要向国务院证券管理部门提出申请并提交公司登记证明、公司章程、公司债券募集办法、资产评估报告和验资报告等文件。国务院证券管理部门根据有关规定，对公司的申请予以核准。

(3) 制定募集办法并予以公告。发行债券的申请一经批准，发行公司就应向社会公告债券募集办法。办法中应载明的事项主要有：公司名称，债券总额和票面金额，债券利率，还本付息的期限与方式，债券发行的起止日期，公司净资产额，已发行的尚未到期的债券总额，公司债券的承销机构。

（4）募集债款。公司债券的发行有私募和公募两种方式。我国《公司法》规定，公司必须与证券经营机构签订承销合同，即实行公募发行。

由承销机构发售债券时，投资人直接向其付款购买，承销机构代理收取债券款，交付债券。然后，承销机构向发行公司办理债券款的结算。

公司发行的债券上必须载明公司名称、债券票面金额、利率、偿还期限等事项，并由董事长签名，公司盖章。

公司对发行的债券还应进行登记，一方面起公示作用，使股东、债权人可以查阅了解，并便于有关机关监督；另一方面便于公司随时掌握债券的发行情况。

四、债券的信用评价

由于发行债券的公司众多，各个公司发行的各种债券信誉各异，风险水平也不完全相同，因此市场需要专门的机构对债券进行资信评估。这里的资信评估是指由债券评级机构对债券发行公司的经营状况、获利能力、债权债务等资金信用进行评估。进行债券信用评级最主要的原因是方便投资者进行债券投资决策。投资者购买债券是要承担一定风险的。如果发行者到期不能偿还本息，投资者就会蒙受损失，这种风险称为信用风险。债券的信用风险依发行者偿还能力不同而有所差异。对广大投资者尤其是中小投资者来说，由于受到时间、知识和信息的限制，无法对众多债券进行分析和选择，因此需要专业机构对债券进行信用评级，以方便投资者决策。债券信用评级的另一个重要原因，是减少信誉高的发行人的筹资成本。一般来说，资信等级越高的债券，越容易得到投资者的信任，能够以较低的利率出售；而资信等级低的债券，风险较大，只能以较高的利率发行。在某些国家中还专门规定，商业银行和其他非银行金融机构所持有的债券不得低于 BB 级。

国际上最著名的债券评级机构有两个：穆迪投资公司和标准普尔公司。它们拥有详尽的资料，采用先进的科学分析技术，又有丰富的实践经验和大量专门人才，因此它们所做出的信用评级具有很高的权威性。穆迪投资公司和标准普尔公司对债券的分级都是 3 等 9 级，见表 6.1。

表 6.1 **投资机构债券评级表**

产品质级	级别	穆迪法	标准普尔法
投资级	最高级	Aaa	AAA
	高级	Aa	AA
	上中级	A	A
次标准级	中级	Baa	BBB
	中下级	Ba	BB
	投机级	B	B
投机级	完全投机级	Caa	CCC
	最大投机级	Ca	CC
	最低级	C	C

我国的债券评级工作正在开展，但尚无统一的债券等级标准和系统评级制度。根据中国人民银行的有关规定，凡是向社会公开发行的企业债券，需要由经中国人民银行认可的资信评级机构进行评信。这些机构对发行债券企业的企业素质、财务质量、项目状况、项目前景和偿债能力进行评分，以此评定信用级别。

五、债券筹资评价

1. 债券筹资的优点

（1）资本成本低。债券的利息可以税前列支，具有抵税作用；另外债券投资人比股票投资人的投资风险低，因此其要求的报酬率也较低。故公司债券的资本成本要低于普通股。

（2）债券筹资可以利用财务杠杆，无论公司盈利多少，债券持有人一般只收取固定的利息，更多的收益用于分配给股东或留于公司，在息税前利润增加的情况下会使股东的收益以更快的速度增加，从而增加股东和公司的财富。

（3）债券持有人无权参与公司的经营管理，因此，发行债券筹资不会分散现有股东对公司的控制权。

（4）债券筹资的范围广、金额大、时间长。债券筹资的对象十分广泛，它既可以向各类银行或非银行金融机构筹资，也可以向其他法人单位、个人筹资，因此筹资比较容易并可筹集较大金额的资金。企业发行债券所筹集的资金一般属于长期资金，这为企业安排投资项目提供了有力的资金支持。

2. 债券筹资的缺点

（1）财务风险大。债券有固定的到期日和固定的利息支出，当企业资金周转出现困难时，易陷入财务困境，甚至破产清算。因此筹资企业在发行债券来筹资时，必须考虑利用债券筹资方式所筹集的资金进行的投资项目的未来收益的稳定性和增长性的问题。

（2）限制性条款多，资金使用缺乏灵活性。因为债权人没有参与企业管理的权利，为了保障债权人债权的安全，通常会在债券合同中罗列各种限制性条款。这些限制性条款会影响企业资金使用的灵活性。

（3）公司利用债券筹资一般受一定额度限制（如累计债券总额不超过净资产的40%），所筹资金数额有限。

第四节　长期借款

长期借款是指企业向金融机构和其他单位借入的偿还期限在一年或超过一年的一个营业周期以上的债务。长期借款的目的主要是为了解决企业长期资金的不足和资金需求量的增加，以满足企业对长期资金的需求。如企业为了扩大生产规模而购建或改建固定资产，为了扩大经营规模长期增加企业存货库存，这必然会增加企业对长期资金的需求。在当前不能或不利于通过其他方式筹集资金时，企业便可以通过借入长期款项解决对资金的需求。

一、长期借款的作用

在企业筹资活动中，长期借款具有以下作用：

1. 长期借款可以满足企业日常经营活动对长期资金的需要

在企业不具备发行股票进行权益筹资的条件和能力，但又需要数额大、期限长的资金时，可以采用长期借款方式筹资。因为长期借款速度比较快，资金到位及时，数额也比较大。如企业扩大生产能力，亟须购置一定数量的固定资产或对原有设备进行更新改造时，可以采用长期借款方式筹资；企业为了扩大经营能力，需要增加适量的持续使用的资金但又不想盲目扩大自有资金时，也可以采用长期借款方式筹资。

2. 企业长期借款可以调整资本结构，降低综合资金成本

企业的资金结构是指各种资金之间的比例关系，其中主要是股权资金和负债资金的比例。一般来说，股权资金具有一定的稳定性，在日常经营活动中，企业经常通过增加负债来调整资金结构，因此，长期借款可以起到调整资金结构的作用。合理的资金结构不仅可以有效地控制财务风险，也能降低综合资金成本。

3. 长期借款具有财务杠杆的作用

由于长期借款筹集的资金属于长期负债，其支付的利息属于固定性财务费用，因此，长期借款具有财务杠杆的作用。

目前，长期借款是我国企业筹集长期资金的一种重要方式，尤其是不具备发行债券的中小企业，基本上都需要通过长期借款来筹集长期资金。长期借款主要是企业向金融机构借入的各项长期性借款，如从各专业银行、商业银行取得的贷款；除此之外，还包括向财务公司、投资公司等金融企业借入的款项。

二、长期借款的种类

长期借款按照不同的标准，可以划分为不同的种类。

（一）按照借款用途分类

按照借款用途，长期借款可以分为固定资产投资借款、更新改造借款、科研开发和新产品试制借款。

1. 固定资产投资借款

固定资产投资借款是指企业用于固定资产的新建、改建和扩建等基本建设项目的借款，包括进行基本建设、购建固定资产和为以后若干年度基本建设工程储备材料和设备，又称为基本建设借款。企业要想申请该类借款，必须具备下列条件：①建设条件已经具备，如建设用地、机器设备、材料、施工力量等；②生产条件已经落实，如工艺设计能力、运输条件、燃料与原材料的取得方式等；③建成后各方面条件成熟，能顺利投产；④投产后生产的产品适销对路，在市场上有一定的竞争力；⑤在财务上具有可行性，即项目投产后所创造的经济效益比所借款项要大，能按期还本付息。

2. 更新改造借款

更新改造借款是指企业主要用于对原有项目或设备进行更新或技术改造的借款。比如，企业采用新技术对原有设备进行更新或重新建设房屋建筑物，以提高生产效率、提高产品质量、降低能耗和料耗为目的，对原有固定资产进行技术改造等。

3. 科研开发和新产品试制借款

科研开发和新产品试制借款是指企业主要用于根据国家规定的任务，进行新技术研究、开发新产品的借款，一般由国家有关部门根据需要下达贷款指标。

（二）按照偿还方式分类

按照偿还方式，长期借款可以分为定期一次性偿还的长期借款和分期偿还的长期借款两类。

1. 一次偿还借款

一次偿还借款是指企业在借款到期时一次偿还本息或定期支付利息、到期一次偿还本金的借款。一般来说，借款企业希望采用这种还款方式，它可以降低企业的实际借款利率；但由于这种方式会加重企业的还款负担，增加银行的经营风险，因此，银行等金融机构不希望采用一次偿还方式提供贷款。这种方式一般适用于金额小、期限短的银行借款。

2. 分期偿还借款

分期偿还借款是指企业在借款到期之前定期等额或不等额偿还本息的借款。一般来说，借款企业不希望采用这种还款方式，它会提高企业的实际借款利率；但这种方式降低了银行的经营风险，所以银行等金融机构愿意采用分期偿还方式提供借款。这种方式一般适用于金额大、期限长的银行借款。

（三）按照借款的条件分类

按照借款的条件，长期借款可以分为信用借款与担保借款两类。

1. 信用借款

信用借款是指以借款人的信誉为依据而获得的借款，无须抵押。借款企业通常仅出具签字的文书，即可得到无担保借款，但仅有那些资信良好的企业才能获得。由于无担保借款风险较大，企业承担的利息通常要高于其他借款，同时还要受一些附加条件的限制。

2. 担保借款

担保借款是指借款人以一定的财产做抵押或以一定的保证人为担保条件所取得的借款，包括保证贷款、抵押贷款和质押贷款。作为贷款担保的抵押品，可以是不动产、机器设备等实物资产，也可以是股票、债券等有价证券。它们是能够变现的资产。如果贷款到期时，企业不能或不愿偿还贷款时，银行可取消企业对抵押品的赎回权，并有权处理抵押品。按《中华人民共和国担保法》规定，担保借款是指在第三人以保证方式承诺在借款人不能偿还贷款本息时，按规定承担连带责任而发放的贷款。保证人为借款提供的贷款担保为不可撤销的全额连带责任保证，也就是指贷款合同内规定的贷款本息和由贷款合同引起的相关费用。保证人还必须承担由贷款合同引发的所有连带民事责任。

（四）按提供贷款的机构分类

按提供贷款的机构，长期借款分为政策性银行贷款、商业银行贷款、保险公司贷款等。

1. 政策性银行贷款

政策性银行贷款一般指执行国家政策性贷款业务的银行向企业发放的贷款。我国设立了中国进出口信贷银行、中国农业发展银行和国家开发银行三家政策性银行。中国进出口信贷银行负责为大型机电设备进出口的企业提供买方或卖方信贷；中国农业发展银行负责国家粮棉油储备、主要农副产品收购及农业开发方面的政策性贷款业务；国家开发银行为满足重点建设项目（包括基本建设和技术改造）的资金需要提供贷款及贴息业务。政策性银行贷款一般为长期贷款，通常贷给国有企业。

2. 商业银行贷款

商业银行贷款是指由各商业银行向工商企业提供的贷款，主要是为满足企业生产经营的资金需要。企业取得这类贷款后应自主决策、自担风险、自负盈亏、到期归还。

3. 其他金融机构贷款

其他金融机构贷款是指除银行以外的其他金融机构向企业提供的贷款，如财务公司、投资公司、保险公司等金融机构向企业提供的贷款。其他金融机构贷款的期限一般比银行贷款长，利率也较高，对借款企业的信用要求和限制条件比较严格。此外，企业还可以从信托投资公司取得实物或货币形式的信托投资贷款，从财务公司取得各种中长期贷款，等等。

三、长期借款程序

企业作为向银行等金融机构取得借款的单位，必须具备一些基本条件。同时，企业必须按照规定的程序向银行等金融机构取得借款。

（一）借款的条件

借款条件是指对借款单位取得借款的具体要求，符合要求的企业，才能取得借款的使用权。企业作为借款单位向银行等金融机构申请借款，必须具备以下基本条件：

（1）须经国家工商行政管理部门批准设立，登记注册，持有营业执照。一般来说，经县以上工商行政管理部门批准设立，登记注册，持有营业执照的企业，都可以取得银行借款。

（2）实行独立经济核算，自主经营，自负盈亏。即企业有独立从事生产、商品流通和其他经营活动的权力，有独立的经营资金、独立的财务计划与会计报表，依靠本身的收入来补偿支出，独立地计算盈亏，独立对外签订购销合同。只有这样，企业才有偿还能力，使借款安全地流回贷款机构。

（3）有一定的自有资金。这是企业从事生产和经营活动的重要条件。自有资金水平的高低，是企业自我发展能力大小的决定性因素之一，也是决定企业经营风险承受能力和偿还债务能力的重要因素。企业如果没有一定的自有资金，一旦发生亏损，必然危及借款，使信贷资金遭受损失。

（4）遵守政策法令和银行信贷、结算管理制度，并按规定在银行开立基本账户和一般存款账户。

（5）产品有市场。企业所生产经营的产品必须是市场需要的、适销对路的短线产品，而不能是长线产品，从而加快资金的周转。

（6）生产经营有效益。企业使用借款投资的项目必须能给社会和企业带来效益，能给企业带来效益，就会提高借款资金的使用效率。

（7）不挤占挪用信贷资金。企业应按借款合同中规定的用途使用借款，不得随便改变或挤占挪用。

（8）恪守信用。企业取得借款后，还必须严格履行借款合同规定的各项义务，如按规定用途使用贷款，按合同规定期限、利率还本付息等。

除上述基本条件外，企业申请借款还应符合下列条件：有按期还本付息的能力，即原应付借款本金及利息已偿还，没有偿还的已经做了银行认可的偿还计划；经工商行政管理部门办理了年检手续；资产负债率符合银行的要求；申请长期借款进行新建项目的企业所有者权益与项目所需总投资的比例不低于国家规定的投资项目的资本金比例。

（二）借款的程序

企业向银行等金融机构取得借款，要按特定的程序办理，这一程序大致分为以下几个步骤：

1. 企业提出借款申请

企业需要向银行借入资金，必须向银行提出申请，填写借款申请书，申请书的主要内容包括借款金额、借款用途、偿还能力以及还款方式等。同时，企业还要向银行提供以下资料：

（1）借款人及保证人的基本情况；

（2）财政部门或会计师事务所核准的上年度财务报告；

（3）原有的不合理借款的纠正情况；

（4）抵押物清单及同意抵押的证明，保证人拟同意保证的有关证明文件；

（5）项目建议书和可行性报告；

（6）贷款金融机构认为需要提交的其他资料。

2. 银行审查借款申请

银行接到企业的借款申请后，要对企业的申请进行审查，以决定是否对企业提供贷款。银行审查一般包括以下几个方面：

（1）对借款人的信用等级进行评估。银行根据借款企业的领导素质、经济实力、资金结构、履约情况、经济效益和发展前景等因素，评定借款企业的信用等级。评级可由贷款银行独立进行，内部掌握，也可委托独立的信用评估机构进行评估。

（2）对贷款进行调查。贷款银行受理借款企业的申请后，应当对借款企业的信用及借款的合法性、安全性和盈利性等情况进行调查，核实抵押物、担保人情况，测定贷款的风险。

（3）贷款审批。贷款银行一般都建立了审贷分离、分级审批的贷款管理制度。审查人员要对调查人员提供的资料进行核实、评定，预测贷款风险，提出意见，按规定权限报批，决定是否提供贷款。

3. 签订借款合同

贷款银行对借款申请审查后，认为各项均符合规定，并同意贷款的，应与借款企业签订借款合同。企业向银行借入资金时，双方签订借款合同的主要目的，是为了维护借贷双方的合法权益，保证资金的合理使用。借款合同内容主要包括：

（1）基本条款。基本条款是指借款合同的基本内容，主要规定双方的权利和义务。基本条款具体包括借款数额、借款方式、款项发放的时间、还款期限、还款方式、利息支付方式、利息率的高低等。

（2）保证条款。保证条款是指保证款项能顺利归还的有关条款，包括借款按规定的用途使用，有关的物质保证、抵押财产、担保人及其责任等内容。

（3）违约条款。违约条款是指对双方若有违约行为时应如何处理的条款，主要载明对企业逾期不还或挪用贷款等如何处理和银行不按期发放贷款的处理等内容。

（4）其他附属条款。其他附属条款是指与借贷双方有关的一些条款，如双方经办人、合同生效日期等条款。

4. 企业取得借款

双方签订借款合同后，贷款银行按合同的规定按期发放贷款，企业便可取得相应的资金。贷款银行不按合同约定按期发放贷款的，应偿付违约金。企业可根据借款合同办理提款手续，提款应在合同规定的期限内按计划一次或多次办理。如果企业需要变更提款计划，应按借款合同中有关条款的规定办理，或在计划提款日前合理的时间内，向银行口头或书面提出申请，得到银行同意后才能变更。企业取得借款后，应按借款合同约定的用途使用借款。

5. 借款的归还

企业应按借款合同的规定按时足额归还借款本息。一般而言，贷款银行会在短期贷款到期一个星期之前，长期贷款到期一个月之前，向借款企业发送还本付息通知单。企业在接到还本付息通知单后，应及时筹措资金，按期还本付息。如果企业因暂时财务困难，不能按期归还借款，需延期偿还贷款时，应在借款到期之前，向银行申请贷款展期，但是否展期，由贷款银行根据具体情况决定。借款到期，企业无资金归还借款，银行又不同意展期的，由贷款银行将贷款作逾期贷款处理，并按规定加收罚息。对不能归还或不能落实还本付息事宜的企业，贷款银行有权依法起诉追回贷款本息。

四、长期借款偿还

企业偿还长期借款，按支付本息的方式不同，主要有以下四种偿还方法：

（1）到期一次还本付息。在这种方式下，还款集中，借款企业需于贷款到期日前做好准备，以保证全部清偿到期贷款。

对于到期一次还本付息的长期借款，企业应于每个会计年度期末预计本会计期间的利息费用。

（2）分期付息，到期一次还本。即借款企业按月、季、半年或一年偿付利息，到期日还清全部本金。

（3）分期还本付息。在借款期内，借款企业分若干期偿还本金和该本金部分的利息。

（4）分期还本，到期一次付息。借款企业将长期借款分为若干固定期偿还本金，到期时支付全部利息。

五、长期借款筹资评价

长期借款筹资与股票、债券等长期筹资方式相比，既有优点，又有不足之处。

（一）长期借款筹资的优点

企业采用长期借款来筹集资金，其优点主要有以下几点：

1. 筹资速度快

企业发行各种有价证券筹资时，需要做好许多准备工作，程序比较复杂，发行时间比较长；而长期借款的取得手续比较简便，所需时间较短，一旦签订了借款合同，企业就可以迅速地获得借入资金。

2. 筹资成本低

长期借款筹资，其利息可在所得税前列支，故可减少企业实际负担的成本，因此比股票筹资的成本要低得多；与债券相比，借款利率一般低于债券利率；另外，由于借款属于间接筹资，筹资费用也较少。

3. 筹资弹性大

在借入长期借款时，企业与贷款银行直接商定了借款的时间、金额和利率等。在借款使用期内，如果企业生产经营或财务状况发生变化，需要调整借款数量和时间，可与贷款银行再协商，增减借款金额或延长、缩短借款时间，与债券筹资相比具有较大的灵活性。

4. 具有财务杠杆作用

企业利用长期借款筹资，会提高企业资金总额中的负债比例，改变企业原有的资本结构。在投资报酬率高于借款利率时，长期借款筹资可发挥财务杠杆的作用，提高权益资本的收益率。

（二）长期借款筹资的缺点

企业采用长期借款来筹集资金，其缺点主要有：

1. 筹资风险高

长期借款通常要负担固定的利息费用，并要按期归还本息，在企业扩大借款筹资规模时会加大企业的财务风险，使企业的偿债能力降低。

2. 限制条件多

长期借款合同中通常规定了许多限制性条款，企业必须严格执行，这在某种程度上会制约企业的财务管理和经营活动，从而影响企业以后的筹资和投资活动。

3. 筹资数量有限

长期借款的数量往往受贷款机构贷款能力的限制，不可能像发行股票或债券那样一次筹集到大量的资金。

第五节　融资租赁筹资

一、租赁及其种类

（一）租赁的概念

租赁，是一种以一定费用借贷实物的经济行为。在这种经济行为中，出租人将自己所拥有的某种物品交与承租人使用，承租人由此获得在一段时期内使用该物品的权利，但物品的所有权仍保留在出租人手中。承租人为其所获得的使用权需向出租人支付一定的费用（租金）。租赁的基本要素包括：

（1）租赁当事人。出租人：出租物件的所有者，拥有租赁物件的所有权，将物品租给他人使用，收取报酬。承租人：出租物件的使用者，租用出租人物品，向出租人支付一定的费用。

（2）租赁标的，指用于租赁的物件。

（3）租赁期限，即租期，指出租人出让物件给承租人使用的期限。

（4）租赁费用，即租金，是承租人在租期内获得租赁物品的使用权而支付的代价。

（二）租赁的种类

在实际生活中，租赁的形式有多种，通常可按租赁的目的，分为经营性租赁和融资性租赁。

1. 经营性租赁

经营性租赁又称服务性租赁，其目的在于获得租赁物的使用权。其主要特点是：①融资租赁合同可撤销。这种租赁是一种可解约的租赁，在合理的条件下，承租人预先通知出租人即可解除租赁合同，或要求更换租赁物。②经营租赁的期限一般比较短，远低于租赁物的经济寿命。③不完全付清。经营租赁的租金总额一般不足以弥补出租人的租赁物成本并使其获得正常收益，出租人在租赁期满时将其再出租或在市场上出售才能收回成本，因此，经营租赁不是全额清偿的租赁。④租期满后，租赁的财产一般归还给出租者。⑤出租人不仅负责提供租金信贷，而且要提供各种专门的技术设备。

经营租赁中租赁物所有权引起的成本和风险全部由出租人承担，因而其租金一般较融资租赁为高。经营租赁的对象主要是那些技术进步快、用途较广泛或使用具有季节性的物品。

2. 融资性租赁

融资性租赁是设备租赁的基本形式，又称为资本租赁或财务租赁，属长期租赁，是一种特殊的筹资方式。在融资租赁中，租赁公司按照承租企业的要求购买设备，并在契约或合同规定的较长时期内提供给承租企业信用性业务。融资租赁的目的不仅是获得租赁物的使用权，而且是为了租赁物的所有权，租赁只不过是一种融通资金的方式而已。融资租赁的特点是：①融资租赁合同不可撤销。这是一种不可解约的租赁，在基本租期内双方均无权单方撤消合同，除非租赁设备损坏或被证明丧失使用功能。②完全付清。在基本租期内，设备只租给一个用户使用，承租人支付租金的累计总额为设备价款、利息及租赁公司的手续费之和。承租人付清全部租金后，设备的所有权即归于承租人。③租期较长。基本租期一般等于租赁设备使用年限的75%或更多。④租赁期满承租人有续租、归还出租人或按很低的“名义价格”（相当于设备残值的市场价格）购买设备的选择权。⑤承租人负责设备的选择、保险、保养和维修等，且作为承租人的固定资产入账并计提折旧。出资人仅负责垫付贷款，购进承租人所需的设备，按期出租，以及享有设备的期末残值。

可见，融资租赁既可以使承租人获得适合需要的机器设备，又可以解决其资金上的困难，是企业筹资意义上的租赁。企业可以用租赁的固定资产所产生的利润来支付租金，即所谓的“借鸡生蛋，卖蛋还债”。而且，如果企业想继续租用或拥有这项设备时，可以订立续租合同或按“名义价格”买下。适用融资租赁的资产主要有不动产、医疗设备、办公设备、飞机、轮船等。

融资租赁按其业务的不同特点，可细分为如下三种具体形式：

（1）直接租赁。直接租赁是融资租赁的典型形式，通常所说的融资租赁是指直接租赁形式。

（2）售后租回。在这种形式下，制造企业按照协议先将其资产卖给租赁公司，再作为承租企业将所售资产租回使用，并按期向租赁公司支付租金。

（3）杠杆租赁。杠杆租赁是国际上比较流行的一种融资租赁形式。它一般要涉及承租人、出租人和贷款人三方当事人。从承租人的角度来看，它与其他融资租赁形式并无区别，同样是按合同的规定，在租期内获得资产的使用权，按期支付租金。但对出租人却不同，出租人只垫支购买资产所需现金的一部分（一般为 20%~40%），其余部分（为 60%~80%）则以该资产为担保向贷款人借资支付。因此，在这种情况下，租赁公司既是出租人又是借资人，据此既要收取租金又要支付债务。这种融资租赁形式，由于租赁收益一般大于借款成本支出，出租人借款购物出租可获得财务杠杆利益，故被称为杠杆租赁。

二、融资租赁的程序

1. 选择租赁公司

企业决定采用租赁方式获取某项设备的使用权时，首先必须了解各家租赁公司的经营范围、业务能力、资信情况以及与其他金融机构的合作关系、融资条件和租赁费率等条件，加以分析比较，选择最适合自己的租赁公司和租赁条件。

2. 办理租赁委托

承租企业选定租赁公司后，便可向其提出申请，办理委托。承租企业需要填写租赁申请书，说明所需设备的具体要求，同时向租赁公司提供自己的财务报表。

3. 签订购货协议

承租企业与租赁公司一起选定供货厂商，在技术和商务谈判的基础上签订购货协议。

4. 签订租赁合同

购货之后，承租企业与租赁企业签订具有法律效力的租赁合同，它是租赁业务的证明文件，记载了租赁的具体条件和双方共同决定的其他事项。

5. 办理验货与保险

承租企业按购货协议收到租赁设备时，要进行验收，验收合格后签发交货和验收证书，并提交租赁公司，租赁公司据此向供货公司支付设备价款。同时，承租企业向保险公司办理投保事宜。

6. 支付租金

承租企业在租赁期内按租赁合同规定的数额、支付方式等向租赁公司支付租金。

7. 合同期满处理设备

租赁期满，承租企业根据合同约定，对设备实行退租或留购。

三、租金的计算

租金是融资租赁合同中一项非常重要的内容。由于租赁双方均以营利为目的，而租金又直接影响利润，所以租金的确定是融资租赁交易中至关重要的问题。

在融资租赁交易中，承租人负有支付租金的义务。但因其为“融资”租赁，所以承租人支付的代价并非是租赁物为使用收益的代价，而是融资的代价，因此，融资租赁合同中租金标准的确定，与租赁合同中租金的确定标准是不同的，它高于传统租赁中的租金。

（一）租金的构成

与商品价格概念相对应，租金以出租人消耗在租赁物上的价值为基础，同时依据租赁物的供求关系而波动。通常情况下，出租人消耗在租赁物上的价值包括三部分，即租赁物的成本、为购买租赁物向银行贷款而支付的利息、为租赁业务而支付的营业费用。

1. 租赁物的成本

租赁物成本是构成租金的主要部分。出租人购买租赁物所支付的资金，将在租赁业务成交后，从租金中得以补偿。同时，在购置过程中，出租人所支付的运输费、保险费、调试安装费等也要计入租赁物成本中，一起从租金中分期收回。所以，租赁物成本包括租赁物购买价金及其运输费、保险费等，也称租赁物总成本。

2. 利息

出租人为购买租赁物向银行贷款而支付的利息，是租金构成的又一重要因素。利息按租赁业务成交时的银行贷款利率计算且一般以复利计算。

3. 营业费用

营业费用是指出租人经营租赁过程中所开支的费用，包括业务人员工资、办公费、差旅费和必要的盈利。

通常情况下，融资租赁合同的租金应根据购买租赁物的大部分或者全部成本以及出租人的合理利润来确定。但目前在国际和国内融资租赁领域，除保留传统的固定租金方式外，已越来越多地采用灵活的、多形式的、非固定的租金支付方式，以适应日趋复杂的融资租赁关系和当事人双方的需要。在融资租赁交易中，当事人经常根据承租人对租赁物的使用或者通过使用租赁物所获得的收益来确定支付租金的大小和方式，也可以按承租人现金收益的情况确定一个计算公式来确定租金，或由当事人约定并在融资租赁合同中规定以其他方式来确定租金。

（二）租赁的支付方式

（1）按照支付时期的长短，可分为年付、半年付、季付和月付等方式。

（2）按支付时期先后，可以分为先付租金和后付租金两种。先付租金是在期初支付；后付租金是在期末支付。

（3）按每期支付金额，可以分为等额支付和不等额支付两种。

（三）租金的计算方法

租金的计算方法很多，名称叫法也不统一。目前，国际上流行的租金计算方法主要有平分摊法、等额年金法、附加率法、浮动利率法。我国融资租赁实务中，大多采用平均分摊法和等额年金法。

1. 平均分摊法

平均分摊法指在租赁期内平均支付租赁费的方法，即按商定的利息率、手续费率计算出租赁期间的利息和手续费，加上租赁设备成本，按租赁期年份平均。

2. 等额年金法

等额年金法是运用年金现值的计算原理计算每期应付租金的方法。这种方法通过综合利率和手续费率确定租赁费率，作为贴现率。后付等额租金方式下，每年年末支付租金的公式为：

$$F = A\left[\frac{(1+i)^n - 1}{i}\right] \tag{6.2}$$

式中：F 是租金终值；A 是年等额租金；n 是支付租金期数；i 是贴现率。

[例 6.2] 某企业采用融资租赁方式于 2004 年 1 月 1 日从某租赁公司租入一台设备，设备购价款为 40 000 元，租期 8 年，到期后设备归企业所有。为了保证租赁公司完全弥补融资成本、相关的手续费并有一定盈利，双方商定采用 18%的折现率。试计算该企业每年年末应支付的等额租金。

$$F = 40\,000 \times (1+18\%)^8 = 150\,354.37\text{（元）}$$

$$A = \frac{150\,354.37 \times 18\%}{(1+18\%)^8 - 1} = 9\,809.77\text{（元）}$$

四、融资租赁筹资评价

1. 融资租赁的优点

就承租人来看，融资租赁具有以下优点：

（1）融资与融物相结合，能迅速获得所需资产。租赁往往比借款购置设备更迅速、更灵活，可以缩短设备的购进、安装时间，使企业尽快形成生产能力，有利于企业尽快占领市场，打开销路。

（2）租赁可提供一种新的资金来源。资产负债率过高的企业很难向外界筹集大量资金，采用租赁形式可使企业在资金不足而又急需设备时不付出大量资金就能及时得到设备的使用权。

（3）租赁筹资限制较少。债券和长期借款都定有相当多的限制条款，类似的限制条款在租赁公司相对较少。

（4）能避免设备陈旧过时的风险。随着科学技术的迅速发展，固定资产更新周期日趋缩短，设备陈旧过时的风险逐渐加大，而融资租赁的租期一般为设备使用年限的 75%左右，可有效地防止这一问题。

（5）租金在整个租期内分摊，不用到期归还大量本金，可适当减少到期不能归还的风险。

（6）融资租赁的租金不能计入成本，通常先列为长期应付款项，然后分期支付；但租入的固定资产计提折旧，起到节税作用。

2. 租赁融资的缺点

租赁融资最主要的缺点是资金成本较高。一般来说，其租金要比借款的利息高得多。在企业财务困难时，固定的租金也会构成一项较为沉重的负担。另外，企业采用租赁方式有可能丧失设备残值的享有权，也可以看作是一项损失。

课后思考与练习

一、思考题

1. 长期股权筹资与债权筹资的方式有哪些？试比较不同的筹资方式的优缺点。

2. 试述股票上市的条件？上市公司的股票发行方式有哪些？对比普通股股东权利与优先股股东权利。优先股的分类有哪些？发行优先股的动机是什么？

3. 债券的分类有哪些？试述债券发行的条件。通常应以什么作为债券评级的依据？

4. 长期借款的分类有哪些？试述取得长期借款的条件与程序。通常银企双方应在借款合同中订明哪些条款?

5. 融资租赁与经营租赁的区别有哪些?

二、计算题

1. W 公司拟添置一台设备，有关资料如下：

如果自行购置该设备，预计购置成本为 1 008 万元，设备折旧年限为 8 年，预计净残值为 0。

F 租赁公司表示可以为此项目提供融资，并提供了以下租赁方案：每年租金为 200 万元，在每年年末支付；租赁期为 6 年，租赁期内不得撤租；租赁期届满时租赁资产所有权不转让。

W 公司的所得税税率为 25%，税前借款（有担保）利率为 10%。项目要求的必要报酬率为 8%。

通过计算，说明 W 公司该选择自行购买还是融资租赁该设备。

2. W 公司计划筹集资金 100 万元，所得税税率为 25%，有关资料如下：

向银行借款 20 万元，借款利率为 7%，手续费为 2%。

按溢价发行债券，债券面值为 14 万元，溢价发行价格为 15 万元，票面利率为 9%，期限为 5 年，每年支付一次利息，其筹资费用率为 3%。

发行优先股 25 万元，预计年股利率为 12%，筹资费用率为 4%。

发行普通股 40 万元，每股发行价格为 10 元，筹资费用率为 6%，预计第一年每股股利为 1. 2 元，以后每年按 8%递增。

要求：

计算个别资本成本。

3.（平均分摊法）某公司采用融资租赁方式于 2010 年 1 月 1 日从一租赁公司租入一设备，设备价款为 100 000 元，租期为 7 年，到期后假设无残值，设备归承租方所有。双方商定的年利率为 8%，租赁手续费为设备价格的 2%，租金每年年末支付一次，求每次支付租金多少?（结果保留两位小数）

4.（等额年金法）某公司采用融资租赁方式于 2012 年 1 月 1 日从租赁公司租入设备一台，设备价款为 20 000 元，租期为 5 年，双方约定，租赁期满后设备归承租方所有，租赁期间折现率为 10%，以后付等额年金方式支付租金，求每年年末支付租金多少?（结果保留两位小数）

第七章　投资管理概述

学习目标

要求学生通过本章学习，了解企业投资分类、作用、决策程序，熟悉投资环境分析的基本方法，理解投资风险与收益的关系，掌握常用的投资策略与组合的方法。

本章内容

企业投资概述：投资的概念，投资的动机，投资的分类，投资的作用，投资管理的基本原则，投资决策程序；**投资环境分析**：投资环境的内容，投资环境的特征，投资环境分析的意义，投资环境分析的基本方法；**投资策略与组合**：企业对内投资与对外投资的组合，证券投资策略，债券投资组合，企业投资的资产组合；**投资风险与收益**：投资风险，投资收益。

第一节　企业投资概述

一、投资的概念

在市场经济条件下，投资是指投资主体将其拥有或筹集的资金投放于一定对象，以期望在未来获取收益（或报酬）的经济行为。从财务上说，投资具有如下特征：

1. 回收期长

投资项目有长期项目，也有短期项目，但一般来说，即使是短期投资项目，也要经过一段相当长的时期，不可能一次就能对投资额进行回收。项目投资决策一经做出，就会在今后很长一段时期内影响公司的经济效益，投资额的回收也要经历一段相当长的时期。因此，公司在进行项目投资时必须小心谨慎，对投资项目的可行性进行认真研究。

2. 数额较大

对于公司而言，投资项目一般是一些比较大的项目，所需要的资金数量比较多，对公司的现金流量和财务状况有着很大的影响。由于投资涉及的金额相当大，因此公司要合理安排资金的预算，适时筹措资金，尽可能减轻财务负担。

3. 对象变现能力差

公司的投资一般是一些固定资产项目，如厂房、机器设备等，这些资产的变现能力较差，难以即时转换为现金流量。公司一旦完成了这些资产的投资，即使想要改变其投资方向，不是无法实现，就是成本太大。因此，项目投资通常具有不可逆转性。

4. 资金占用量相对稳定

投资项目一经完成，能够在很长一段时间内使用，保持其正常的运行状态，因此使得资金占用数量保持相对稳定。即使实际投资项目营运能力增加，也并不需要增加项目投资，公司完全可以通过挖掘潜力、提高效率的方式使现有投资项目完成增加的业务量。

5. 风险较大

由于内外部各种因素的影响，公司难以对未来营运状况以及发展前景做出准确的预测，而投资项目的寿命较长，数额也较大，公司一旦做出错误决策，将导致投资者血本无归，甚至破产。因此，公司进行投资时，必须对投资项目的各种因素进行认真分析，采取各种方法降低风险，使风险程度达到最低。

二、投资的动机

总体上说，企业投资的目的是为了获得投资收益，从而实现企业的财务管理目标。但企业的投资总是对各个相对独立的投资项目进行的，具体投资业务的直接动机也是有区别的。企业投资的行为动机包括以下几个方面：

1. 扩大生产经营规模

以扩大规模为目的的投资，称为扩充型投资。其目的又分两种类型：一是扩充现有产品（或服务）或者现有市场，其中扩充现有市场的投资，如持股性投资，不仅会使企业的规模不断扩大，从而取得规模效益，而且会使企业有可能操纵市场甚至独占市场；二是开发新产品或开辟新市场，这种投资通常与市场上的一种新的需求相联系，它是通过开辟新的生产经营（或服务）领域，以期获得超额利润，这种扩充型投资又被称为实现资本转移的投资。

2. 控制相关企业

它是为特定经营战略进行的投资。即企业为了控制市场和增强自身竞争能力，为了形成稳定的原料供应基地和提高市场占有率，通过投资获得其他企业部分或全部经营控制权，以服务于本企业的经营目标。

案例：华策影视并购克顿文化传媒

2015 年 7 月底，“电视剧第一股”华策影视宣布将以现金及发行股份相结合的方式收购上海克顿文化传媒有限公司 100%的股权，交易金额为 16.52 亿元。这是截至目前国内影视行业已宣布的交易金额最大的并购项目。

收购完成后，华策将有望成为国内电视剧行业首家市场占有率超过 10%的公司，生产规模将扩大到年产电视剧千集以上，并吸收克顿的大数据平台新型产业模式，推动国内影视产业向更加专业化、标准化、工业化的方向发展。

华策影视成立于 2005 年，2010 年 10 月在创业板上市，成为国内第一家以电视剧为主营业务的上市公司，目前年产电视剧 600 多集，市值 80 多亿元，已向 91 个国家和地区发行 8 000 余集电视剧。克顿传媒成立于 2003 年，是国内影视行业智能数据平台开发和应用的代表，提供从创意到故事梗概、剧本创作直至最终成片的全方位评估及深度优化服务。

重组后，华策影视将在保持克顿传媒独立运营的基础上，与克顿传媒实现优势互补，支持克顿传媒进一步开发和完善“影视资源管理系统”“克顿评估系统”以及

“受众反应调研系统”，确保克顿继续维持现有的以数据中心、研发中心、剧本中心、制片人中心为基础，各子公司负责业务开发和执行的架构体系。

3. 保持和提高经济效益

一方面，在企业生产的产品（或提供的劳务）的市场需求规模不变，而产品（或服务）的成本一定的前提下，企业为维持现有规模效益可进行投资。企业如不进行这种投资，必然带来规模缩减，引起企业经济效益下降。另一方面，当企业的生产经营（或服务）规模不变，企业通过投资提高产品（或服务）质量，降低单位成本而取得效益。这种投资一般是通过更换旧设备，采用先进的设备和技术来实现。由于这种投资不会扩大业务规模，这种投资也被称为重置型投资。

4. 应对经营风险

企业生产经营的许多方面都会受到来源于企业外部和内部的诸多因素影响，具有很大的不确定性。经营风险就是指因生产经营方面的原因给企业盈利水平带来的不确定性。企业可以通过投资来应对经营风险。应对经营风险的投资主要有以下类型：一是通过多角化投资实现风险分散，它可以使经营失败的项目受到经营成功项目的弥补；二是通过风险控制以降低风险，降低风险的投资不仅体现在多个投资项目上，而且，也体现在一个独立的投资项目中，即所投入的资金必须有一部分是用于防范经营风险的。

5. 承担社会责任

所谓承担社会责任是指企业投资的结果是非收入性的，是一种为社会服务的义务性投资，如工业安全和环境保护等方面的投资。承担社会责任的投资表面上看是非收入性的，但是，从长期来看，会直接影响企业的社会形象，进而影响企业的生产经营活动。

三、投资的分类

为了加强投资管理，提高投资效益，我们必须分清投资的性质，对投资进行科学的分类。企业投资可作如下分类：

1. 直接投资与间接投资

按投资与企业生产经营的关系，投资可分为直接投资和间接投资两类。直接投资是指企业把资金投放于生产经营性资产，以便获取利润的投资。在非金融性企业中，直接投资所占比重很大。间接投资又称证券投资，是指企业把资金投放于证券等金融资产，以便取得股利或利息收入的投资。随着我国金融市场的完善和多渠道筹资的形成，企业间接投资将越来越广泛使用。

2. 长期投资与短期投资

按投资回收时间长短，投资可分为短期投资和长期投资两类。短期投资又称流动资产投资，是指能够并且也准备在 1 年以内收回的投资，主要指企业对现金、应收账款、存货、短期有价证券等的投资，长期证券如能随时变现亦可作为短期投资。长期投资则是指 1 年以上才能收回的投资，主要指企业对厂房、机器设备等固定资产的投资，也包括对无形资产和长期有价证券的投资。由于长期投资中固定资产占的比重最大，所以，长期投资有时专指固定资产投资。

3. 对内投资和对外投资

根据投资的方向，投资可分为对内投资和对外投资两类。对内投资又称内部投资，是指企业把资金投在企业内部，购置生产经营用资产的投资。对外投资是指企业以现金、实物、无形资产等方式或者以购买股票、债券等有价证券方式向其他单位的投资，随着企业横向经济联合的开展，对外投资越来越重要。

四、投资的作用

企业投资是指企业投入财力，以期在未来获取收益的一种行为。在市场经济条件下，企业能否把筹集到的资金投放到收益高、回收快、风险小的项目上，对企业的生存和发展是十分重要的。投资是企业财务管理的重要内容，它的作用在于：

1. 投资是实现财务管理目标的基本前提

企业财务管理的目标是不断提高企业价值，为此，就要采取各种措施增加利润，降低风险。企业要想获得利润，就必须有目的地进行投资，在投资中获得效益。

2. 投资是保证再生产顺利进行的必要手段

在科学技术、社会经济迅速发展的今天，企业无论是维持简单再生产还是实现扩大再生产，都必须具备一定的物质条件，而这一切都是通过资金投放活动来完成的。企业要维持简单再生产的顺利进行，就必须及时对所使用的机器设备进行更新，对产品和生产工艺进行改进，不断提高职工的科学技术水平等；要实现扩大再生产，就必须新建、扩建厂房、增添机器设备，增加职工人数，提高人员素质等。总之，企业只有通过一系列的投资活动，才能在维持简单再生产基础上，实现扩大再生产，从而增强企业实力，获得良好的经济效益。

3. 投资是降低风险的重要方法

企业把资金投向生产经营的关键环节或薄弱环节，可以使企业各种生产经营能力配套、平衡，形成更大的综合生产能力。企业如把资金投向多个行业，实行多元化经营，能够分散投资风险，增强企业销售和盈余的稳定性，提高企业的竞争能力。

五、投资管理的基本原则

企业投资的基本目的是为了谋求利润，增加企业价值。企业能否实现这一目标，关键在于企业能否在风云变幻的市场环境下，抓住有利的机会，做出合理的投资决策。为此，企业在投资时必须坚持以下原则：

1. 认真进行市场调查，及时捕捉投资机会

捕捉投资机会是企业投资活动的起点，也是企业投资决策的关键。在商品经济条件下，投资机会不是固定不变的，而是不断变化的，会受到诸多因素的影响。最主要的影响因素是市场需求的变化。企业在投资之前，必须认真进行市场调查和市场分析，寻找最有利的投资机会。市场是不断变化发展的，企业对于市场和投资机会的关系，也应从动态的角度加以把握。正是由于市场不断变化和发展，才有可能产生一个又一个新的投资机会，随着经济不断发展，人民收入水平不断增加，人们对消费的需求也就发生很大变化，无数的投资机会正是在这种变化中产生的。

案例：卡特彼勒收购四维机电遭遇财务造假

2013 年 1 月，卡特彼勒宣称其 2012 年收购的郑州四维机电存在财务造假问题，因此导致 5.8 亿美元的非现金商誉减记，相对于 7.3 亿美元的收购价格，此次减记占到四维机电总价值的 79%，减记金额和比例都十分惊人。

卡特彼勒最早意识到并购可能存在财务问题是在2012年1月，公司发现郑州四维的实际库存和财务账簿上记录的库存数量不符。随后，卡特彼勒立即展开了详尽的调查和评估，了解库存不符的原因和性质。结果发现郑州四维存在财务造假行为，包括成本结转不当而导致的利润虚增。调查还发现了收入确认不当问题，包括过早或不实的收入确认。简言之，卡特彼勒认为四维机电存在“多年故意的、多方协作的不正当会计行为”。此并购案中的财务顾问安永会计师事务所拒绝就其在收购过程中所发挥的作用予以置评；德勤会计师事务所在一份声明中表示，并没有对四维机电的账本进行尽职调查，是为收拾残局而参与进去的。

卡特彼勒是以严谨著称的全球最大建筑和矿业设备生产企业，在世界各地的投资中有着成熟的并购经验，同时卷入事件中的安永和德勤也同属世界知名“四大”会计师事务所，因此，这起事件充分暴露出了涉及中资企业的并购交易中尽职调查的不足，也突显出传统财务尽职调查正在遭遇挑战。

2. 建立科学的投资决策程序，认真进行投资项目的可行性分析

在市场经济条件下，企业的投资决策都会面临一定的风险，为了保证投资决策的正确有效，必须按科学的投资决策程序，认真进行投资项目的可行性分析。投资项目可行性分析的主要任务是对投资项目技术上的可行性和经济上的有效性进行论证，运用各种方法计算出有关指标，以便合理确定不同项目的优劣。财务人员必须参与投资项目的可行性分析。

3. 及时足额地筹集资金，保证投资项目的资金供应

企业的投资项目，特别是大型投资项目，建设工期长，所需资金多，一旦开工，就必须有足够的资金供应。否则，就会使工程建设中途下马，出现“半截子工程”，造成很大的损失。因此，在投资项目上马之前，企业必须科学预测投资所需资金的数量和时间，采用适当的方法，筹措资金，保证投资项目顺利完成，尽快产生投资效益。

4. 认真分析风险和收益的关系，适当控制企业的投资风险

收益和风险是共存的。一般而言，收益越大，风险也越大。收益的增加是以风险的增大为代价的，而风险的增加将会引起企业价值的下降，不利于财务目标的实现。企业在进行投资时，必须在考虑收益的同时认真考虑风险情况，只有在收益和风险达到最佳的均衡时，才有可能不断增加企业价值，实现财务管理目标。

六、投资决策程序

为了保证投资项目的科学性，投资决策应当遵循一定的程序。投资决策程序主要包括：

1. 确定决策目标

决策目标是投资决策的出发点和归宿。确定决策目标就是弄清这项决策究竟要解决什么问题。例如，在产品生产方面，有新产品的研制和开发问题、生产效率如何提高的问题、生产设备如何充分利用的问题、生产的工艺技术如何革新的问题等；在固定资产投资方面，有固定资产的新建、扩建、更新等问题。但不论如何，决策目标应具体、明确，并力求目标数量化。

2. 收集有关信息

收集信息就是指企业针对决策目标，广泛收集尽可能多的、对决策目标有影响的各种可计量和不可计量的信息资料，作为今后决策的根据。企业对于收集到的各种信

息，特别是预计现金流量的数据，还要善于鉴别，进行必要的加工延伸。应当指出，信息的收集工作，往往要反复进行，贯穿于各步骤之间。

3. 提出备选方案

提出备选方案就是指企业针对决策目标提出若干可行的方案。提出可行性的备选方案是投资决策的重要环节，是做出科学决策的基础和保证。所谓可行，是指政策上的合理性、技术上的先进性、市场上的适用性和资金上的可能性。各个备选方案都要注意实事求是，量力而行，务求使企业现有的人力、物力和财力资源都能得到合理、有效地配置和使用。

4. 初步评价备选方案

这个步骤就是指企业把各个备选方案的可计量资料先分别归类，系统排列，选择适当的专门方法，建立数学模型对各方案的现金流量进行计算、比较和分析，再根据经济效益的大小对备选方案做出初步判断和评价。

5. 确定最优方案

这是指企业根据初步评价的结果，进一步考虑各种非计量因素的影响。例如，企业针对国际、国内政治经济形势的变动，以及人们心理、习惯、风俗等因素的改变，进行定性分析；把定量分析和定性分析结合起来，通盘考虑，权衡利益得失，并根据各方案提供的经济效益和社会效益的高低进行综合判断，最后筛选出最优方案。

6. 决策执行和信息反馈

决策的执行是决策的目的，也是检验过去所做出的决策是否客观的依据。当已确定的最优方案付诸实施以后，企业还需对决策的执行情况进行跟踪评估，以发现过去决策中存在的问题，然后再通过信息反馈，纠正偏差，以保证决策目标的最终实现。

第二节　投资环境分析

投资环境是指影响企业投资效果的各种内外部因素的总和。企业的生存和发展，是以内外部环境为条件的。企业在进行投资时，必须对投资环境进行认真分析。

一、投资环境的内容

投资环境所包含的内容十分广泛，既包括宏观因素，也包括微观因素。

（一）宏观因素

宏观因素，即投资的宏观环境，主要是指企业的外部条件和因素。整个社会都是企业投资活动赖以进行的基础。无论是社会经济的变化、市场的变化，还是经济政策的调整，对企业投资活动都会产生直接或间接的影响，甚至产生重大的影响。这些因素主要包括：

1. 经济体制

经济体制是一个国家的基本经济制度，它直接决定了社会经济资源的配置原则和经济运行的方式及方法等。不同的经济制度下的目标取向是不同的，会对整个社会的经济活动产生根本性的影响，并直接影响投资目标定位、管理程序及管理方法等。

2. 经济运行状况

一定时期社会的经济运行状况，主要应看社会总供给和总需求的均衡关系。因为总供给是一国经济实力的表现，而总需求是该国一定时期消费能力的体现，两者不平衡表明了该国生产过剩、消费信心不足，或表明了该国生产能力不足，使国民消费不能得到充分满足。宏观经济运行状况对投资的影响是不相同的。

当总供给和总需求平衡时，一般来说，企业不需要增加或减少投资，此时投资的增长率只要保持与总供给和总需求对应增长关系即可。

如果总供给大于总需求，应分两种情况考虑：第一，如果这种不平衡是由投资需求引起的，那么对投资有一定刺激作用，因为此时的投资成本较低，投资增长会转化为消费需求的增长，对推动经济增长具有重要意义；第二，如果这种不平衡不是由投资需求引起的，则可能对投资有抑制作用，因为社会需求的不足会引起投资收益的下降，如经济没有增长迹象，投资前景不可乐观。

如果总供给小于总需求，总体上对投资总是有刺激作用的，因为供给的增长需要投资来完成。

3. 经济周期

经济周期是指经济发展过程中经济扩张与收缩的交替，它主要体现在有关经济增长率指标的变化上。一般而言，一个经济周期是由两个扩张期和接下来的一个收缩期构成的，它有两个转折点，即扩张期向收缩期转变的顶点和收缩开始复苏的最低点。经济周期是世界各国普遍存在的现象，并且与投资的关系非常密切，两者既相互作用又相互制约。总体来看，当经济处在上升阶段时是有利于投资的，特别是在经济刚刚开始回升时，投资成本一般较低，证券市场的各种证券价格也可能处于低水平阶段。投资人在此时投资，无论是进行实业投资还是证券投资，风险较小，成本较低。而随着经济的增长，未来收益水平也会不断上升。当经济周期处于上升阶段的后期，社会经济开始出现疲软现象时，则不利于实业投资和证券投资，因为此时市场信心十足，消费开始下降，投资风险明显增长，预期收益不容乐观。作为一个理性的投资主体，面对经济周期的变化和影响，应随时自觉和有效地调整自身的投资行为和投资管理方法，以确保投资的安全和稳定。当然，前面我们讲的经济周期对投资的影响只是就一般规律而言，具体情况还要作深入细致的具体分析。

4. 财政政策

财政政策，是一个国家一定时期财政收入和财政支出的主体政策。国家采用高税率来增加财政收入，并同时降低其财政支出的财政政策，通常称为紧缩型财政政策。反之，国家采用降低税率、扩大财政支出和鼓励投资的财政政策，则称为宽松型财政政策。财政政策的变化对投资具有直接或间接的影响。一般来说，宽松的财政政策会对投资起到促进作用，因为国家财政支出的增加，会相应地扩大社会总投资的规模，随着经济增长的不断加快，这种财政政策的作用就逐渐体现出来，并能确保投资具有良好的收益。但经济过热时，国家采用适度紧缩的财政政策也是十分必要的。但国家长期采用这种政策，将对投资具有明显的制约作用，使经济增长缓慢，长此以往会影响投资者的信心。值得注意的是，财政支出中用于投资的支出是社会投资的重要来源，这种投资除了必须由政府承担的公共性投资支出外，其余投资流向也可能预示着那些领域将会获得较好的投资收益。另外宽松的财政政策会促进宽松的金融政策，使投资者能较方便地获得信贷资金，增加全社会投资资金。同时这种政策也会促进社会消费的增长，间接地为投资创造有利的环境。

税率是财政政策的重要操作工具，所以也被人们称为重要的经济杠杆，同时税率也是影响投资的重要宏观经济因素之一。从总的方面来讲，国家提高税率将不利于投资的增长，相反，降低税率有利于促进投资增长。从财政状况来看，当经济周期处于收缩阶段时，国家一般会适度降低税率，以刺激投资和经济的增长；当经济处于扩张性繁荣或过热状态时，国家会提高税率，来抑制经济和投资的过分增长。所以，税率变动对投资的影响主要是通过对未来投资收益的调整来实现的。提高税率意味着投资利润将有所下降；相反，降低税率就会促使未来投资利润的上升。

5. 货币政策

货币政策其实是一个国家财政、金融政策的重要组成部分，它是调整国家一定时期货币供给量的基本策略。宽松的货币政策将适当增加货币发行量，而紧缩的货币政策会减少一定时期的货币发行量。国家采用何种货币政策，主要取决于当时的经济运行状况和宏观经济管理的目的。当然，不同的货币政策对投资决策和投资管理的影响是不同的，有时相同的货币政策对于不同的投资事项的影响或影响程度都是不同的。

利率作为一种经济杠杆，是国家一定时期财政和货币政策的重要组成部分，它主要服务于政策所需完成的现实目标。国家通过利率调控经济的手段有三种：一是在经济过热时，为了抑制通货膨胀，适度提高利率；二是在经济低迷时，为了刺激投资和消费，促进经济发展，降低利率水平；三是制定特殊经济事项和特殊行业等的优惠利率和差别利率等。利率对投资的影响是多方面的，有的是直接体现的，有的是间接的甚至要较长一段时期才能表现出来。如利率变动对投资成本的影响是直接的，一般来讲降息会促进投资，利率提高则会制约投资。而利率变动对未来投资收益的影响则是要在一个较长的时期后才能反映出来。

6. 产业结构

产业结构包含多层次和多方面的内容，如产值结构、行业结构和就业结构等。一定时期国家的产业结构能否充分发挥其资源配置和资源转化的功能，从整体上就决定了一国经济的投资规模。在产出目标既定的前提下，产业结构运行机制的状态越好，全社会所需的投资总额就越少。产业结构内在的经济关联度主要是从投资的效率上反作用于投资。在投资决策中，我们有必要细致地研究长短线产业的关系，因为国家为了保证产业结构投入与产出之间的比例均衡和前后衔接关系，必然要对其作合理的结构安排。这里讲的长线是产出大于需求的产业或产品，而短线是指产出小于需求的产业或产品。很显然，投资人抓住短线产业投资，不但投资风险小，收益稳定，而且预期投资收益也较大。但产业政策是国家制定的，它是发展和多变的，以前的扶持性或鼓励性产业，目前就可能成为限制性产业。经济形势发展得越快，社会宏观产业结构的调整也就会变化得越快。因此，正确把握国家宏观产业结构的决策和发展方向，注重经济大环境问题的研究，对于投资决策来讲是必不可少的，因为如果投资人在产业结构发展方向上判断错了，将直接导致投资决策的失误和投资的失败。

7. 政治形势

政治形势主要包括政局是否稳定，有无战争或发生战争的风险，有无国家政权和社会制度变革的风险，有无重大政策变化情况。要预测好政治形势，我们必须认真学习和了解国家有关政策、方针、法律、规定、规划等。

案例：政治环境与投资

2014年，希腊政府在国际紧急援助的交易中同意把港口出售给中远集团和其他四家竞标者。2015年1月26日凌晨一点左右，希腊大选结果出炉，极左反对联盟（Syriza）赢得大选。重组后的左翼内阁做出的第一批决定之一就是要中止将67%的比雷埃夫斯港口股份出售。这体现了此前左翼政党的竞选承诺。他们反对紧急援助，承诺要停止国有资产的出售。船运投资部的副部长托多里斯·德里察斯（Thodoris Dritsas）对路透社说："我们将出于对希腊人民的利益，重审中远集团的交易。"

据路透社4月2日报道，希腊经济部部长斯塔萨基斯（George Stathakis）周三表示，希腊政府没有出售希腊最大港口比雷埃夫斯港67%股份的计划，而是会与投资者建立合资公司。这表明，由于政党变动，中远集团在希腊的投资可能遭遇投资风险。

8. 文化状况

文化状况主要指教育程度、文化水平、宗教、风俗习惯等，这些因素也会对投资产生重大影响。

（二）微观因素

微观因素，即投资的微观环境，主要是指企业的内部投资条件。同时，它也应该包括企业所拥有的物质技术和管理工作基础。这些因素主要包括：

1. 企业性质

企业的组织类型、企业性质多种多样。企业的组织类型、性质不同，对企业投资活动的影响也不同。

2. 管理因素

管理因素包括企业的组织结构以及人员的分工、企业管理方面的基础工作。这些因素对企业投资活动都将产生直接或间接的影响。因此，企业要研究、建立能充分发挥投资管理作用的组织结构和人员分工，加强企业管理的基础工作，同时还要适应企业组织结构和人员分工以及企业管理的基础工作的情况来组织企业的投资管理工作。

3. 经营因素

经营因素包括经营结构和经营规模等。经营结构是否合理、经营规模的大小、企业产品的市场竞争力及发展前途等，关系着企业的兴衰，也关系着企业财务状况和财务成果的好坏。

二、投资环境的特征

企业研究投资环境的特征，有利于更好地适应复杂、多变的投资环境，从而有利于更好地把握投资机会。投资环境具有如下特征：

1. 复杂性

投资环境的复杂性是指其构成的复杂性。如前所述，投资环境分为宏观环境（外部环境）和微观环境（内部环境）。其中，宏观环境包括财政、税收、金融、政治、法律、市场、经济政策等因素，微观环境包括企业类型、管理等因素。这些宏观、微观方面的因素构成了复杂的投资环境。

2. 综合性

投资环境对投资的影响是综合的、多方面的，投资观念、投资理论与方法的变化是受投资环境影响的结果。投资环境的变化，会带来投资观念、投资理论与方法的变化，也将影响投资观念的发展、投资理论与方法的完善。

3. 客观性

投资环境是客观的，不依投资主体的意志而存在。投资主体改变不了投资环境，只能适应投资环境，对投资环境的变化做出相应的反应。

4. 开放性

在市场经济条件下，企业的投资环境是开放的，而不是封闭的。企业可以从开放的投资环境中获得所需要的各种投资信息。

5. 变化性

随着社会经济的发展，投资环境会相应地发生变化。因此，企业在分析、研究投资环境时，必须摄取即时资料，避免过时资料，以避免投资决策的失误。

三、投资环境分析的意义

企业进行投资环境的分析，对及时、准确地做出投资决策和不断提高投资效益具有重要意义。

1. 进行投资环境研究，可以使投资决策有坚实的基础，保证决策的正确性

企业通过对投资环境的研究，可以充分了解市场的供求状况、国家经济政策、资源供应情况，以及国内外政治、经济和技术发展的动向。只有了解这些因素后，企业才能提高投资决策的科学性。

任何投资者一定时期的投资额、投资方向和投资时机等的确定都离不开对投资环境的深入分析。因为在现实生活中，投资者所面临的环境是复杂的，各种环境因素对投资事项影响的方向和程度都是不同的。投资效益高低是各项因素共同作用的综合结果，为什么有些投资达不到预期的效果呢，其重要原因之一是没能深入研究投资环境。所以，对投资环境进行深入分析是十分重要的，当投资方案本身无质量问题时，环境因素的影响往往是举足轻重的。我们只有对环境变化中的主要和次要因素、长期和短期因素、直接和间接因素等做出全面的深入研究，并深刻把握投资对环境变化的承受程度，才能真正做出科学和正确的投资决策。

2. 进行投资环境研究，可以使企业及时了解环境的变化，保证投资决策的及时性

企业不断地进行投资环境的研究，才能及时掌握环境的变化情况，在出现了有利条件时，及时进行投资，以获得良好的投资效果，当出现不利于企业的因素时，及时采取对策，以避免客观环境的不利影响。例如，无锡自行车厂深入开展投资环境的研究，通过调查分析，了解到随着农村商品经济的发展，自行车不仅是交通工具，而且也是重要的运输工具，它们根据农民需要投资生产出了车身长、车把宽、骑车省力、平稳、能载重 200 千克的“长征”牌自行车，深受农民的欢迎，销售状况良好，企业获得了显著的经济效益。

3. 进行投资环境研究，可以使企业预计到投资环境的变化情况，提高投资决策的预见性

投资环境是不断变化的，企业必须适应这种变化，但如果跟在环境后面被动地变化，也难以取得好的效果。决策者应站得高、看得远，预见未来投资环境的变化情况，做出符合长远发展趋势的决策。显然，这只有在认真研究投资环境的基础上才能做到。1973 年，世界上出现了“石油危机”，严重冲击了汽车制造业。风波过后，美国通用

和福特汽车公司预见到“石油危机”还会再度出现，于是开始投资设计和制造耗油少的小型汽车，结果顺利度过了1978年的“石油危机”。而美国另一家大型汽车制造企业——克莱斯勒公司没有及时采取有效措施，一如既往地生产耗油量较大的大型汽车，结果在1978年“石油危机”再度出现时，产品滞销，存货堆积如山，险些破产。

四、投资环境分析的基本方法

分析投资环境的方法很多。各种行业、各个企业的分析方法也不相同。国际上常用的评价投资环境的方法主要有投资环境等级评分法、国别冷热比较法、动态分析法。现结合我国具体情况，介绍最常见的几种方法。

（一）调查判断法

调查判断法是一种定性分析法，它主要是借助有关专业人员的知识技能、实践经验和综合分析能力，在调查研究的基础上，对投资环境的好坏做出评价。这种方法主要有以下几个步骤：

1. 调查

为正确预测有关投资环境，企业必须认真进行调查，收集有关信息资料。调查可分为直接调查和间接调查。直接调查是指调查人员直接与被调查对象接触，由调查人员通过当面采访、询问、观察、记录等方式获取有关资料的一种方法。直接调查又分为全面调查、重点调查、典型调查和抽样调查四种。直接调查能保证收集资料的准确性和及时性，但若得不到被调查对象的配合，则会使调查资料不完整。间接调查是指调查人员以有关单位保存的各种数据资料为基础，通过加工整理获得投资信息的一种方法。间接调查的资料来源主要包括：①各种书籍、杂志、报纸；②各种统计报告；③各种财务报表；④各类银行、投资公司的调查报告；⑤其他，如财税部门、工商管理部门、消费者协会等掌握的各种资料。

2. 汇总

通过各种调查得到的信息是大量的、杂乱无章的，还不能直接为投资决策所利用，企业必须对这些信息进行加工、整理和汇总。在进行整理、汇总时，企业要注意剔除其中的虚假成分和偶然性因素，进行由此及彼、由表及里、去粗取精、去伪存真的分析，以便提高信息质量，抓住事物本质。

3. 判断

企业要根据调查和汇总后的信息，对投资环境的好坏做出判断。从事判断的人员主要有工业经济专家、市场分析专家、精通与投资项目有关的技术专家、财务管理专家、生产管理专家、机械设备专家以及建筑工程技术专家。除以上人员外，企业还可根据需要，邀请其他部门专家协助工作。企业在判断时，一般先对构成投资环境的每个因素都评出好、中、差三种情况，然后综合判断投资环境的好坏。

（二）加权评分法

加权评分法是先对影响投资环境的一系列因素进行评分，然后进行加权平均，得出综合分数的一种预测方法。其基本计算公式如下：

$$Y = w_1x_1 + w_2x_2 + \cdots + w_nx_n = \sum_{i=1}^{n} w_ix_i \qquad (7.1)$$

式中：Y 表示投资环境评分；w_i 表示事先拟定的对第 i 种因素进行加权的权数（$\sum_{i=1}^{n} w_i = 1$）；x_i 表示第 i 种因素的评分。

［例 7.1］现以光明计算机公司进行某项投资为例来说明加权评分法的应用（见表 7.1）。

表 7.1　　光明计算机公司投资环境分析

有关因素 （1）	有关因素状况 （2）	分数（x_i） 0~100 （3）	预计权数（w_i） （4）	加权平均数 （w_ix_i） （5）=（3）×（4）
一般环境	好	90	0.20	18
相关市场	畅销	90	0.25	22.5
资源供应	充足	90	0.25	22.5
地理环境	较差	50	0.20	10
基础设施	一般	70	0.10	7
合计				80

在表 7.1 中，第一栏是与投资环境有关的各项因素，在实际预测时，预测人员还应列出更多的因素；第二栏是预测人员根据收集到的资料经整理分析而得；第三栏是由预测人员根据第二栏的数字确定的；第四栏是由预测人员根据各因素的重要程度事先拟定的。

在采用加权评分法进行预测时，分数在 80 分以上，说明投资环境良好；分数在 60~80分，说明投资环境一般；分数在 60 分以下时，说明投资环境较差。

（三）汇总评分法

这种方法先根据各因素的重要程度确定其最高分和最低分，然后再按每个因素的具体情况进行评分，最后把各因素的分数汇总，作为对投资环境的总体评价分数。在采用此法时，总分越高，表示投资环境越好；反之，则表示投资环境较差。表 7.2 说明了评分标准的制定方法。

表 7.2　　投资环境汇总评分法

投资环境因素	评分
（一）政治稳定性	0~10 分
长期稳定	10
稳定但因人而异	8
存在一些不稳定因素	6
国内外有强大的反对力量	4
可能发生动乱	2
极有可能发生动乱	0
（二）经济发展状况	0~10 分
长期稳定发展	10
发展较快但稳定	8
发展速度不快且不稳定	6
经济处于停滞状态	4
经济出现负增长	2
存在严重的经济危机	0

表7.2(续)

投资环境因素	评分
（三）产品销售状况	0~20分
产品十分畅销且有广阔市场	20
产品销量一般但潜力很大	16
产品畅销但市场容量有限	12
产品销售状况一般且无潜力	8
产品销售量开始下降	4
产品滞销、属于淘汰产品	0
（四）资源供应情况	0~20分
有充分的廉价资源	20
资源充分价格一般	16
资源充分但价格较贵	12
资源供应不太充分	8
资源供应有限	4
资源供应十分有限	0
（五）基础设施	0~16分
基础设施很好	16
基础设施较好	12
基础设施一般	8
基础设施较差	4
基础设施很差	0
（六）近5年的通货膨胀率	0~8分
小于1%	8
1%~5%	6
5%~10%	4
10%~20%	2
20%以上	0
（七）政策优惠	0~8分
国家非常支持发展的产业	8
国家支持发展的产业	6
国家不支持也不限制的产业	4
国家限制发展的产业	2
国家不准发展的产业	0
（八）其他因素	0~8分
其他因素很好	8
其他因素较好	6
其他因素一般	4
其他因素较差	2
其他因素很差	0
总　计	0~100分

第三节　投资策略与组合

投资组合，是指企业各种投资在企业全部投资中所占的比重。投资组合的目的是提高投资总额的收益水平，降低投资总额的风险程度。根据不同的投资方向和投资最终形成的资产形式，投资组合包括企业投资的内外组合与企业投资的资产组合两个概念。

一、企业对内投资与对外投资的组合

企业对内投资与对外投资的组合，是指企业对内投资与对外投资占全部投资的比重。一般而言，企业对外投资的风险要大于对内投资的风险。这是因为，企业对被投资单位的情况不甚了解，尽管事前进行过投资可行性分析、研究，但对外投资所存在的不可知因素总是要多于对内投资的。根据风险与收益同比增大的规律，企业对外投资的风险虽然较大，但所获得的报酬相应也比较高。

企业究竟采取何种内外投资组合，主要取决于企业管理者所做出的投资决策。不同的内外投资组合，对企业的风险与收益会产生不同的影响。一般认为，当企业对内投资饱和或者对内投资的收益率低于对外投资的收益率时，企业就会寻找对外投资机会，从而增加对外投资，取得较高的投资收益。

案例①：两面针集团的投资决策与价值创造

2004 年两面针集团出资 2 945. 2 万元投资扬州旅游用品有限责任公司。2005 年两面针集团分别投资了广西两面针九洲房地产开发有限公司、合肥白雪洗涤剂有限公司、柳州恒达巴士股份有限公司等项目，投资金额合计达 1 660 万元。2007 年公司又分别投资了盐城捷康三氯蔗糖制造有限责任公司、安徽两面针芳草日化有限公司、两面针（扬州）酒店用品有限公司和两面针房地产开发有限公司，投资总额达 41 669 万元。显然，这些投资都是为了加强主业和贯彻多元化战略。

同时，2006 年证券投资给两面针集团带来了巨大的投资收益，因此两面针集团此后在资本运作方面的投资金额愈加惊人。除了原来作为发起人持有可观的中信证券法人股外，2007 年两面针集团一方面投资 1. 5 亿元用于申购新股和投资证券投资基金以及投资 2. 62 亿元参与中信证券的配股（获新增股份 350 万股），另一方面还投资 2 亿元参股了南宁市商业银行。公司在证券以及股权投资方面的投资金额合计达 6 亿元，几乎与 2004 年首次公开募股（IPO）募集资金总额相当。

通过公司财务报告，我们发现，该公司 2006 年、2007 年度依靠持有和出售中信证券获得巨大的投资收益，实现了较好的价值创造。但这种价值创造显然缺乏可持续性。由于中信证券股价的跳水式下滑，公司未能按原定计划出售该股票，投资收益也大幅降低，公司 2008 年净利润一下子从 2007 年的 62 507. 78 万元下降到 526. 15 万元。此外，公司曾于 2007 年参与配股中信证券，配股价为每股 74. 97 元，而截至 2009 年 4 月 27 日，中信证券复权后的收盘价是每股 67. 52 元，所以两面针此次配股还存在 2 000 多万元的浮亏。

剔除来自中信证券的股权投资收益，公司的主业上面也不尽如人意。公司主营牙膏，但是，主业不仅已经连续 2 年亏损，而且牙膏市场占有率也逐年下滑，已经从三年前的 10%以上下降到目前的 1. 7%。

两面针集团的案例说明企业的投资决策对价值创造有很大的影响。因此，如何使

① 资料来源：田西杰. 企业投资决策与价值创造［J］. 财务与会计，2009（6）.

投资决策合理值得我们好好思考。

二、证券投资策略

企业对外投资，主要表现为证券投资。证券组合投资是指企业将资金同时投资于多种证券。例如，企业既投资于企业债券，也投资于企业股票，还投资于基金。一般来说，组合投资通常可以有效地分散证券投资风险，是企业等法人单位进行证券投资时常用的投资方式。

投资者选择什么样的投资组合主要取决于投资者对风险的偏好程度及承受能力。投资者厌恶风险的程度不同，这样就形成了各种不同的投资组合。常见的投资策略主要有以下几种：

1. 保守型证券投资组合

这种证券投资组合尽量模拟证券市场的某种市场指数，以求分散掉全部可分散风险，获得与市场平均报酬率相同的投资报酬。这种证券投资组合所承担的风险主要是市场上的系统性风险，其投资收益不会高于市场的平均收益，因此是比较保守的投资组合。例如，如果某投资者尽可能模拟上海证券交易所的 30 种指数进行投资，也选择同样的 30 种股票，并且其投资也与这 30 种股票的价值比重相同，则这种投资组合就是比较典型的保守型投资组合，其所承担的风险就与市场风险相当。保守型投资组合不需要投资者有太高深的证券投资知识，只要尽可能模拟某种市场指数就可以。

2. 进取型证券投资组合

进取型证券投资组合，也称成长型证券投资组合，它以资本升值为主要目标。投资者尽可能多选择一些成长性较好的股票，而少选择低风险低报酬的股票，这样就可以使投资组合的收益高于证券市场的平均收益。这种证券投资组合的收益比较高，风险也高于证券市场的平均风险。采用这种证券投资组合，投资者不仅要具有良好的证券投资知识，还要对企业的行业发展前景、产品的市场需求状况、竞争情况、企业的经营状况、财务状况等进行深入细致的分析。这种投资组合具有高风险高收益的特性，因此，也被称为冒险型证券投资组合。对风险厌恶程度较低的投资者通常会选择这种投资组合。

3. 收入型证券投资组合

收入型证券投资组合，也称稳健型证券投资组合，这是一种比较常见的投资组合类型。这种证券投资组合以追求低风险和稳定的收益为主要目标，收入型投资组合通常选择一些风险不大、效益较好的公司的股票。这些股票虽然不是高成长的股票，但能够给投资者带来稳定的股利收益。因此，收入型投资组合的风险较低，但收益却比较稳定，它比较适合于老年投资者，需要负担生活费用或子女教育费用的投资者，以及有定期支出的机构投资者。

三、证券投资组合

证券投资是一个充满风险的投资领域，投资者在入市时必须懂得防范风险，这是个十分复杂的问题。因为风险是很复杂和多样的，它时时与投资相伴，可以说没有风险的证券投资是不存在的。那么，防范风险的最有效方法就是进行证券投资组合。常用的方法主要有以下几种：

1. 投资组合的三分法

西方一些发达国家，比较流行的投资组合是三分法：1/3 的资金存入银行以备不时之需；1/3 的资金投资于债券、股票等有价证券；1/3 的资金投资于房地产。同样，投资于证券的资金也要进行三分：即 1/3 的资金投资于风险较大的有发展前景的成长性股票；1/3 的资金投资于安全性较高的债券或优先股等有价证券；1/3 的资金投资于中等风险的有价证券。

2. 按风险等级和报酬高低进行投资组合

证券的风险大小可以分为不同的等级，收益也有高低之分。投资者可以测定出自己期望的投资收益率和所能承受的风险程度，然后，在市场中选择相应风险和收益的证券作为投资组合。一般来说，投资者在选择证券时，对同等风险的证券，应尽可能选择报酬率高的，对同等报酬的证券，应尽可能选择风险低的；并且要尽可能选择引起风险呈负相关的证券进行投资组合，以便分散证券的非系统性风险。

3. 选择不同的行业、区域和市场的证券作为投资组合

虽然在经济日益国际化的情况下，各地证券市场具有较大的相关性和互动性，但不同证券市场还是有较大的独立性。即便在同一个国家，有时也可能一个市场强，一个市场弱。比如我国，深圳证券市场和上海证券市场有时就表现为一强一弱。

4. 选择不同期限的证券进行投资组合

这种投资组合的方法就是指投资者根据投资者未来的现金流量来安排各种证券不同的投资期限，进行长、中、短期相结合的投资组合。投资者对现金的需求总是有先有后，长期不用的资金可以进行长期投资，以获得较大收益，近期就可能要用的资金，最好投资于风险较小、易于变现的有价证券。

四、企业投资的资产组合

资产组合是企业的总资产中长期资产和短期资产所占的比重。企业的长期资产包括固定资产、无形资产及对外长期投资等，企业的短期资产主要指流动资产。不同的资产组合，会给企业带来不同的风险和收益。

（一）影响资产组合的因素

1. 风险和收益

企业期望取得收益的多少与所承担风险的大小直接影响着企业的资产组合。当企业不能及时清偿债务时，由于短期资产的变现能力强于长期资产的变现能力，拥有较多的短期资产可以减小企业的风险。但是，短期资产太多，势必降低企业的投资收益率。因此，可以说企业投资的资产组合在很大程度上是风险与收益均衡的结果。

2. 企业的行业特点

不同行业的企业，其资产组合存在较大的差异。一般来说，制造业长期资产所占比重较大，而商品流通企业短期资产所占比重较大。

3. 经营规模

企业的生产经营规模对企业的资产组合也会产生重要影响。随着企业生产经营规模的扩大，短期资产在资产总额中所占的比重会相对下降。这是因为生产经营规模较大的企业具有较强的筹资能力，能够承担较大的风险。另外，这些企业实力雄厚，机器设备的自动化水平高，可以在长期资产上进行较多的投资。

4. 资本成本

不同的资产组合对长短期资金的需要量是不同的。因此，选择不同的资产组合会对企业的资本成本产生不同的影响。当资本市场的利息率较高时，企业为了降低资本成本，尽可能提高资金的使用效率，通常会选择短期资产较少的资产组合。这样做可以减少利息支出，增加投资收益。当资本市场的利息率下降时，企业可以安排较多的短期资产，以降低企业的财务风险。

（二）企业的资产组合策略

企业的短期资产数量按其生产经营中的功能主要可以分为三个部分：一是正常需要量。这是指为满足企业正常的生产经营活动而需要的短期资产数量。这是短期资产的主要部分，是维持企业生产经营活动所必不可少的。二是正常保险储备量。这是指为应付意外情况的发生，在短期资产正常需要量的基础上增加的正常保险储备，可以起到降低企业风险的作用。三是额外保险储备量。这是指在短期资产的正常需要量和正常保险储备量的基础上再增加的一部分额外的储备，以备非常情况发生时对短期资产的需要。

根据短期资产在资产组合中的比重，企业的资产组合策略有以下三种：

1. 保守型的资产组合

它是指企业在安排短期资产数量时，在企业短期资产正常需要量和正常保险储备量的基础上，再增加一部分额外的保险储备量。在这种资产组合中，通常短期资产所占的比重较大。这样，企业的风险较低，但是企业的投资收益率也较低。不愿冒险、注重安全的企业经营者一般采用此种策略。

2. 冒险型的资产组合

它是指企业只安排短期资产的正常需要量，而不安排保险储备量。这种资产组合可以提高企业的投资收益率，但是，同时也增大了企业的风险。敢于冒险、偏好收益的企业经营者通常会采用此种策略。

3. 适中型的资产组合

它是指企业在保证短期资产正常需要量的情况下，再增加一部分短期资产的正常保险储备量，以应付意外事情的发生。但是，企业不储备额外的保险储备量。短期资产的正常需要量和保险储量应该占总资产的多少，要根据企业所处行业的特点而定。这种组合既要满足企业日常生产经营活动对短期资产的需要，又要留有一定的余地，以备不时之需。采用这种资产组合的企业，一般来说，投资收益率一般，风险也一般。正常情况下，企业大多采用此种策略。

（三）不同的资产组合对企业收益和风险的影响

企业采用不同的资产组合对企业的收益和风险将产生较大的影响。如前所述，企业的短期资产具有较强的变现能力，当企业持有较多的短期资产时，企业的短期偿债能力就会增强，风险就会减少。但是，如果短期资产占用过多，造成长期资产相对不足，就会使企业的生产能力下降，进而导致企业盈利能力的下降。

［例 7.2］鹏程工业股份有限公司 2005 年年末的资产组合与筹资组合如表 7.3 所示。

表 7.3　　　　鹏程工业股份有限公司资产组合与筹资组合

资产组合（万元）		筹资组合（万元）	
流动资产	15 668	流动负债	11 602
长期资产	13 933	长期资金	17 999
合计	29 601	合计	29 601

鹏程工业股份有限公司 2005 年共实现净利润 4 440. 15 万元。根据 2005 年的产品销售情况，预计 2006 年的销售业务将进一步扩大，资金总量将增加至 44 601 万元。其中，流动资产为 20 668 万元，长期资产为 23 933 万元，流动负债为 16 602 万元，长期资金为 27 999 万元。预计 2006 年公司将实现净利润 7 582. 17 万元。

改变资产组合对公司风险和收益造成的影响如表 7. 4 所示：

表 7.4　　　　不同资产组合对风险与收益的影响

项目	2005 年		2006 年	
	金额（万元）	比重（%）	金额（万元）	比重（%）
资产组合				
流动资产	15 668	52. 93	20 668	46. 34
长期资产	13 933	47. 07	23 933	53. 66
资产总计	29 601	100	44 601	100
净利润	4 440. 15		7 582. 17	
主要财务比率				
投资收益率	4 440. 15÷29 601×100% = 15%		7 582. 17÷44 601×100% = 17%	
流动比率	15 668÷11 602×100% = 1. 35		20 668÷16 602×100% = 1. 25	

由表 7. 4 可知，鹏程工业股份有限公司改变了资产组合，即长期资产的比重由 2005 年的 47. 07%提高到了 2006 年的 53. 66%，流动资产（短期资产）的比重由 2005 年的 52. 93%下降到了 2006 年的 46. 34%，投资收益率则由 2005 年的 15%上升到了 2006 年的 17%。这说明该公司的收益增加了不少。但是，由于该公司增加的投资中，长期资产投资比例大于短期资产投资比例，所以该公司的流动比率也从 2005 年的 1. 35 下降到了 2006 年的 1. 25。这说明该公司的短期偿债风险也随之增大。这一切均说明企业在进行投资决策时，必须认真权衡风险与收益，建立最佳的资产组合模式。

第四节　投资风险与收益

一、投资风险

（一）投资风险的概念

投资风险是企业将筹集的资金确定其投向过程中所具有的不确定性。一般而言，投资风险主要取决于投资的行业和投资时间的长短。从投资的时间看，企业长期投资的风险总是大于短期投资的风险，长期资产的风险总是大于流动资产的风险。至于将资金投资于不同行业的风险，往往是某一行业的利润水平越高，风险程度也就越大。例如，投资于高技术企业比投资于传统加工工业风险要大，投资于石油开采业比投资于食品加工业风险要大。

案例：高盛和 Webvan

1998—2000 年，高盛与其他投行向 Webvan 投资 8.5 亿美元。华尔街的高手会向价格不菲的网络股投资，这就是一个著名的例子。对于投资种子期公司的投资者来说，通常都是以低价买进，然后把公司推向公众市场，从而退出、获利。但是这次，高盛和另外一些华尔街的投资者却看走了眼。他们投资的公司 Webvan 的概念很吸引人：通过网络进行销售，让顾客永远不再到市场和商店购物。但是，Webvan 的做法太着急了，它试图马上就到处开店营业，结果虽然得到大笔投资资金，但开支比投资要大得多。这家公司完全脱离了现实，因而很快就失败了。

（二）投资组合风险的计量

可以说，到目前为止，资本资产定价模型（CAPM）是最成熟的风险度量模型。该模型用方差来度量不可分散风险，并将风险与预期收益联系起来。资产组合理论认为，企业所面临的风险可以分为系统性风险和非系统性风险。系统性风险是与整体经济运行相关的风险，而非系统风险是与资产自身特性相关的风险。资产组合理论认为投资人将投资分散化、多样化可以降低直至消除非系统风险。系统风险无法消除。因此理论上认为一个足够分散的资产组合能够将非系统风险全部消除。资本资产模型就是对一个资产组合的系统风险进行定价，而非系统风险是得不到市场回报的。

1. 资本资产定价模型的基本假设

资本资产定价模型由威廉·夏普（Sharpe）在马科威茨（Markowitz）的投资组合理论的基础上于 1964 年首次提出。之后，林特（1965）和莫森（1966）对资本市场总体定价行为进行了深入研究，并各自提出了风险资产定价均衡模型。他们的研究方法有所不同，但是思想和研究的结果是一致的。该模型基于以下基本假设：

（1）投资者对资产的收益和变化预期是一致的；

（2）投资者可以根据无风险利率进行借贷；

（3）所有资产都是可交易的，而且完全可以分割；

（4）买卖资产时不存在税收或交易成本；

（5）资本市场上没有对卖空交易的限制。

2. 资本资产定价模型的基本内容

在这些假设前提下，任何资产不可分散的风险都可以用 β 值来描述，并相应地计算出预期收益率。其基本公式如下：

$$R = R_f + \beta(R_m - R_f) \tag{7.2}$$

式中：R 为投资者所要求的收益率；R_f 为无风险收益率；R_m 为市场预期收益率；β 为企业（资产组合）对整个市场风险的贡献。

资本资产定价模型，关键是要确定无风险收益率，计算风险溢价和 β 值。

（1）确定无风险收益率 R_f。无风险收益率的投资一般需要满足两个条件：一是不存在违约风险，二是不存在投资收益率的不确定性。结合我国资本市场的实际情况，并且在假设被评估企业寿命无限期的情况下，使用长期国债利率作为无风险收益率较为合适。这是因为，一方面，长期国债利率通常与被评估公司的现金流量期限基本对应，同时国债长期利率又是短期国债利率的几何加权平均估计值；另一方面，长期国债利率更容易与股票市场组合指数的期限相匹配，这样就能保持与风险系数和市场风险溢价相一致。

（2）计算风险溢价。风险溢价是指股票平均收益率与无风险收益率的差异。因此，这个数据通常是在历史数据的基础上计算出来的。在具体计算过程中，我们通常还需要考虑以下几个问题：样本观测期的长度；市场收益率的确定；计算平均值时选用算术平均法还是几何平均法。

（3）估计风险系数β。β系数描述了不可分散风险，它是公式中唯一与企业本身相关的参数。不管无风险收益率与风险溢价如何确定，每个企业都有自己的风险系数。一般来说，企业的风险系数由三个因素决定：企业所处的行业、企业的经营杠杆比率以及企业的财务杠杆水平。

3. 资本资产定价模型的意义

资本资产定价模型是第一个关于金融资产定价的均衡模型，同时也是第一个可以进行计量检验的金融资产定价模型。模型的首要意义是建立了资本风险与收益的关系，明确提出了证券的期望收益率就是无风险收益率与风险补偿两者之和，揭示了证券报酬的内部结构。

资本资产定价模型另一个重要的意义是，它将风险分为非系统风险和系统风险。非系统风险是一种特定公司或行业所特有的风险，它是可以通过资产多样化分散的风险。系统风险是指由那些影响整个市场的风险因素引起的，股票市场本身所固有的风险，是不可以通过分散化消除的风险。资本资产定价模型的作用就是通过投资组合将非系统风险分散掉，只剩下系统风险；并且在模型中引进了β系数来表示系统风险。

二、投资收益

1. 投资收益的概念

投资收益是指投资项目期望获得的未来收益。尽管投资的目的多种多样，但是，根本动机是追求较多的投资收益和实现最大限度的投资增值。投资人在投资中考虑投资收益，要求在投资方案的选择上必须以投资收益的大小作为选择标准，要以投资收益具有确定性的方案为选择对象，要分析影响投资收益的因素，并针对这些因素及其对投资方案作用的方向、程度，寻求提高投资收益的有效途径。

2. 投资组合期望收益率的计量

投资组合期望收益率就是组成投资组合的各种证券的期望收益率的加权平均数。权数是投资于各种证券的资金占总投资额的比重。投资组合期望收益率的一般计算公式如下：

$$\bar{R}_p = \sum_{i=1}^{n} W_i \bar{R}_i \tag{7.3}$$

其中：$\bar{R}_p$表示投资组合的期望收益率；W_i表示投资于i种证券的资金占投资总额的比例或权数；$\bar{R}_i$表示证券i的期望收益率；n表示投资组合中不同证券的总数。

［例 7.3］某投资组合中证券的期望收益率和比重如表 7.5 所示。

表 7.5　　　　　　　　　　投资组合中的证券收益率

	证券 A	证券 B
期望收益率	14.50%	11.50%
比重	40%	60%

该投资组合的期望收益率 $\bar{R}_p = 40\% \times 14.50\% + 60\% \times 11.50\% = 12.70\%$

课后思考与练习

一、思考题

1. 投资对企业的生存与发展的意义和作用何在？

2. 营运资本投资管理包括哪些内容？你如何看待目前一些企业的“资金断链”问题。

3. 结合投资环境分析，我国海外投资项目主要面临哪些风险？

4. 企业投资的内外组合与企业投资的资产组合是怎样的关系？受到哪些因素影响？

5. 你了解风险收益匹配观和鲍曼悖论吗？

二、练习题

1. 假设无风险利率是 4%，市场溢价风险是 10%，甲股票的 β 系数为 0.5，则在资本资产定价模型假设下，甲股票的期望报酬率为多少？

2. 某公司原持有甲、乙、丙三种股票构成证券组合，它们的 β 系数分别为 2.0、1.5、0.5；它们在证券组合中所占比重分别为 60%、30% 和 10%。市场上所有股票的平均收益率为 14%，无风险收益率为 10%。该公司为降低风险，售出部分甲股票，买入部分丙股票，甲、乙、丙三种股票在证券组合中所占比重变为 20%、30% 和 50%，其他因素不变。

要求：

（1）计算原证券组合的 β 系数。

（2）判断原证券组合的收益率达到多少时，投资者才会愿意购买。

（3）判断新证券组合的收益率达到多少时，投资者才会愿意购买。

3. 存货决策——自制与外购

甲企业使用 A 零件，可以外购，也可以自制。如果外购，单价为 5 元，一次订货成本为 10 元；如果自制，单位成本为 3 元，每次准备成本为 600 元，每日产量为 50 件，零件的全部需求量为 50 000 件，储存变动成本为零件价值的 20%，每日平均需求量为 10 件。

请分别计算零件外购与自制的总成本，以选择较优方案。

4. 美国沃尔玛零售连锁集团公司 4 位家族成员股东的财富连续 3 年进入世界巨富排行榜的前十名，沃尔玛作为商业公司没有自己的专利产品和专利技术，他们采用了怎样的策略和投资方式，从而取得如此巨大的财富值得大家思考。有人说，沃尔玛的财富创造的秘诀是成功应用信息和供需链管理办法。从大体来看，沃尔玛在 20 世纪 80 年代初就开始用巨额投资于信息技术应用项目，花费了 4 亿美元从休斯公司购买商用卫星，实现全球联网。现在，沃尔玛在美国拥有超市和连锁店 3 000 多家，另外在其他国家还有 1 088 家超市。差异化的信息技术、与供应商协同管理存货、利用电子资金结算等都是它的制胜法宝。

（1）沃尔玛战略管理和投资管理之间存在哪些关系？

（2）沃尔玛公司创造财富离不开较高的权益报酬率，这对投资决策有什么影响？

第八章　短期投资管理

学习目标

要求学生通过本章学习，了解企业主要短期投资存在的意义，熟悉主要短期投资的管理目标和日常管理，掌握现金预算、信用政策制定、存货经济批量计算。

本章内容

现金管理：现金管理目的，现金管理内容，现金预算，最佳现金持有量的确定，现金日常管理；**短期证券投资管理**：短期证券投资的原因，影响短期证券投资的因素，短期证券投资的要求；**应收账款管理**：应收账款的功能，应收账款的成本，应收账款管理的目标，应收账款政策的制定，应收账款的日常管理；**存货管理**：存货的作用及种类，存货存在的原因及成本，存货管理目标，存货决策，存货控制。

第一节　现金管理

现金是可以立即投入流动中的交换媒介。由于其具有普遍可接受性的特点，现金是企业中流动性最强的资产。现金包括企业的库存现金、各种形式的银行存款和其他货币资金。

一、现金管理目的

虽然存置现金几乎不能产生收益，但是企业还是要存置一定数量的现金。究其原因，企业存置现金除了保持流动性外，还可满足交易性需要、预防性需要和投机性需要。

（一）交易性动机

现金持有的交易性动机，是指企业持有现金以满足日常经营业务活动的现金支付需要。在企业的日常经营业务过程中，销售产品等业务活动取得经营现金收入，购买材料、支付工资等业务活动发生经营现金支出。由于两者难以同步同量，现金短缺的情况经常发生。为此，企业必须维持适当的现金余额，才能保证交易活动的正常进行。

企业为保证交易性需要而持有足够的现金，能带来一定的财务效应：①较多的现金余额储备，可以提高企业资产的流动性和偿债能力，维持企业的商业信誉，从而使企业能够较容易地从供应商那里取得商业信用；②较多的现金余额储备，可以使企业能够充分利用业务交易中的现金折扣，从而降低进货成本。

（二）预防性动机

现金持有的预防性动机，是指企业持有现金以应付意外支付的现金需要。市场经济环境和经济活动的日趋复杂，使企业无法准确预计未来交易活动的发生时间和规模，再加上有可能出现的宏观经济环境的波动，这些都有可能使未来的现金需要发生超常的变动。为了满足未来意外事件的支付需要，企业应该保持一个比正常交易需要量更大的现金余额。

预防性现金余额的数量，取决于企业生产经营的稳定性和现金流量预测的准确性。企业生产经营的稳定性越差，现金流量预测的不确定性越大，预防性现金余额的数量也就越大。此外，预防性现金余额的大小还与企业的借款能力有关，如果企业能够很容易地随时借到长期资金，也可以减少预防性现金余额；如果企业不能够很容易地借到长期资金，则应增加预防性现金余额。

（三）投机性动机

现金持有的投机性动机，是指企业持有现金以备满足某种投机行为的现金需要。比如企业在适当时机购入低价有价证券的需要，大量购买廉价原料或其他资产的机会等。

对于绝大多数制造型企业来讲，有计划地储备现金以从事某种投机行为的现象是很少发生的，除金融性和投资性企业外，一般企业不会专门为投机性动机而安排现金余额。

虽然我们在理论上可以找出一系列的持有现金动机，并形成交易性现金余额、预防性现金余额和投机性现金余额，但在实际工作中是很难对持有现金的动机加以明确区分的，也没有必要仔细区分每种动机的现金余额是多少。企业只需告诉财务人员，企业必须持有一定量的现金余额以便满足各种支付需要，至于用于何种动机，则取决于现金支付时的具体情况。

案例：苹果公司大量持有现金

美国苹果公司，坐拥近 2 000 亿美元的现金，是全世界最有钱的公司。然而，精明的苹果公司仍然会在美国和全世界利率较低的国家，发行债券融资，最大限度地降低财务成本。最新消息称，苹果公司计划在日本发行债券融资大约 16 亿美元。

日经新闻估计，苹果公司在日本发行的日元债券，其利率将比美国市场低一个百分点。这样的一个利率差异，即使刨除掉日元兑换成为美元的成本，也已经能使苹果的融资成本显著降低。

值得一提的是，苹果公司是全世界市值最大的公司，业务蒸蒸日上，拥有 AA+的高信用评级，如此高的评级自然降低了利率和融资成本。

苹果拥有如此高的现金储备，为何不直接用来回购股票？据悉，苹果公司近 2 000 亿美元的现金储备中，1 700 亿美元为海外现金，如果将海外现金转移回美国境内，苹果公司需要向美国政府支付可观的税金。因此苹果一直在避免将海外盈利转移回美国，而是通过其他融资手段筹措现金。

二、现金管理内容

现金管理的主要内容有：编制现金收支计划，以便合理估计未来的现金需求；对日常的现金收支进行控制，尽量加速收款，延迟付款；确定现金最佳持有余额，当企业实际的现金余额与最佳现金余额不一致时，采用短期融资策略或采用归还借款和投资于有价证券等策略来达到理想状况。

三、现金预算

（一）现金预算的概念

现金预算就是在企业的长期发展战略基础上，以现金管理目标为指导，充分调查和分析各种现金收支影响因素，运用一定的方法合理估计企业未来一定时期的现金收支状况，并对预期差异采取相应对策的活动。

（二）现金预算的作用

企业现金持有量不足或过多，都说明现金管理不力，所以对现金的流入和流出进行有效设计和管理，使现金持有量接近于最优水平，就显得尤其重要。为了使企业能够实现并保持已确定的最佳现金水平，企业需要对未来可能的现金收支数量和时间进行预测，编制现金预算。

现金预算在现金管理上的作用表现在：

（1）降低现金机会成本。现金预算可以揭示出现金过剩或现金短缺的时期，使资金管理部门能够将暂时过剩的现金转入投资或在短缺时期来临之前安排筹资，这样就能够避免不必要的资金累积和闲置，减少机会成本。

（2）确定偿债能力。现金预算可以使企业在实际收支实现以前了解经营计划的财务成果，预测未来时期企业对到期债务的直接支付能力。

（3）为其他财务计划提供建议。现金预算可以作为其他财务计划编制的依据，为其他财务计划提供必要的支持。

（三）现金预算的编制方法

现金预算编制的主要方法有两种：收支预算法和调整净收益法。

1. 收支预算法

收支预算法就是企业将预算期内可能发生的一切现金收支项目分类列入现金预算表内，以确定收支差异，采取适当财务对策的方法。它是目前应用最广泛的一种编制现金预算的方法，具有直观、简便、便于控制等特点。

在收支预算法下，现金预算主要包括四部分内容：预算期内现金收入；预算期内现金支出；现金不足或多余金额的确定；现金融通。

预算期内现金收入主要指销售收入和其他收入。预算期内现金支出主要指营运现金支出和其他现金支出，一般包括采购原材料支出、工资支出、期间费用支出、税金等。

企业通过对现金收入及现金支出总额的预测，推算出预算期末现金结余情况。如果现金不足，则提前安排筹资（如向银行借款等）；如果现金多余，则采取归还贷款或进行有价证券的投资，以增加收益。

2. 调整净收益法

调整净收益法是指企业运用一定的方式，将企业按权责发生制计算的净收益调整为按收付实现制计算的净收益，在此基础上加减有关现金收支项目，使净收益与现金流量相互关联，从而确定预算期现金余缺并做出财务安排的方法。

企业采用此方法编制现金预算，首先应编制预计利润表，计算出预算期的净收益，然后，逐笔处理影响损益及现金收支的各会计事项，最后计算出预算期内现金余额。这个计算过程类似于从净利润入手编制现金流量表。

调整净收益法将权责发生制基础上计算的净收益与现金收付实现制基础上计算的净收益统一起来，克服了收益额与现金流量不平衡的缺点。但是现金余额增加额不能直观地、明细地反映在生产过程中，在一定程度上影响了对现金预算执行情况的分析和控制。

四、最佳现金持有量的确定

企业持有现金只是为了满足未来支付的需要，但现金本身并不是一种具体的经营资产，过多地或过少地持有现金，都会造成投资机会的丧失。考虑到上述两方面的原因，企业必须确定现金的最佳持有量。最佳现金持有量的确定方法，主要有成本分析模式、存货模式和随机模式。

（一）成本分析模式

成本分析模式的基本思路，是要寻求持有现金的相关成本，并使持有现金相关总成本最低。持有现金的相关成本，主要由机会成本和短缺成本构成。

现金的机会成本，是因持有现金而不能赚取投资收益的机会损失。在实际工作中，现金的机会成本可以用企业的平均资本成本或社会平均报酬率来替代。假定某企业的资本成本为6%，每年平均持有100万元的现金，则该企业每年持有现金的机会成本为6万元（100×6%）。现金机会成本随现金持有量的增加而上升，随现金持有量的减少而下降。

现金的短缺成本，是企业因缺乏必要的现金置存，不能应付经营业务开支需要，而使企业丧失购买机会所蒙受的业务损失。现金短缺成本随现金持有量的增加而下降，随现金持有量的减少而上升。

另外，企业持有现金还应该有管理成本，如管理人员的工资、安全措施费用等。但是现金管理成本是一种固定成本，与现金持有量之间没有明显的比例关系，因此是一种决策无关成本，在决策时可以不考虑。

上述两项相关成本之和最小的现金持有量，即最佳现金持有量。图8.1表述了现金机会成本与现金短缺成本的互补关系，从而形成了现金相关总成本曲线。

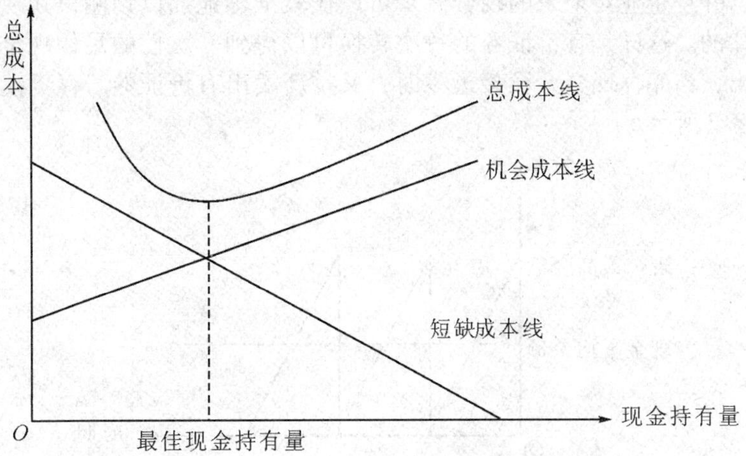

图8.1 最佳现金持有量的成本分析模式

如图 8.1 所示，现金机会成本随现金持有量增加而上升，现金短缺成本随现金持有量增加而下降，现金持有相关总成本线是一条开口向上的抛物线，该抛物线的最低点即为最佳现金持有量。

企业计算最佳现金持有量，可以先分别计算出各种现金持有方案的机会成本和短缺成本之和，再从中选出相关总成本之和最低的现金持有量，即为最佳现金持有量。

［例 8.1］某企业有 A、B、C 三种现金持有方案，各方案的现金机会成本按现金持有量的 10%计算，现金需要量按企业销售规模的 30%计算，现金短缺成本按现金短缺量的 12%计算。有关分析如表 8.1 所示。

表 8.1　　现金持有方案分析　　（单位：万元）

方案 / 项目	销售额 500 万元			销售额 800 万元			销售额 1 000 万元		
	A	B	C	A	B	C	A	B	C
现金持有量	80	120	160	80	120	160	80	120	160
机会成本	8	12	16	8	12	16	8	12	16
短缺成本	8.4	3.6	0	19.2	14.4	9.6	26.4	21.6	16.8
总成本	16.4	15.6	16	27.2	26.4	25.6	34.4	33.6	32.8

将以上各方案的现金相关总成本进行比较，当销售规模为 500 万元时，B 方案是最佳方案；当销售规模为 800 万元和 1 000 万元时，C 方案是最佳方案。

（二）存货模式

存货模式的基本原理，是企业将现金持有量与短期有价证券联系起来考虑，即将现金持有机会成本与短期有价证券的转移成本进行权衡，以求得二者相加总成本最低时的现金余额，从而得出最佳现金持有量。

在存货模式下，多余现金以短期有价证券形式置存，企业在持有现金不能满足交易性需求时，可以出售有价证券换回现金，故可以不考虑现金短缺成本。与之对应，存货模式需要考虑短期有价证券转换为现金的转换成本。

存货模式假定企业将多余现金全部投资于短期有价证券，短期有价证券可以随时转换为现金，并且企业对未来的现金流量可以比较准确地加以预测，其现金流出是呈逐渐递减规律的。这样，有价证券的每次转换可以得到一次性的足额现金流入，然后逐渐等额流出，当库存现金余额接近零时，又重新卖出有价证券。存货模式下现金流转假设如图 8.2 所示。

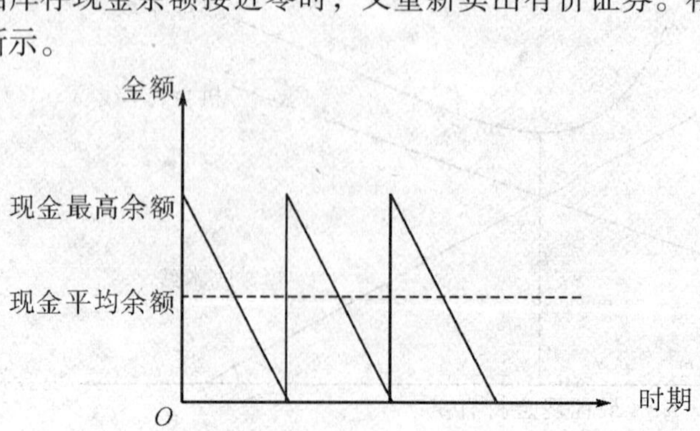

图 8.2　现金的存货流转假设

在现金的存货流转假设下，当现金持有量趋于零时，企业就需要将有价证券转换为现金，以应付日常经营开支。但现金转移为有价证券和有价证券转移为现金均需要支付税金、佣金等转移成本。在一定期间内，有价证券转换为现金的次数越多，转换成本就越高；反之，转换次数越少，一次转换量就大，这意味着有大量的现金不会被马上用于支付，现金置存量大而付出现金机会成本的代价，丧失了投资于有价证券而产生的利息或股息收益。现金机会成本与有价证券转换成本的关系，如图 8.3 所示。

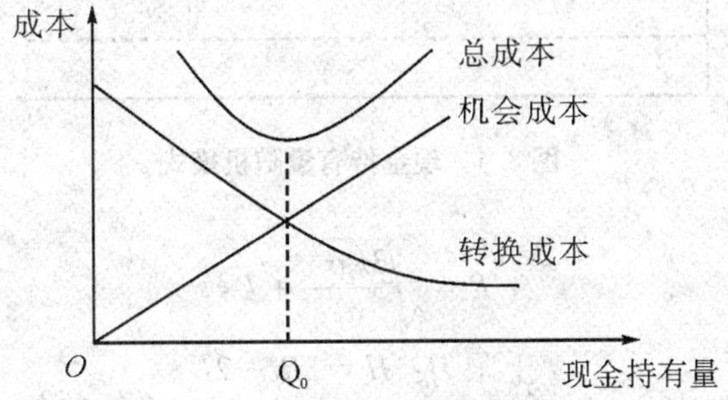

图 8.3　现金持有量存货模式

现金机会成本和转移成本之和的现金总成本表达式为：

$$T = \frac{Q}{2} \times C + \frac{D}{Q} \times K \tag{8.1}$$

式中：Q 为最佳现金持有量，C 为有价证券的投资报酬率，D 为一定时期的现金总需要量，K 为每次转换的单位成本。

以 Q 为自变量，当 T 的一阶导数为零时，T 取得极小值，此时：

$$Q_0 = \sqrt{\frac{2KD}{C}} \tag{8.2}$$

［例 8.2］某企业预计每月现金需要量为 50 万元，现金转换成本为每次 60 元，有价证券的月收益率为 3%，则最佳现金持有量为：

$$Q_0 = \sqrt{\frac{2 \times 60 \times 500\ 000}{3\%}} == 44\ 721(\text{元})$$

（三）随机模式

存货模型要求已知企业未来的现金支出，且假定其流出是均匀的，这不符合大多数企业的实际状况。实际上企业的现金流量是呈无规则变动的，只能根据历史经验测算出一个现金持有量的波动范围。随机模式以此为前提，其基本原理是根据现金波动范围制定一个现金控制区域，规定现金持有量的上限和下限。当现金余额达到上限时，企业将库存现金转换成有价证券；当现金余额降到下限时，企业将出售有价证券换回现金，从而使现金余额经常性地控制在上限和下限之间。具体如图 8.4 所示。

在图 8.4 中，虚线 H 为现金余额上限，虚线 L 为现金余额下限，返回线 R 为现金最佳持有量目标控制线。当现金余额升至 H 时，企业应购进（$H-R$）金额的有价证券，使现金余额回落到 R 线上；当现金余额降到 L 时，则需出售（$R-L$）金额的有价证券，使现金余额恢复到 R 的最佳水平上。目标现金余额 R 线可按下式确定：

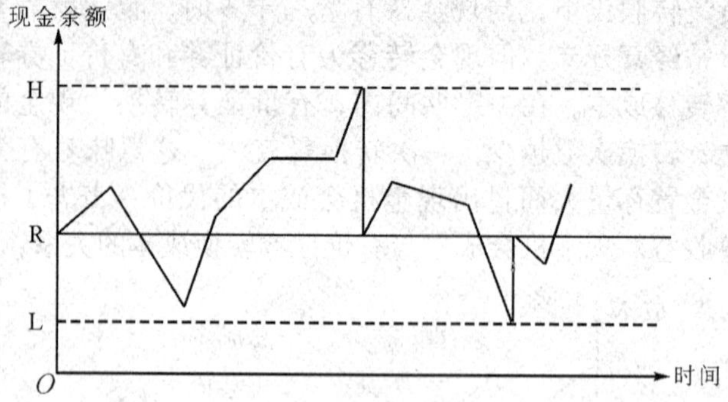

图 8.4　现金持有量随机模式

$$R = \sqrt[3]{\frac{3K\sigma^2}{4i}} + L \tag{8.3}$$

上限 H：$H = 3R - 2L$

式中：K 为每次有价证券的转换成本，i 为有价证券的日利率，σ 为预期每日现金余额变化的标准离差。

[例 8.3] 假定某企业有价证券的日利率为 0.05%，每次有价证券的转换成本为 60 元，该企业认为其在任何时候的现金余额均不能低于 40 000 元，根据历史数据测出的现金余额波动标准离差为 6 000 元。则：

$$最佳现金持有量\ R = \sqrt[3]{\frac{3 \times 60 \times 6\ 000^2}{4 \times 0.05\%}} + 40\ 000$$

$$= 14\ 797 + 40\ 000$$

$$= 54\ 797\ (元)$$

$$现金控制上限\ H = 3 \times 54\ 797 - 2 \times 40\ 000$$

$$= 84\ 391\ (元)$$

五、现金日常管理

(一) 现金管理的基本规定

按照有关规定，国家有关部门对企业使用现金有如下规定：

1. 现金使用范围

这里的现金是指现钞，即企业用现钞从事交易，只能在一定范围内进行。该范围包括：支付职工工资、津贴；支付个人劳动劳务报酬；根据国家规定颁发给个人的科学技术、文化艺术、体育等各种奖金；支付各种劳保、福利费用以及国家规定的对个人的其他支出；向个人收购农副产品和其他物资的价款；出差人员必须随身携带的差旅费；结算起点（1 000 元）以下的零星支出；中国人民银行确定需要支付现金的其他支出。

2. 库存现金限额

企业库存的现钞，由其开户银行根据企业的实际需要核定限额，一般以 3~5 天的零星开支金额为限。

3. 不得坐支现金

企业不得从本单位的人民币现钞收入中直接支付交易款。现金收入应于当日终了交存开户银行。

4. 其他

此外，企业不得出租、出借银行账户；不得签发空头支票和远程支票；不得套用银行信用；不得保存账外公款，包括不得将公款以个人名义存入银行和保存账外现钞等各种形式的账外公款。

（二）现金管理的原则

从理财的角度看，为了提高现金的使用效率，现金管理应该遵循以下的原则：

1. 现金流量同步

现金流量同步是指现金收入的发生和现金支出的发生在时间上是一致的。如果企业能够实现现金收入和现金支出的同步，就能够将交易性现金持有额降低到最低水平。

2. 使用现金浮游量

现金浮游量是由于企业收支现金与银行收支现金在时间上的差异而造成的。从企业开出支票，收票人收到支票并存入银行，至银行将款项划出企业账户，中间需要一段时间。在这段时间，虽然企业开出了支票，但仍然可以动用活期存款账户上的这笔资金。当然，企业在使用现金浮游量时，一定得控制好使用的时间，否则会发生银行透支。

3. 加速收款

企业为了扩大销售，往往会给予对方一定的信用期，但是，给对方一定时间的信用期会增加对现金的占用，因此，就需要在扩大销售和较短的收款期限之间进行选择，在两者之间找出平衡点。

4. 推迟应付款的支付

企业可以在不影响自己信誉的前提下，尽可能地推迟应付款的支付，充分利用对方给予的信用期限。

第二节　短期证券投资管理

短期有价证券是企业现金的一种转换形式，具有较强的变现能力，可以随时变为现金。当现金有多余时，企业就将多余现金兑换成短期有价证券，以获取短期投资收益；反之，当企业的现金不足时，则在证券市场上转让部分短期有价证券，以补充现金流量的不足。因此，从某种角度讲，短期有价证券是现金的替代品。

一、短期证券投资的原因

企业持有短期有价证券的原因主要在于以下方面：

（一）保持资产的流动性

在证券市场化背景之下，短期有价证券能够迅速变现。正是由于这一原因，人们通常把短期有价证券看成是现金的等价物或替代品。为此，激进的财务经理甚至把大部分现金投资于短期有价证券，以短期有价证券持有额来替代现金持有额；即使是保守的财务经理也会在满足基本交易需要的基础上，将多余现金投资于短期有价证券。

企业持有大量的短期有价证券，不仅能够维持与拥有现金相同的资产流动性，甚至还有可能增强企业资产的流动性。因为，持有大量短期有价证券，表明企业具有较强的变现能力和偿付能力，银行有可能因此而愿意给予企业更大的信用额度，从而大大提高企业的融资能力。如果短期有价证券的投资收益率较高，足以补偿企业短期借款成本并且还有剩余的话，企业未必需要将短期有价证券变现，而是以短期借款来满足现金支付需要。

（二）获取投资收益

企业的现金流入和现金流出并不总是均衡对称的，经常有可能出现现金的剩余；即使企业根据需要测定了适宜的现金持有额度，也经常会出现现金结余超过现金持有额度的可能。因此，现金有可能出现暂时闲置的局面。一般情况下，现金是一种不盈利或盈利非常小的资产，因此，现金的闲置实际上是企业资源的一种浪费。鉴于此，在证券市场化的情况下，许多企业就会考虑将暂时闲置的现金投资于有价证券，以获得一定数额的投资收益。

企业闲置现金的情况很多，如季节性生产的企业，旺季时生产经营的现金需求规模很大，基本上不会形成现金闲置，但是，在淡季，现金支出的需要量很小，于是就极有可能导致较大的现金闲置；为大额偿债和长期性投资需要而储备的现金，在实际使用之前也有可能形成暂时的现金闲置；预防性现金余额在意外事件发生之前，也可能形成较大的现金闲置；因增发股票、债券或取得大额借款而骤然形成的大笔现金流入与生产经营活动和投资活动的逐步支付之间也有可能形成暂时的现金闲置。因此，企业应考虑在实际支付之前先将现金投资于短期有价证券，从而使企业的资本收益最大化。

二、影响短期证券投资的因素

企业的有价证券投资部门经理在考虑购买有价证券时，必须首先掌握各可能购买的证券的有关关键因素的状况。最重要的因素包括安全性、变现性、收益性和到期日。

（一）安全性

有价证券必须通过的最基本的测试是本金的安全性。这是指收回初始投资金额的可能性。安全性是通过同国库券相比较来判断的，因为后者被认为是没有风险的。除国库券以外的其他有价证券的安全性，则视发行者和所发行证券的类别不同而有所不同。被认真考虑作为企业短期有价证券投资组合组成部分的证券必须具有相对较高的安全性。

（二）变现性

变现性（或流动性）与证券持有者在短期内将其变为现金的能力有关。虽然某个证券可能持有到期十分“安全”，但这并不必然意味着总可能在到期以前将它很容易地出售，而又不遭到较大损失。通常，一个大而且活跃的二级市场对有价证券保持较强的变现能力是十分必要的。

（三）收益性

某个证券的收益是与它提供的利息和（或）本金增值相联系的。获得一定的投资收益是企业持有短期有价证券的目的之一。因此，证券收益水平的高低是影响财务经理们投资决策的重要因素。

（四）到期日

简单而言，到期日是指证券的有效期限。某些有价证券有一个特定的有效期限。例如，国库券有效期限一般较长；商业票据和大额可转让定期存单可根据实际需要确定其有效期限。通常情况下，证券有效期限越长，收益率也就越高，但收益所承担的风险也就越大。

三、短期证券投资的要求

短期证券投资管理是流动资产管理的一个重要方面，企业进行短期证券投资管理时应该遵循的原则有：

（一）安全性、流动性与收益性保持均衡

如果不考虑其他因素，短期证券投资收益越高越好。但是，收益的高低总是与风险的大小和流动性的强弱密切相联系的。高收益可能伴随着高风险和低流动性。因此，短期证券投资需要在安全性、流动性的基础上争取更多的收益，三个方面需要综合考虑，做到平衡处理，争取达到一个最佳平衡点。

（二）分散投资

短期证券投资虽然持有的期限较短，而且比较容易变现，但是为了充分减小风险，企业还是应该遵循多样化的分散投资原则，把风险控制在可接受的范围内。

（三）理性投资

短期证券投资的目标应该是安全性与收益性的最佳结合，所以企业在投资时需要理性把握，不能因过分追求盈利而忽视了最基本的安全性。

案例：企业“炒股”

宝钢股份以7.74亿元炒股盈利荣获2007年最会炒股公司。公司炒股主要是由公司所属子公司财务公司进行，2007年已出售的证券投资获利5.8亿元，期末账面还持有10多只股票，其中重仓的400多万股中国人寿和900多万股工商银行都为打新获得，成本非常低。宝钢股份不仅炒股取得不错的收益，2007年还实现营业总收入1 915.6亿元，创下历史新高，同比增长18.0%，可以说是主营业务增长与炒股两不误。

第三节 应收账款管理

应收账款是指企业因对外销售产品、材料、提供劳务及其他原因，应向购货单位或接受劳务的单位及其他单位收取的款项，包括应收销售款、其他应收款、应收票据等。

一、应收账款的功能

应收账款的功能是指它在生产经营中的作用，主要有以下几方面：

(一) 扩大销售

应收账款的发生是赊销方式的必然结果，企业之所以采用赊销方式而不是现销方式，主要原因在于它想通过赊销方式来扩大销售规模。首先，许多顾客因可动用的现金有限而愿意赊购。如果销售方不采用赊销方式，顾客就会从其他商家选购或要求降价。其次，激烈的市场竞争也要求销售企业采用赊销方式。在买方市场的情况下，许多企业都愿意采取一种能够吸引顾客的营销策略，以此扩大销售规模，增大市场占有份额。

(二) 降低存货

应收账款的增加意味着存货的减少，企业减少存货可以降低存货的储存费用、保险费用和管理费用等。并且，存货的减少将加快企业资产的周转速度，提高企业的资产营运能力。

二、应收账款的成本

企业持有应收账款会付出一定的代价。应收账款的成本包括：

(一) 机会成本

企业资金如果不投放于应收账款，便可用于其他投资并获得收益，如投资于有价证券便会有利息收入。这种因发生应收账款而放弃的其他收入，就是应收账款的机会成本。这种成本一般按有价证券的利息率或公司的资金成本计算。

(二) 管理成本

管理成本主要包括企业调查顾客信用情况的费用、收集各种信息的费用、账簿的记录费用、收账费用及其他费用。

(三) 坏账成本

应收账款因故不能收回而发生的损失，就称之为坏账成本。这种成本一般与应收账款发生的数额成正比。

三、应收账款管理的目标

企业销售商品的形式多种多样，但从收到货款的方式来看有两种基本类型：现销（现金销售）和赊销。现销方式最大的优点是应计现金流入量与实际现金流入量完全吻合，既能避免坏账损失，又能及时将收回的款项投入再生产过程，因而是企业最理想的一种销售结算方式。但商业竞争的存在，迫使企业用各种手段扩大销售，除依靠产品质量、价格、广告等优势外，赊销也是扩大销售的手段之一，由此产生了应收账款。如果同等的产品价格、相同的质量水平，实行赊销的产品销售额将大于现销的产品销售额。若企业为降低风险、减少损失而一味追求现销方式，必然会影响产品的市场销路，使得企业竞争地位下降，长期利益将受到严重损害。因此，为适应市场竞争的发展，企业需要采取各种有效的赊销方式，以弥补单纯依靠现销方式的不足。此外，商品批发企业和大量生产企业的商品成交时间和收到货款时间因距离和结算等原因经常不一致，也是应收账款产生的原因。

由以上分析可以看出，企业发生应收账款的主要原因是为了扩大销售，增强竞争力。而应收账款实质上就是企业的一种资金投放，是为了扩大销售和盈利而进行的投资。投资肯定要产生成本，这就需要企业在应收账款信用政策所增加的收益和这种政策的成本之间做出权衡。应收账款管理的目标就是在充分发挥应收账款功能的基础上，降低应收账款投资的各种成本，最大限度地发挥应收账款投资的效益。

四、应收账款政策的制定

信用政策，是指企业通过权衡收益、成本与风险，对应收账款投资进行规划和控制的原则性规定。赊销效果的好坏，依赖于企业的信用政策。信用政策包括信用期限、现金折扣和信用标准等内容。财务经理通过调整信用政策，降低信用标准，可以刺激需求以提高销售额并增加利润。但是，企业过多地持有应收账款会增加信用成本，加大坏账损失的风险。

（一）信用期限

信用期限是指企业允许顾客延迟付款的时间界限。信用期限对应收账款的影响非常明显。较长的信用期限，会吸引更多的购买客户，从而实现更多的销售收入。当然，在销售额扩大的同时，也必然产生更多的机会成本、管理成本和坏账损失。其中，机会成本是指应收账款占用资金的应计利息，计算公式如下：

应收账款应计利息=应收账款占用资金×资本成本

应收账款占用资金=应收账款平均余额×变动成本率

应收账款平均余额=日销售额×平均收现期

因此，企业需要在给予信用期前后差别收益和差别成本之间进行比较，以决定是否给予信用期限。

企业在分析延长信用期限的可行性时，则要测算更改信用期限后的增量收益和增量成本，按照增量收益大于增量成本的原则，选择合理的信用期限。

［例 8.4］某企业过去一直按照惯例采用 30 天的信用期限，现根据有关情况变化，拟将信用期限放宽到 60 天。假定该企业要求的最低投资报酬率为 10%，产品边际贡献率为 20%，其他资料见表 8.2。

表 8.2　　信用期限方案的比较　　（单位：元）

信用期限	30 天	60 天
销售额	500 000	900 000
变动成本	400 000	720 000
边际贡献	100 000	180 000
可能发生的收账费用	60 000	80 000
可能发生的坏账损失	20 000	36 000

增量收益=180 000−100 000=80 000（元）

增量成本：

$$\text{增加的机会成本} = \left(\frac{900\,000}{360}\times 60-\frac{500\,000}{360}\times 30\right)\times(1-20\%)\times 10\% = 8\,666.67\text{（元）}$$

增加的收账费用=80 000-60 000=20 000（元）

增加的坏账损失=36 000-20 000=16 000（元）

增量成本=8 666.67+20 000+16 000=44 666.67（元）

由于增量收益 80 000 元大于增量成本 44 666.67 元，故企业应选择 60 天期的信用期限。

(二）现金折扣

现金折扣包括两个方面的内容：一是折扣期限，即在多长时间内付款给予现金折扣；二是现金折扣率，即在折扣期内给予客户多少现金折扣。例如“2/10”的现金折扣政策表明，如果顾客在 10 天内付款，将获得货款总额 2%的现金折扣优惠。一个企业可以制定单一的现金折扣政策，也可以制定有多种折扣方式的现金折扣政策。如“3/10，2/20，N/30”的折扣政策表明：客户的信用期限为 30 天，如果客户能在 10 天之内付款，将享受整个货款 3%的折扣优惠；如果客户在 10 天以上、20 天之内付款，将享受整个货款 2%的折扣优惠；如果客户在 20 天以上、30 天之内付款将得不到任何折扣优惠；如果顾客在 30 天以后付款，则表明顾客违约，可能会受到违约处罚。

现金折扣政策的作用是双重的。首先，企业给予一定的现金折扣，能吸引客户购买，扩大企业的销售规模；其次，现金折扣率越高，越能鼓励客户尽早付款，缩短应收账款的收现期。

续例 8.4，企业决定采用 60 天期的信用期限，现初步拟订了“2/20”的现金折扣政策，估计年销售额会在目前 500 000 元的基础上提高 70%，收账费用率会在目前 12%的基础上下降 3 个百分点，坏账损失率会在目前 4%的基础上下降 1 个百分点，估计取得现金折扣的客户占 35%。根据上述资料，企业实施该方案增加的收益为：

增量收益=500 000×70%×20%=70 000（元）

增量成本：

$$\text{增加的机会成本} = \left[\frac{500\ 000\times(1+70\%)}{360}\times 60-\frac{500\ 000}{360}\times 30\right]\times 80\%\times 10\%$$

$$=8\ 000\ (\text{元})$$

减少的收账费用=500 000×12%-500 000×（1+70%）×65%×9%=10 275（元）

减少的坏账损失=500 000×4%-500 000×（1+70%）×65%×3%=3 425（元）

增量现金折扣成本=500 000×（1+70%）×35%×2%=5 950（元）

增量成本=8 000-10 275-3 425+5 950=250（元）

由于企业实施该现金折扣方案后，增量收益 70 000 元大于增量成本 250 元，净增收益=70 000-250=69 750 元，故该现金折扣方案应予实施。

案例：现金折扣

康泰公司经常性地向和美公司购买原材料，和美公司开出的付款条件为“2/10，N/30”。某天，康泰公司的财务经理王洋查阅公司关于此项业务的会计账目时惊讶地发现，会计人员对此项交易的处理方式是，一般在收到货物后 15 天支付款项。当王洋询问记账的会计人员为什么不取得现金折扣时，负责该项交易的会计不假思索地回答：“这一交易的资金成本仅为 2%，而银行贷款成本却为 12%，因此我们根本没有必要接受现金折扣。”针对这一案例对如下问题进行分析和回答：

（1）会计人员在财务概念上混淆了什么？

（2）丧失现金折扣的实际成本有多大？

（3）如果康泰公司无法获得银行贷款，而被迫使用商业信用资金（即利用推迟付款商业信用筹资方式），为降低年利息成本，你应向财务经理王洋提出何种建议？

（三）信用标准

信用标准是企业用来衡量客户是否有资格享有商业信用的基本条件，如果客户达不到本企业的信用标准，就不能享受企业按商业信用赋予的各种优惠，或只能享受较低的信用优惠。

企业在设定某一客户的信用标准时，往往先要评估它赖账的可能性。赖账可能性是通过"五 C"系统来评估的。"五 C"是指评估客户信用品质的五个方面：品质（Character）、能力（Capacity）、资本（Capital）、抵押（Collateral）和条件（Conditions）。

（1）品质。品质是指客户的信誉，即履行偿债义务的可能性。企业必须设法了解客户过去的付款记录，看其是否有按期如数付款的一贯做法，及与其他供货企业的关系是否良好。这一点经常被视为评估客户信用的首要因素。

（2）能力。能力是指客户的偿债能力，即其流动资产的数量和质量以及与流动负债的比例。客户的流动资产越多，其转换为现金支付款的能力越强。同时，企业也应该关注客户流动资产的质量，如存货过多、过时或质量下降，都会影响其变现能力和偿债能力。

（3）资本。资本是指客户的财务能力和财务状况，表明客户可能偿还债务的背景。

（4）抵押。抵押是指客户拒付款项或无力支付款项时能够用作抵押的资产。这对于不知底细或信用状况有争议的客户尤为重要。企业一旦收不到这些客户的款项，便以抵押品补偿。如果这些客户不能提供足够的抵押，企业则要慎重考虑是否对其提供信用。

（5）条件。条件是指可能影响客户付款能力的经济环境，如经济萎缩会对客户的付款产生影响等。当然这需要企业了解客户在过去困难时的付款历史。

五、应收账款的日常管理

在给予客户信用政策后，企业会采取各种措施，尽量按期收回应收账款。这些政策包括应收账款收回情况的监督、对坏账损失的事先准备和制定适当的收账政策等。

（一）应收账款收回情况的监督

企业已发生的应收账款时间长短不一，可能有的已经超过收账期，有的还没有超过。一般来讲，拖欠时间越长，款项收回的可能性越小，形成坏账损失的可能性越大。对此，企业应该实施严密的监督，随时掌握账款的收回情况。企业实施对应收账款收回情况的监督，主要是通过编制账龄分析表进行。

账龄分析表是一张能够显示企业应收账款在外天数长短的报告，如表 8.3 所示。

表 8.3　　账龄分析表　　20××年 12 年 31 日

应收账款账龄	账户数	金额（万元）	百分率（%）
信用期内	100	180	45
超过信用期			
1~10 天	200	60	15
11~20 天	50	80	20
21~30 天	40	20	5
31~60 天	20	25	6.25
61~80 天	10	20	5
81~100 天	10	5	1.25
100 天以上	5	10	2.5
合计	435	400	100

通过账龄分析表可以看出：有多少欠款在信用期内，有多少超过信用期，超过的时间是多少，各占多少比重。在表 8.3 中，有 45%的应收账款共计 180 万元在信用期内，有 55%的超过信用期，占总应收账款余额 35%的超期不到 20 天，但是还是有 15%（6.25%+5%+1.25%+2.5%）的欠款超期 30 天以上，应该值得注意。

（二）收账政策的制定

对于各种超期的应收账款，企业应该制定相应的收账政策，包括为了尽快收回超期应收账款而付出一定的成本。企业的收账政策有：对过期 1~20 天的客户，不予打扰，以免失去市场；对过期 20~30 天的客户，可措词委婉地写信催收；对过期 30~60 天的客户，要频繁地信件催收并电话催询；对超期 60 天以上的客户，可在催收时措词严厉，必要时诉诸法律或提请仲裁。

催收账款会发生费用，有些费用如诉讼费会很高。一般来说，收账费用越大，收回的可能性就越高，坏账损失的可能性就越小。因此，企业在制定催收政策时，要在收账费用和减少的坏账损失之间做出权衡。

案例：长虹事件

2004 年 12 月底，长虹发布公告称，由于计划计提大额坏账准备，该公司今年将面临重大亏损。这一消息击晕了投资者以及中国家电业。APEX 是四川长虹的最大债务人，应收账款欠款金额达到 38.38 亿元，占应收账款总额的 96.4%。据此，公司决定对该项应收账款计提坏账准备，当时预计最大计提坏账准备金额为 3.1 亿美元左右。

在长达 2 年的沉默之后，长虹与美国代理商 APEX 决裂，终于开始了追收 40 亿元人民币应收账款的法律行动。而 APEX 正是在过去 3 年中为长虹带来巨额出口、曾经亲密无间的合作伙伴。2003 年，业界就曾曝出“长虹遭诈骗”的风波。当时，长虹及 APEX 双方同声否认，但危机终于“掩无可掩”，在 2004 年年末爆发。APEX 一如既往否认所有有关“诈骗”的指控，但是，长虹此次终于把自己放到了受害者的位置上。

第四节　存货管理

企业存货占流动资产的比重较大，一般为40%~60%。存货利用程度的好坏，对企业财务状况影响极大。因此，加强存货的管理，使存货保持在最优水平上，便成为财务管理的一项重要内容。

一、存货的作用及种类

（一）存货的作用

存货是指企业在生产经营过程中为销售或为耗用而储存的各种有形资产。企业储存存货的作用主要在于：

1. 有利于销售

企业的产品，一般不是生产一件销售一件，而是要组织批量生产、批量销售才能做到经济合算。这是因为：

（1）顾客为节约采购成本和其他费用，一般要批量采购。

（2）为了达到运输上所需要的最低批量也需要组织批量发运。另外，为了应付市场上突然到来的需求，企业也应适当储存一些存货。

2. 便于组织均衡生产

在市场中，有的企业生产的产品属于季节性产品，有的企业生产的产品需求很不稳定。企业如果根据需求状况时高时低地进行生产，有时生产能力可能得不到充分利用，有时又会出现超负荷生产，这些情况都会使生产成本提高。企业为了降低生产成本，实行均衡生产，就要储备一定的产成品存货，也要相应地保持一定的原材料存货。

3. 减少损失

企业保持各种存货的保险储备，可以防止意外事件造成的损失。采购、运输、生产和销售过程中，都有可能发生意料之外的事故，企业保持必要的存货保险储备，可以避免或减少损失。

（二）存货的种类

企业的存货包括原材料、燃料、包装物、低值易耗品、委托加工材料、在产品、产成品和库存商品等。不同规模和性质的企业，其存货的表现形式存在着差异。企业存货的主要种类有：

（1）原材料，指企业在生产过程中经加工改变其形态或性质并构成产品主要实体的各种原料及主要材料、辅助材料、外购半成品（外购件）、修理用备件、包装材料、燃料等。

（2）在产品，指企业正在制造尚未完工的产品，包括正在各个生产工序加工的产品，和已加工完毕但尚未检验或已检验但还没有办理入库手续的产品。

（3）产成品，指企业已经完成全部生产过程并验收入库，可以按照合同规定的条件送交订货单位，或者可以作为商品对外销售的产品。企业接受外来原材料加工制造的代制品和为外单位加工修理的代修品，制造和修理完成验收入库后应视同企业的产成品。

（4）库存商品，指商品流通企业外购或委托加工完成验收入库用于销售的各种商品。

二、存货储存的原因及成本

（一）存货储存的原因

企业储存存货主要是基于以下方面的原因：

（1）保证生产经营的需要。企业很少能做到随时购入生产或销售所需的各种物资，即使是市场供应充足、采购计划控制十分严密的物资也是如此。

（2）优惠价格的考虑。一般来讲，企业零购物资的价格往往较高，而整批购买物资在价格上常有优惠。但是，过多的存货需要占用较多的资金和承担较多的资本成本，并且会增加包括仓储费、保险费、维护费和管理人员工资在内的各项开支。

（二）存货储备的相关成本

与储备存货有关的成本，包括取得成本、储存成本和缺货成本三种。其中，取得成本是指取得某种存货而支出的成本，包括订货成本、购置成本。

1. 订货成本

订货成本是指取得购货订单的成本，如差旅费、邮资费等费用支出。订货成本中有一部分与订货次数无关，如常设采购机构的基本开支等，为订货成本的固定成本，与决策无关。另一部分与订货次数有关，如差旅费等，为订货变动成本，用 K 表示每次订货成本。如果存货年总需求量为 D，每次进货量为 Q，则订货成本为：

$$订货成本 = \frac{D}{Q} \times K \qquad (8.4)$$

2. 购置成本

购置成本是指存货本身的价值，一般用数量与单价的乘积来确定。如果存货年需要量用 D 表示，单价用 U 表示，则购货成本为 $D \times U$。如果企业在存货购置上得不到数量上的价格优惠，那么存货购置成本是与订货批量不相关的无关成本。

3. 储存成本

储存成本是指保持存货状态而发生的成本，包括存货占用资金的应计利息、仓库保管费用、存货破损变质损失等。储存成本中，有一部分如仓库折旧、仓库职工工资等与存货数量无关，是固定成本，与决策无关。另一部分则是变动成本，与存货数量有关，如存货占用资金的应计利息、仓库保管费用、存货破损变质损失等。与每件存货相关的单位储存成本用 K_C 表示，则：

$$储存成本 = \frac{Q}{2} \times K_C \qquad (8.5)$$

4. 缺货成本

缺货成本是指存货供应中断而造成的损失，包括材料供应中断造成的停工损失、产成品库存缺货造成的拖欠发货损失和丧失销售机会的损失。如果生产企业以紧急采购代用材料解决库存材料中断之急，那么缺货成本还包括紧急额外购入成本，即紧急额外购入的开支大于正常采购的开支。缺货成本用 TC_S 表示。

如果用 TC 表示储存存货的总成本，则：

$$TC = \frac{D}{Q} \times K + D \times U + \frac{Q}{2} \times K_C + TC_S \tag{8.6}$$

存货管理的目标就是使 TC 最小化。

三、存货管理目标

由于存货经常处于不断销售和重置或者消耗和重置之中，具有鲜明的流动性。因此，存货是流动资产的一个极其重要的组成部分。

适量的存货是企业生产经营活动所必需的，然而，企业过多地储存存货不仅会增加企业资金占用，也会增加包括仓储费、保险费、维护费、管理人员工资在内的各项开支。存货占用资金是有成本的，占用过多会使利息支出增加并导致利润的减少；各项开支的增加更会直接导致成本的增加。因此，企业进行存货管理，就是要尽力对各种存货的成本与效益进行权衡，达到两者的最佳结合，这也是存货管理的目标。

四、存货决策

存货决策涉及四项内容：决定进货项目、选择供货单位、决定进货时间和决定进货批量。其中，决定进货项目和选择供货单位是企业销售部门、生产部门和采购部门的职责。财务部门的职责是决定进货时间和决定进货批量。

（一）经济订货批量基本模型

存货管理的优化，是要使存货总成本 TC 值最小。为此，企业需要通过确定合理的进货批量和进货时间，使存货的总成本最低。能使存货相关总成本最低的订货批量，称为经济订货批量。

经济订货批量的基本模型有下列假设条件：

（1）企业能够及时补充存货，即需要订货时便可立即取得存货；

（2）集中到货，而不是陆续入库；

（3）不允许缺货，即无缺货成本；

（4）需求量稳定，即 D 为已知常量；

（5）存货单价不变，不考虑现金折扣，即 U 为已知常量。

根据上述假设，存货总成本的公式为：

$$TC = \frac{D}{Q} \times K + \frac{Q}{2} \times K_C \tag{8.7}$$

以 Q 为自变量，当 TC 的一阶导数为零时，TC 取得极小值，此时：

$$\text{经济订货批量} = Q^* = \sqrt{\frac{2KD}{K_C}} \tag{8.8}$$

$$\text{最佳订货次数} = N^* = \frac{D}{Q^*} \tag{8.9}$$

$$\text{与批量有关的存货总成本} = TC_{Q^*} = \sqrt{2KDK_C} \tag{8.10}$$

$$\text{最佳订货周期} = t^* = \frac{1}{N^*} = \sqrt{\frac{2K}{DK_C}} \tag{8.11}$$

$$\text{经济订货量资金占用额} = I^* = \frac{Q^*}{2} \times U \tag{8.12}$$

[例 8.5] 某企业每年耗用 A 种材料 6 400 千克，该材料单位成本为 20 元，单位存储成本为 2 元，一次订货成本为 25 元。则：

$$经济订货批量 = Q^* = \sqrt{\frac{2KD}{K_C}} = \sqrt{\frac{2 \times 6\,400 \times 25}{2}} = 400(千克)$$

$$最佳订货次数 = N^* = \frac{D}{Q^*} = \frac{6\,400}{400} = 16(次)$$

$$与批量有关的存货总成本 = TC_{Q^*} = \sqrt{2KDK_C} = \sqrt{2 \times 6\,400 \times 25 \times 2} = 800(元)$$

$$最佳订货周期 = t^* = \frac{1}{N^*} = \frac{1}{16}(年)$$

$$经济订货量资金占用额 = I^* = \frac{Q^*}{2} \times U = \frac{400}{2} \times 20 = 4\,000(元)$$

（二）基本模型的扩展

经济订货批量模型是在前述各假设条件下建立的，但是现实生活很难都满足这些条件，为使模型更接近于实际情况，就必须放宽部分假设条件，从而改进模型。

1. 订货提前期

一般情况下，企业的存货不能做到随用随时补充，不能等存货耗用完毕再去订货，而需要提前订货。在提前订货的情况下，企业发出订货单时尚有存货的库存量，称为再订货点，用 R 表示，它等于交货时间（L）和每日平均需用量（d）的乘积：

$$R = L \times \mathrm{d} \tag{8.13}$$

[例 8.6] 企业对某材料的日需要量为 20 千克，该材料从订货日到到货日的时间为 5 天，计算再订货点。

$$R = L \times \mathrm{d} = 20 \times 5 = 100(千克) \tag{8.13}$$

即企业在库存只有 100 千克时就需要再次订货，等到下批货到达企业时库存的该材料正好用完。此时，有关存货的每次订货批量、订货次数、订货间隔时间等并无变化，与瞬时补充时相同。订货提前期的情形如图 8.5 所示。这就是说，订货提前期并不影响经济批量，只不过企业在到达再订货点时就要发出订货单，而不是等到库存用完时再发。

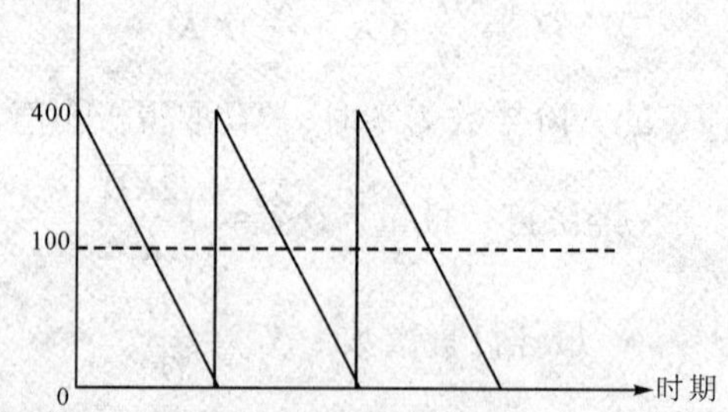

图 8.5　再订货点示意图

2. 存货陆续供应和使用

经济批量模型假设存货一次全部入库，故存货增加时存量变化为一条垂直的直线。事实上，各批存货可能陆续入库，使存量陆续增加，尤其是在产品转移，几乎总是陆续供应和陆续耗用的情况下，我们需要对基本模型做一些修改。

设存货每批订货量为 Q，每日送货量为 P，故该批订货全部送达所需日数为 Q/P，称为送货期。设存货每日耗用量为 d，在送货期内的全部耗用量为 $\frac{Q}{P}\times d$。由于存货边送边用，所以当每批存货全部送达完毕时：

$$最高库存量=Q-\frac{Q}{P}\times d \tag{8.14}$$

$$平均库存量=\frac{1}{2}(Q-\frac{Q}{P}\times d)=\frac{Q}{2}(1-\frac{d}{p}) \tag{8.15}$$

这样，订货批量的相关总成本为：

$$TC=\frac{D}{Q}\times K+\frac{Q}{2}(1-\frac{d}{p})K_C \tag{8.16}$$

则经济订货量为：

$$Q^*=\sqrt{\frac{2KD}{K_C(1-\frac{d}{p})}} \tag{8.17}$$

此时的经济订货总成本为：

$$TC=\sqrt{2KDK_C(1-\frac{d}{p})} \tag{8.18}$$

[例 8.7] 企业对某标准零件年需要量为 3 600 件，每日送货量为 40 件，零件单价为 20 元，一次订货成本为 30 元，单位变动储存成本为 2 元。问经济订货量和经济订货总成本是多少？

经济订货量：

$$Q^*=\sqrt{\frac{2\times 30\times 3\ 600}{2\times(1-\frac{10}{40})}}=380(件)$$

经济订货总成本：

$$TC=\sqrt{2\times 30\times 3\ 600\times 2\times(1-\frac{10}{40})}=569.21(元)$$

3. 保险储备

经济订货批量基本模型假定存货的供需稳定且确知，即每日需求量不变，交货时间也固定不变。实际上，每日需求量可能变化，交货时间也可能变化。企业按照某一订货批量和再订货点发出订单后，如果需求增大或送货延迟，就会发生缺货或供货中断。企业需要多储备一些存货，以防止缺货损失，这称为保险储备。

企业建立保险储备，固然可以避免缺货或供应中断造成的损失，但会增加储备成本。保险储备管理的目的，是要找出合理的保险储备量，使缺货损失和储备成本之和达到最小。

设缺货成本为 TC_s，保险储备成本为 TC_b，则相关总成本为：

$$TC=TC_s+TC_b$$

设单位缺货成本为 K_u，单次订货的缺货量为 S，年订货次数为 N，保险储备量为

B，单位储存成本为 K_c，则：

$$TC_s = K_u \times S \times N$$
$$TC_b = B \times K_C \tag{8.19}$$
$$TC = K_u \times S \times N + B \times K_c$$

现实中，缺货量 S 具有概率性，其概率可根据历史经验估计得出。保险储备量 B 可依选择而定。

［例 8.8］假定某存货的年需要量为 3 600 件，单位储存成本为 2 元，单位缺货成本为 5 元，交货时间为 10 天，其经济订货量为 300 件。交货期内的存货需要量及其概率分布见表 8.4。

表 8.4　存货需要量及其概率

需要量	70	80	90	100	110	120	130
概率	0.01	0.09	0.15	0.50	0.15	0.09	0.01

试计算保险储备量。

先计算每年订货次数和不考虑保险储备时的再订货点：

由于经济批量为 300 件，因此，每年订货次数为 3 600÷300＝12 次，再订货点为 10×（3 600÷360）＝100 件。

再计算不同保险储备量的总成本：

（1）不设保险储备量时的总成本

即 B＝0，由于再订货点为 100+0＝100 件，因此：当需要量为 100 件以下时，都不会发生缺货，其概率为 0.75（0.01+0.09+0.15+0.50）；当需要量为 110 件时，缺货 10 件，概率为 0.15；当需要量为 120 件时，缺货 20 件，概率为 0.09；当需要量为 130 件时，缺货 30 件，概率为 0.01。

因此，B＝0 时缺货的期望值 S_0、总成本 TC（S，B）计算如下：

$$S_0 = 10\times0.15+20\times0.09+30\times0.01 = 3.6\text{（件）}$$
$$TC(S, B) = K_u \times S \times N + B \times K_c = 5\times3.6\times12+0\times2 = 216\text{（元）}$$

（2）保险储备量为 10 件的总成本

即 B＝10，由于再订货点为 100+10＝110 件，因此：当需要量为 110 件以下时，都不会发生缺货，其概率为 0.90（0.01+0.09+0.15+0.50+0.15）；当需要量为 120 件时，缺货 10 件，概率为 0.09；当需要量为 130 件时，缺货 20 件，概率为 0.01。

因此，B＝10 时缺货的期望值 S_{10}、总成本 TC（S，B）计算如下：

$$S_{10} = 10\times0.09+20\times0.01 = 1.1\text{（件）}$$
$$TC(S, B) = K_u \times S \times N + B \times K_c = 5\times1.1\times12+10\times2 = 86\text{（元）}$$

（3）保险储备量为 20 件时的总成本

即 B＝20，由于再订货点为 100+20＝120 件，因此：当需要量为 120 件以下时，都不会发生缺货，其概率为 0.99（0.01+0.09+0.15+0.50+0.15+0.09）；当需要量为 130 件时，缺货 10 件，概率为 0.01。

因此，B＝20 时缺货的期望值 S_{20}、总成本 TC（S，B）计算如下：

$$S_{10} = 10\times0.01 = 0.1\text{（件）}$$
$$TC(S, B) = K_u \times S \times N + B \times K_c = 5\times0.1\times12+20\times2 = 46\text{（元）}$$

（4）保险储备量为 30 件时的总成本

即 $B=30$，由于再订货点为 100+30=130 件，此时可以满足最大的需要量，不会发生缺货，因此：

$$S_{30}=0\text{（件）}$$

$$TC(S,B)=K_u\times S\times N+B\times K_c=5\times0\times12+30\times2=60\text{（元）}$$

最后，比较上述不同保险储备量时的总成本，发现 B=20 件时的总成本为 46 元，为最低，因此应该确定保险储备量为 20 件，即再订货点为 120 件。

在延期交货的情况下，再订货点的确定可以依照保险储备量的方法来确定。如例 8.8，如果企业延迟 3 天到货的概率为 0.01，则可以认为缺货 30 件（3×10）或者交货期内需求量为 130 件（10×10+30）的概率为 0.01。这样就把交货延迟问题转换为需求过量问题了。

五、存货控制

存货控制是指在日常生产经营过程中，企业按照存货计划的要求，对存货的使用和周转情况进行的组织、调节和监督。

（一）存货的归口分级管理

存货的归口分级控制，是加强存货日常管理的一种重要方法，主要内容包括三个方面：

1. 实行资金的统一管理

企业必须加强存货资金的集中统一管理，促进供、产、销过程相互协调，实现资金使用的综合平衡，加速资金周转。这一职能一般由企业的财务部门承担。财务部门的统一管理主要包括如下几方面的工作：

（1）根据国家财务制度和企业具体情况制定企业资金管理的各种制度。

（2）认真测算各种资金占用数额，汇总编制存货资金计划。

（3）把有关计划指标进行分解，落实到有关单位和个人。

（4）对各单位的资金使用情况进行检查和分析，统一考核资金的使用情况。

2. 实行资金的归口管理

根据资金使用和资金管理相结合，物资管理和资金管理相结合的原则，每项资金由哪个部门使用，就归哪个部门管理。各项资金归口管理的分工一般如下：

（1）原材料、燃料、包装物等占用的资金归供应部门管理。

（2）在产品和自制半成品占用的资金归生产部门管理。

（3）产成品资金归销售部门管理。

（4）工具用具占用的资金归工具部门管理。

（5）修理用备件占用的资金归设备动力部门管理。

3. 实行资金的分级管理

各归口管理部门要根据具体情况将资金计划指标进行分解，分配给所属单位或个人，层层落实，实行分级管理。具体分解过程可按如下方式进行：

（1）原材料资金计划指标可分配给供应计划、材料采购、仓库保管、整理准备各业务组管理。

（2）在产品资金计划指标可分配给各车间、半成品库管理。

（3）成品资金计划指标可分配给销售、仓库保管、成品发运各业务组管理。

（二）ABC 分类管理

存货 ABC 分类管理是意大利经济学家巴雷特于 19 世纪首创的，是一种实际应用较多的方法。经过不断发展和完善，ABC 分类管理法已广泛用于存货管理、成本管理和生产管理。

所谓 ABC 分类管理就是按照一定的标准，根据重要性程度将公司存货划分为 A、B、C 三类，分别实行按品种重点管理、按类别一般控制和按总额灵活掌握的存货管理方法。公司进行存货分类的标准主要有两个：金额标准和品种数量标准，其中金额标准是基本的，品种数量标准仅供参考。这样通过对存货进行分类，可以使公司分清主次，采取相应的对策进行经济有效的管理、控制。

公司运用 ABC 分类管理法一般有如下几个步骤：

（1）计算每一种存货在一定时间内（一般为一年）的资金占用额。

（2）计算每一种存货资金占用额占全部资金占用额的百分比，并按大小顺序排列，编成表格。

（3）根据事先确定好的标准，把最重要的存货划分为 A 类，把一般存货划分为 B 类，把不重要的存货划分为 C 类，并用图表表示出来。

（4）对 A 类存货进行重点规划和控制，对 B 类存货进行次重点管理，对 C 类存货进行一般管理。

一般而言，A 类存货的品种、数量约占全部存货的 10%，资金约占存货总金额的 70%；B 类存货的品种、数量约占全部存货的 20%～30%，资金约占存货总金额的 20%；C 类存货的品种、数量约占全部存货的 60%～70%，资金约占存货总金额的 10%。

案例：戴尔的零库存管理

戴尔公司在物料采购上没有投入，不花力气，而是采用第三方物流模式，即二级供应者管理库存（VMI）。戴尔先是和一级供应商，即零部件制造商签订合同，要求每个一级供应商都必须按照自己的生产计划，将 8~10 天的用量物料放在由第三方物流企业管理的仓库。戴尔确认客户订单后，系统会自动生成一个采购订单传递给伯灵顿（即第三方物流企业），伯灵顿在 90 分钟内迅速将零部件运送到戴尔的装配厂（戴尔称之为客户服务中心），最后供应商根据伯灵顿的送货单与戴尔结账。

由于戴尔生产的是定制产品，每一台计算机的规格要求不尽相同，因而对不同零部件和组装方式的弹性要求很高。因此，戴尔必须选择与此相匹配的装配生产方式和物流运作方式。戴尔的客户订单确立后，系统在传递物料采购信息的同时，会迅速将顾客订单安排到具体的生产线上。零部件通过第三方物流企业的车厢卸到戴尔的客户服务中心之后，经过以下四个步骤完成生产运作和生产物流的过程：一是配料，即工人根据客户下的订单连同规格要求组配好各种零件放入一个盒子中，然后送给具体的生产线；二是组装生产，即每个生产线上的组装工人根据规格要求从盒子中取出零件进行装配，一个人完成整机的装配工作；三是测试，即专有软件对装配好的整机进行自动检测，如果发现问题，立即返回到组装生产线上修正；四是包装，即工作人员对检测合格的整机进行包装，包装好后从生产线上下来，再运送到特定区域分区配送。

从整个生产物流来看，零部件从送进戴尔的客户服务中心到产成品运出，通常只需要4~6小时。

由于自营物流具有分散资源、送货不经济、物流成本增加等缺陷，戴尔的销售物流也是采用外包形式。目前在全球承担戴尔销售物流的有联邦快递、伯灵顿和敦豪等企业，这些第三方物流企业早在戴尔的客户订单确立时，就已通过网络告知货物流向要求，提前制订配送计划、运输路线、车辆调度等，使戴尔的产品可以立即送往客户处。从整个的销售物流来看，戴尔通过第三方物流企业，省掉了产品库存环节，极大缩短了产品送到客户的时间，降低了物流的库存成本。

课后思考与练习

一、思考题

1. 企业进行现金预算有何重要意义？成本分析模式、存货模式和随机模式确定最佳现金持有量时各有什么特点？

2. 短期有价证券对企业有何重要意义？企业在进行短期证券投资管理时应该遵循哪些原则？

3. 什么是信用政策？在什么情况下，现行信用政策是值得改变的？

4. 在存货决策中，应当考虑哪些相关成本？这些成本有何特点？

二、计算题

1. 成都市某公司有价证券的日利率为0.08%，其转换成本为每次80元，该公司认为在任何情况下的现金余额都不能低于50 000元，依据历史数据测试出的现金余额波动的标准离差为6 000元。计算该公司最佳现金持有量及现金控制上限。

2. 某公司预计全年（按360天算）现金需要量为250 000元，现金和有价证券的转化成本为每次500元，有价证券年利率为10%。要求：

（1）利用存货模式计算最佳现金持有量。

（2）计算最佳现金持有量下的全年现金转换成本和全年现金持有机会成本。

（3）计算最佳现金持有量下的全年有价证券交易次数和有价证券交易间隔期。

3. A企业是一个商业企业，由于目前的信用政策过于严厉，不利于扩大销售，而且收账费用较高，正研究是否需要修改现行的信用政策甲方案，同时有另一个备选方案乙方案，相关数据如表8.5所示：

表8.5　　甲、乙方案的相关数据

项目名称	甲方案	乙方案
年销售额（万元/年）	1 200	1 600
信用条件	N/60	N/90
收账费用（万元/年）	38	22
平均收账期	50	80
坏账损失率	2%	2.5%

已知该公司变动成本率为80%，应收账款投资要求的最低报酬率为15%。请通过计算分析回答，是否应该改变现行的信用政策？为什么？

4. ××公司是一家制造类企业，产品的变动成本率为60%，一直采用赊销方式销售产品，信用条件为N/60。如果继续采用N/60的信用条件，预计20××年的收入净额为1 000万元，坏账损失为20万元，收账费用为12万元。为扩大产品的销售量，××公司拟将信用条件变更为N/90。在其他条件不变的情况下，预计20××年赊销收入净额为1 100万元，坏账损失为25万元，收账费用为15万元。假定等风险投资最低报酬率为10%，一年按360天计算，所有客户均于信用期满付款。要求：

（1）计算信用条件改变后××公司收益的增加额。

（2）计算信用条件改变后××公司应收账款成本的增加额。

（3）××公司是否应做出改变信用条件的决策？并说明理由。

5. 某企业生产中使用的A标准件既可自制也可外购。若自制，单位成本为6元，每次生产准备成本为500元，日产量为40件；若外购，购入价格是单位自制成本的1.5倍，一次订货成本为20元。A标准件全年共需耗用7 200件，储存变动成本为标准件价值的10%，假设一年有360天。要求：

（1）计算自制存货条件下的经济订货批量和与订货批量相关的总成本。

（2）计算外购存货条件下的经济订货批量和与订货批量相关的总成本。

（3）企业应自制还是外购A标准件？

6. 某公司是一家冰箱生产公司，全年需要压缩机360 000台，均衡耗用。全年生产时间为360天，每次的订货费用为160元，每台压缩机的单位储存成本为80元。根据经验，压缩机从发出订单到进入可使用的状态一般需要5天，保险储备量为2 000台。要求：

（1）计算经济订货批量。

（2）计算全年最佳订货次数。

（3）计算最低存货相关成本。

（4）计算再订货点。

第九章　内部长期投资管理

学习目标

要求学生通过本章学习，了解内部长期投资的主要种类及其特点，熟悉内部长期投资管理的内容和方法，掌握现金流量及其计算。

本章内容

项目投资：项目投资概述，现金流量及其计算，项目投资决策；固定资产管理：固定资产管理概述，固定资产折旧管理，在建工程管理；无形资产管理：无形资产的分类和计价，无形资产投资，无形资产日常管理。

第一节　项目投资

一、项目投资概述

（一）项目投资的含义

项目投资又叫直接投资，它是企业在一定的时间里和预算规定的范围内，为达到既定质量水平而完成某项特定任务的长期投资活动。项目投资是企业不可缺少的经济活动，对企业的生存和发展有着十分重要的意义。

（1）项目投资是企业开展正常生产经营活动的物质前提。如制造企业的主要任务是生产产品，因此就必须拥有产房、机器、设备等固定资产，而这些资产的获得都是项目投资的结果。

（2）项目投资是企业扩大再生产的基本途径。企业要增加收益，提高企业价值，就必须扩大生产，增加投资，对产品和生产工艺进行改造，或者用更先进的设备更新旧设备或进行基本建设以扩大再生产规模。

（3）项目投资可以优化企业生产结构。企业进行的项目投资工程，实际上是一个优胜劣汰的过程，即企业在进行投资时是有针对性地确定该上哪个项目，不该上哪个项目，以加强和扶持某些部门的生产，削弱和抑制另一些部门的生产，以形成合理的生产结构，提高企业的经济效益。

（4）项目投资可以增强企业市场竞争能力。如企业通过提高产品质量、降低产品成本、增加花色品种、开发新产品来提高企业的市场竞争能力。

（5）项目投资可以降低企业风险。首先，企业可以对市场经营的关键环节和薄弱环节进行项目投资，以使企业的各种生产经营能力得以配套和平衡，降低企业的经营风险，提高企业的整体实力。其次，现代企业通常把资金进行多元化投资，以降低企业的经营风险。

（二）项目投资的类型

项目投资主要有三种类型，包括单纯固定资产投资、完整工业项目投资和固定资产更新改造投资。

（1）单纯固定资产投资，是指只涉及固定资产投资，而不涉及无形资产、其他资产和流动资产的投资建设项目。它以新增生产能力、提高生产效率为特征。

（2）完整工业项目投资，简称新建项目投资，是以新增工业生产能力为主的项目投资，其投资内容不仅包括固定资产投资，而且包括配套的流动资产投资。

（3）固定资产更新改造投资，包括恢复固定资产生产效率的更新项目和改善企业经营条件的改造项目的投资。

（三）项目投资的特点

项目投资具有整体性、一次性和约束性的特点。

（1）整体性，是指一个项目投资既是一项任务整体，又是一项管理整体，自成体系，不能分割。如新建一座工厂，改造厂房，增加一条生产线，更新一台设备，建造一条道路、大坝或输油管道等，各自都是一项独立、整体的工程。

（2）一次性，是指项目投资因受到时间、地点、技术经济和环境等条件的制约，只能单项决策、单项设计、单项施工，而不能成批生产、重复作业。

（3）约束性，是指项目投资受到期限、费用、质量和功能等条件的限制，它要在预定的期限里、规定的限额内和一定的质量标准下完成。

（四）项目投资的程序

从财务管理角度看，项目投资的决策程序，一般有以下步骤：

第一，估算投资方案的预期现金流量；

第二，估计预期现金流量的风险；

第三，确定贴现率；

第四，确定投资方案的现金流量的现值；

第五，通过对流入的现值和流出的现值进行比较，决定接受或者拒绝投资方案。

（五）项目投资的相关概念

1. 项目计算期

项目计算期，是指投资项目从建设期到最终清算结束的整个过程的全部时间，包括建设期和运营期。建设期是指项目资金正式投入到项目建成投产为止所需的时间。建设期的第一年为建设的起点，建设期的最后一年为投产日。项目计算期的最后一年称为终结点。从投产日到终结点之间的时间间隔为运营期。

2. 项目投资额

项目投资额涉及原始投资额和项目总投资额两个概念。原始投资额是企业为使投资项目完全达到设计生产能力，开展正常经营而投入的全部现实资金，包括建设投资和流动资产投资。建设投资是指企业在建设期内按照一定生产规模和建设内容进行的投资，由固定资产投资、无形资产投资和其他投资组成。流动资金投资是项目投产以后分次或者一次投放在流动资产的投资增加额，又称为垫付的流动资金。

项目总投资是反映项目投资总体规模的价值指标，等于原始投资额与资本化利息之和。

3. 项目资金投入方式

项目资金的投入方式通常有两种，即一次性投入和分次投入。一次性投入是投资行为集中一次发生在项目计算期的第一个年度的年初。分次投入是投资行为在两个或两个以上年度或同一年度但分别在年初和年末进行。

二、现金流量及其计算

（一）现金流量的含义

财务管理中一般用现金流量指标来进行投资决策。现金流量是指一个项目引起的企业现金流出和现金流入的数量。这里的“现金”指广义的现金，不仅包括各种货币资金，而且包括项目需要投入的企业拥有的非货币资源的变现价值（或重置成本）。例如，一个项目需要使用原有的厂房、设备和材料等，与之相关的现金流量是指它们的变现价值，而不是其账面价值。

财务管理中的现金流量，与财务会计所使用的现金流量相比，无论是具体构成内容还是计算口径都存在较大差异。财务会计中的现金流量，是指在期末编制的现金流量表，即已经发生的现金流入和现金流出，包括经营活动产生的现金净流量、筹资活动产生的现金净流量和投资活动产生的现金净流量。而财务管理所使用的现金流量，是指项目预计产生的现金流出量和现金流入量，是未来可能发生的。

财务管理以现金流量作为项目投资决策的重要价值指标，主要出于以下考虑：

（1）现金流量具有时间性，有利于体现货币的时间价值。企业采用现金流量更有利于科学地考虑投资资金的时间价值因素。科学的投资决策必须考虑资金的时间价值，这就要求企业在决策时一定要考虑每笔预期现金流入和现金流出的具体时间，因为不同时间的现金流入和现金流出具有不同的价值。而会计净利润的计算，并不考虑资金收付的时间，它是以权责发生制为基础计算的。所以，企业在衡量方案的优劣时，应根据各投资项目在寿命周期内各年的现金流量为基础，按照一定的资本成本折算为净现金流量现值或终值，作为决策依据。

（2）在整个投资的有效期限内，利润总计与现金净流量的总计数是相等的，所以，净现金流量可以取代利润来作为评价净收益的指标。从长期来看，现金净流量与会计净利润总额相等。

（3）在企业经营与投资分析中，现金流动状况有时比盈亏状况更为重要。有利润的年份不一定能产生多余的现金来进行其他项目的再投资。一个项目能否维持长久，不取决于在一定期间内是否有盈利，而取决于是否有现金用于各种支付。

（4）从计量的角度来说，会计净利润在各年的分布受到一定的人为因素的影响，会计政策选择没有完全统一的标准，具有一定的不科学性和不客观性。而现金流量的分布则不受这些人为因素的影响。企业运用现金流量进行项目的评价可以保证评价结果的客观性。

（二）现金流量的内容

不同项目其现金流量内容是不同的。

1. 完整工业投资项目的现金流量

（1）现金流入量

营业收入，指项目投产后每年实现的全部销售收入或业务收入，它是经营期主要的现金流入量项目。

回收固定资产余值，指投资项目的固定资产在终结点报废清理或中途变价转让处理时所回收的价值。现行会计制度规定，固定资产的净残值一般为其原始价值的 3%~5%。

回收流动资金，主要是指新建项目在项目计算期完全终止时（终结点），因不再发生新的替代投资而回收的原垫付的全部流动资金投资额。

其他现金流入量，指以上三项指标以外的现金流入量项目。

（2）现金流出量

①建设投资。建设投资是企业按一定生产经营规模和建设内容进行的投资。这是现金流出最主要的部分。建设投资主要由工程费用、工程建设其他费用以及预备费用构成。工程费用是指用于项目各种工程建设的投资费用，包括土地工程费用、设备购置费用以及安装工程费用等。工程建设其他费用是指从工程开工到工程竣工验收交付使用为止的整个建设期内，除了建筑安装工程费用和设备、器具购置费用以外，为保证工程建设顺利完成和交付使用后能够正常发挥效用而发生的各项费用之和，一般包括勘测设计费、研究试验费、临时设施费、工程监理费、工程保险费、办公费、试运转费以及施工机构迁移费等。预备费用包括基本预备费用和涨价预备费用。其中，基本预备费用是指为弥补项目规划设计中难以预料而在项目实施中可能增加工程量的费用；涨价预备费用是指在建设期内由于物价上涨而增加的项目投资费用。建设投资形成的现金流出可能是一次性支出，也可能分几次支出。

②流动资金投资。新建项目投资扩大了企业的生产能力，引起对流动资产（货币资金、应收账款、存货等）需求的增加。

③投资的机会成本。投资的机会成本，是指若投资项目不占用企业现有的资产，则这些资产用于其他途径所能产生的现金净流量。这类投资的机会成本，虽未付出现金，却使企业减少了现金流入，在现金流量计算时应视同现金流出。

④付现成本。付现成本，是指在经营期内为满足正常生产经营而动用现实货币资金支付的成本费用，扣除折旧费用后的余额。

⑤各项税款。在项目投产后进入经营期，随着营业收入的增加，企业将依法缴纳各项税款，包括营业税、所得税等，这也是企业的一项现金流出。

⑥其他现金流出。其他现金流出，指不包括在以上内容中的现金流出项目（如营业外净支出等）。

2. 单纯固定资产投资项目的现金流量

（1）现金流入量

增加的营业收入，指固定资产投入使用后每年增加的全部销售收入或业务收入。

回收固定资产残值，指该固定资产在终结点报废清理时所回收的价值。

（2）现金流出量

①固定资产投资。

②新增经营成本。新增经营成本是指该固定资产投入使用后每年增加的付现成本。

③增加的各项税款。增加的各项税款是指该固定资产投入使用后，因收入的增加

而增加的营业税、因应纳税所得额增加而增加的所得税等。

3. 固定资产更新改造投资项目的现金流量

（1）现金流入量

①因使用新固定资产而增加的营业收入。

②处置旧固定资产的变现净收入。它是指在更新改造时因处置旧设备、厂房等而发生的变价收入与清理费用之差。

③新旧固定资产回收残值的差额。它是指按旧固定资产原定报废年份计算的，新固定资产当时残值大于旧固定资产设定残值形成的差额。

（2）现金流出量

①购置新固定资产的投资。

②因使用新固定资产而增加的付现成本（节约的付现成本用负值表示）。

③因使用新固定资产而增加的流动资金投资（节约的流动资金用负值表示）。

④增加的各项税款。增加的各项税款指更新改造项目投入使用后，因收入增加而增加的营业税、因应纳税所得额增加而增加的所得税等。

估计投资方案所需的资本支出，以及该方案每年能产生的现金净流量，会涉及很多变量，并且需要公司有关部门的参与。销售部门负责预测售价和销量，涉及产品价格弹性、广告效果、竞争者动向等；产品开发和技术部门负责估计投资方案的资本支出，涉及研制费用、设备购置、厂房建筑等；生产和成本部门负责估计制造成本，涉及原材料采购价格、生产工艺安排、产品成本等。

财务部门为销售、生产等部门的预测建立共同的假设条件，如贴现率、物价水平、可供资源的限制条件等；协调参与预测工作的各部门人员，使之能相互衔接与配合；防止预测者因个人偏好或部门利益而高估或低估收入和成本。

（三）现金流量的估算

1. 现金流入量的估算

（1）营业现金流入量的估算。营业现金流入量按项目在经营期内有关产品（产出物）的各年预计单价（不含增值税）和预测销售量进行估算。在按总价法核算的情况下，营业收入是指不包括现金折扣和销售折让的净额。

此外，由于竞争的存在，当期的营业收入除了现销以外，还存在赊销。因此，本期现金流入量应按现销收入额与回收以前应收账款的合计数确认。不过，为了简化核算，我们假定正常经营年度内每期发生的赊销额与回收的应收账款大体相等，也可以用当期的产品销售收入代替当期的营业现金流入。

（2）回收固定资产残值的估算。假设主要固定资产的折旧年限等于生产经营期，因此，对于建设项目来说，只要按主要固定资产的原值乘以其法定残值率，即可估算出在终结点发生的回收固定资产余值。在生产经营期内提前回收的固定资产残值，可根据其预计净残值估算。对于更新改造项目，往往需要估算两次：第一次估算在建设起点发生的回收残值，即根据提前变卖的旧设备可变现净值来确认；第二次仿照建设项目的办法估算在终结点发生的回收残值（即新设备的净残值）。

（3）回收流动资金的估算。假定在经营期不发生提前回收流动资金，则在终结点一次回收的流动资金应等于初始点投资的流动资金。

2. 现金流出量的估算

（1）建设投资的估算。建设投资的估算主要根据项目规模和投资计划所确定的各项建筑工程费用、设备购置成本、安装工程费用和其他费用来估算。

对于无形资产投资和开办费，应根据需要和可能，逐项按有关的资产评估方法和计价标准进行估算，这里暂不介绍。

固定资产投资与固定资产原值的数量关系如下：

固定资产原值=固定资产投资+资本化利息

上式中的资本化利息是指在建设期发生的全部借款利息，可根据建设期长期借款本金、建设期和借款利息率按复利方法计算。

（2）流动资金投资的估算。企业首先应根据与项目有关的经营期每年流动资产需用额和该年流动负债需用额的差来确定本年流动资金需用额，然后用本年流动资金需用额减去截至上年年末的流动资金占用额（即以前年度已经投入的流动资金累计数）确定本年的流动资金增加额。一般来说，这项投资行为发生在建设期末，即生产经营期初。

（3）经营成本的估算。经营成本的估算主要是付现成本的估算，它是当年的总成本费用（含期间费用）扣除该年折旧额、无形资产和开办费的摊销额，以及财务费用中的利息支出等项目后的差额。因为总成本费用中包含了一部分非现金流出的内容，这些项目大多与固定资产、无形资产和开办费等长期资产的价值转移有关，不需要动用现实货币资金；而从企业主体（全部投资）的角度看，支付给债权人的利息与支付给所有者的利润的性质是相同的，两者都不作为现金流出量的内容。

项目每年总成本费用可在经营期内一个标准年份的正常产销量和预计消耗水平的基础上进行测算；年折旧额、年摊销额可根据本项目的固定资产原值、无形资产和开办费投资，以及这些项目的折旧或摊销年限进行估算。

（4）各项税款的估算。企业在进行新建项目投资决策时，通常只估算所得税；对更新改造项目还需要估算因变卖固定资产发生的营业税。

3. 现金流量的计算

根据以上的分析，我们不难推导现金流量的计算公式：

现金流入量=∑年营业现金流入+回收固定资产残值+回收流动资金
=∑（年营业收入-年付现成本）+回收固定资产残值+回收流动资金
=∑［年营业收入-（年产品制造成本+年营业税金及附加+年营业费用+年管理费用+年财务费用）］×（1-所得税税率）+各年折旧、摊销+回收固定资产残值+回收流动资金
=∑年营业利润×（1-所得税税率）+各年折旧、摊销+回收固定资产残值+回收流动资金

现金流出量=固定资产投资+无形资产投资+递延资产投资+流动资产投资

净现金流量=现金流入量-现金流出量

4. 估算现金流量应注意的问题

企业在估算现金流量时，为防止多算或漏算有关内容，需要注意以下几个问题：

（1）必须考虑增量现金流量

所谓增量现金流量，是指接受或拒绝某个投资方案后，企业总现金流量因此发生的变动。只有那些由于采纳某个项目引起的现金支出增加额，才是该项目的现金流出；

只有那些由于采纳某个项目引起的现金流入增加额，才是该项目的现金流入。

（2）区分相关成本和非相关成本

相关成本是指与特定决策有关的、在分析评价时必须加以考虑的成本。例如，差额成本、未来成本、重置成本、机会成本等都属于相关成本。与此相反，与特定决策无关的、在分析评价时不必加以考虑的成本是非相关成本。例如，沉没成本、过去成本、账面成本等往往是非相关成本。

（3）充分关注机会成本

机会成本是指在决策中因选择某个方案而放弃其他方案所丧失的潜在收益。机会成本并不是我们通常意义上的“成本”，它不是一种支出或费用，而是失去的收益。这种收益不是实际发生的，而是潜在的。尽管放弃的收益不构成企业真正的现金流出，也无须作为账面成本，但是必须作为选中的项目的成本来加以考虑，否则就不能正确判断一个项目的优劣。

（4）考虑投资方案对企业其他部门的影响

当我们采纳一个新项目后，该项目可能对企业的其他部门造成有利或不利的影响。企业在进行投资决策时也必须将这些影响视为项目的成本或收入，否则也不能正确评价项目对企业整体产生的影响。如新产品上市后，原有其他产品的销路可能减少，因此，企业在评价新产品的销售收入时，就必须预计其他产品销售减少所带来的损失，并将这部分损失计入新产品的成本。

5. 现金流量计算举例

（1）单纯固定资产投资项目现金净流量的计算

［例 9.1］企业准备购一项固定资产，需投资 100 万元，收益期为 10 年，按直线法折旧，期末有 10 万元净残值，在建设起点一次投入，建设资金为 100 万元，建设期为 1 年，建设期的资本化利息为 10 万元，预计投产后每年可得营业利润 10 万元，在经营期的头 3 年中，每年归还借款利息 11 万元（不考虑所得税）。计算项目计算期内每年的现金净流量。

$$NCF_0=-100\text{ 万元}$$

$$NCF_1=0$$

$$\text{折旧额}=(100+10-10)/10=10\text{（万元）}$$

$$NCF_{2-4}=10+10-(-11)=31\text{（万元）}$$

$$NCF_{5-10}=10+10=20\text{（万元）}$$

$$NCF_{11}=10+10+10=30\text{（万元）}$$

［例 9.2］某公司准备购入一设备以扩充生产能力。现有甲、乙两方案可供选择：甲方案需要投资 12 000 元，使用寿命为 6 年，采用直线法计提折旧，6 年后设备无残值，6 年中每年销售收入为 9 000 元，每年的付现成本为 5 000 元；乙方案需投资 13 000 元，采用直线法计提折旧，使用寿命也为 6 年，6 年后有残值收入 1 000 元，6 年中每年销售收入为 12 000 元，付现成本第一年为 5 000 元，以后随着设备陈旧，将逐年增加修理费 500 元。假设所得税税率为 40%，试计算两个方案的现金流量。

$$\text{甲方案每年折旧额}=12\,000\div 6=2\,000\text{（元）}$$

$$\text{乙方案每年折旧额}=(13\,000-1\,000)\div 6=2\,000\text{（元）}$$

甲方案由于每年销售收入和付现成本相等，设备报废后无残值，故每年的营业现金流量应相等。

则甲方案每年的营业现金流量=(9 000-5 000-2 000)×(1-40%)+2 000=3 200(元)

甲方案的现金流量为：

$$NCF_0=-12\ 000\ (元)$$
$$NCF_{1-6}=3\ 200\ (元)$$

乙方案由于每年付现成本不相等，设备报废后有残值，故每年的营业现金流量不相等。

乙方案的现金流量为：

$$NCF_0=-13\ 000\ 元$$
$$NCF_1=(12\ 000-5\ 000-2\ 000)\times(1-40\%)+2\ 000=5\ 000\ (元)$$
$$NCF_2=(12\ 000-5\ 500-2\ 000)\times(1-40\%)+2\ 000=4\ 700\ (元)$$
$$NCF_3=(12\ 000-6\ 000-2\ 000)\times(1-40\%)+2\ 000=4\ 400\ (元)$$
$$NCF_4=(12\ 000-6\ 500-2\ 000)\times(1-40\%)+2\ 000=4\ 100\ (元)$$
$$NCF_5=(12\ 000-7\ 000-2\ 000)\times(1-40\%)+2\ 000=3\ 800\ (元)$$
$$NCF_6=(12\ 000-7\ 500-2\ 000)\times(1-40\%)+2\ 000+1\ 000=4\ 500\ (元)$$

(2) 完整工业投资项目现金净流量的计算

[例9.3] 某工业项目需原始投资125万元，其中固定资产投资100万元，开办费投资5万元，流动资金投资20万元，建设期为1年，建设期资本化利息为10万元，固定资产和开办费投资在建设起点投入，流动资金在完工时投入。该项目寿命期为10年，用直线法折旧，使用期满有净残值10万元，开办费在投产当年一次摊销完毕。该公司从经营期第一年起连续归还借款利息11万元，连续4年，流动资金在终结点全额一次收回。该公司投产后每年利润分别为1万、11万、16万、21万、26万、30万、35万、40万、45万和50万元。要求：计算每年净流量。

$$NCF_0=-(100+5)=-105\ (万元)$$
$$NCF_1=-20\ 万元$$
$$折旧额=(100+10-10)\div 10=10\ (万元)$$
$$NCF_2=1+10+5-(-11)=27\ (万元)$$
$$NCF_3=11+10-(-11)=32\ (万元)$$
$$NCF_4=16+10-(-11)=37\ (万元)$$
$$NCF_5=21+10-(-11)=42\ (万元)$$
$$NCF_6=26+10=36\ (万元)$$
$$NCF_7=30+10=40\ (万元)$$
$$NCF_8=35+10=45\ (万元)$$
$$NCF_9=40+10=50\ (万元)$$
$$NCF_{10}=45+10=55\ (万元)$$
$$NCF_{11}=50+10+10+20=90\ (万元)$$

(3) 更新改造项目现金净流量的计算

[例9.4] 某企业打算变卖已使用5年的旧设备，且另购一套新设备来替换它。企业取得新设备的投资额为180 000元，旧设备的账面净值为90 151元，变现净收入为80 000元，到第5年年末新设备与旧设备的预计净残值相等。新旧设备的替换将在当年内完成。使用新设备可使企业在第1年增加收入50 000元，增加经营成本25 000元；第2~5年内每年增加收入60 000元，增加经营成本30 000元。用直线法折旧，所得税税率为33%。要求：用差量法计算各年的现金净流量。

旧设备变现损失抵税 =（80 000−90 151）×33% = −3 349.83（元）

NCF_0 = −（180 000−80 000）−（−3 349.83）= −96 650.17（元）

$$新旧设备每年折旧额的差额=\frac{180\ 000-80\ 000}{5}=20\ 000（元）$$

NCF_1 =［50 000−（25 000+20 000）］×（1−33%）+20 000 = 23 350（元）

NCF_{2-5} =［60 000−（30 000+20 000）］×（1−33%）+20 000 = 26 700（元）

三、项目投资决策

（一）投资决策指标及其类型

项目投资决策指标是指用于衡量和比较投资项目可行性，据以进行方案决策的定量化标准和尺度。按照不同的标准，我们可以对决策指标进行不同的分类：

1. 按照是否考虑货币时间价值分类

投资决策指标按照是否考虑货币时间价值可以分为非折现指标和折现指标。非折现指标是在计算过程中不考虑时间价值，又称为静态指标，包括投资利润率和静态回收期。与非折现指标相反，在折现评价指标的计算过程中必须充分考虑和利用货币时间价值，因此又称为动态指标，包括动态投资回收期、净现值、净现值率、获利指数和内部收益率等指标。

2. 按照指标性质分类

投资决策指标按照其性质不同可以分为正指标和反指标两大类。在一定范围内越大越好的指标为正指标，包括投资利润率、净现值、净现值率获利指数和内部收益率。在一定范围内越小越好的指标为反指标，静态投资回收期和动态投资回收期都属于反指标。

3. 按照指标的重要性分类

按照指标的重要性可以将决策指标分为主要指标、重要指标和辅助指标。主要指标是在决策中居于核心地位的指标，是可以单独使用以评价方案投资可行性或优劣的指标，包括净现值、净现值率获利指数和内部收益率。次要指标是在评价决策体系中起次要作用，一般不独立使用，需要与其他指标结合使用才能评价投资项目的可行性或优劣的指标，主要有静态投资回收期和动态投资回收期。辅助指标是在决策体系中起参考作用的指标，主要有投资利润率指标。

（二）项目投资决策方法

1. 确定型投资方案的决策方法

（1）投资回收期法。投资回收期（Payback PerM，PP），是指投资引起的现金流入累计与投资额相等所需要的时间，它一般以年为单位，表示收回投资所需要的年限，回收期越短，方案越有利。投资回收期法是一种使用很早很广的投资决策方法。

它包括两种表现形式：包括建设期的回收期和不包括建设期的回收期。根据回收期的计算是否考虑时间价值又可以将回收期分为静态回收期和动态回收期两种。

①静态回收期的计算。静态回收期因每年的营业净现金流量是否相等而有所不同。如果每年的营业净现金流量相等，则投资回收期可以用下列公式计算：

静态投资回收期 = 原始投资额 ÷ 投产后每年的现金净流量

我们在计算含建设期的回收期时只要将不含建设期的回收期加上建设期即可。

如果每年的净现金流量不相等，那么，我们计算投资回收期要根据每年年末尚未收回的投资额加以确定。可以用下列公式：

$$回收期 = T - 1 + \frac{至第(T-1)年止累计现金净流入量的绝对值}{第T年的现金净流入量} \quad (9.1)$$

其中，T 为累计净现金流量出现正值的那一年。

［例 9.5］假设有甲、乙两个方案，这两个方案各年的现金净流量分布如表 9.1、表 9.2 所示。其中：甲方案的原始投资额为 6 000 元，乙方案的原始投资额为9 000元。

表 9.1　　甲方案现金流量表和利润总额

项目	0	1	2	3
现金净流量（元）	-6 000	3 800	3 800	3 800
利润总额（元）	0	3 000	3 000	3 000

表 9.2　　乙方案现金流量表和利润总额

项目	0	1	2	3
现金净流量（元）	-9 000	4 400	4 260	4 220
利润总额（元）	0	4 000	3 600	3 200

甲方案静态投资回收期=6 000÷3 800=1.58（年）

乙方案静态投资回收期=（3-1）+（9 000-4 400-4 260）÷4 220=2.08（年）

从本指标看，甲方案的投资回收期比乙方案要短，应把甲方案作为优先选择的方案。

静态投资回收期法计算简便，并且容易被决策人所正确理解。它的缺点是未充分考虑到资金的时间价值，并且没有考虑回收期期满后的项目现金流量。事实上，有战略意义的长期投资往往是早期的收益较低，而中后期的收益较高。因此，仅仅利用投资回收期法进行决策往往会导致企业优先考虑急功近利的项目，而放弃较为长期的成功项目。

②动态回收期的计算。我们在计算项目的回收期时，以投资项目经营净现金流量的现值抵偿原始投资额所需的全部时间。其本质含义与静态回收期一样，只是以折现后的现金净流量为基础计算，计算公式如下：

$P=T-1+$（第 $T-1$ 年累计净现金流量现值）/第 T 年净现金流量现值　(9.2)

［例 9.6］以例 9.5 的资料为例，假设折现率为 10%，则甲方案和乙方案的动态回收期计算如表 9.3、表 9.4 所示。

表 9.3　　甲方案现金流量分布

	0	1	2	3
现金净流量（元）	-6 000	3 800	3 800	3 800
折现率 10%	1	0.909 1	0.826 4	0.751 3
净现金流量的现值（元）	-6 000	3 454.58	3 140.32	2 854.94
累计净现金流量现值（元）	-6 000	-2 545.42	594.9	3 449.84

表 9.4　　乙方案现金流量分布

	0	1	2	3
现金净流量（元）	-9 000	4 400	4 260	4 220
折现率 10%	1	0.909 1	0.826 4	0.751 3
净现金流量的现值（元）	-9 000	4 000.04	3 437.82	3 170.49
累计净现金流量现值（元）	-9 000	-4 999.96	-1 562.14	1 608.35

甲方案动态投资回收期=（2-1）+2 545.42÷3 140.32=1.81（年）

乙方案动态投资回收期=（3-1）+1 562.14÷3 170.49=2.49（年）

可以看出，考虑了货币时间价值后，回收期要比没有考虑货币时间价值长。

（2）投资利润率法。投资利润率（Return on Investment，ROI）是指达到产值正常年度利润与投资总额之比，以此作为投资决策标准。计算公式为：

投资利润率=年平均利润÷投资总额　　(9.3)

年平均利润是指经营期内全部利润总额除以经营年份的平均数，投资额为原始投资和资本化利息之和，分子则用息税前利润比较合理。

[例 9.7] 仍以例 9.5 的数据来计算其投资利润率如下：

甲方案的投资利润率=3 000÷6 000×100%=50%

乙方案的投资利润率=（（4 000+3 600+3 200）÷3）÷9 000×100%=40%

该指标可以直接利用现金净流量信息进行计算，简单明了。企业通过计算投资利润率，将有关方案的总收益同其资源的使用（投资）紧密地联系起来，可以较好地衡量各有关方案的投资经济效益。但是该指标没有考虑资金时间价值，只考虑利润的作用，没有考虑净现金流量的影响，不能全面正确地评价投资方案的经济效果。

该指标越高越好，低于无风险投资利润率或企业要求的报酬率方案为不可行的方案。

（3）净现值法。净现值（Net Present Value，NPV），是指项目现金流入量的现值与现金流出量的现值之差额。按照这种方法，所有的现金流入和流出量都要按照预定的贴现率折算为现值，然后再计算它们的差额。如果净现值为正数，则贴现后的现金流入大于贴现后的现金流出，表示该项目的投资报酬率大于预定的贴现率；如果净现值为零，则表示贴现后的现金流入等于贴现后的现金流出，表示该项目的投资报酬率相当于预定的贴现率；如果净现值为负数，则贴现后的现金流入小于贴现后的现金流出，表示该项目的投资报酬率小于预定的贴现率。净现值的计算公式如下：

NPV=现金流入量的现值-现金流出量的现值　　(9.4)

我们用净现值指标进行决策时，首先要将各年的净现金流量按预定的贴现率折算成现值，然后再计算它们的代数和（即净现值）。在决策中，若净现值大于或等于零，则方案可行，否则不可行。

计算净现值时，折现率的选择至关重要，它直接影响项目评价的正确性。如果选择的折现率过低，则会导致一些经济效益低下的方案得以通过；如果选择的折现率过高，则会导致一些好的项目不能通过。在实务中，可供选择的折现率有：①投资项目的资金成本；②投资项目机会成本；③行业平均收益率；④银行贷款利率或社会资本平均报酬率。

[例 9.8] 在例 9.5 中，假设折现率为 10%，计算两个方案的净现值如表 9.5、表 9.6 所示：

表 9.5　　甲方案净现值计算

	0	1	2	3
现金净流量（元）	-6 000	3 800	3 800	3 800
折现率 10%	1	0.909 1	0.826 4	0.751 3
净现金流量的现值（元）	-6 000	3 454.58	3 140.32	2 854.94
累计净现金流量现值（元）	-6 000	-2 545.42	594.9	3 449.84

表 9.6　　乙方案净现值计算

	0	1	2	3
现金净流量（元）	-9 000	4 400	4 260	4 220
折现率 10%	1	0.909 1	0.826 4	0.751 3
净现金流量的现值（元）	-9 000	4 000.04	3 437.82	3 170.49
累计净现金流量现值（元）	-9 000	-4 999.96	-1 562.14	1 608.35

在两个方案中，其净现值均为正数，说明这两个方案的报酬率均大于 10%，因而是可以接受的。甲方案优于乙方案。

净现值法的优点是，考虑了资金的时间价值，能够反映各种投资方案的净收益，因而它具有广泛的适用性，在理论上也比其他方法更加完善。净现值法是投资决策评价中的最基本的方法。但是，净现值法也有一定的缺陷。首先，它不能表示各个投资方案本身的实际可达到的报酬率真正是多少？其次，当几个投资项目或几个方案的初始投资额不一致时，仅比较它们之间净现值的大小显然不完全合适。

（4）净现值率法。净现值率（Net Present Value Ratio，NPVR）是项目的净现值占原始投资现值的比率，我们也可以将其理解为单位原始投资的现值创造的净现值。其计算公式为：

$$\text{净现值率}=\text{项目净现值}\div\text{原始投资现值} \tag{9.5}$$

[例 9.9] 根据表 9.5、表 9.6 的资料，计算甲方案、乙方案的净现值率如下：

$$\text{甲方案净现值率}=3\ 448.22/6\ 000\times100\%=57.47\%$$

$$\text{乙方案净现值率}=1\ 608.35/9\ 000\times100\%=17.87\%$$

净现值率指标是一个相对指标，它的优点是可以从动态的角度反映项目投资的资金投入和产出之间的关系，其他优缺点与净现值指标类似。该指标大于或等于 0 时，方案可行；小于 0 则不可行。

（5）获利指数法。获利指数（Present Value Index，PI）又称为现值指数；它是指未来每年的现金净流量的现值与原始投资的现值的比值。计算公式如下：

$$\text{现值指数}(PI)=\frac{\text{未来现金流入量的现值}}{\text{未来现金流出量的现值}}$$

$$=\frac{\text{各年营运现金流入量的现值之和+期末残值的现值}}{\text{原始投资额的现值}} \tag{9.6}$$

可以看出，获利指数和净现值率有如下关系：

$$获利指数=1+净现值率 \tag{9.7}$$

现值指数大于1，说明项目的未来现金流入量的现值大于未来现金流出量的现值，收益大于成本，即投资报酬率超过预定的折现率，现值指数越大，项目越好。现值指数小于1，则投资报酬率小于预定的折现率。现值指数等于1，则投资报酬率正好与预定的折现率相等。

（6）内含报酬率法。内含报酬率（Inn Ratio of Return，IRR）是指使投资项目的未来现金流入量的现值等于未来现金流出的现值的折现率。也就是说，内含报酬率是使投资项目的净现值为零的折现率。内含报酬率法是根据方案本身的内含报酬率来评价方案优劣的一种方法。

内含报酬率的计算方法一般有试算法和插入法两种。

试算法是将选中的折现率代入净现值公式计算，直到 NPV 等于零为止。

插入法的计算步骤是：

首先，先选择一个折现率 i_1 计算一个 $NPV_1>0$；再选一个较大的折现率 i_2 计算 $NPV_2<0$。

其次，用插入法计算内含报酬率的近似值，公式为：

$$IRR = i_1 + \frac{NPV_1}{NPV_1 + |NPV_2|} \times (i_2 - i_1) \tag{9.8}$$

［例9.10］例9.5中，企业要求的必要报酬率为30%，计算甲方案和乙方案的内涵报酬率。

甲方案：

当 $i_1=36\%$，

$$NPV_1=3\ 800\times(P/A,\ 36\%,\ 3)-6\ 000=359.3（元）$$

当 $i_2=40\%$，

$$NPV_2=3\ 800\times(P/A,\ 40\%,\ 3)-6\ 000=-37.8（元）$$

$$IRR=36\%+(40\%-36\%)\times359.3/(359.3+27.8)=39.62\%$$

乙方案：

当 $i_1=18\%$，

$$NPV_1=4\ 400\times(P/F,\ 18\%,\ 1)+4\ 160\times(P/F,\ 18\%,\ 2)+4\ 220\times(P/F,\ 18\%,\ 3)-9\ 000=285.04（元）$$

当 $i_2=20\%$，

$$NPV_2=4\ 400\times(P/F,\ 20\%,\ 1)+4\ 160\times(P/F,\ 20\%,\ 2)+4\ 220\times(P/F,\ 20\%,\ 3)-9\ 000=-2.662（元）$$

$$IRR=18\%+(20\%-18\%)\times285.04/(285.04+2.662)=19.98\%$$

内含报酬率在决策时的判断标准是：内含报酬率大于或者等于预定的报酬率时，方案可行，否则方案不可行。

内含报酬率法的主要优点是：内含报酬率反映了投资项目可能达到的报酬率，易被决策人员所理解；对于独立投资方案的决策，如果各方案原始投资额不同，可以通过计算各方案的内含报酬率，并与现值指数结合，反映各独立投资方案的获利水平。内含报酬率法的主要缺点是：①计算复杂，不易直接考虑投资风险大小。②采用内含报酬率法的前提条件是，假定投资项目各期所形成的现金流量都是以该内含报酬率作为平均报酬率取得的，这种假定不太客观。按这样的假设，后期的现金流量与前期的现金流量一样，都是按该内含报酬率取得的，而不是按所有方案统一要求达到而且可能达到的资本成本率为标准取得的，缺乏客观的经济依据。③在互斥投资方案决策时，如果各方案的原始投资额不相等，企业无法做出正确的决策。产生这种现象的原因，是内含报酬率的前提条件，造成内含报酬率高的项目净现值却很低。

2. 风险型投资方案的决策方法

在前面的项目投资决策讨论中，我们作了一些简化，没有考虑风险因素。实际上真正意义上的投资项目总是有风险的，项目投资的未来现金流量总会具有某种程度的不确定性。企业在决策时，如果风险较小，可以忽略它对决策的影响；如果面临的风险较大，足以影响决策，就不得不考虑风险。

企业在进行基于风险的投资项目决策时，常用的方法是净现值法。影响净现值法的因素是现金流量和折现率。只有现金流量和折现率相匹配时，企业才能进行正确的决策。企业在对项目进行风险调整时，可以将有风险的现金流量调整为无风险的现金流量，使其与无风险的折现率匹配；或者是保留有风险的现金流量，而将无风险的折现率调整为有风险的折现率，使之相匹配。因此，这就形成基于风险的投资项目分析的两种常用方法：风险调整折现率法和调整现金流量法。

（1）风险调整折现率法。这是项目投资风险分析最常用的方法。这种方法的基本思路是对较高风险的项目要用较高的折现率去折现，其理论依据是资本资产定价模型。折现率一般被认为是投资者进行项目投资所要求的最低报酬率。当项目的风险增大时，投资者要求的报酬就会高一些；当项目的风险减小时，投资者要求的报酬也会低一些。这样，高风险对应高折现率，低风险对应低折现率，所以我们对较高风险的项目要用较高的折现率去折现。

［例 9.11］某机械厂需购置一台机床，有 A、B、C 三个互斥方案。无风险的最低报酬率为 6%，通常要求的风险报酬率最低为 11%。A 和 B 方案期限为 3 年，C 方案期限为 2 年，有关原始投资额和各年现金流量如表 9.7 所示。

表 9.7 投资方案现金流量表 单位：元

年份（t）	A 方案		B 方案		C 方案	
	现金流量	概率	现金流量	概率	现金流量	概率
0	（2 500）	1.0	（3 000）	1.0	（3 000）	1.0
1	2 000 1 000 500	0.3 0.5 0.2			2 300 2 000 1 600	0.4 0.5 0.1
2	2 000 1 000 500	0.3 0.4 0.3	4 000 1 720 0	0.2 0.6 0.2	2 800 2 100 1 500	0.3 0.5 0.2
3	2 000 1 000 500	0.2 0.4 0.4	3 000 2 650 500	0.4 0.5 0.1		

首先，计算风险程度。对于 A 方案来说，原始投资 1 500 元是确定的，各年现金流

入量的金额都有三种可能，并且概率是已知的。则各年现金流入量的集中趋势用其期望值表示为：

$$E_{A1}=2\ 000\times0.3+1\ 000\times0.5+500\times0.2=1\ 200\text{（元）}$$
$$E_{A2}=2\ 000\times0.3+1\ 000\times0.4+500\times0.3=1\ 150\text{（元）}$$
$$E_{A3}=2\ 000\times0.2+1\ 000\times0.4+500\times0.4=1\ 000\text{（元）}$$

各年现金流入量的离散趋势用其标准差表示为：

$$d_{A1}=\sqrt{(2\ 000-1\ 200)^2\times0.3+(1\ 000-1\ 200)^2\times0.5+(500-1\ 200)^2\times0.2}$$
$$=556.78\text{（元）}$$

$$d_{A2}=\sqrt{(2\ 000-1\ 150)^2\times0.3+(1\ 000-1\ 150)^2\times0.4+(500-1\ 150)^2\times0.3}$$
$$=593.72\text{（元）}$$

$$d_{A3}=\sqrt{(2\ 000-1\ 000)^2\times0.2+(1\ 000-1\ 000)^2\times0.4+(500-1\ 000)^2\times0.4}$$
$$=547.72\text{（元）}$$

三年现金流入总的离散程度即综合标准差为：

$$D=\sqrt{\sum_{t=1}^{n}\frac{d_t^{\ 2}}{(1+i)^{2t}}}$$
$$=\sqrt{\frac{(556.78)^2}{(1+6\%)^2}+\frac{(593.72)^2}{(1+6\%)^{2\times2}}+\frac{(547.72)^2}{(1+6\%)^{2\times3}}}$$
$$=875.56\text{（元）}$$

虽然现金流入的离散程度可以反映不确定性的大小，但是标准差是一个绝对数，不便于比较不同规模投资项目风险的大小，因此，我们就需引入变化系数，其计算公式为：

$$\text{变化系数 } q=\frac{d}{E} \tag{9.9}$$

变化系数 q 是标准差 d 与期望值 E 的比值，是以相对数来表示离散程度即风险大小的。为了综合各年的风险，我们对具有一系列先进流入的方案用综合变化系数来描述：

$$Q=\frac{\text{综合标准差}}{\text{现金流入期望现值}}=\frac{D}{EPV}$$

$$EPV_A=\frac{1\ 200}{1+6\%}+\frac{1\ 150}{(1+6\%)^2}+\frac{1\ 000}{(1+6\%)^3}=2\ 995.19(\text{元})$$

$$D_A=875.56(\text{元})$$

$$Q_A=\frac{875.56}{2\ 995.19}=29.23\%$$

其次，确定风险报酬斜率。风险报酬斜率是线形方程 $r=i+b\times Q$ 的系数 b，它的高低反映风险程度对风险调整最低报酬率的影响。b 值是一个经验数据，是根据历史资料用高低点法或回归直线法求得的。

通常假定中等风险程度的项目变化系数为 0.5，则：

$$b=\frac{11\%-6\%}{0.5}=0.1$$

最后，计算风险调整折现率。前面已经算出 A 方案的综合变化系数 $Q_A=29.23\%$，则适用于 A 方案的风险调整折现率为：

$$r_A = i + b \times Q_A = 6\% + 0.1 \times 29.23\% = 8.923\%$$

根据同样的方法可知对于 B 方案：

$$E_{B2} = 4\ 000 \times 0.2 + 1\ 720 \times 0.6 + 0 \times 0.2 = 1\ 832(\text{元})$$

$$E_{B3} = 3\ 000 \times 0.4 + 2\ 650 \times 0.5 + 500 \times 0.1 = 2\ 575(\text{元})$$

$$d_{B2} = \sqrt{(4\ 000 - 1\ 832)^2 \times 0.2 + (1\ 720 - 1\ 832)^2 \times 0.6 + (0 - 1\ 832)^2 \times 0.2}$$
$$= 1\ 272.33\ (\text{元})$$

$$d_{B3} = \sqrt{(3\ 000 - 2\ 575)^2 \times 0.4 + (2\ 650 - 2\ 575)^2 \times 0.5 + (500 - 2\ 575)^2 \times 0.1}$$
$$= 711.07\ (\text{元})$$

$$D = \sqrt{\frac{(1\ 272.33)^2}{(1 + 6\%)^{2\times2}} + \frac{(711.07)^2}{(1 + 6\%)^{2\times3}}} = 1\ 280.12(\text{元})$$

$$EPV_B = \frac{1\ 832}{(1 + 6\%)^2} + \frac{2\ 575}{(1 + 6\%)^3} = 3\ 792.49(\text{元})$$

$$Q_B = \frac{1\ 280.12}{3\ 792.49} = 33.75\%$$

$$r_B = i + b \times Q_B = 6\% + 0.1 \times 33.75\% = 9.375\%$$

同理，对于 C 方案：

$$E_{C1} = 2\ 300\times0.4+2\ 000\times0.5+1\ 600\times0.1=2\ 080\ (\text{元})$$

$$E_{C2} = 2\ 800\times0.3+2\ 100\times0.5+1\ 500\times0.2=2\ 190\ (\text{元})$$

$$d_{C1} = \sqrt{(2\ 300 - 2\ 080)^2 \times 0.4 + (2\ 000 - 2\ 080)^2 \times 0.5 + (1\ 600 - 2\ 080)^2 \times 0.1}$$
$$= 213.54\ (\text{元})$$

$$d_{C2} = \sqrt{(2\ 800 - 2\ 190)^2 \times 0.3 + (2\ 100 - 2\ 190)^2 \times 0.5 + (1\ 500 - 2\ 190)^2 \times 0.2}$$
$$= 459.24\ (\text{元})$$

$$D = \sqrt{\frac{(213.54)^2}{(1 + 6\%)^2} + \frac{(459.24)^2}{(1 + 6\%)^{2\times2}}} = 455.67(\text{元})$$

$$EPV_C = \frac{2\ 080}{(1 + 6\%)^1} + \frac{2\ 190}{(1 + 6\%)^2} = 3\ 911.36(\text{元})$$

$$Q_C = \frac{455.67}{3\ 911.36} = 11.65\%$$

$$r_C = i + b \times Q_C = 6\% + 0.1 \times 11.65\% = 7.165\%$$

根据不同的风险调整折现率计算各方案的净现值为：

$$NPV_A = \frac{1\ 200}{1.089\ 23} + \frac{1\ 150}{1.089\ 23^2} + \frac{1\ 000}{1.089\ 23^3} - 2\ 500 = 344.82(\text{元})$$

$$NPV_B = \frac{1\ 832}{1.093\ 75^2} + \frac{2\ 575}{1.093\ 75^3} - 3\ 000 = 499.39(\text{元})$$

$$NPV_C = \frac{2\ 080}{1.071\ 65} + \frac{2\ 190}{1.071\ 65^2} - 3\ 000 = 847.88(\text{元})$$

根据净现值，三个方案的排序为 C>B>A，C 方案优于 B 方案。但是，如果不考虑风险因素，结果可能就不一样。下面以各方案各年概率最大的现金流量作为肯定现金流量，计算各方案的净现值，我们发现 B 方案和 C 方案的净现值相等：

$$NPV_B = \frac{1\ 720}{(1+6\%)^2} + \frac{2\ 650}{(1+6\%)^3} - 3\ 000 = 755.78(\text{元})$$

$$NPV_C = \frac{2\ 000}{(1+6\%)^1} + \frac{2\ 100}{(1+6\%)^2} - 3\ 000 = 755.78(\text{元})$$

风险调整折现率比较容易理解，而且企业可以根据自己对风险的偏好来确定风险调整折现率，因此在实际中被广泛使用。但是，风险调整折现率将时间价值和风险价值混淆在一起，并据此对现金流量进行折现，这意味着风险会随着时间的推移而逐渐加大，这可能和事实不符。

（2）调整现金流量法。调整现金流量法也叫肯定当量法。我们首先根据投资项目的风险程度将有风险的现金流量调整为无风险的现金流量，然后用无风险的折现率来计算风险项目的净现值，从而进行决策。调整现金流量的计算公式为：

$$\text{净现值}(NPV) = \sum_{t=0}^{n} \frac{\alpha_t \times CFAT_t}{(1+i)^t} \tag{9.10}$$

式中：α_t 为第 t 年现金净流量的肯定当量系数，它在 0~1 之间；$CFAT_t$ 为第 t 年的现金净流量；i 为无风险的折现率。

肯定当量系数是指不肯定的一元现金流量相当于投资者满意的肯定的金额的系数。通过肯定当量系数，我们可以把各年不肯定的现金流量换算为肯定的现金流量。肯定当量系数的公式为：

$$\alpha_t = \frac{\text{肯定的现金流量}}{\text{不肯定的现金流量期望值}} \tag{9.11}$$

我们知道，肯定的一元比不肯定的一元更受欢迎。不肯定的一元要比肯定的一元小，两者的差额与现金流量不确定性程度的高低相关。肯定当量系数的作用就是将现金流量中的风险部分去掉，将不确定的现金流量换算成肯定的现金流量。用肯定当量系数去掉的风险既包括特殊风险又包括系统风险，既包括经营风险又包括财务风险。在去掉这些风险后，现金流量就变成无风险的现金流量，与净现值公式中分母的折现率相对应。

［例 9.12］在例 9.11 中，我们仍用变化系数表示现金流量的不确定性，假设变化系数和肯定当量系数的经验关系为：

变化系数	肯定当量系数
0.00~0.09	1
0.10~0.17	0.9
0.18~0.25	0.8
0.26~0.31	0.7
0.32~0.46	0.6
0.47~0.52	0.5
0.53~0.80	0.4

则 A 方案各年现金流入的变化系数为：

$$q_{A1} = \frac{d_{A1}}{E_{A1}} = \frac{556.78}{1\ 200} = 0.46$$

$$q_{A2}=\frac{d_{A2}}{E_{A2}}=\frac{593.72}{1\ 150}=0.52$$

$$q_{A3}=\frac{d_{A3}}{E_{A3}}=\frac{547.72}{1\ 000}=0.55$$

根据变化系数和肯定当量系数的经验关系，A 方案各年现金流入的肯定当量系数为：

$$\alpha_{A1}=0.6,\ \alpha_{A2}=0.5,\ \alpha_{A3}=0.4$$

A 方案的净现值为：

$$NPV_A=\frac{0.6\times 1\ 200}{1.06}+\frac{0.5\times 1\ 150}{1.06^2}+\frac{0.4\times 1\ 000}{1.06^3}-2\ 500=-973.16(\text{元})$$

同理，B 方案各年现金流入的变化系数为：

$$q_{B2}=\frac{d_{B2}}{E_{B2}}=\frac{1\ 272.33}{1\ 832}=0.69$$

$$q_{B3}=\frac{d_{B3}}{E_{B3}}=\frac{711.07}{2\ 575}=0.28$$

根据变化系数和肯定当量系数的经验关系，B 方案各年现金流入的肯定当量系数为：

$$\alpha_{B2}=0.4,\ \alpha_{B3}=0.7$$

B 方案的净现值为：

$$NPV_B=\frac{0.4\times 1\ 832}{1.06^2}+\frac{0.7\times 2\ 575}{1.06^3}-3\ 000=-834.4(\text{元})$$

C 方案各年现金流入的变化系数为：

$$q_{C1}=\frac{d_{C1}}{E_{C1}}=\frac{213.54}{2\ 080}=0.10$$

$$q_{C2}=\frac{d_{C2}}{E_{C2}}=\frac{459.24}{2\ 190}=0.21$$

根据变化系数和肯定当量系数的经验关系，C 方案各年现金流入的肯定当量系数为：

$$\alpha_{C1}=0.9,\ \alpha_{C2}=0.8$$

C 方案的净现值为：

$$NPV_C=\frac{0.9\times 2\ 080}{1.06}+\frac{0.8\times 2\ 190}{1.06^2}-3\ 000=325.31(\text{元})$$

根据净现值，三个方案的排序为 C>B>A，与风险调整折现率法的结果相同。

调整现金流量法通过调整净现值公式的分子来考虑投资项目的风险，不仅计算方法简单，而且因为它分别对时间价值和风险价值进行调整，避免了风险调整折现率法夸大远期风险的缺点，因此在理论上备受好评。调整现金流量法是先调整风险，然后再把肯定现金流量用无风险折现率进行折现，因此对于不同年份的现金流量，可以根据风险的差别使用不同的肯定当量系数予以调整。但是，调整现金流量法的关键问题在于肯定当量系数的确定。这个系数的确定没有一个公认的客观标准，一般是根据经验丰富的分析人员主观判断来确定，与公司管理人员的风险偏好程度高度相关，因此人为因素较大。

调整现金流量法可以与内含报酬率法结合起来使用。其做法是：先用肯定当量系数将各年的风险现金流量调整为无风险的现金流量，然后再计算内含报酬率，该内含报酬率则为无风险的内含报酬率，最后就可以比较这些无风险的内含报酬率，以进行方案的选择。

（三）项目投资决策应用

1. 设备购买与租赁的决策

企业在进行固定资产投资的时候，经常遇到设备是购买还是租赁的决策问题。企业在进行固定资产租赁或者购买的决策时，一般假定，无论购买还是租赁，所用设备相同，这样设备的生产能力与产品的销售价格相同，同时设备的运行费用也相同。因此，此时的决策只要比较两种方案的成本差异就可以了，但此时还要考虑所得税对决策的影响。

这里的固定资产租赁是指经营租赁。租赁固定资产的成本主要有每年支付的租赁费，购买固定资产的成本主要是购置成本，只是在计算成本的时候要考虑租赁费和折旧费的抵税作用，并且企业在项目结束或设备使用寿命到期时，还能够得到设备的残值变现收入。

[例 9. 13] 某企业在生产中需要某设备，如果企业购买，购买价为 200 000 元，使用寿命为 10 年，残值率为 5%，用直线法折旧；企业也可以租入其他单位的类似资产进行生产，则每年要支付 40 000 元的租金，租赁期也是 10 年。企业要求的必要报酬率为 10%，所得税税率为 25%。问企业该如何决策？

如果租赁设备，总成本的现值为：

$$40\ 000\times(P/A,\ 10\%,\ 10)-40\ 000\times25\%\times(P/A,\ 10\%,\ 10)=184\ 350$$

如果购买设备：

$$\text{年折旧费}=(200\ 000-10\ 000)\div10=19\ 000$$

$$\begin{aligned}\text{总成本的现值}&=200\ 000-19\ 000\times25\%\times(P/A,\ 10\%,\ 10)\\&\quad-10\ 000\times(P/F,\ 10\%,\ 10)\\&=166\ 951.3\end{aligned}$$

可见，购买设备的总成本更小，企业应该购买新设备。

2. 设备更新决策

固定资产更新是指企业对技术上或经济上不宜继续使用的旧固定资产用新的固定资产更新，或是用先进的技术对原有设备进行局部改造。由于科学技术的迅速发展，固定资产更新周期大大缩短，企业不断地出现生产效率更高、原料动力消耗更低的高效能设备代替消耗大、维修费用多且尚能继续使用的旧设备的现象，因此，固定资产更新决策便成为企业长期投资决策的一项重要内容。固定资产的更新决策主要研究两个问题：一是决定是否更新，即继续使用旧固定资产还是更换新固定资产；二是如果要更新，应该何时更新会比较经济。对于是该购置还是继续使用的决策，我们在后面进行分析。我们先来考虑生产设备最佳更新期的决策问题。

固定资产在使用初期，运行费用比较低，以后随着设备逐渐陈旧，性能变差，维护费用、修理费用等消耗会逐步增加。与此同时，固定资产的价值在逐步减少，资产占用的资金应计利息等持有成本会逐步减少。随着时间的递延，运行成本和持有成本呈反方向变化，这样必然存在一个最经济的使用年限。最佳的使用年限是一个使固定资产的年平均成本最低的年限。

[例 9.14] 某设备的购买价格是 70 000 元，预计使用寿命为 10 年，无残值。资本成本为 10%。各年的折旧额、折余价值及运行费用以及最佳更新期计算如表 9.8 所示。

表 9.8　　固定资产最佳更新期计算表　　单位：元

更新年限及项目		1	2	3	4	5	6	7	8	9	10
复利现值系数	(1)	0.909 1	0.826 4	0.751 3	0.683 0	0.620 9	0.564 5	0.513 2	0.466 5	0.424 1	0.385 5
年金现值系数	(2)	0.909 1	1.735 5	2.486 9	3.169 9	3.790 8	4.355 3	4.868 4	5.334 9	5.759 0	6.144 6
折旧额	(3)	7 000	7 000	7 000	7 000	7 000	7 000	7 000	7 000	7 000	7 000
折余价值	(4)	63 000	56 000	49 000	42 000	35 000	28 000	21 000	14 000	7 000	0
折余价值的现值	(5) = (4) × (1)	57 273	46 278	36 814	28 686	21 732	15 806	10 777	6 531	2 969	0
运行费用	(6)	10 000	10 000	10 000	11 000	11 000	12 000	13 000	14 000	15 000	16 000
运行费用的现值	(7) = (6) × (1)	9 091	8 264	7 513	7 513	6 830	6 774	6 672	6 531	6 361	6 168
累计运行费现值	(8)	9 091	17 355	24 868	32 381	39 211	45 985	52 657	59 188	65 549	71 718
现值总成本	(9) = 70 000−(5) + (8)	21 818	41 077	58 054	73 695	87 479	100 179	111 880	122 657	132 580	141 718
年平均成本	(10) = (9) ÷ (2)	24 000	23 669	23 344	23 248	23 077	23 002	22 981	22 991	23 021	23 064

可以看出，当设备运行到第 7 年时，年平均成本最小。因此，设备应该在 7 年后就要更新。

3. 设备大修与重置决策

当企业的机器设备等使用到一定年限的时候，资产会产生一定的消耗，生产效率会降低，则企业要考虑是维修固定资产继续使用还是重新购置固定资产的问题。固定资产修理和更新的决策是在假设维持现有生产能力水平不变的情况下，选择继续使用旧设备(包括对其进行大修理)，还是将其淘汰，而重新选择性能更优异、运行费用更低廉的新设备的决策。一般假设新旧设备的生产能力相同，对企业而言，销售收入没变，即现金流入量未发生变化，但是生产成本却发生了变化。另外，新旧设备的使用寿命往往不同，因此固定资产修理与更新决策，应该要比较两个方案的年平均成本。

新旧设备的总成本都包括两个组成部分，即运行成本和设备的资本成本。同时所得税对成本会有影响。

[例 9.15] 设企业有一台重置成本为 8 000 元的旧机器，该机器目前的年运行成本为 3 000 元，可以再大修 2 次，每次的修理费为 8 000 元，可以使用 4 年，无残值。企业如果不使用该旧机器，可以使用一台 40 000 元的新机器，该新机器的年运行成本为 6 000元，使用年限为 8 年，不要大修，8 年后残值为 2 000 元。新旧机器的产量和产品的价格相同。企业的所得税税率为 25%，用直线法折旧，企业要求的报酬率为 10%。企业是维修而继续使用旧机器还是购买新机器？

（1）继续使用旧机器的年平均成本计算

年折旧＝（8 000+8 000+8 000）÷4＝6 000（元）

总成本现值＝重置成本+修理费用的现值

-折旧的抵税作用的现值+运行成本的现值

＝8 000+（8 000+8 000×（*P/F*，10%，2））

-6 000×25%×（*P/A*，10%，4）

+3 000×（1-25%）×（*P/A*，10%，4）

＝24 985. 43（元）

平均年成本＝24 985. 43/（*P/A*，10%，4）＝7 882. 09（元）

（2）使用新机器的年平均成本的计算

年折旧＝（40 000-2 000）/8＝4 750（元）

总成本现值＝采购成本+运行成本的现值-残值的现值

-折旧的抵税作用的现值

＝40 000+6 000×（1-25%）×（*P/A*，10%，4）

-4 750×25%×（*P/A*，10%，8）

-2 000×（*P/F*，10%，8）

＝56 738. 86（元）

年平均成本＝56 738. 86/（*P/A*，10%，8）＝10 633. 19 元

显然，购置新机器的年平均成本更高，企业不应该购置新机器，而是继续使用旧机器。

4. 资本限量决策

资本限量是指企业资金有一定限度，不能投资于所有可接受的项目。也就是说，企业有很多获利项目可供选择，但无法筹集到足够的资金。这种情况在许多企业都存在，特别是那些以内部融资为经营策略或外部融资受到限制的企业。如何使有限资金发挥出最大的效益，就是资本限量决策问题。

（1）资本限量产生的原因

从理论上讲，只要确实存在好的投资机会，企业就应该能够筹措足够的资金进行投资，而不应该出现所谓资本限量的问题。然而，实际与理论有一定的差异。一般来讲，资本限量是由以下几个原因产生的：其一，企业由于种种原因无法筹措到足够的资金；其二，企业规模膨胀过快，投资项目管理跟不上；其三，资本市场不成熟，企业无法正常地筹措资金。

（2）资本限量决策举例

［例 9. 16］现有以下 5 个投资项目，投资期限均为 5 年，投资贴现率为 10%，其收益状况与有关决策指标如表 9. 9 所示（表中数字除现值指数外单位均为元）。若企业可运用的投资资金为 60 万元，问企业应选择哪些投资项目？

表 9. 9 投资项目的相关指标

项目	初始投资额	*NPV*	*PI*
A	400 000	60 000	1. 15
B	250 000	32 100	1. 13

表9.9(续)

项目	初始投资额	*NPV*	*PI*
C	350 000	38 000	1.11
D	300 000	24 000	1.08
E	100 000	-10 000	0.9

显然，上述投资项目中的项目E因净现值小于0，应放弃。在余下的4个项目中，项目A的净现值和现值指数最高，应首先考虑。但项目A所需初始投资额为40万元，一旦选择项目A后，余下的资金不足以进行项目B、项目C、项目D中的任何一个项目的投资，只能用于银行存款或进行证券投资。一般来讲，这类投资的净现值为0，现值指数为1。为了分析的方便，我们将这一类投资作为项目F。考虑到项目F和企业的资金约束后，可以选择的投资组合如表9.10所示（表中数字除现值指数外单位均为元）。

表9.10　**投资项目组合指标**

投资组合	初始投资额	净现值	加权现值指数
A、F	600 000	60 000	1.10
B、C	600 000	70 000	1.12
B、D、F	600 000	56 100	1.09

表9.10中投资组合的净现值很容易计算，只要将相应项目的净现值直接相加即可，但加权平均现值指数的计算则需要作一定的说明。

投资组合的加权现值指数是用组合中每一投资项目的现值指数与这一项目的投资额在总投资额中所占的比率（即权数）相乘，然后再相加而得。如投资组合A、F的加权现值指数计算过程如下：

$$PI\ (A,\ F) = 400\ 000/600\ 000\times1.15+200\ 000/600\ 000\times1.00=1.1$$

显然，投资组合B、C的净现值和加权现值指数最大，故应选取投资组合B、C。

第二节　固定资产管理

一、固定资产管理概述

（一）固定资产的确认

固定资产是指同时具有下列特征的有形资产：①为生产商品、提供劳务、出租或经营管理而持有的；②使用寿命超过1个会计年度。

上述两个特征表明，会计上将某一有形资产作为固定资产，其持有目的一定是为了生产商品、提供劳务、出租或经营管理。由于企业经营内容、经营规模各不相同，固定资产的价值并不强求一致。

在会计上，固定资产在同时满足以下两个条件的时候，才能加以确认：①该固定资产包含的经济利益很可能流入企业；②该固定资产的成本能够可靠地计量。

企业在对固定资产进行确认时，对符合固定资产特征和确认条件的有形资产，应当确认为固定资产，按照固定资产的管理规范进行管理。

(二) 固定资产的分类

根据不同的管理需要和核算要求，我们可以对固定资产从不同角度进行分类。

1. 按固定资产的经济用途分类

按经济用途，固定资产可以分为生产经营固定资产和非生产经营固定资产。生产经营固定资产是指参加生产经营或直接服务于企业生产经营过程的各种房屋、建筑物、机器等。非生产经营固定资产是指不直接参加生产经营或直接服务于企业生产经营过程的各种固定资产，如职工宿舍、食堂等。

2. 按固定资产使用情况分类

按使用情况，固定资产可以分为使用中的固定资产、未使用的固定资产、不需使用的固定资产和租出的固定资产。

使用中的固定资产是指正在使用的经营性和非经营性的固定资产。由于季节性经营或大修理等原因，暂时停止使用的固定资产仍属于企业使用中的固定资产，企业出租给其他单位的固定资产和内部交换使用的固定资产也属于使用中的固定资产。

未使用的固定资产是指已经完工或已经购建而尚未交付使用的新增固定资产，以及因进行改建、扩建等原因暂停使用的固定资产。

不需使用的固定资产是指本企业多余或不适用需要调配处理的固定资产。

租出的固定资产是指经营性租赁租出的固定资产。企业将闲置的固定资产暂时出让使用权，根据合同获得租金收入，照提折旧。

3. 按固定资产的所有权分类

按所有权不同，固定资产可以分为自有固定资产和租入固定资产。自有固定资产是指企业拥有的可供企业自有支配使用的固定资产；租入的固定资产是指企业采用租赁方式从其他企业租入的固定资产。

在会计核算和财务管理中，一般是按固定资产的经济用途和使用情况综合分类，这样其分为七大类：生产经营用的固定资产、非生产经营固定资产、经营性租出固定资产、不需用固定资产、未使用固定资产、土地、融资租入固定资产。

由于企业的经营性质不同，经营规模各异，对固定资产的分类不要求完全一致，企业可以根据本企业的具体情况进行固定资产分类和管理。

(三) 固定资产的特点

固定资产是企业进行生产经营活动的一个重要的物质条件。它的特点是使用期限较长、单位价值较高，并且能在生产经营过程中长期使用而不改变其原有的实物形态。

固定资产因不断使用而逐渐发生磨损，其耗用的价值以折旧的形式逐步转入产品成本以及期间费用中去，并从产品收入汇总得到补偿。这样，固定资产损耗的价值，随着时间的推移，一点点不断地从实物形态转变为货币形态，直至固定资产报废清理才全部完成这一转变过程。因此，占用在固定资产上的资金需要较长的时间才能完成一次周转。这与流动资产的不断循环周转，不断地从实物形态转变为货币形态，又从货币形态转变为实物形态有很大的区别。

固定资产是企业财产的重要组成部分。有的固定资产直接参加劳动过程，将工人的劳动传导到劳动对象中去，改变劳动对象的形态和性质，有的在生产经营过程当中起着辅助作用，为生产经营提供物质条件。总之，固定资产是企业进行生产经营活动必不可少的物质条件，是企业重要的劳动手段，代表着企业的生产能力水平。

（四）固定资产的计价

为了正确核算固定资产，加强固定资产的管理，便于分析其结构，正确计提折旧费用，对固定资产需要从不同的角度进行计价。

1. 原始价值

原始价值简称原价或原值，它是指企业购建某项固定资产达到预定可使用状态前所发生的一切合理、必要的支出。企业购建固定资产的计价、确定折旧的依据等均采用这种计价标准。由于该计价标准具有客观性和可验证性的特点，因此成为固定资产的基本计量标准。

2. 重置价值

重置价值，是指在当前条件下，企业重新购置该项固定资产所发生的一切合理、必要的支出。一般情况下，企业在无法取得原始价值时，用重置价值代替原始价值。

3. 净值

固定资产净值又称为折余价值，是指固定资产原始价值减去已经计提折旧后的金额。它可以反映企业实际占用在固定资产上的资金数额。净值和原始价值的对比，可以反映固定资产的成新度。

4. 净额

固定资产的净额，是指固定资产净值减去已经计提的减值准备后的金额。它可以反映企业目前拥有固定资产的价值。

（五）固定资产的计量

固定资产的计量分为初始计量和后续计量。固定资产的初始计量是指固定资产取得时的价值确定；固定资产的后续计量是指对固定资产的使用寿命、预计残值、各期折旧以及减值的确定。

1. 初始计量

固定资产按照成本进行初始计量，企业取得固定资产的途径和方法不同，对其成本的确定也有所差异。

（1）外购固定资产。其成本包括购买价款，相关税费，使固定资产达到预定可使用状态前所发生的可归属于该资产的运输费、装卸费、安装费和专业人员服务费等。

（2）自行建造固定资产。其成本则由建造该资产达到预定可使用状态前所发生的必要支出构成。

（3）投资者投入的固定资产。其成本应该按照投资合同或协议约定的价值确定，但合同或协议约定价值不公允的除外。

（4）盘盈的固定资产。如果存在同类或类似固定资产的活跃市场，则可以按照同类和类似固定资产的市场价格，减去该项固定资产的新旧程度估计的价值损耗之后的余额来确定；如果不存在同类或类似固定资产的活跃市场，则应该按该项固定资产的预计未来现金流量的现值作为入账价值。

（5）非货币性交易、债务重组、企业合并、融资租赁形成的固定资产。其价值应该参照相关的会计准则来确定。

2. 后续计量

固定资产的后续支出，是指固定资产在使用过程中发生的更新改造支出、修理费用等。固定资产在使用中还会发生各种支出。这些支出有的是为了改建、扩建、更新改造，有的是为了维护、改进固定资产的功能。一般来说，为了维护固定资产正常使用而发生的修理、保养费等后续支出，因与当期的收入相关，应该作为收益性支出，计入当期损益；为了提高固定资产的性能、质量或延长其使用寿命而发生的后续支出，应作为资本性支出，计入固定资产价值。

根据会计准则的规定，固定资产的更新改造等后续支出，满足固定资产确认条件的，应当计入固定资产成本，如有被替换的部分，应扣除其账面价值；不满足固定资产确认条件的修理费等，应当在发生时计入当期损益。企业将发生的固定资产后续支出计入固定资产成本的，应当终止确认被替换部分的账面价值。

企业的固定资产技术改造工程，是指对固定资产的技术改良、装饰、装修等工程。固定资产更新改造一般数额较大，收益期限比较长，而且通常会使固定资产的性能、质量等都有比较大的改进。在会计上，技术改造后的固定资产成本应该按照原有固定资产的原始价值减去技术改造中发生的变价收入，加上技术改造过程当中发生的支出。

二、固定资产折旧管理

(一) 固定资产折旧的含义

固定资产折旧，是指在固定资产的使用寿命内，企业按照确定的方法对应计折旧额进行系统分摊。企业购入固定资产的成本发生在某一会计期间，而固定资产的使用给企业带来的效益则覆盖了若干个会计期间。根据配比原则，固定资产的成本会随着其服务带来的收益而转化为费用，故固定资产成本应在其被使用的会计期间内分摊。固定资产的价值转移方式与原材料等存货的价值转移方式不同。固定资产在使用过程中，保持其原有的实物形态，其价值通过折旧的方式逐渐转移到企业的产品成本中去。从本质上看，折旧也是一种费用，只是这种费用没有在计提期间产生实际的货币资金付出，无论是从权责发生制，还是从配比原则讲，计提固定资产折旧都是必要的。

(二) 固定资产折旧范围

企业确定固定资产折旧的范围，就是要确定哪些固定资产应当提取折旧，哪些固定资产不应该提取折旧，什么时间提取折旧。

企业应当对所有使用中的固定资产提取折旧，但是以下情况除外：一是已经提足折旧仍继续使用的固定资产；二是按照规定单独估价作为固定资产入账的土地。

固定资产提足折旧后，无论是否继续使用，均不再计提折旧；提前报废的固定资产，也不补提折旧。

已达到预定可使用状态但尚未办理竣工决算的固定资产，企业应当按照估计价值确定其成本并计提折旧；待办理竣工决算后，再按照实际成本调整原来的暂估价值，但不要调整原已经计提的折旧额。

(三) 固定资产折旧额的影响因素

为了保证合理正确地计提固定资产的折旧，首先要了解影响折旧的因素有哪些。固定资产计提折旧时主要考虑三个因素：固定资产原值、预计使用年限和预计净残值。

1. 固定资产原值

固定资产原值是计提固定资产折旧的基数。有时固定资产的重置成本或估计成本也可以替代固定资产的原始成本，作为计算折旧的基数。

2. 预计净残值

预计净残值是指假定固定资产预计使用寿命已满并处于使用寿命终了时的预期状态，企业从该项资产处置中获得的扣除预计处置费用后的金额。企业应当根据固定资产的性质和使用情况，合理确定固定资产的使用寿命和预计残值。固定资产的使用寿命、预计残值一经确定，不得随意变更。换而言之，固定资产的预计净残值是指固定资产报废时可以收回的残余价值扣除预计清理费用后的数额。企业在计算折旧时，对固定资产的残余价值和清理费用应该合理估计，避免人为地通过调整残值而调整折旧额。固定资产的净残值额与固定资产原值的比率称为净残值率。企业应在有关规定范围内选用合适的残值率，作为计算净残值额的依据。

3. 预计使用年限

固定资产使用年限的长短直接影响各期应计提的折旧额。企业在确定固定资产使用年限时，应同时考虑固定资产的有形损耗和无形损耗。也可以说，固定资产有两种使用年限，即物质年限和经济年限。有时由于技术进步，固定资产在还没有达到其物质寿命之前，从经济上再继续使用就不合算了。因此，企业在预计使用年限时要综合考虑物质年限和经济年限。

（四）固定资产折旧的方法

固定资产的折旧方法，是指将应计折旧费用分摊于各使用期间的方法。企业应当根据固定资产的性质和消耗方式，合理地确定固定资产的预计使用年限和预计残值，并根据与固定资产有关的经济利益的预期实现方式，合理选择固定资产折旧方法。可以选用的折旧方法包括年限平均法、工作量法、双倍余额递减法和年数总和法。固定资产的折旧方法一经确定，不得随意变更。

1. 年限平均法

年限平均法又称为直线法，是将一项固定资产的应计成本在其预计年限内分摊的方法。它是折旧方法中最简单最常见的方法。在年限平均法中，每年和每月计提的固定资产折旧金额相等。采用这种方法，固定资产在一定的时期内应计提折旧额的大小，主要取决于固定资产原值和固定资产折旧年限两个基本因素。除此之外，固定资产报废清理时的预计净残值对它也有一定的影响。在综合考虑以上因素的前提下，我们可以得出固定资产折旧额的计算公式：

$$\text{固定资产年折旧额}=(\text{固定资产原始价值}-\text{预计净残值})\div\text{固定资产预计折旧年限}$$

$$\text{固定资产月折旧额}=\text{固定资产年折旧额}\div 12$$

在实际工作中，每月计提的折旧额是根据固定资产的原始价值乘以折旧率来计算的。折旧率是指固定资产在一定时期内的折旧额占用其原始价值的比重。计算公式如下：

$$\begin{aligned}\text{固定资产年折旧率}&=\frac{\text{固定资产年折旧额}}{\text{固定资产原值}}\times 100\%\\&=\frac{\text{固定资产原值}\times(1-\text{净残值率})}{\text{固定资产原值}\times\text{预计使用年限}}\times 100\%\end{aligned}\tag{9.12}$$

$$=\frac{(1-净残值率)}{预计使用年限}\times100\%$$

$$年折旧额=固定资产原值\times年折旧率 \tag{9.13}$$

用平均年限法计算折旧，最为简单方便，但是它只注重资产的使用时间，忽略了资产的各期使用情况。固定资产在各期的使用成本等于本期折旧和维修费用之和。企业用平均年限法计提折旧，各期的折旧金额是相等的。但固定资产在使用的早期年份，其维修保养费用一般比使用的后期年份低，这就造成固定资产各期使用成本负担不均匀。另外，直线法只注重固定资产使用时间的长短，而忽视固定资产的使用强度以及使用效率。比如，当月份产量高，每一单位产品分摊的费用低；反之，如果产量低，每单位产品分摊的费用就高。所以平均年限法并不平均。因此，不是所有的固定资产都适宜用直线法计提折旧。

2. 工作量法

工作量法是企业按固定资产所完成的工作量，计算应计提折旧额的方法。这种方法，一般适用于一些专用设备。完成的工作量因设备不同可按里程、工作小时或工作台班等来计算。

采用工作量法计提固定资产折旧的计算公式如下：

$$每一工作量折旧额=原价\times(1-残值率)\div预计总工作量$$

$$月折旧额=当月工作量\times每一工作量折旧额 \tag{9.14}$$

采用工作量法计提折旧，其优点是易于计算，简单明了，并使折旧的计提与固定资产的使用程度结合起来；其缺点在于这种方法只重视固定资产的使用，而没有考虑无形损耗对固定资产价值的影响。

3. 加速折旧法

加速折旧法是指为了加速资本投资的回收，企业对固定资产每期计提的折旧额，在使用初期要大于使用后期。加速折旧法的根据是：固定资产在早期能提供更多的服务，创造更多的收入，而早期所负担的维修保养费要比后期少，计提的折旧额呈逐年递减的趋势。我国会计准则规定的加速折旧方法有两种：

（1）双倍余额递减法

双倍余额递减法是指企业不考虑固定资产的残值，每年计提的固定资产折旧额是用两倍直线法的折旧率乘以固定资产的年初账面净值。折旧率和折旧金额的计算公式如下：

$$年折旧率=2\div预计使用年限\times100\%$$

$$年折旧额=固定资产年初账面净值\times年折旧率$$

由于双倍余额递减法不考虑固定资产的净残值，因此，企业在应用这种方法时，必须注意这样一个问题，即不能使固定资产的账面折余价值降低到它的净残值以下。因此，当某期用双倍余额递减法计算的折旧金额，小于用直线法计算的折旧额时，从此期起，要将未提足折旧额部分在剩余使用年限内平均计提折旧。

（2）年数总和法

年数总和法又称合计年限法，是以固定资产应提折旧的总额乘以固定资产的变动折旧率计算折旧额的一种方法。固定资产变动折旧率是以固定资产预计使用寿命的各年数列之和为分母，以各年年初递减尚可使用年数为分子求得的。折旧额的计算公式如下：

$$第\ T\ 年折旧额 = 固定资产折旧总额 \times \frac{使用年限 - T + 1}{(1 + 2 + 3\cdots\cdots + 使用年限)} \times 100\% \tag{9.15}$$

三、在建工程管理

企业生产经营所需的固定资产除了外购之外，还经常根据生产经营的特殊需要利用自有的人力、物力条件，自行建造，这种固定资产称为在建工程。

（一）在建工程的计价

原则上，在建工程应该按照建造过程中发生的全部支出确定其价值，包括材料、人工和其他税费等。在建工程按其实施方式不同可分为自营工程和出包工程两种。两种工程实施方式不同，其计价的方法也不尽相同。

对于自营工程来说，在建工程按照直接材料、直接工资、直接机械施工费以及所分摊的工程管理费等计价。具体为：

工程物质：比照存货有关外购材料的计价方法，但外购用的工程物质，其进项增值税应记入所购工程物质的成本。工程完工后剩余的工程物质如转作企业库存材料的，按其实际成本或计划成本转作企业的库存材料。如可以抵扣进项增值税的，应该按其减去进项增值税后的实际成本或计划成本转作企业的库存材料。盘盈、盘亏、报废和毁损的工程物质，减去保险公司、过失人赔偿后的差额，工程尚未完工的，记入或冲减工程项目的成本，工程已经完工的，不记入工程成本。

待安装的设备：比照固定资产的计价方法计价。

预付工程款：按照实际预付的工程款计价。

工程管理费用：按照实际发生的各项管理费用计价。

设备安装工程：按照所安装设备的原价、工程安装费用、工程试运行支出以及所分摊的工程管理费用等计价。

在建工程已达到可以使用的状态时，但尚未办理竣工决算的，应自达到预定可使用状态之日起，按照工程预算、造价或者工程实际成本等，根据估计的价值转为固定资产，并按照有关规定计提折旧，待办理了竣工决算手续后再进行调整。

对于出包的工程来说，其计价应按照应付工程价款进行计价。

（二）在建工程的日常管理

在建工程是企业一项重要的资产，往往涉及金额巨大，因此企业需要对其加强日常管理。事实上，企业的在建工程属于项目投资范畴，其管理也属于项目投资管理的组成部分，故应参照项目管理来组织日常管理。但其也有特殊性，企业还应抓好以下几方面的工作：

第一，制定在建工程管理制度。企业应该制定相关的在建工程管理制度明确在建工程的有关责权利，落实在建工程管理。

第二，做好日常记录。不论新建、改建、扩建或技术改造、设备制造、更新等，所发生的各种建筑工程或设备制造、安装等各项支出，在在建工程立项之前，都应纳入在建工程管理范围进行事前预算、可行性分析和论证决策，并按《企业会计准则》的要求进行会计核算。尤其是财务部门在企业上报的工程预算报告中，要根据企业的投资承受能力、投资回收年限和报告中数据的真实可靠性、核实有无计算错误等，为相关职能部门或领导的决策提供依据。

当企业开始进行在建工程建设时，企业在投资新建或改扩建项目时须遵照一定的程序进行审批和实施，以保证在建工程的责权利的落实与划分。企业对于建设工程项目施工单位的选择实行招投标制度管理，以保证工程的建设质量。同时企业应当编制工程投资预算，以提高工程预算的准确性。

第三，做好会计核算。在建工程建设时期，财务部门应当根据工程的施工具体进度，按照国家和企业有关的制度规定对在建工程正确地确认、计量和记录。

第四，加强审计工作。当工程完工后，企业应当编制工程项目的预决算书，报经相关审计核算单位审计。

第五，做好归档保管工作。当工程竣工验收后，企业应该将在建工程转为固定资产进行管理，将在建工程的相关资料进行存档保存。

第三节　无形资产管理

无形资产，是指企业拥有或者控制的没有实物形态的可辨认非货币性资产。其中，可辨认是指：①能够从企业中分离或者划分出来，并能单独或者与相关合同、资产或负债一起，用于出售、转让、授予许可、租赁或者交换；②源自合同性权利或其他法定权利，无论这些权利是否可以从企业或其他权利和义务中转移或者分离。

一、无形资产的分类和计价

1. 无形资产的分类

无形资产按照性质和具体内容，可以分为专利权、非专利技术、商标权、著作权、土地使用权、特许权。

专利权，是指专利权持有者对某一产品的造型、配方、结构、制造工艺或程序拥有专门的特殊权利。专利权给予持有者独家使用或控制的特权。

非专利技术，是指不为外界所知、在生产经营活动中已被采用了的、不享有法律保护的各种技术、资料、技能和经验等。非专利技术一般包括工业专有技术、商业贸易专有技术、管理专有技术等。非专利技术具有经济性、机密性和动态性等特点。

特许权，也称经营特许权或专营权，是指企业在其一地区经营或销售某种特定商品的权利或一家企业接受另一家企业使用其商标、商号、技术秘密等的权利。前者一般是由政府机构授权，准许企业使用或在一定地区享有经营某种业务的特权，如水、电、邮电通信等专利权、烟草专卖权等；后者是指企业间依照签订的合同，有限期或无限期使用另一家企业的某些权利，如连锁店、分店使用总店的名称等。

土地使用权，是指国家准许某企业在一定期间内对国有土地享有开发、利用、经营的权利。在我国，虽然任何单位和个人不得侵占、买卖或者以其他形式非法转让土地，但是企业可依法向政府土地管理部门申请并支付土地出让金后获得土地使用权。

商标权，是指商标权持有者专门在某类指定的商品或产品上使用特定的名称或图案的权利。商标一经注册登记，就有了使用该商标的专门权利，受到法律保护，他人不得在同种商品或类似商品上再冒用同样商标。

著作权，也称版权，是指作者以及其创作的文学、科学技术和艺术作品依法享有的某些特殊权利。著作权包括两方面的权利，即精神权利（人身权利）和经济权利（财产权利）。前者是指作者署名、发表作品、确认作者身份、保护作品的完整性、修改已发表的作品等项权利；后者是指以出版、表演、广播、展览、录制唱片、摄制影片等方式使用作品以及因授权他人使用作品而获得经济利益的权利。

2. 无形资产的计价

无形资产的计量分为初始计量和后续计量。

（1）无形资产的初始计量

无形资产的计价应当按照成本进行初始计量。无形资产应按照取得来源分别计量，确认入账价值。

外购无形资产的成本，包括购买价款、相关税费以及直接归属于使该项资产达到预定用途所发生的其他支出。

自行开发的无形资产，其成本包括自无形资产项目满足无形资产确认条件以及在其开发阶段支出满足确认条件确认为无形资产的条件后至达到预定用途前所发生的支出总额。

投资者投入的无形资产的成本应按照投资合同或协议约定的价值确定。

非货币性交易、债务重组、企业合并、接受政府补助等方式取得的无形资产按照相应的会计准则确定其成本。

（2）无形资产的后续计量

企业在取得无形资产后，应分析判断其使用寿命。无形资产的使用寿命为有限的，应当估计该使用寿命的年限或者构成使用寿命的产量等类似计量单位数量；无法预见无形资产为企业带来经济利益期限的，应当视为使用寿命不确定的无形资产。

使用寿命有限的无形资产，其应摊销金额应当在使用寿命内系统合理摊销，摊销金额一般应当计入损益。使用寿命不确定的无形资产不应摊销。无形资产发生减值应按照资产减值会计准则相关规定进行处理。

二、无形资产投资

1. 无形资产投资的特点

无形资产投资已经成为企业扩大再生产的重要方式。无形资产投资与有形资产投资相比较，具有以下特点：

（1）耐磨性。无形资产磨损只有无形磨损，没有有形磨损。只要没有更为先进的无形资产出现，现有的无形资产将被永远使用。而且随着无形资产作用的加强，它自身的价值会越来越高。

（2）高风险性。由于受各种因素的制约，无形资产投资的调研结论的难度比有形资产投资大得多，企业对无形资产项目的前景如何，能否顺利投产、生产，产品销路如何等一系列关键问题难以了如指掌，因此风险大。

（3）高投入性。无形资产具有高效性，同时企业也必须付出高额代价。一般是企业一次性投入高额资金，分期性收回报酬，且收回报酬还存在不确定性。

（4）创新性。无形资产开发带来的最直接成果是企业产品的更新换代。国内外企业发展的实践表明，凡是注重技术发明创造与开发的企业，其产品的更新速度就很快。

因此，无形投资管理对企业来说，十分重要，也十分必要。

2. 无形资产投资管理

企业进行无形资产投资必须从选定项目起，依据科学的程序进行充分论证，以便减少投资的盲目性。为了在错综复杂的经济环境中减少无形资产的投资风险，增加成功的概率，企业在无形资产投资管理中，应做好以下几方面的工作：

第一，投资项目的确定要适应环境的需要。无形资产项目要纳入企业的整个投资计划中，投资目标的确定既要考虑国家宏观经济发展的需要，又要与企业所处的周边环境相适应，如资源状况、生产布局和市场要求等，因为这些因素的变化会影响无形资产项目投资成功的可能性。同时，企业还要考虑企业内部环境对无形资产投资带来的影响，如无形资产研制人员的技术、知识水平，无形资产发挥作用的有形资产状况，本企业与国内外先进企业技术水平上的差距等因素，这些都会影响企业选定何种无形资产投资项目作为首选目标。无形资产投资不仅要有技术上的保障，还要有资金的支持，无形资产投资项目要纳入企业财务收支计划。

第二，投资方向的选样既要先进又要适应。一项无形资产对于某个国家或某个地区来说，可能已是普及的、中间水平的，但对其他国家和地区来说，仍可能是先进的、高水平的。对于我国企业而言，先进的无形资产是对高于现有技术水平的无形资产的统称，既包括国内外尖端技术，也包括发达国家或地区已经普及但我们却尚未掌握的技术。无形资产一经使用，就需要企业具备高级的技术人才和高素质的职工队伍与之相适应，否则再先进的无形资产也难以发挥作用。因此，企业在选择无形资产投资方向时，应将先进性建立在适用性的基础上。

第三，投资项目的选择要进行可行性论证。企业进行无形资产投资无论是购进还是自行开发，都要做充分的论证，进行科学的可行性研究，才能做出选择。企业在进行可行性论证过程中，一方面要发扬民主，广泛听取意见，特别是听取工程技术人员、管理人员及其他人员的意见；另一方面要利用现代科学的决策程序和决策方法，通过市场调查收集各种信息资料，预测无形资产投资相关的要素，对无形资产投资项目做出科学合理的决策。

三、无形资产日常管理

企业对无形资产的管理，必须根据无形资产的作用与特点，按照保护财产安全，充分发挥其潜能，不断提高经济效益的原则进行。

1. 正确认识无形资产

企业要管好用好无形资产，首先要正确认识、充分重视无形资产。企业要明确无形资产对企业生产经营成败的利害关系。无形资产的取得和收回，比有形资产具有更大的复杂性和艰巨性；并且，无形资产的损失对企业经营成果的影响比有形资产的损失的影响更深远。因为，企业一旦丧失无形资产，不仅会长期影响企业的经营成果，而且还要花费较长时期和用几倍乃至更大的代价才能得到弥补和恢复。

2. 重视无形资产的投资

无形资产有使用价值和价值，因而企业为取得或形成无形资产必然要付出一定的代价。企业要像重视有形资产投资一样，重视无形资产的投资。企业应从提高企业经济效益和提高商品或产品的竞争能力、开拓市场出发，研究无形资产的投资方向和投资规模。企业对无形资产的投资要遵循投入和产出、长远利益和眼前利益相结合的原则，切实做好无形资产投资的可行性研究，进行充分的技术经济论证，认准目标，积极投资。

3. 保护无形资产

形成和积累无形资产的任务是艰巨的，保护和发展无形资产需要付出更大的代价。无形资产的作用是通过企业的有形资产或经营服务的质量等体现出来的，如果企业忽视了商品或服务质量，不恪守合同约定，发生有损于企业信誉的行为都会导致无形资产的损失和丧失。一项无形资产体现了企业的知名度、可信度等，企业创之不易，毁之则易，所以企业必须从生产经营的商品品种、规格、质量、售前和售后服务等方面完善运行和保护机制。此外，保护和发展无形资产，还要求企业对于无形资产的开发研究以及购置、吸收、让渡等交易行为均运用法律手段进行，以杜绝侵权伤害，合理保护企业的经济利益。

4. 提高无形资产使用效果

创立和积累无形资产的基本目的是取得更大的经济效益。因而，企业要充分利用已有的无形资产，主动开拓各项业务：如利用无形资产尽可能地筹集资金；充分利用企业的商标，在材料购进、货源占有、价格与结算等方面取得优惠；充分利用专利权、商标权等无形资产，积极发展企业间的横向联合；对现有无形资产有偿转让等。

无形资产的管理，是企业财务管理的重要课题，有待于在实践中不断总结经验，提高管理水平。

课后思考与练习

一、思考题

1. 项目评价的方法有哪些？熟悉各个指标所代表的经济含义及它们之间的联系与区别。

2. 为什么投资决策中广泛应用现金流量指标而非利润指标？现金流量的估计需要考虑哪些因素？

3. 所得税和折旧对现金流量的影响具体体现在哪些方面？

4. 自行研发的无形资产如何核算？研发支出资本化的条件有哪些？

二、练习题

1. 某公司有一投资项目，该项目投资总额为 8 200 万元，其中 7 200 万元用于设备投资，1 000 万元用于垫支流动资金。预期该项目当年投产后可使销售收入增加，具体为第一年 4 200 万元，第二年 5 000 万元，第三年 6 000 万元。每年追加的付现成本为第一年 1 400 万元，第二年 1 800 万元，第三年 1 600 万元。该项目有限期为三年，该公司所得税税率为 30%，固定资产无残值，采用直线法计提折旧，公司要求的最低报酬率为 10%。要求：

（1）估计该项目的税后现金流量（现金净流量计算）。

（2）计算该项目的净现值（净现值法）。

如果不考虑其他因素，该项目是否应被接受。

2. 设企业的资本成本为10%，现有三项投资项目。有关数据如表9.11所示：

表9.11　三项投资项目相关数据　单位：万元

年份	A项目			B项目			C项目		
	净收益	折旧	现金流量	净收益	折旧	现金流量	净收益	折旧	现金流量
0			(20 000)			(9 000)			(12 000)
1	1 800	10 000	11 800	(1 800)	3 000	1 200	600	4 000	4 600
2	3 240	10 000	13 240	3 000	3 000	6 000	600	4 000	4 600
3				3 000	3 000	6 000	600	4 000	4 600
合计	5 040		5 040	4 200		4 200	1 800		1 800

注：表内使用括号的数字为负数。

请分别用净现值法、获利指数法、内含报酬率法评价这三项投资项目。应该保留哪些项目，而放弃哪些项目？

3. 某企业有一旧设备，工程技术人员提出更新要求，有关数据如表9.12所示：

表9.12　新旧设备相关数据对比分析　单位：万元

	旧设备	新设备
原值	2 000	2 500
预计使用年限	10	10
已经使用年限	3	0
最终残值	150	350
变现价值	500	2 500
年运行成本	600	500

问：假设企业要求的必要报酬率为15%，请分析企业应该继续使用旧设备还是更新设备？

4. 假设公司资本成本是10%，有A和B两个互斥的投资项目。A项目的年限为6年，净现值为14 872万元，内含报酬率为19%；B项目的年限为3年，净现值为8 059万元，内含报酬率为31%。两个项目的现金流量分布如表9.13所示：

表9.13　两个项目的现金流量分布　单位：万元

项目		A		B		重置B	
时间	折现系数（10%）	现金流	现值	现金流	现值	现金流	现值
0	1	−42 000	−42 000	−19 800	−19 800	−19 800	−19 800
1	0.909 1	14 000	12 727	8 000	7 273	8 000	7 273
2	0.826 4	9 000	7 438	14 000	11 570	14 000	11 570
3	0.751 3	15 000	11 270	12 000	9 016	−3 800	−2 855

表9.13(续)

项目		A		B		重置B	
4	0.683 0	12 000	8 196			8 000	5 464
5	0.620 9	10 000	6 209			14 000	8 693
6	0.564 5	16 000	9 032			12 000	6 774
净现值			12 872		8 059		17 119
内含报酬率		19%		31%			

问：请分别用共同年限法和等额年金法选出优选项目。

第十章　对外长期投资管理

学习目标

要求学生通过本章学习，了解三种主要对外长期投资的目的与种类，熟悉各类对外长期投资的特点和投资程序，掌握投资的收益—风险分析方法。

本章内容

股票投资：股票投资的目的和特点，股票投资的形式，股票投资的收益，股票投资的风险，股票投资的评价；**债券投资**：债券投资的目的和特点，债券的认购，债券投资的收益，债券投资的风险，债券投资的评价；**基金投资**：基金投资的目的和特点，投资基金的种类，基金投资收益分析，基金投资的评价。

企业筹集的资金，除了用于自身扩大再生产之外，还可以对外进行投资。对外投资是指企业以货币资金、实物资产、无形资产等向其他单位进行投放的行为，包括长期投资和短期投资。对外短期投资主要表现为有价证券投资，其管理已在第八章作了阐述。本章主要研讨对外长期投资与管理的相关问题。

第一节　股票投资

股票投资是指企业将资金投向其他企业所发行的股票。企业投资于股票，自然就成了发行公司的所有者，拥有对股份公司的重大决策权、盈利分配要求权、剩余财产求索权和股份转让权等。通常情况下，企业进行股票投资会获得较高的收益，但却要承担较大的风险。

一、股票投资的目的和特点

1. 股票投资的目的

企业进行股票投资，其主要目的包括：

（1）暂时存放闲置资金。企业一般都持有一定量的有价证券，以替代数量较大的非盈利的现金余额，并在现金流出超过现金流入时，出售有价证券，增加现金。一般而言，企业对短期证券的投资在多数情况下都是出于预防的需要，以防银行信用的短缺。

（2）获利的需要。企业将暂时不用的资金投资于有价证券，获取股利收益及股票买卖差价收入。当企业短缺资金时，也可以卖出有价证券，获得现金。

（3）获得对相关企业的控制权。有些企业往往会从战略上进行考虑，通过购买某一企业的大量股票以达到控制该企业的目的。例如，一家钢铁企业欲控制一家矿山企业，以便获得稳定的材料供应。这时，该企业便可以动用一定的资金去购买这家矿山企业的股票，直到其所拥有的股权能控制这家矿山企业为止。

2. 股票投资的特点

股票投资一般具有以下特点：

（1）权益性投资。股票反映的是一种产权关系，是代表所有权的凭证。企业购买了股票，就成了发行公司的股东，可以参与发行公司的经营决策，在发行公司享有选举权和表决权。

（2）风险大、收益不稳定。股票投资的收益主要取决于股票发行公司的经营状况和股票市场的行情。随着股票市场价格的波动，投资者既可以在这个市场上赚取高额利润，也可能会损失惨重，甚至血本无归。而若发行公司破产，由于股东的求偿权在债权人之后，股东可能部分甚至全部不能收回投资本金。

（3）价格波动幅度大。股票价格高低除取决于公司经营和利润分配状况外，还受政治、经济、社会等多种因素的影响，因而股票价格经常处于变动之中。而股票价格的波动，为股票投资者获取收益创造了条件。

二、股票投资的形式

股票按投资者享有的权利不同，可分为普通股股票和优先股股票两种。企业投资于普通股，股利收入不稳定，投资于优先股则可获得固定的股利收入。因此，普通股股票价格比优先股股票价格的波动要大，风险相对较高，但一般能获得较高收益。

企业投资于股票所采取的形式，主要有以下三种：

1. 购买原始股票

企业充当新的股份公司发起人，可获得新公司的原始股票。企业充当新公司发起人，投资风险较大，所需资金多，但新公司一旦创建和经营成功，发起人往往可获得超过正常投资收益的创业利润。

2. 一级市场购买股票

企业可通过在一级市场认购法人股来进行投资。法人股一般价格较低，不同股票收益差异较大，而且法人股流通性较差，比较适合进行长期投资。

3. 二级市场购买股票

企业可通过在二级市场上购买上市公司的股票，来实现股票投资。上市公司股票往往价格较高，收益较低，但上市公司股票流通性好，企业需要资金时随时可将股票变现，有时利用证券市场的价格波动，还可以获得较大的价差收益。

三、股票投资的收益

投资者进行股票投资的最终目的是为了取得投资收益。股票投资的收益由股利收益、股票再投资收益和转让价差收益三部分构成。长期股票投资收益以股利收益为主。不同股票其股利收益计算方法不同。

1. 优先股收益

优先股是具有某些优先权，同时又丧失某些权利的股份。一般情况下，优先股的主要优先权表现在：在普通股之前优先分得股利；企业清算时，在普通股之前优先分割剩余财产。但是，优先股投资收益不能随公司利润的不断增长而增加，投资人没有表决权，没有参与公司经营管理权。

优先股的收益具有相对稳定的特点，只要被投资公司有利润可供分配，优先股股东就可以在普通股股东之前按固定利率分得股利。即使公司某些年份无利润可分，或不能按固定利率分配全部优先股股利，被投资公司也要把应分而未分的股利累积起来，待公司有利润时再予以分配。在优先股股东得到全部应得股利之前，普通股股东不得分配股利。优先股股利计算公式如下：

优先股股利=优先股面值×固定股利率

2. 普通股收益

普通股收益由两部分构成：一是股份公司分派的股利，二是因证券市场股价上升而增长的价值。因此，普通股收益率的大小，一方面取决于股票发行公司分派的现金股利，另一方面取决于证券市场中该股票的市价。但是，如果企业对购入的股票打算永久持有，则股票的收益便只有永续的现金股利。

衡量普通股收益水平高低的指标，主要是普通股收益率，其计算方法如下：

$$v = \sum_{t=1}^{n} \frac{D_t}{(1+i)^t} + \frac{F}{(1+i)^n} \tag{10.1}$$

式中，v 为股票购买价格；D_t为第 t 年获得的股利；F 为股票转让价格；n 为股票持有年限；i 为股票收益率。

不同公司的股票，其投资收益会有较大的差异。有的公司股利比较稳定而优厚，其股价也比较稳定，企业投资于这种公司股票，一般来说风险较低，并能定期获得稳定的股利收入，这种股票较适合于不想冒太大风险的投资者进行投资；有的公司股利不稳定，其经济效益具有较大的波动性，股价的起伏也较大，企业投资于这种股票的风险较大，但在二级市场上可能会取得较大的价差收益，这种股票比较适合于敢于冒险的投资者进行投资。

四、股票投资的风险

影响股票价值的因素很多，除了公司内部因素外，还有大量的外部因素。也正因为这样，股票投资包含着很大的风险，既有来自公司内部的经营风险和财务风险，也有来自公司外部的政治、军事、经济和市场风险。防范风险是股票投资的重要内容。

1. 公司风险

公司风险主要包括经营风险和财务风险。当股票发行公司的经营效益欠佳时，投资者将遭受股利收益下降的损失。如果此时公司的负债较多，投资者还需承担财务杠杆损失，股利收益进一步下降，股票的投资价值必然随之降低。公司风险的大小主要取决于公司的行业发展前景、市场竞争力、公司经营状况、财务状况、盈利能力及股利政策等。

2. 政治军事风险

国家的一些政治事件、军事冲突的发生，必然引起证券市场的剧烈动荡，甚至使证券市场的正常交易无法进行，投资者往往会因此遭受巨大的损失。

3. 经济风险

经济风险是指由宏观经济形势、经济政策、利率及汇率的变化等经济因素给股票投资收益造成的不确定影响。在经济萧条阶段，经济整体滑坡，百业不振，由于预期公司经营状况在一定时期内难以扭转，投资者纷纷退出股市，股价下跌；在经济复苏阶段，经济环境开始好转，公司经营业绩有所上升，由于预期公司经营状况将进一步得到改善，投资者纷纷回到股市开始吸纳股票，股票价格随之回升；在经济繁荣阶段，市场需求量不断增长，公司投资规模扩大，经营业绩持续攀升，投资回报也在增长，激发了投资者的投资热情，进而推动股票价格的大幅上扬；在经济衰退阶段，经济过热引发的矛盾纷纷暴露出来，经济开始下滑，公司普遍出现产品滞销、资金周转困难的局面，经济效益大幅下降，越来越多的投资者抛售股票，股价随之滑落。

五、股票投资的评价

1. 股票投资的优点

股票投资是一种最具有挑战性的投资，其收益和风险都比较高。股票投资的优点主要有：

（1）能够获得较高的投资收益。普通股票的价格虽然变动频繁，但从长期看，优质股票的价格总是上涨居多，投资者只要选择得当，都能够取得优厚的投资收益。

（2）能适当降低购买力风险。普通股的股利不固定，在通货膨胀率比较高时，由于物价普遍上涨，股份公司盈利增加，股利的支付也随之增加。因此，与固定收益相比，普通股能有效地降低购买力风险。

（3）拥有一定的经营控制权。普通股股东是公司的所有者，有权监督和控制公司的生产经营情况。

2. 股票投资的缺点

（1）求偿权居后。普通股股东对公司资产和盈利的求偿权均居于最后。公司破产时，股东原来的投资可能得不到全额补偿，甚至一无所有。

（2）股票价格不稳定。普通股的价格受众多因素影响，很不稳定。政治因素、经济因素、投资人心理因素、企业的盈利情况、风险情况，都会影响股票价格，这也使股票投资具有较高的风险。

（3）股利收入不稳定。普通股股利的多少，视企业经营状况和财务状况而定，其收益的风险也远远大于固定收益证券。

第二节　债券投资

债券是指政府、银行或公司向社会公开筹借资金而发行的，约定在一定期限内还本付息的有价证券。债券投资是指企业将资金投向各种各样的债券。例如，企业购买国库券和公司债券等都属于债券投资。

一、债券投资的目的和特点

与股票投资相比，债券投资的目的是获得稳定的收益，其投资风险较小。债券投资作为一种重要的融资手段和金融工具，有以下特点：

1. 期限性

债券投资一般具有期限的限制，要求债券必须到期偿还本金，具有一定的时间性。

2. 流动性

债券具有可及时转换为货币资金的能力。这种流动性往往受债券期限性长短、发行单位的信誉、利率的形式及债券市场发行程度等因素的影响。

3. 安全性

债券具有避免市场价格波动引起价值损失的能力。

4. 收益性

债券的收益主要表现在两个方面：一是债券投资带来定期或不定期的利息收入；二是债券卖出价高于买入价的价差收益。

二、债券的认购

债券种类繁多，发行单位各异，其投资风险和收益也不尽相同，因此，企业投资债券时必须做出综合考虑。

1. 是否进行债券投资的决策分析

企业是否进行债券投资取决于投资收益、投资风险等多因素的综合，具体而言，主要是分析如下内容：

（1）债券投资收益分析。取得投资收益是进行债券投资的重要依据，是进行债券投资决策的首要因素。一般而言，企业应事先计算债券投资收益水平，并和预期投资收益率相比较，做出是否进行债券投资的决策。

（2）债券投资风险分析。债券相对于股票而言，尽管其风险相对较小，但仍然存在着债券发行单位的违约风险、财务风险和市场利率风险、购买力风险等。

（3）债券投资资金的可行性。资金充裕是企业进行债券投资的前提和基础。企业在进行债券投资之前，必须对企业资金的性质、期限等指标进行分析，以便做出合理的决策。

2. 债券投资对象的决策分析

债券投资对象比较广泛，从发行主体划分包括政府债券、金融债券、企业债券；从时间划分包括长期债券、短期债券等。企业对债券投资对象的选择主要是权衡债券的投资收益和投资风险的关系，尤其是对债券投资风险的分析更为重要。

企业在购买债券之前，首先必须对债券发行单位的资信水平进行考察和分析，并确定其信用等级。通常这项工作由专门的证券评估机构进行，企业可以此作为债券投资选择的出发点。

3. 债券投资结构的决策分析

债券的投资结构是指差异性债券品种的搭配与协调问题，它体现了投资多元化的原则。合理的债券投资结构有利于企业分散投资风险、提高投资收益。债券投资结构主要包括：

（1）债券投资种类结构。企业如果将资金集中于某一种债券投资，收益高时风险大，而风险低时收益也小，并不能实现收益和风险的最佳协调。企业通过多元化分散投资，则可以突破投资单一债券的缺陷。债券投资种类的选择主要是固定收益的债券和浮动收益债券之间的选择以及国库券、金融债券和企业债券之间的选择等问题的决策。

（2）债券的期限结构。一般来说，债券的收益与债券的期限成正比关系，投资期限越长，投资收益率相对越高。另外，债券的风险与债券的期限也成正比关系，即时间越长，债券的期限风险越大。因此，企业应通过投资不同期限的债券进行协调，实现风险与收益的均衡。

三、债券投资的收益

（一）债券投资收益的内容

企业投资债券的目的是到期收回本金的同时得到固定的利息。债券的投资收益主要包含以下方面的内容：

（1）债券利息收益。债券各期的名义利息收益都是其面值与票面利率的乘积。

（2）债券利息再投资收益。债券投资评价时，有两个重要的假定：第一，债券本金是到期收回的，而债券利息是分期收取的；第二，将分期收到的利息重新投资于同一项目，并取得与本金同等的利息收益率。

例如，某5年期债券面值为1 000元，票面利率为10%。如果每期的利息不进行再投资，5年共获利息收益500元。如果企业将每期利息进行再投资，第一年获得利息收入100元；第二年1 000元本金获利息100元，第一年的利息100元在第二年又获利息收益10元，第二年共获利息收益110元；依此类推，到第5年年末累计获利息610.5元。事实上，按10%的利率水平，1 000元本金在第5年年末的复利终值为1 610.5元，按货币时间价值的原理计算债券投资收益，就已经考虑了再投资因素。但是，企业在取得再投资收益的同时，承担着再投资风险。

（3）债券价差收益。债券价差收益指债券尚未到期时投资者中途转让债券，在转让价格与转让时的理论价格之间的价差上所获得的收益，也称为资本利得收益。

（二）债券投资收益的计算

衡量债券收益水平的尺度为债券投资收益率，即在一定时期内债券投资收益与投入本金的比率。决定债券投资收益率的主要因素有债券的票面利率、期限、面值、持有时间、购买价格和出售价格。这些因素中，只要有一个因素发生变化，债券收益率也会发生变化。另外，债券的可赎回条款、税收待遇、流动性及违约风险等属性也不同程度地影响着债券的收益率。

1. 持有期的收益率

持有期收益率指企业买入债券后持有一段时间，又在债券到期前将其出售而得到的收益率。它包括持有债券期间的利息收入和资本损益。

$$\text{持有期收益率}=\frac{\text{债券年利息}+（\text{债券卖出价}-\text{债券买入价}）/\text{持有年限}}{\text{债券买入价}}\times 100\%$$

［例10.1］甲公司于2002年1月1日以120元的价格购买了乙公司发行的面值为100元，利率为10%，每年1月1日支付一次利息的10年期公司债券，持有到2008年1月1日，以140元的价格卖出，其持有期收益率为多少？

$$\text{持有期收益率}=\frac{100\times 10\%+（140-120）/5}{120}\times 100\%=11.67\%$$

2. 到期收益率

到期收益率又称最终收益率，一般的债券到期按面值偿还本金，所以随着到期日的临近，债券价格会越来越接近面值。

（1）短期债券到期收益率

对于剩余流通年限在一年以内（含一年）的债券的到期收益率的计算：

$$持有期收益率=\frac{债券年利息+（债券面值-债券买入价）/剩余到期年限}{债券买入价}\times 100\% \tag{10.2}$$

［例 10.2］某公司 2007 年 1 月 1 日以 102 元的价格购买了面值为 100 元，利率为 10%，每年 1 月 1 日支付一次利息的 2003 年发行的 5 年期国库券，持有到 2008 年 1 月 1 日，则：

$$持有期收益率=\frac{100\times 10\%+（100-102）/1}{102}\times 100\%=7.84\%$$

（2）长期债券到期收益率

对于剩余流通年限在一年以上的债券的到期收益率的计算，类似于项目投资中内含报酬率的计算，即求使未来现金流入现值等于债券买入价格的贴现率。

$$P_v=\frac{I}{(1+y)^1}+\frac{I}{(1+y)^2}+\cdots\cdots+\frac{I}{(1+y)^t}+\frac{m}{(1+y)^t} \tag{10.3}$$

式中，y 为到期收益率；m 为债券面值；P_v 为债券买入价；t 为剩余的付息年限；I 为当期债券票面年利息。

公式可转化为：

$$P_v=I\times(P/A,\ Y,\ t)+M\times(P/F,\ Y,\ t) \tag{10.4}$$

［例 10.3］假定投资者目前以 1 075.92 元的价格，购买一份面值为 1 000 元、票面利率为 12%的 5 年期债券，投资者将该债券持有至到期日，有：

$$1\ 075.92=120\times(P/A,\ Y,\ 5)+1\ 000\times(P/F,\ Y,\ 5)$$

解之得：$y=10\%$。

同样原理，如果债券目前购买价格为 1 000 元或 899.24 元，有 $y=12\%$ 或 $y=15\%$。

四、债券投资的风险

债券投资与其他投资一样，在获得未来投资收益的同时，也要承担一定的风险。债券投资要承担的风险主要有违约风险、利率风险、流动性风险、通货膨胀风险和汇率风险等。

1. 违约风险

违约风险是指债券的发行人不能履行合约规定的义务，无法按期支付利息和偿还本金而产生的风险。不同种类的债券违约风险是不同的。一般来讲，政府债券以国家财政为担保，一般不会违约，可以看作是无违约风险的债券；由于金融机构的规模较大并且信誉较好，其发行的债券的风险较政府债券高但又低于企业债券；企业的规模及信誉一般较金融机构差，因而其发行的债券的违约风险较大。

评价一种债券违约风险的大小，通常通过对债券的信用评级进行认定。按照国际惯例，债券的信用等级一般是四等十二级，信用等级较高的债券违约风险要比低信用等级的债券小。但是，由于在未来较长的期间内，企业的经营状况可能会发生变化，其债券的信用等级也会有所改变。

2. 利率风险

利率风险是指由于市场利率上升而引起的债券价格下跌，从而使投资者遭受损失的风险。债券的价格随着市场利率的变动而变动。一般来说，市场利率上升，会引起债券市场价格下跌；市场利率下降，会引起债券市场价格上升。不同期限的债券，利率风险也不一样。一般来说，期限越长，利率风险也越大。

3. 流动性风险

流动性风险是指债券持有人在出售债券获取现金时，其所持债券不能按目前合理的市场价格出售而形成的风险，又称变现力风险。如果一种债券能在较短的时间内按市价大量出售，则说明这种债券的流动性较强，投资于这种债券所承担的流动性风险较小；反之，则说明其流动性较差，投资者会因此而遭受损失。一般来说，政府债券以及一些著名的大公司债券的流动性较高，而不为人们所了解的小公司的债券的流动性就较低。

4. 购买力风险

购买力风险又称通货膨胀风险，是指由于通货膨胀而使债券到期或出售时所获得的现金的购买力减少的风险。在通货膨胀比较严重时期，通货膨胀风险对债券投资者的影响比较大，因为投资于债券只能得到一笔固定的利息收益，而由于货币贬值，这笔现金收入的购买力会下降。一般而言，在通货膨胀情况下，固定收益证券要比变动收益证券承受更大的通货膨胀风险，因此，公司债券被认为比普通股票有更大的通货膨胀风险。

5. 汇率风险

汇率风险是指由于外汇汇率的变动而给外币债券的投资者带来的风险。当投资者购买了某种外币债券时，本国货币与该外币的汇率变动会使投资者难以确定未来的本币收入。如果在债券到期时，该外币贬值，就会使投资者遭受损失。

6. 期限风险

期限风险是指由于债券期限越长而给投资者带来的风险。一项证券投资的到期日越长，投资者面临的不确定性因素就越多，所承担的风险也就越大。

五、债券投资的评价

1. 债券投资的优点

（1）投资风险较小。与股票相比，债券投资风险比较小。政府发行的债券有国有财力作后盾，其本金的安全性非常高，通常视为无风险证券。企业债券的持有者拥有优先求偿权，即当企业破产时，优先于股东分得企业资产，因此其本金损失的可能性小。

（2）收益比较稳定。债券票面一般都标有固定利息率，债券的发行人有按时支付利息的法定义务。因此，在正常情况下，投资者投资于债券都能获得比较稳定的收入。

（3）变现力较强。许多债券都具有较好的流动性，涉及大企业发行的债券一般都可在金融市场上迅速出售，及时变现，流动性较高。

2. 债券投资的缺点

（1）购买力风险较大。债券的面值和利息率在发行时就已确定，如果投资期间的通货膨胀率比较高，则本金和利息的购买力将不同程度地受到侵蚀。在通货膨胀率非常高时，投资者虽然名义上仍有收益，但实际上不可避免地会遭受损失。

（2）缺少经营管理权。投资者投资于债券，只能获得一定的收益，而无权对债券发行单位进行影响和控制。

第三节 基金投资

投资基金，在美国称为共同基金，在英国称为信托单位。基金投资是一种利益共享、风险共担的集合投资制度，由基金发起人以发行收益证券形式汇集一定数量的具有共同投资目的的投资者的资金，委托基金托管人托管，基金管理人管理和运用资金，进行各种分散的投资组合，并将投资收益按基金投资者的投资比率进行分配的一种间接投资方式。

一、基金投资的目的和特点

基金投资的目的就是将社会上众多投资者的零散资金聚集成一定规模的数额，由指定的信托机构保管和处分基金资产，并由指定的基金经理公司（也称为基金管理公司）负责基金的投资运作，投资者按出资的比例分享投资收益，并共同承担投资风险。

基金投资包括如下特征：

1. 基金投资具有规模经营、专家理财的特征

基金投资是由发起人设计并通过向社会发行基金受益凭证的方式募集基金资金，将社会上众多投资者的零散资金集成一定的规模数额，设立基金，由投资基金公司的专业化人员进行的专业化理财行为。它避免了单一投资者资金受限、能力不足的缺陷。

2. 基金的份额用“基金单位”表达

它是确定投资者在某一投资基金中所持份额的尺度。基金公司将初次发行的基金总额分成若干等额的整数份，每一份即为一个基金单位，表明认购基金所要求达到的最低投资金额。

3. 基金投资是一种间接投资

投资者不直接控制自己的资金的具体运作，而是通过股份或投资受益凭证，由指定的基金保管机构（基金托管人）保管和处分基金资产，指定的基金经理公司（基金管理人）负责基金的投资运作，投资者只按照出资比例分享投资收益并承担风险。

4. 基金投资是一种长线投资

基金投资的时间都比较长，一两年为短线投资，三四年为中线投资，五至十年为长线投资。投资者不能随意抽回自己的投资。因为，即使基金在投资与赎回之间的短暂期限里赚了钱，但若立即赎回，所赚的钱也会被佣金等费用支出所抵销。

5. 基金投资是一种国际性投资

通过基金投资，投资者不仅可投资于本地区、本国金融市场上的所有金融品种，而且可以进行跨国投资，实现资金的离岸化，且不受所在地政治、经济变化的影响，因而可以保证投资的安全性和可靠性。

二、投资基金的种类

投资基金从不同的种类划分，可划分为不同的种类。

1. 按投资基金的组织形态分类

按组织形态，投资基金可分为契约型基金和公司型基金。

契约型基金又称为信托型基金，是基于一定的信托契约而联结起来的代理投资行

为，是发展历史最为悠久的一种投资基金。在契约型基金运作中，受益人、管理人和托管人三者作为基金的当事人，管理人和信托人通过签订信托契约的形式发行受益凭证而设立。委托人是投资基金的设定人，负责设定、组织基金，发行受益凭证募集社会资金，把所筹资金交由受托人管理，同时进行投资和信托的营运。受托人一般为信托公司或银行，根据信托契约规定，具体办理证券和现金的管理及其他有关的代理业务和核算业务。受益人是基金凭证的持有人，是参加基金投资、享有投资收益分配的投资者。

公司型投资基金是按公司法组建股份有限公司而构建的代理投资组织，公司型基金本身就是一个基金股份公司，通常称为投资公司。投资公司以发行股份的方式募集资金，投资者通过购买该公司的股份成为该公司的股东，凭其持有的基金份额依法享有投资收益。股东大会选出董事会，监督基金资产的运用，负责基金资产的安全与增值。

契约型基金的大众化程度较高，公司型基金的经营比较稳定，两种形式的基金各有优劣。各国的证券投资信托制度均以这两种组织形式为基本模式。英国的单位信托基金以契约型基金为主，美国的共同基金以公司型基金为主，我国的投资基金多属于契约型基金。

2. 按基金发行的限制条件分类

按发行的限制条件，基金可分为封闭式基金和开放式基金。

封闭型基金（Close—end Fund）是指基金的发起人在设立基金时，限定了基金单位的发行总额和发行期限，在募集期间结束和达到基金发行限额后，基金即宣告成立，并进行封闭，在封闭期内发起人不再追加发行新的基金单位，也不可赎回原有的基金单位。

开放型基金（Open—ell Fund）是指基金发起人在设立基金时，对基金单位的总数不固定，可视经营策略和发展需要追加发行，对发行期限也没有限定。投资者可以根据市场状况和各自的投资决策，随时按现期净资产值扣除手续费后赎回股份或受益凭证，或者再买入股份或收益凭证，增加基金单位份额的持有比例。因此开放型基金也叫可赎回基金。

在市场流通方面，封闭型基金采用证券交易所上市的方式，基金募集完毕上市后，投资者要购买或转让基金，都要通过证券经纪商在二级市场上竞价交易。可以说，封闭型基金类似于普通股票，交易价格受供求关系影响。开放型基金在国家规定的营业场所申购，投资者通过基金经理公司的柜台交易赎回，其赎回价格由基金单位净资产值决定。

在基金期限方面，开放型基金的投资者由于随时可以向基金经理人提出赎回要求，故无设定基金期限的必要，而封闭型基金则需要设定一个固定的基金经营期限。我国国务院证券委员会颁布的《证券投资基金管理暂行办法》（1997 年）规定，封闭型基金的存续年限不得少于 5 年。

3. 按投资对象分类

按投资对象，投资基金可划分为股票基金、债券基金、期货基金、期权基金和认股权证基金等。

股票基金是最主要的基金品种，以股票作为投资对象，包括优先股股票和普通股股票。股票基金的主要功能是将大众投资者的小额资金集中起来，投资于不同的股票组合。股票基金可以按照股票种类的不同分为优先股基金和普通股基金。

债券基金是一种以债券为投资对象的证券投资基金，其规模稍小于股票基金。由于债券是一种收益稳定、风险较小的有价证券，因此，债券基金适合于想获得稳定收入的投资者。债券基金基本上属于收益型投资基金，一般会定期派息，具有低风险且收益稳定的特点。

期货基金是一种以期货为主要投资对象的投资基金。期货是一种合约，只需一定的保证金即可买进。期货可以用来套期保值，也可以以小博大。投资者如果预测准确，短期能够获得很高的投资回报；如果预测不准，遭受的损失也很大。因此，期货基金是一种高风险高收益的基金。

期权基金是以期权为主要投资对象的投资基金。期权也是一种合约，是指投资者在一定时期内按约定的价格买入或卖出一定数量的某种投资标的的权利。如果市场价格变动对履约有利，投资者就会行使这种买入和卖出的权利，即行使期权；反之，投资者亦可放弃期权而听任合同过期作废。作为对这种权利占有的代价，期权购买者需要向期权出售者支付一笔期权费（期权的价格）。期权基金的风险较小，适合于想要获得稳定收入的投资者。其投资目的是为了获取最大的当期收入。

认股权证基金主要投资于认股权证。基于认股权证有高杠杆、高风险的产品特性，此类型基金的波动幅度亦较股票型基金大。

4. 按投资目标分类

按投资目标，基金可分为成长型基金、收入型基金、平衡型基金。

成长型基金是基金中最常见的一种，它追求的是基金资产的长期增值。成长型基金投资的对象主要是信誉度高、有长期成长前景和长期盈余的公司股票。

收入型基金主要投资于可带来现金收入的有价证券，以获取当期的最大收入为目的。收入型基金的资产成长潜力较小，损失本金的风险相对也较低。

平衡型基金的投资目的是既要获得当期收入，又要追求长期增值，投资人通常是把资金分散投资于股票和债券，以保证资金的安全性和盈利性。

三、基金投资收益分析

基金投资的收益直接决定着基金投资者的权益，基金投资的费用直接影响着基金的净资产价值，因此收益与费用是基金投资日常管理的重要内容。

1. 基金投资的收益

基金投资的收益是通过基金的经营运作所获得的经营利润，不论何种类型的基金，其收益的来源和方式一般有股利、利息收入、资本利得等。其中资本利得是基金投资收益中最重要而且是最主要的部分，因为绝大部分基金的投资目标就是谋取资本的迅速或长期增值，特别是对于成长型基金更是如此。基金投资是专家理财，比普通个体投资者更具有资金优势和信息优势，专家能够正确判断投资对象的升值潜力，因此获取资本利得的能力往往直接体现了基金经理人的管理水平。

2. 基金投资的费用

在基金的运作过程中，有一些必要的开支需由基金承担，包括基金发起募集费用、基金管理费用、基金托管费用、交易手续费和各项中介机构佣金等。其中基金管理费和基金托管费是基金支付的主要费用。基金管理费，即经理公司和投资顾问委员会为管理、运作而需要的费用，一般是以基金净产值的一定比率按年收取，比率的大小与基金规模有关。在美国，管理年费率一般不超过基金总资产的1%，通常在0.7%左右。其计算和提取一般是逐日累计、按月支付。基金托管费用，即保管公司为保管、处理基金资产而收取的费用。每年的费用标准一般为总资产净值的0.2%。计提方式也是按日计算、按月支付。

不同类型的基金，其费用比率也有一定的差别。一般表现不好的基金，投资人不断把资金撤出，资金减小而固定开销不减少，单位费用比率因此而增大；一些投资额较小的基金，由于投资人多，须花费更多的人力、物力；还有一些投资于国际的海外基金，需支付驻外人员和机构的开支，费用比率也较高。

3. 投资利润的分配

基金在获取投资收益并扣除费用后，需将投资利润分配给受益人。基金投资利润的分配对于不同国家或不同基金，均有不同的分配方式。在美国，有关法律规定，基金至少把获利的95%分配给投资者，很多基金都是把利润全部分配给投资者。在分配方式上，货币市场基金的收入全部是利息，通常每月分配一次；债券基金则每月或每季分配，分配项目包括利息和资本利得；其他购买股票的基金，通常每年分配一次，包括利息、股利和资本利得。与此相对应，投资者领取获利的分配，可以有三种选择：如领取利息和股利，将资本利息滚入本金再投资；领取资本利得，将利息和股利再投资；将利息、股利和资本利息都滚入本金再投资。这里的再投资就是把应分配的收益按基金单位净资产值折换成相应的基金份额。投资者要做哪一样选择，通常在填写认购基金申请书时即要声明，如有更改，须提出书面申请。

四、基金投资的评价

基金投资的最大特点是能够在不承担太大风险的情况下获得较高收益，这一点是由基金投资的特性决定的。基金投资具有规模经营、专家理财的优势，它不仅能够利用充裕的资金实现有效的证券投资组合，降低投资风险，而且基金投资的管理人员是证券的专家，专业化理财行为更提高了保证程度。通常，基金投资的风险小于股票投资，但大于债券投资。

课后思考与练习

一、思考题

1. 企业对外投资与对内投资存在什么差异?

2. 投资与投机的联系和区别是什么？我国股票市场是否存在“投机主导”？

3. 除了教材中提到的几种长期对外投资，你还知道哪些对外长期投资种类？你如何看待互联网金融热?

4. 投资名义收益率和实际收益率有何区别？它们对投资决策有何影响?

5. 基金的种类有哪些？基金投资收益来源有哪些？如何更好地减少投资费用从而提高收益?

6. 如何度量投资组合的风险和收益?

二、练习题

1. 一张面值为1 000元的债券，票面收益率为12%，期限为5年，到期一次还本付息。A企业于债券发行时以1 050元购入并持有到期；B企业于债券第三年年初以1 300元购入，持有三年到期；C企业于第二年年初以1 170元购入，持有两年后，以

1 300元卖出。

要求：

（1）计算A企业的最终实际收益率？

（2）计算B企业的到期收益率？

（3）计算C企业的持有期间收益率？

2. 某公司持有A、B、C三种股票构成的证券组合，目前的市价分别为20元/股、6元/股、4元/股，其β系数分别为2.1、1和0.5，投资比例分别为50%、40%、10%，上年的股利分别为2元/股、1元/股、0.5元/股，预期持有B、C股每年可获得稳定的股利，A股股利预期以5%的速度递增。若目前市场收益率为14%，无风险报酬率为10%。要求：

（1）计算持有A、B、C三种股票投资组合的风险报酬率和必要收益率。

（2）分别计算A、B、C三种股票的必要收益率

（3）分别计算A、B、C三种股票的内在价值

（4）判断该公司应否出售A、B、C三种股票。

3. ABC公司购买某公司股票作为长期投资，有三种股票可供选择：甲股票目前的市价为7元，该公司采用固定股利政策，每股股利为1.2元；乙股票目前的市价为10元，该公司刚刚支付的股利为每股0.8元，预计第一年的股利为每股1元，第二年的每股股利为1.05元，以后各年股利的固定增长率为3%；丙股票每年支付固定股利1.5元，目前的每股市价为13元。已知无风险收益率为8%，市场上所有股票的平均收益率为13%，甲股票的β系数为1.4，乙股票的β系数为1.2，丙股票的β系数为0.8。请回答以下问题：

（1）分别计算甲、乙、丙三种股票的必要收益率。

（2）分别计算甲、乙、丙三种股票的价值，根据计算结果说明应选择哪种股票进行投资。

4. ABC公司购买某公司债券作为长期投资并持有至到期日，要求的必要收益率为6%。现有三家公司同时发行5年期，面值均为1 000元的债券。其中：甲公司债券的票面利率为8%，每年付息一次，到期还本，债券发行价格为1 000元；乙公司债券的票面利率为8%，以单利计息，到期一次还本付息，债券发行价格为1 080元；丙公司债券的票面利率为零，债券发行价格为800元，到期按面值还本。请回答以下问题：

（1）分别计算甲、乙、丙公司债券的价值及到期收益率。

（2）根据结果分析ABC公司应该选择哪家公司的债券进行投资。

第十一章　盈余及其分配管理

学习目标

要求学生通过本章学习，了解盈余构成及盈余管理，熟悉收入、成本、费用的主要项目，掌握利润分配的主要政策。

本章内容

营业收入管理：营业收入的涵义，主营业务收入的预测，主营业务收入，其他业务收入；营业成本与费用管理：营业成本管理，费用管理；盈余管理：盈余构成，盈余管理；利润分配管理：利润分配的原则，利润分配的程序，利润分配理论，股利分配政策。

第一节　营业收入管理

一、营业收入的涵义

《企业会计准则第 14 号——收入》将收入定义为："收入，是指企业在日常活动中形成的、会导致所有者权益增加的、与所有者投入资本无关的经济利益的总流入。"准则将收入按其来源的渠道分为销售商品收入、提供劳务收入和让渡资产使用权收入三类。而作为财务管理层面，我们必须知道企业收入的主要来源与企业盈余的主要依靠。因此，在财务管理上将收入划分为营业收入与营业外收入就非常必要。

营业收入指在企业日常经营活动中，按照预定计划所产生的、与投入资本和借贷资金无关的经济利益的流入。它是企业经营所追求的直接目标（企业的最终目标是企业价值最大化或股东财富最大化），是意料中应当发生的经济事项，是企业盈余的主要依靠，是企业的"正业"。而营业外收入是企业偶然发生的，不是计划中的经济事项，是企业的"非正业"。

根据企业经营的主要目标，我们将营业收入分为主营业务收入和其他业务收入，主营业务收入是企业追求的主要收入来源，其他业务收入是企业追求的次要收入来源。一个正常的、可持续经营的企业必须是营业收入占总收入的绝大多数，主营业务收入是营业收入的主体。

在会计与财务管理理论上并未界定什么业务是主营业务，什么业务是其他业务，我们也不可能找到一个通用的标准，因为企业所处的行业不同，其主营业务与其他业务必然有差异。理论上对主营业务与其他收入的界定：企业的主要收入来源的业务是主营业务，次要收入来源的业务是其他业务。但这存在会计处理上的矛盾：可能企业某一年度的主要收入来源于某项业务，而另一年主要收入来源于另一项业务。这势必造成会计核算的摇摆不定，财务管理也难以把握管理重点。

因此，我们在会计与财务管理的实践中以企业（法人）营业执照上所登记业务为基础划分：凡是“经营范围”中所列业务为“主营业务”，不论其所列事项多少，全部认为是主营业务；凡是“兼营业务”所列业务为其他业务；执照上未列的业务所形成的收入应该为营业外收入。

在会计教科书上将企业出卖材料、低值易耗品的收入作为其他业务收入处理，也是考虑在生产型企业中，材料与低值易耗品是为生产所准备的，出卖它们不是企业计划中的事项，但可能会形成较大收入，作为营业外收入处理数额过大。我们认为，如果企业经常会有材料与低值易耗品的处理，且金额较大，就应该在营业执照上注明是兼营业务，否则，偶尔的较大金额的处理仍然应该作为营业外收入处理。这样才有利于企业的财务管理轻重点确定。

在营业收入管理中主营业务收入是财务管理的核心，主营业务收入管理的基础是主营业务收入的预测，重点是主营业务收入的分析与管理。

二、主营业务收入的预测

本部分虽然只以主营业务收入作为预测对象，实际上其他业务收入同样可以使用这些方法。

财务管理一个重要内容是确保企业生存与发展所需资金，财务人员就必须清楚知道企业需要哪些资金支出？有哪些资金流入？缺口与富余资金怎么解决？其中要确定“有哪些资金流入”就必须能够预测企业主要资金流入的主营业务收入。在确定了主营业务收入的基础上，财务人员根据企业的信用政策和历史上收现比率，就很容易确定出主营业务的现金流入。

收入=销售数量×销售单价，这是一个非常简单的公式，但整个收入预测却需要从这个简单公式入手。

（一）销售单价预测

在收入预测中，与销售数量相比，销售单价预测较为容易。而销售单价的预测需要确定本企业的竞争地位、竞争战略与行业管制。

1. 企业竞争地位与销售单价确定

企业根据竞争地位可以分为领头企业、影响企业与跟随企业三种。领头企业在该行业或该产品领域具有绝对的市场竞争优势，该行业或该产品的市场价格主要由本企业决定或影响；影响企业在该行业或该产品领域虽然不具有绝对的市场竞争优势，但却是几个少数市场份额较大的企业之一，在该领域产品的价格决定上有影响力；跟随企业在该领域有一定的市场份额，但小到无足轻重，其对商品价格的定价权没有任何影响力，只能跟随其他企业已经确定好的价格。

领头企业一般出现在某行业或产品领域形成了垄断、一企独大的局面，这在实践中比较少见。一方面是因为市场经济比较发达的国家都有反垄断法，一般不容易形成垄断局面；另一方面，由于资本的逐利性，某领域一旦形成垄断就必然会产生高额利润，就会吸引大量资源进入，从而使垄断局面解体。所以，一般只在需要国家控制的关系国计民生的重大领域才会形成垄断经营，但其价格一般由国家制定，而不是由企业自己制定。另外，资本、技术、人才等原因会促使一些垄断型企业的形成，但国家往往以反垄断为由对这些企业的产品进行价格干预。所以，在某领域的领头企业往往也不能随意定价。

理论上讲，有影响力的企业之间可以联合制定价格，但实际操作很难。一则有价格制定影响力的企业之间往往存在激烈的竞争关系，很难达到双赢合作制定价格；二则政府往往以反垄断为由出面干涉价格的联合制定。有影响的企业数量在该领域内一般占少数。

跟随企业是数量最大的企业群，几乎所有的中小企业都属于这个企业群。它们所生产的产品或提供的劳务的价格往往是按照市场机制制定，企业只能在这一既定的价格体系下从事生产经营。

2. 竞争战略与销售单价确定

上面论述表明企业在价格制定上受到竞争地位的限制，但在通行的市场价格幅度内企业可以根据自己的经营战略适当调整价格，特别是对低于市场平均价格制定。只要企业能够持续经营，在平均市场价格之下、综合成本之上是有价格制定空间的。企业以低于生产成本的大量销售可能会触犯反不正当竞争法而受到制裁。

高价格销售一般只能在产品供不应求、企业是该产品的主要供应商、短期内很难形成大量的商品供应的情况下产生，这在商品经济较发达的国家是不多见的。

企业可能在某一地区、对某种型号商品、对某特殊消费群体、在某特定的时间进行低价格销售，低价销售的目的是增加市场份额。一般原则是销售收入不能下降，因为单价的下降一定要有销售数量的上升予以弥补。企业在低价销售战略中应注意三个问题：一是不能产生亏损，至少不能较长时间产生亏损；二是防止引起价格战，因低价销售所增加的市场份额往往是其他企业所失去的市场份额，这势必引起其他企业价格下降的连锁反应，最终使整个行业受损，企业得不偿失；三是不要触犯政府的反不正当竞争法。

3. 行业管制与销售单价确定

政府是民众利益的代表，它必须维护大多数消费者的权益，因此，它不会容忍企业为自身利益而形成垄断价格，也不会放任企业为了击垮竞争对手而实行低价倾销，因为这样将损害民众的长期利益（击垮竞争对手的企业往往成为垄断企业），影响整个行业的健康发展（恶性竞争使行业全面亏损）。因此，大多数市场经济国家均制定有反垄断法和反不正当竞争法来保证竞争性行业的健康发展。

非竞争性行业，如能源、交通、通信、军事、基础设施等行业，国家往往出于安全目的而收归国家垄断经营。在这些受管制的行业中，商品价格的制定权也收归国家。成熟的市场经济国家多采用价格听证会等形式让民众参与价格制定，转轨国家或计划经济国家则由政府包办定价。

综上所述，在市场经济国家里没有纯粹的由企业自由制定价格的产品存在，企业必须在遵循系列相关规定的前提下制定适合自身实际情况的价格，这价格往往是既定的，变动不会特别巨大。

（二）销售数量预测

整个收入预测的重点是销售数量的预测。但严格来讲，销售数量预测是销售部门的工作，不由财务部门负责。因此，在财务预测中，一般是在假定销售收入为已知的情况下预测企业的现金流，提前做好财务调度安排，保证企业资金链条的平滑运转。

销售预测方法分为定性预测与定量预测。定性预测主要包括意见综合预测法、经济寿命周期预测法、市场景气预测法、因素分析预测法、直接推算预测法等；定量预测方法主要有时序预测法、回归分析预测法、经济计量模型预测法等。

1. 意见综合预测法

意见综合预测法又称集合判断预测法，是指对某一预测问题先由有关的专业人员和行家分别做出预测，然后预测人员综合全体成员所提供的预测信息做出最终的预测结论。许多预测问题只凭预测者个人的知识和经验进行预测往往具有局限性。意见综合预测法则能集思广益，克服个人预测的局限性，有利于提高预测的质量。意见综合预测法可分为下列四种：

（1）销售人员意见综合预测法

销售人员意见综合预测法是指企业直接将从事销售的经验丰富的人员组织起来，先由预测组织者向他们介绍预测目标、内容和预测期的市场经济形势等情况，要求销售人员利用平时掌握的信息结合提供的情况，对预测期的市场销售前景提出自己的预测结果和意见，最后提交给预测组织者进行综合分析，以得出最终的预测结论。

这种方法多在一些统计资料缺乏或不全的情况下采用，对短期市场预测效果好。

（2）业务主管人员意见综合预测法

业务主管人员意见综合预测法是指预测组织者邀请本企业内部的经理人员和采购、销售、仓储、财务、统计、策划、市场研究等部门的负责人作为预测参与者，向他们提供有关预测的内容、市场环境、企业经营状况和其他预测资料，要求他们根据提供的资料，并结合自己掌握的市场动态提出预测意见和结果，或者用会议的形式组织他们进行讨论，然后预测组织者将各种意见进行综合，做出最终的预测结论。

对定性描述的预测结果应进行综合分析与论证，以消除某些主观因素的影响；对定量描述的预测结果，一般可采用简单或加权算术平均法求综合预测值。

（3）专家会议综合预测法

专家会议综合预测法是指预测人员组织召开专家会议，在广泛听取专家预测意见的基础上，综合专家们的意见做出最终预测结论。该预测法主要包括交锋式会议法、非交锋式会议法和混合式会议法。

专家会议综合预测法既要注意选择精通专业技术的专家，也要注意物色有经验的实际工作者；专家人数一般以 10 人左右为宜。

（4）德尔菲法

本法是在专家会议意见测验法的基础上发展起来的预测法。它以匿名的方式通过几轮函询征求专家们的预测意见，预测组织者对每轮意见都进行汇总整理，作为参考资料再寄发给每位专家，供他们分析判断和提出新的预测意见和结果。如此几次反复，专家们的预测意见渐趋一致，预测结论的可靠性越来越大。

2. 商品经济寿命周期预测法

商品经济寿命周期预测法的关键在于正确判断目前和未来商品经济寿命周期所处的阶段，以便对未来的市场前景做出预测，为制定市场经营策略提供依据。该方法主要有商品销售状况判断法、耐用消费品普及率判断法、对比类推法等。

3. 市场景气预测法

市场景气预测法是指预测人员对整个市场或某类产品市场的形势和运行状态进行

评价和预警，揭示市场周期变动的规律，反映市场形势和运行状态的冷热程度或正常与否，为企业经营决策和宏观经济调控提供依据的一种方法。

市场景气预测的方法很多，主要有领先落后指标法、企业景气调查法、扩散指数法和压力指数法等。

4. 因素分析预测法

因素分析预测法是指预测人员凭借经验理论与实践经验，通过分析影响预测目标的各种因素的作用大小与方向，对预测目标未来的发展变化做出推断的方法。

因素分析预测法主要包括因素列举归纳法、相关因素推断法、因素分解推断法和购买力区域指数法。

5. 直接推算预测法

直接推算预测法是带有定量性质的定性预测方法，即预测人员利用有关指标之间的相互关系，在分析研究的基础上，做出有根据的数量化的判断预测。

直接推算预测法主要有进度判断预测法、比重推算法、比例推算法、消耗水平推算法、平衡推算法和均衡点分析法。

6. 时间序列预测法

时间序列预测法是指预测人员根据预测目标自身的时间序列的分析处理，揭示其自身发展变化的特征、趋势和规律，建立预测模型，外推预测事物未来可能达到的规模、水平或速度。

时间序列预测法一般包括趋势分析预测法、季节变动预测法和循环变动分析预测法三种方法。

7. 回归分析预测法

回归分析预测法是指预测人员利用预测目标（因变量）与影响因素（自变量）之间的相关关系，通过建立回归模型，由影响因素的数值推算预测目标的数值。

回归分析预测法是一种因果分析预测法，可分为因回归预测法和自回归预测法两类。因回归预测是利用因变量与自变量之间的相关关系（因相关），建立回归模型进行预测分析；自回归预测是利用因变量的时间数列中不同时间的取值存在自身相关关系（自相关），建立回归模型进行预测分析。

回归分析预测法常用的是因回归预测，主要方法有一元线性回归模型、多元线性回归模型、非线性回归模型和时间数列自回归模型。

8. 经济计量模型预测法

经济计量模型预测法是利用经济变量之间的相互依存关系，通过经济分析，找出其相互的因果联系，建立经济计量模型来描述经济关系，并运用模型进行预测分析。

变量包括内生变量、外生变量、前定变量和虚拟变量；方程组包括行为方程、技术方程、制度方程、定义方程和平衡方程；预测步骤包括模型设计、模型识别、模型估计、模型检验和模型使用。

三、主营业务收入

主营业务收入是企业经营现金的主要来源，是企业赖以长期存续的基础，主营业务收入的分析与管理是财务管理的重要内容之一。

（一）主营业务收入结构分析与管理

主营业务收入结构分析与管理的重点是判别企业收入来源的主渠道，为企业财务管理找准收入管理的重心。常有的指标有以下几种：

1. 主营业务收入比率

主营业务收入比率=主营业务收入÷企业总收入×100%

该指标用于判断企业“是否务正业”。如果该指标越高，则表明企业的核心业务越集中，越容易形成核心竞争能力；如果该指标越低，则表明企业可能缺乏明确的发展方向和核心业务，企业可持续发展会面临问题。

2. 产品主营业务收入比率

一个企业可能同时经营若干个产品作为企业的主营业务，各产品对企业收入的贡献可能存在差异，财务管理必须优先保证贡献最大的产品的资金等需求。

某产品收入比率=某产品收入÷主营业务收入×100%

3. 客户主营业务收入比率

企业的客户有大小之分，这种区别主要以购买量（销售收入）为依据划分，企业对购买量大的客户在财务管理的信用政策等方面要给予优惠照顾，以培育企业的优质客户和增强客户对企业的忠诚度。

某客户收入比率=来自某客户收入÷主营业务收入×100%

4. 地区主营业务收入比率

企业产品销售往往存在地区性差异，有的企业甚至主要依靠一个或几个主要的地区销售产品，企业主销区自然成为财务管理的主要地区。

某地区收入比率=来自某地区收入÷主营业务收入×100%

5. 顾客群体主营业务收入比率

企业往往依据一定标准对顾客群体进行分类管理，如儿童、老人、男青年、女青年等，因各个群体的消费偏好不同，消费商品特性有差异。财务管理上要重点管理能给企业带来主要收入的顾客群体。

某顾客群体收入比率=来自某顾客群体收入÷主营业务收入×100%

6. 季节主营业务收入比率

有的企业的产品本身就存在很强的季节消费性，如月饼生产企业、种子销售企业；此外，企业往往在节假日的销售不同于平常日子。因此，财务管理中要特别重视对能为企业带来大量收入的特殊季节的管理。

某季节收入比率=来自某季节收入÷主营业务收入×100%

（二）主营业务收入趋势分析与管理

企业可通过识别各种主营业务收入时间序列长期趋势来判断其基本走向：对发展势头好的业务，财务上应重点支持；对发展势头差的业务应仔细分析，若是客观趋势不能使之好转，就应该放弃或逐步放弃对其资金支持；对不稳定的业务，要分析能否通过财务支持使其稳定。

此外，企业要判断各主营业务的增长率是否达到企业要求的财务目标增长率，达到和超过的应是财务支持的重点业务；要判断企业有无潜在的利润或收入增长业务，如有则是财务支持的重点。

（三）收现比率分析与管理

高盈利破产在现代企业中并不少见，破产的重要原因之一是不能清偿到期债务。能不能清偿债务是现金流的问题，盈利与否是利润流的问题。前者依据的是收付实现制，后者的基础是会计核算的基本原则之一的权责发生制。

当企业实现的收入对应的是债权（应收账款等），收入确认了，该支付的成本费用等现金需要支付，该缴纳的流转税与所得税需要现金缴纳，而企业却没有多少现金流入，从而形成财务上的支付困难。所以，对于企业财务而言，真正实现了的收入是收回了现金及其等价物的收入，这样的收入才是高质量的收入。

一个企业只有实现高比率的收现才可能得到长期的持续发展。

$$收现比率=销售收回的现金数额\div主营业务收入\times100\%$$

四、其他业务收入

其他业务收入核算企业除主营业务收入以外的其他销售或其他业务所取得的收入。它是企业收入的次要部分，不是企业利润和现金流的主要来源。财务对其管理也处于次要地位，管理的方式方法与主营业务收入相同。

一般而言，在企业营业执照上注明的兼营业务收入应该按其他业务收入核算。财政部制定的企业会计制度，不可能涉及企业所有的兼营业务，所以规定将材料销售、代购代销、包装物出租等收入作为其他业务收入。

第二节　营业成本与费用管理

成本和费用都是企业经济资源的耗费，会导致所有者权益减少。成本指为生产产品、提供劳务而发生的各种耗费，它与特定的产品（包括劳务）相联系，能够找到具体的对象进行归属；费用指为销售商品、提供劳务等日常活动所发生的经济利益的流出，它不能或很难找到归属对象，而以期间作为其归属的基础。

当企业无法左右产品销售价格时，增加盈余的可靠办法就是节约成本与费用开支。

一、营业成本管理

成本一词在财务学中包括生产成本（采购成本）、库存商品、主营业务成本（其他业务成本）等。生产成本是指取得资产或劳务的支出，发生在生产过程或采购过程（商品流通业）；当产品的商品形态已经完成，等待对外销售时，就由生产成本转入库存商品科目；企业实现对外销售，在确认收入的同时需要结转收入所对应的成本，成本就由库存商品科目转入主营业务成本，与收入配比而形成损益。

营业成本有广义与狭义之分。广义的营业成本泛指生产经营过程中所发生的支出，包括期间费用（销售费用、管理费用与财务费用）；狭义的营业成本是不包括期间费用的成本。本章所称营业成本是狭义的营业成本，期间费用单独在费用部分论述。营业成本包括主营业务成本与其他业务成本，营业外支出将在第三节讲述。由于其他业务成本的管理与主营业务成本类似，故营业成本管理以主营业务成本管理为主。

(一) 成本收益率

某项业务的所费与所得之比就是成本收益率（不同于成本利润率），如主营业务成本收益率=主营业务成本÷主营业务收入×100%。该指标与毛利率之和为 1，企业要盈余比例高，就必须要有足够高的毛利率。因此，该指标越低越好。

(二) 营业成本结构分析

当通过成本收益率分析发现该比率较大，企业没有足够的毛利率支持，此时就必须进一步分析成本构成，找出降低成本的关键点。

营业成本结构分析以制造企业为例，因为商品流通企业的营业成本结构比较简单，由采购成本构成，所发生的其他支出作为期间费用处理。

1. 营业成本经济性质结构分析

在实务中，成本按经济性质划分为外购材料、外购燃料、外购动力、人工费用(工资、职工福利费、社会保险等)、折旧费、价内税金与其他支出等费用要素。

各费用要素占成本的比重，与同行业的平均水平、先进水平进行比较，比重偏高的就是财务管理的重点对象。

2. 成本核算项目结构分析

成本核算一般分为直接材料、直接人工、燃料和动力、制造费用四个子项目，其分析方法与经济性质结构分析方法相同，只是比较粗略一些，一般在经济性质结构分析之前作核算项目结构分析可以起到事半功倍的效果。

3. 成本经济用途结构分析

成本按其经济用途分为研究与开发成本、设计成本、生产成本、营销成本、配送成本、客户服务成本与行政管理成本，这种分析便于从更广的范围内查找成本居高不下的原因。

(三) 成本性态分析

成本性态，是指成本总额与产量之间的依存关系。成本性态不同，对应的成本管理措施就应该有所差别。

1. 固定成本与变动成本分析

全部成本按其性态可分为固定成本、变动成本和混合成本三大类。

固定成本是指在特定的产量范围内不受产量变动影响，一定期间的总额能保持相对稳定的成本。例如，固定月工资、固定资产折旧、取暖费、财产保险费、职工培训费、科研开发费、广告费等。

变动成本是指在特定的产量范围内其总额随产量变动而正比例变动的成本。例如，直接材料、直接人工、外部加工费等。

混合成本，是指除固定成本和变动成本之外的，介于两者之间的成本，它们因产量变动而变动，但不是成正比例关系。

企业“薄利多销”策略只能用在降低单位固定成本上，不能降低变动成本，一般适用于固定成本比重大而变动成本比重较小的企业。

2. 混合成本分析

混合成本比较复杂，而成本管理的难点也在混合成本管理上。混合成本一般分为四个主要类别：

（1）半变动成本

半变动成本，是指在初始基数的基础上随产量正比例增长的成本。例如，电费和电话费等公用事业费、燃料、维护和修理费等，多属于半变动成本。这类成本通常有一个初始基础，一般不随产量变化，相当于固定成本；在这个基础上，成本总额随产量变化成正比例变化，又相当于变动成本。

半变动成本可以通过在初始值内增加量来降低成本，超过这个基数就不能依靠量的增加来降低成本。

（2）阶梯式成本

阶梯式成本指总额随产量呈阶梯式增长的成本，亦称步增成本或半固定成本。例如，受开工班次影响的动力费、整车运输费用、检验人员工资等。

这类成本在一定产量范围内发生额不变，当产量增长超过一定限度，其发生额会突然跳跃到一个新的水平，然后，在产量增长的一定限度内其发生额又保持不变，直到另一个新的跳跃为止。

当某个阶梯跳跃比较大，企业在产品生产上尽量不要突破这个阶梯，否则可能导致成本较大幅度上升。

（3）延期变动成本

延期变动成本，是指在一定产量范围内总额保持稳定，超过特定产量则开始随产量比例增长的成本。例如，企业在正常产量情况下给员工支付的固定月工资，当产量超过正常水平后支付的加班费，这种人工成本就属于延期变动成本。

在成本管理中除了比较特殊的情况，一般不要过多发生此项成本。

（4）曲线成本

曲线成本是指总额随产量增长而呈曲线增长的成本。这种成本和产量有依存关系，但不是直线关系。曲线成本可以进一步分为两种类型：一种是变化率递减的曲线成本。例如，自备水源的成本，用水量越大则总成本越高，但两者不成正比例，而呈非线性关系，变化率是递减的。另一种是变化率递增的曲线成本。例如，各种违约金、罚金、累进计件工资等。这种成本随产量增加而增加，而且比产量增加得还要快，变化率是递增的。

递减曲线成本可以通过增加产量降低成本，递增曲线成本则要通过限制产量减少成本。

（四）成本差异分析

实际成本与目标成本（预算成本、标准成本、行业先进成本等）之间的差额，称为成本差异。成本差异是反映实际成本脱离预定目标程度的信息。为了消除这种偏差，企业要对产生的成本差异进行分析，找出原因和对策，以便采取措施加以纠正。

1. 变动成本差异的分析

变动成本的实际成本高低取决于实际用量和实际价格，目标成本的高低取决于目标用量和目标价格，所以其成本差异可以归结为价格脱离目标造成的价格差异与用量脱离目标造成的数量差异两类。

成本差异＝实际成本－目标成本

＝实际数量×实际价格－目标数量×目标价格

＝实际数量×（实际价格－目标价格）

+（实际数量-目标数量）×目标数量

=价格差异+数量差异

（1）直接材料差异分为材料价格差异与材料数量差异。材料价格差异是在采购过程中形成的，不应由耗用材料的生产部门负责，而应由采购部门对其做出说明；材料数量差异是在材料耗用过程中形成的，反映生产部门的成本控制业绩。

（2）直接人工差异分为工资率差异与人工效率差异。一般说来，工资率差异形成的原因应归属于人事劳动部门管理，差异的具体原因会涉及生产部门或其他部门；工效率差异的形成原因主要是生产部门的责任，但这也不是绝对的，例如，材料质量不好，也会影响生产效率。

（3）变动制造费用差异分为耗费差异（价差）与效率差异（量差）。耗费差异是部门经理的责任，他们有责任将变动制造费用控制在弹性预算限额之内；效率差异是由于实际工时脱离了标准，多用工时导致的费用增加，因此其形成原因与人工效率差异相同。

2. 固定制造费用差异分析

固定制造费用的差异分析与各项变动成本差异分析不同，其分析方法有“二因素分析法”和“三因素分析法”两种。

（1）二因素分析法，是将固定制造费用差异分为耗费差异和能量差异的分析法。耗费差异是指固定制造费用的实际金额与固定制造费用预算金额之间的差额，耗费差异=固定制造费用实际数-固定制造费用预算数。能量差异是指固定制造费用预算与固定制造费用标准成本的差异，或者说是实际业务量的标准工时与生产能量的差额用标准分配率计算的金额，它反映实际产量标准工时未能达到生产能量而造成的损失，能量差异=（生产能量-实际产量目标工时）×费用目标分配率。

［例 11.1］某企业每件产品目标工时为 2 小时，目标分配率为 1.50 元/小时。企业本月实际产量为 400 件，发生固定制造成本 1 424 元，实际工时为 890 小时；企业生产能力为 500 件。

固定制造费用耗费差异=1 424-500×2×1.5 =-76（元）

固定制造费用能量差异=500×2×1.5-400×2×1.5 =300（元）

验算：

固定制造费用成本差异=实际固定制造费用-目标固定制造费用

=1 424-400×3=224（元）

固定制造费用成本差异=耗费差异+能量差异=-76+300=224（元）

（2）三因素分析法，是将固定制造费用成本差异分为耗费差异、效率差异和闲置能量差异三部分的分析法。耗费差异的计算与二因素分析法相同。不同的是要将二因素分析法中的“能量差异”进一步分为两部分：一部分是实际工时未达到生产能量而形成的闲置能量差异；另一部分是实际工时脱离目标工时而形成的效率差异。

闲置能量差异=费用预算-实际工时×目标分配率

=（生产能量-实际工时）×目标分配率

效率差异=实际工时×目标分配率-实际产量目标工时×目标分配率

=（实际工时-实际产量目标工时）×目标分配率

依例 11.1 的资料计算：

固定制造费用闲置能量差异=（1 000-890）×1.5=110×1.5=165（元）

固定制造费用效率差异 = (890−400×2) ×1.5 = 90×1.5 = 135 (元)

三因素分析法的闲置能量差异(165 元)与效率差异(135 元)之和为 300 元,与二因素分析法中的“能量差异”数额相同。

二、费用管理

费用指企业为销售商品、提供劳务等日常活动所发生的经济利益的流出。由于它不与特定的产品相联系,而与特定期间有关,所以一般称之为期间费用。

期间费用应当直接计入当期损益,并在利润表中分项目列示。

(一)期间费用核算范围界定

(1)销售费用。销售费用指企业在销售商品过程中发生的费用,包括企业销售商品过程中发生的运输费、装卸费、包装费、保险费、展览费和广告费,以及为销售本企业商品而专设的销售机构(含销售网点,售后服务网点等)的职工工资及福利费、类似工资性质的费用、业务费等经营费用。商品流通企业在购买商品过程中发生的进货费用也包括在内。

(2)管理费用。管理费用指企业为组织和管理企业生产经营所发生的管理方面的费用,包括企业的董事会和行政管理部门在企业的经营管理中发生的,或者应当由企业统一负担的公司经费(包括行政管理部门职工工资、修理费、物料消耗、低值易耗品摊销、办公费与差旅费等)、工会经费、社会保险费、董事会费、聘请中介机构费、咨询费(含顾问费)、诉讼费、业务招待费、房产税、车船使用税、土地使用税、印花税、技术转让费、矿产资源补偿费、无形资产摊销、职工教育经费、研究与开发费、排污费、存货盘亏或盘盈(不包括应计入营业外支出的存货损失)、计提的坏账准备和存货跌价准备等。

(3)财务费用。财务费用指企业为筹集生产经营所需资金等而发生的费用,包括应当作为期间费用的利息支出(减利息收入)、汇兑损失(减汇兑收益)以及相关的手续费等。

(二)期间费用分析

在确保各项经营管理任务完成的情况下,降低期间费用是财务管理的重要任务之一。降低期间费用的主要途径是精打细算,而精打细算的基础是进行费用项目分析,以期发现能够节约的支出。

1. 费用结构分析

不少企业常出现费用总额很大、不少明细费用项目金额却不大的情况,这就有必要分析费用各明细项目的情况,找出对整个费用影响较大的项目进行重点控制。常见的费用结构分析是使用“费用结构分析表”,如表 11.1 所示。

表 11.1　　费用结构分析表

费用项目	本期数		前期数		预算数		行业平均数		行业先进数	
	金额	比重	金额	比重	金额	比重	金额	比重	金额	比重

表11.1(续)

费用项目	本期数		前期数		预算数		行业平均数		行业先进数	
	金额	比重	金额	比重	金额	比重	金额	比重	金额	比重
合计										

在表 11.1 上我们能清楚看出：费用与预算、与前期、与行业平均、与行业先进的差异，容易找出企业应当重点控制的费用项目。

2. 费用趋势分析

趋势分析是企业将费用总额及其构成明细项目按时间序列排序分析，分析期间至少 3 年，一般要求 5 年以上，目的是看费用的基本走势，结合宏观经济环境与企业的实际，判断其增减是否合理。

实际工作中也是采用表格的方式进行分析，具体表格形式可以参考表 11.1，没有统一的要求。

3. 费用差异分析

费用差异分析的基本方法与成本差异分析相同，差异计算在前面已经讲述，此处讲解差异发现后的管理，包括原因调查、奖与惩、纠正差异三方面。

(1) 差异调查

企业通过调查研究，找到原因，分清责任，才能采取纠正行动，收到降低成本的实效。

发生费用差异的原因主要有三类：执行人的原因，包括过错、没经验、技术水平低、责任心差、不协作等；目标不合理，包括原来制定的目标过高或过低，或者情况变化使目标不再适用等；实际成本核算有问题，包括数据的记录、加工和汇总有错误，故意造假等。

(2) 奖励与惩罚

奖励的对象必须是符合企业目标、值得提倡的行为，企业要让职工事先知道费用（成本）达到何种水平将会得到何种奖励；企业要避免奖励华而不实的行为和侥幸取得好成绩的人；奖励要尽可能前后一致。

惩罚预先要有警告，只有重犯者和违反尽人皆知准则的人才受惩罚；企业在调查研究的基础上，尽快采取行动，拖延会减弱惩罚的效力；惩罚要一视同仁，前后一致。

(3) 纠正偏差

纠正偏差是各责任中心主管人员的主要职责。纠正偏差的措施通常包括：第一，重新制订计划或修改目标；第二，采取组织手段重新委派任务或明确职责；第三，采取人事管理手段增加人员，选拔和培训主管人员或者撤换主管人员；第四，改进指导和领导工作，给下属以更具体的指导和实施更有效的领导。

(三) 费用预算控制

预算控制是财务控制的重要内容，费用预算控制就是财务人员事先制定好各项费用发生的数额或比重，作为费用支出控制依据，对在预算范围内的费用支出不予特别审批，对超出预算的费用进行特别管理。

根据预算编制的不同要求，实际操作中费用预算有普通预算、专门预算、全面预算、弹性预算与零基预算等。

1. 普通预算

普通预算一般根据历史数据和经验判断确定各费用项目的支出额，再汇总得出总的费用支出总额。

这种方法的主要优点是节省编制预算开支、技术要求不高；但缺点也非常显著，一是历史数据未必合理，二是相关人员的经验容易产生主观性的结果。中小企业常采用这种预算。

2. 专门预算

专门预算主要是针对企业影响大的费用项目进行的单独预算控制，其编制方法没有特殊之处，只是预算的对象比较特殊而已。

3. 全面预算

我们一般将预算作为支出控制的工具，全面预算则将预算看成“使企业的资源获得最佳生产率和获利率的一种方法”。全面预算是由一系列预算构成的体系，各项预算之间相互联系，关系比较复杂，很难用一个简单的办法准确描述。

全面预算按其涉及的预算期分为长期预算和短期预算。长期预算包括长期销售预算和资本支出预算，有时还包括长期资金筹措预算和研究与开发预算。短期预算是指年度预算，或者时间更短的季度或月度预算，如直接材料预算、现金预算等。通常长期和短期的划分以1年为界限，有时把2~3年期的预算称为中期预算。全面预算按其涉及的内容分为总预算和专门预算。总预算是指利润表预算和资产负债表预算，它们反映企业的总体状况，是各种专门预算的综合。专门预算是指其他反映企业某一方面经济活动的预算。全面预算按其涉及的业务活动领域分为销售预算、生产预算和财务预算。前两个预算统称业务预算，用于计划企业的基本经济业务。财务预算是关于资金筹措和使用的预算，包括短期的现金收支预算和信贷预算，以及长期的资本支出预算和长期资金筹措预算。

财务预算是企业全面预算的一部分，它和其他预算是联系在一起的，整个全面预算是一个数字相互衔接的一个整体。整个全面预算的起点是以销售预算为基础的，在销售预算的基础上编制生产预算，再编制直接材料预算、直接人工预算、制造费用预算、产品成本预算、期间费用预算和现金预算。后面几种预算就属于财务预算范围。

全面预算是一种典型的预算，其编制方法代表了预算的编制方法。企业全面预算的编制程序如下：

（1）企业决策机构根据长期规划，利用量本利分析等工具，提出企业一定时期的总目标，并下达规划指标。

（2）最基层成本控制人员自行草编预算，使预算能较为可靠、较为符合实际。

（3）各部门汇总部门预算，并初步协调本部门预算，编制出销售、生产、财务等预算。

（4）预算委员会审查、平衡各预算，汇总出公司的总预算。

（5）经过总经理批准，审议机构通过或者驳回修改预算。

（6）主要预算指标报告给董事会或上级主管单位，讨论通过或者驳回修改。

（7）批准后的预算下达给各部门执行。

4. 弹性预算

弹性预算是企业在不能准确预测业务量的情况下，根据量本利之间有规律的数量关系，按照一系列业务量水平编制的有伸缩性的预算。只要这些数量关系不变，弹性预算可以持续使用较长时期，不必每月重复编制。弹性预算主要用于各种间接费用预算，有些企业也用于利润预算。

弹性预算有两个显著特点：第一，弹性预算是按一系列业务量水平编制的，从而扩大了预算的适用范围；第二，弹性预算是按成本的不同性态分类列示的，便于在计划期终了时计算“实际业务量的预算成本”（应当达到的成本水平），使预算执行情况的评价和考核，建立在更加现实和可比的基础上。

企业编制弹性预算的基本步骤是：选择业务量的计量单位；确定适用的业务量范围；逐项研究并确定各项成本和业务量之间的数量关系；计算各项预算成本，并用一定的方式来表达。企业编制弹性预算，要选用一个最代表本部门生产经营活动水平的业务量计量单位。弹性预算的业务量范围，视企业或部门的业务量变化情况而定，务必使实际业务量不至于超出确定的范围。一般来说，业务量范围可定在正常生产能力的 70%~110%，或以历史上最高业务量和最低业务量为其上下限。

弹性预算的表达方式，主要有多水平法和公式法两种。①多水平法（列表法）。企业首先要在确定的业务量范围内，划分出若干个不同水平业务量，然后分别计算各项预算成本，汇总列入一个预算表格。业务量的间隔一般为 10%，这个间隔可以更大些，也可以更小些。多水平法的优点是：不管实际业务量是多少，不必经过计算即可找到与业务量相近的预算成本，用以控制成本比较方便；混合成本中的阶梯成本和曲线成本，可按其性态计算填列，不必用数学方法修正为近似的直线成本。但是，企业运用多水平法弹性预算评价和考核实际成本时，往往需要使用插补法来计算“实际业务量的预算成本”，比较麻烦。②公式法。因为任何成本都可用公式“$y=a+bx$”来近似地表示，所以只要在预算中列示 a（固定成本）和 b（单位变动成本），便可随时利用公式计算任一业务量（x）的预算成本（y）。公式法的优点是便于计算任何业务量的预算成本。但是，阶梯成本和曲线成本只能用数学方法修正为直线，以便用“$y=a+bx$”公式来表示。必要时，还需要在“备注”中说明不同的业务量范围内，应该采用的不同的固定成本金额和单位变动成本金额。

弹性预算的主要用途是作为控制成本支出的工具。在计划期开始时，弹性预算提供控制成本所需要的数据；在计划期结束后，弹性预算可用于评价和考核实际成本。

5. 零基预算

零基预算是指企业在编制成本费用预算时，不考虑以往会计期间所发生的费用项目或费用数额，而是以所有的预算支出为零作为出发点，一切从实际需要与可能出发，逐项审议预算期内各项费用的内容及其开支标准是否合理，在综合平衡的基础上编制费用预算的一种方法。

零基预算的基本特征是不受以往预算安排和预算执行情况的影响，一切预算收支都建立在成本效益分析的基础上，根据需要和可能来编制预算。

零基预算法与传统的调整预算法截然不同，有以下三个特点：①预算的基础不同。调整预算法的编制基础是前期结果，本期的预算额是根据前期的实际结果调整确定的。零基预算的基础是零，本期的预算额是根据本期经济活动的重要性和可供分配的资金量确定的。②预算编制分析的对象不同。调整预算法重点对新增加的业务活动进行成本效益分析，而对性质相同的业务活动不作分析研究，零基预算法则不同，它要对预算期内所有的经济活动进行成本—效益分析。③预算的着眼点不同。调整预算法主要以金额高低为重点，着重从货币角度控制预算金额的增减。零基预算除重视金额高低外主要是从业务活动的必需性以及重要程度来分配有限的资金的。

零基预算的基本做法：一是要掌握准确的信息资料，对单位的人员编制、人员结构、工资水平，以及工作性质、设备配备所需资金规模等都要了解清楚，在平时就要建立单位情况数据库，非经法定程序，不得随意变动。二是要确定各项开支定额，这是编制零基预算的基本要求。三是要根据事业需要和客观实际情况，对各个预算项目逐个分析，按照效益原则，分清轻重缓急，确定预算支出项目和数额。零基预算能弥补我国长期沿用的"基数加增长"的预算编制方式中的不足，不受既成事实的影响，一切都从合理性和可能性出发。实行零基预算是细化预算、提前编制预算的前提。

零基预算编制有以下五个步骤：

(1) 划分和确定基层预算单位：企业里各基层业务单位通常被视为能独立编制预算的基层单位。

(2) 编制本单位的费用预算方案：企业提出总体目标，然后各基层预算单位根据企业的总目标和自身的责任目标出发，编制本单位为实现上述目标的费用预算方案，在方案中必须详细说明提出项目的目的、性质、作用，以及需要开支的费用数额。

(3) 进行成本—效益分析：基层预算单位按下达的"预算年度业务活动计划"，确认预算期内需要进行的业务项目及其费用开支后，管理层对每一个项目的所需费用和所得收益进行比较分析，权衡轻重，区分层次，划出等级，挑出先后。基层预算单位的业务项目一般分为三个层次：第一层次是必要项目，即非进行不可的项目；第二层次是需要项目，即有助于提高质量、效益的项目；第三层次是改善工作条件的项目。企业进行成本—效益分析的目的在于判断基层预算单位各个项目费用开支的合理程度、先后顺序以及对本单位业务活动的影响。

(4) 审核分配资金：企业根据预算项目的层次、等级和次序，按照预算期可动用的资金及其来源，依据项目的轻重缓急次序，分配资金，落实预算。

(5) 编制并执行预算：资金分配方案确定后，基层预算单位就制定零基预算正式稿，经批准后下达执行。执行中遇有偏离预算的地方要及时纠正，遇有特殊情况要及时修正，遇有预算本身问题要找出原因，总结经验加以提高。

零基预算的优点：①有利于提高员工的"投入—产出"意识。传统的预算编制方法，主要是由专业人员完成的，零基预算以"零"为起点观察和分析所有业务活动，并且不考虑过去的支出水平，因此，需要动员企业的全体员工参与预算编制，这样使得不合理的因素不能继续保留下去，从投入开始减少浪费，通过成本—效益分析，提高产出水平，从而能使投入—产出意识得以增强。②有利于合理分配资金。企业对每项业务都要进行成本—效益分析，对每个业务项目是否应该存在、支出金额若干，都要进行分析计算，精打细算，量力而行，使有限的资金流向富有成效的项目，所分配的资金能更加合理。③有利于发挥基层单位参与预算编制的创造性。在零基预算的编制过程中，企业内部情况易于沟通和协调，企业整体目标更趋明确，多业务项目的轻重缓急容易得到共识，这有助于调动基层单位参与预算编制的主动性、积极性和创造性。④有利于提高预算管理水平。零基预算极大地增加了预算的透明度，预算支出中的人头经费和专项经费一目了然，各级之间争吵的现象可能缓解，预算会更加切合实际，会更好地起到控制作用，整个预算的编制和执行也能逐步规范，预算管理水平会得以提高。

零基预算法的缺点：尽管零基预算法和传统的预算方法相比有许多好的创新之处，但在实际运用中仍存在一些“瓶颈”。①由于一切工作从“零”做起，因此企业采用零基预算法编制工作量大、费用相对较高；②在分层、排序和资金分配时，可能有主观影响，容易引起部门之间的矛盾；③任何单位工作项目的“轻重缓急”都是相对的，过分强调当前的项目，可能使有关人员只注重短期利益，忽视本单位作为一个整体的长远利益。

第三节　盈余管理

一、盈余构成

一般意义上讲，盈余就是利润表中的“净利润”项目，这是股东非常关注的财务指标。哪些因素可能影响到盈余的多少？首先我们必须了解盈余的构成。

（一）营业利润

营业利润=营业收入-营业成本-营业税金及附加-销售费用-管理费用
-财务费用-资产减值损失+公允价值变动收益（-公允价值变动损失）
+投资收益（-投资损失）

营业收入由主营业务收入和其他业务收入组成，本章第一节已经讲述；营业成本（主营业务成本、其他业务成本）与期间费用（销售费用、管理费用、财务费用）在本章第二节已讲述；本节讲述营业利润剩余的构成项目。

1. 营业税金及附加

本科目核算企业日常活动应负担的税金及附加，包括营业税、消费税、城市维护建设税、资源税、土地增值税和教育费附加等。

营业税是对在我国境内提供应税劳务、转让无形资产和销售不动产的行为为课税对象所征收的一种税。同一业务增值税与营业税只征其一。

国家在对货物普遍征收增值税的基础上，选择少数消费品再征收一道消费税，目的是为了调节产品结构，引导消费方向，保证国家财政收入。在中华人民共和国境内生产、委托加工和进口应税消费品的单位和个人，为消费税纳税义务人。消费税具有单一环节征税的特点，在生产销售环节征税以后，货物在流通环节无论再转销多少次，不用再缴纳消费税。消费税只针对烟、酒及酒精、化妆品、贵重首饰及珠宝玉石、鞭炮与焰火、成品油、汽车轮胎、小汽车、摩托车、高尔夫球及球具、高档手表、游艇、木制一次性筷子、实木地板等十四个项目征收。

城市维护建设税是国家对缴纳增值税、消费税、营业税（简称“三税”）的单位和个人就其实际缴纳的“三税”税额为计税依据而征收的一种税。如果要免征或者减征“三税”，也就要同时免征或者减征城市维护建设税。

资源税的纳税义务人是指在中华人民共和国境内开采应税资源的矿产品或者生产盐的单位和个人。资源税只能对原油、天然气、煤炭、其他非金属矿原矿、黑色金属矿原矿、有色金属矿原矿、盐等七个项目征收。

土地增值税是对转让国有土地使用权、地上建筑物及其附着物并取得收入的单位和个人，就其转让房地产所取得的增值额征收的一种税。

2. 资产减值损失

资产的主要特征之一是它必须能够为企业带来经济利益的流入，如果资产不能够为企业带来经济利益或者带来的经济利益低于其账面价值，那么，该资产就不能再予确认，或者不能再以原账面价值予以确认，否则不符合资产的定义，也无法反映资产的实际价值，其结果会导致企业资产虚增和利润虚增。因此，当企业资产的可收回金额低于其账面价值时，即表明资产发生了减值，企业应当确认资产减值损失，并把资产的账面价值减记至可收回金额。

3. 公允价值变动损益

在资产实际价值背离账面价值的情况下，会计有两种办法处理其差异。一种是利用减值准备（成本模式），但只有当资产账面价值小于实际价值时才提取减值准备，而大于时则不进行账务处理，也不能客观反映资产的实际价值。另一种办法是运用公允价值计量。

公允价值亦称公允市价、公允价格，是熟悉情况的买卖双方在公平交易的条件下所确定的价格，或无关联的双方在公平交易的条件下一项资产可以被买卖的成交价格。在购买法下，购买企业对合并业务的记录需要运用公允价值的信息。公允价值的确定，需要依靠会计人员的职业判断。在实务中，通常由资产评估机构对被并企业的净资产进行评估。

在新会计准则体系中，目前已颁布的41个具体准则中至少有17个不同程度地运用了公允价值计量属性。在有确凿证据表明其公允价值能够持续可靠取得的，企业可以采用公允价值计量模式。

4. 投资收益

投资收益是企业在一定的会计期间对外投资所取得的回报。投资收益包括对外投资所分得的股利和收到的债券利息，以及投资到期收回的或到期前转让债权所得款项高于账面价值的差额等。投资活动也可能遭受损失，如投资到期收回的或到期前转让所得款低于账面价值的差额，即为投资损失。投资收益减去投资损失则为投资净收益。随着企业握有的管理和运用资金权力的日益增大，资本市场的逐步完善，投资净收益虽不是企业通过自身的生产或劳务供应活动所得，却是企业利润总额的重要组成部分，并且其比重发展呈越来越大的趋势。

投资收益包括：企业根据投资性房地产准则确认的采用公允价值模式计量的投资性房地产的租金收入和处置损益；企业处置交易性金融资产、交易性金融负债、可供出售金融资产实现的损益；企业的持有至到期投资和买入返售金融资产在持有期间取得的投资收益和处置损益；证券公司自营证券所取得的买卖价差收入等。

（二）利润总额

利润总额=营业利润+营业外收入-营业外支出

营业外收入和营业外支出是指企业发生的与其生产经营活动无直接关系的各项收入和各项支出。

1. 营业外收入的主要内容

（1）固定资产盘盈。它指企业在财产清查盘点中发现的账外固定资产的估计原值减去估计折旧后的净值。

(2) 处理固定资产净收益。它指处置固定资产所获得的处置收入扣除处置费用及该项固定资产账面净值与所计提的减值准备相抵差额后的余额。

(3) 罚款收入。它是指对方违反国家有关行政管理法规，按照规定支付给本企业的罚款，不包括银行的罚息。

(4) 出售无形资产收益。它指企业出售无形资产时，所得价款扣除其相关税费后的差额，大于该项无形资产的账面余额与所计提的减值准备相抵差额的部分。

(5) 因债权人原因确实无法支付的应付款项。它主要是指因债权人单位变更登记或撤销等而无法支付的应付款项等。

(6) 教育费附加返还款。它是指自办职工子弟学校的企业，在缴纳教育费附加后，教育部门返还给企业的所办学校经费补贴费。

(7) 非货币性交易中发生的非货币性交易收益（与关联方交易除外）。

2. 营业外支出的主要内容

(1) 固定资产盘亏。它是指在财产清查盘点中，因实际固定资产实有数低于固定资产账面数而发生的固定资产净值损失。

(2) 处理固定资产净损失。它指企业在生产经营期间处置固定资产时所取得的价款不足以抵补应支付的相关税费和该项固定资产的账面净值与所计提的减值准备相抵差额而发生的处理差额。

(3) 出售无形资产净损失。它指企业出售无形资产时，所得价款不足以抵补应支付的相关税费及该项无形资产的账面余额与所计提的减值准备相抵后的差额所发生的损失。

(4) 罚款支出。它指企业因违反法律或未履行经济合同、协议而支付的赔偿金、违约金、罚息、罚款支出、滞纳金等以及因违法经营而发生的被没收财物损失。

(5) 捐赠支出。它是企业对外捐赠的各种财产的价值。

(6) 非常损失。它指自然灾害造成的各项资产净损失，如地震等造成的损失，还包括由此造成的停工损失和善后清理费用。

(7) 计提无形资产、固定资产和在建工程的减值准备。它指企业按规定对无形资产、固定资产和在建工程实质上发生减值时提取的减值准备。

(8) 职工子弟学校经费和技工学校经费。它指企业按照国家规定，自办职工子弟学校发生的支出大于收入的差额，以及自办技工学校发生的经费支出。

(9) 债务重组损失。它是指按照债务重组会计处理的有关规定应计入营业外支出的债务重组损失。

（三）净利润

企业净利润等于利润总额扣除所得税费用后的余额。

企业所得税是就企业的应税所得额课征的一种税收，在中华人民共和国境内，企业和其他取得收入的组织为企业所得税的纳税人。

1. 应纳税额

$$应纳税额=应纳税所得额\times 适用税率-减免税额-抵免税额$$

适用税率为25%，减免税额和抵免税额是指依照《中华人民共和国企业所得税法》和国务院的税收优惠规定减征、免征和抵免的应纳税额。

2. 应纳税所得额

(1)“应纳税所得额=收入总额-不征税收入-免税收入-各项扣除(包括允许弥补亏损额)”。这种计算方法为直接计算法。这种方法只考虑了税法的要求,未顾及企业会计核算的要求。2007 年之前的纳税申报采用该计算方法,由 1 张主表与 16 张附表组成。

不征税收入包括:财政拨款;依法收取并纳入财政管理的行政事业性收费、政府性基金;国务院规定的其他不征税收入。

免税收入包括:①国债利息收入;②符合条件的居民企业之间的股息、红利等权益性投资收益;在中国境内设立机构、场所的非居民企业从居民企业取得与该机构、场所有实际联系的股息、红利等权益性投资收益;不包括连续持有居民企业公开发行并上市流通的股票不足 12 个月取得的投资收益;③符合条件的非营利组织的收入,不包括非营利组织从事营利性活动取得的收入,但国务院财政、税务主管部门另有规定的除外。

(2)“应纳税所得额=会计利润±纳税调整”。会计与税法的差异主要通过纳税调整来体现,纳税调整通过一系列附表实现。2008 年起的纳税申报采用该方法,由 1 张主表与 11 张附表构成。

二、盈余管理

(一)盈余项目管理

1. 营业税金及附加管理

营业税金及附加大都跟收入或产量有关,而且往往不能税负转嫁,额度约占一般企业收入的 10%,而一般企业的净利润在 5%~10%。企业若没有充分考虑这部分税收及附加,可能使决策认为盈利的项目产生亏损。

2. 资产减值损失管理

会计上规定企业可以提取八大资产减值准备,这主要是弥补成本法核算资产价值的不足。企业一定要注意减值准备的提取、冲回、税法允许调整额度的相关规定,不要过分强调其抵税作用,同时也要避免通过减值准备人为操作利润,这种利润会造成企业虚假繁荣,最终受害者是企业投资者。

3. 公允价值变动收益管理

公允价值计量在我国一般只用于金融资产、金融负债、投资性房地产等有限项目的计价。当存在大量收益为负的情况下,企业的投资资产是严重缩水的。

4. 投资收益管理

企业对外投资的目的一般有二:一是获得比本企业利润率更高的回报,二是出于战略控制的目的。当企业的投资收益背离了这两个目的,就必须重新审查投资的必要性,审查是否存在资源人为转移等问题。

5. 营业外收支净额管理

企业对营业外收支净额的管理一定要清楚其特点。营业外收支的主要特点:①营业外收入和营业外支出一般彼此相互独立,不具有因果关系;②营业外收支通常意外出现,企业难以控制;③营业外收支通常偶然发生,不重复出现,企业难以预见;④营业外收支不与企业经营努力有关。

一般企业的营业外收支净额往往为负，即营业外收入小于营业外支出。当企业长期产生大量的营业外收入，一则企业核算口径可能有问题，二则企业缺乏核心竞争力，因此要尽可能降低营业外支出。

6. 所得税管理

由于税法与财务会计规范的目的不同，两者之间计算的应纳税所得额必然存在差异。为了更好指导企业纳税，在自觉纳税的原则下尽可能不交“冤枉税”，我们有必要深刻理解“纳税调整”。纳税调整主要通过 11 张附表完成。

（二）影响利润各因素变动分析

企业应根据成本、销量和利润的关系，确定盈亏临界点，在此基础上进行因素变动对利润影响的分析。

1. 盈亏临界点的确定

盈亏临界点，是指企业收入和成本相等的经营状态，即边际贡献等于固定成本时企业所处的既不盈利又不亏损的状态。我们通常用一定的业务量来表示这种状态。

（1）盈亏临界点销售量

单一产品盈亏临界点销售量计算：

$$\text{盈亏临界点销售量}=\frac{\text{固定成本}}{\text{单价}-\text{单位变动成本}}=\frac{\text{固定成本}}{\text{单位边际贡献}}$$

（2）盈亏临界点销售额

多产品企业由于产品之间数量不具有可比性，其盈亏临界点计算一则可以使用联合单位销售量（可比销售量），二则使用销售额。

$$\text{盈亏临界点销售额}=\frac{\text{固定成本}}{\text{边际贡献率}}$$

（3）盈亏临界点作业率

盈亏临界点作业率，是指盈亏临界点销售量占企业正常销售量的比重。所谓正常销售量，是指在正常市场和正常开工情况下，企业的销售数量，也可以用销售金额来表示。

$$\text{盈亏临界点作业率}=\frac{\text{盈亏临界点销售量}}{\text{正常销售量}}\times 100\%$$

这个比率表明企业保本的业务量在正常业务量中所占的比重。由于多数企业的生产经营能力是按正常销售量来规划的，生产经营能力与正常销售量基本相同。所以，盈亏临界点作业率还表明保本状态下的生产经营能力的利用程度。当某企业的盈亏临界点作业率为 80%，该企业的作业率必须达到正常作业的 80%以上才能取得盈利，否则就会产生亏损。

2. 分析有关因素变动对利润的影响

盈亏临界分析主要研究利润为零的特殊经营状态的有关问题，变动分析则主要研究利润不为零的一般经营状态的有关问题。

企业在决定任何生产经营问题时，都应事先分析拟采取的行动对利润有何影响。如果该行动产生的收益大于它所引起的支出，可以增加企业的盈利，则这项行动在经济上是可取的。虽然企业在决策时需要考虑各种非经济因素，但是经济分析总是最基本的，甚至是首要的分析。

影响利润诸因素的变动分析，主要方法是将变化了的参数带入量本利方程式，测定其造成的利润变动。

［例 11.2］某企业目前的损益状况如下：

销售收入（1 000 件×10 元/件）：10 000 元

销售成本：

变动成本（1 000 件×6 元/件）：6 000 元

固定成本：2 000 元

销售和管理费（全部固定）：1 000 元

利润：1 000 元

显然，销量、单价、单位变动成本、固定成本诸因素中的一项或多项同时变动，都会对利润产生影响。

通常，企业遇到下列三种情况时，常要测定利润的变化：

（1）外界单一因素发生变化

外界某一因素发生变化时，企业需要测定其对利润的影响，预计未来期间的利润。

例 11.2 的损益状况，如果用方程式来表示，可以写成下列形式：

$$\begin{aligned}\text{利润} &= \text{销售收入}-\text{变动成本}-\text{固定成本}\\ &= 1\,000\times10-1\,000\times6-(2\,000+1\,000)\\ &= 1\,000\ (\text{元})\end{aligned}$$

假设由于材料涨价，使单位变动成本上升到 7 元，利润将变为：

$$\text{利润}=1\,000\times10-1\,000\times7-(2\,000+1\,000)=0\ (\text{元})$$

由于单位变动成本上升 1 元（7-6），企业最终利润减少 1 000（1 000-0）元。企业应根据这种预见到的变化，采取措施，设法抵消这种影响。

如果价格、固定成本或销量发生变动，也可以用上述同样方法测定其对利润的影响。

（2）企业拟采取某项行动

由于企业拟采取某项行动，将使有关因素发生变动时，企业需要测定其对利润的影响，作为评价该行动经济合理性的尺度。

①假设例 11.2 的企业拟采取更有效的广告方式，从而使销量增加 10%。利润将因此变为：

$$\begin{aligned}\text{利润} &= 1\,000\times(1+10\%)\times10-1\,000\times(1+10\%)\times6-(2\,000+1\,000)\\ &= 1\,400\ (\text{元})\end{aligned}$$

这项措施将使企业利润增加 400（1 400-1 000）元，它是增加广告开支的上限。如果这次广告宣传的支出超过 400 元，就可能得不偿失。

②假设该企业拟实施一项技术培训计划，以提高工效，使单位变动成本由目前的 6 元降至 5.75 元。利润将因此变为：

$$\text{利润}=1\,000\times10-1\,000\times5.75-(2\,000+1\,000)=1\,250\ (\text{元})$$

这项计划将使企业利润增加 250（1 250-1 000）元，它是培训计划开支的上限。如果培训计划的开支不超过 250 元，则可从当年新增利润中得到补偿，并可获得长期收益。如果开支超过 250 元则要慎重考虑这项计划是否真的具有意义。

③假设该企业拟自建门市部，售价由目前的 10 元提到 11.25 元，而能维持销量不变。利润将因此变为：

$$利润=1\ 000\times11.25-1\ 000\times6-(2\ 000+1\ 000)=2\ 250(元)$$

这项计划将使企业利润增加 1 250 元（2 250－1 000），它是门市部每年开支的上限。

由于企业的任何经济活动都要消耗钱物，因此，评价其对利润的影响，权衡得失总是必要的。企业利用量本利方程式，可以具体计算出对最终利润的影响，有利于经营者决策。

(3) 有关因素发生相互关联的变化

由于外界因素变化或企业拟采取某项行动，有关因素发生相互关联的影响，企业需要测定其引起的利润变动，以便选择决策方案。

［例 11.3］假设例 11.2 中，企业按国家规定普调工资，使单位变动成本增加 4%，固定成本增加 1%，结果将会导致利润下降。为了抵消这种影响企业有两个应对措施：一是提高价格 5%，而提价会使销量减少 10%；二是增加产量 20%，为使这些产品能销售出去，要追加 500 元广告费。

调整工资后不采取措施的利润为：

$$利润=1\ 000\times[10-6\times(1+4\%)]-(2\ 000+1\ 000)\times(1+1\%)=730(元)$$

采取第一种方案的预计利润：

$$\begin{aligned}利润&=1\ 000\times(1-10\%)\times[10\times(1+5\%)-6\times(1+4\%)]\\&\quad-(2\ 000+1\ 000)\times(1+1\%)\\&=804(元)\end{aligned}$$

采取第二种方案的预计利润：

$$\begin{aligned}利润&=1\ 000\times(1+20\%)\times[10-6\times(1+4\%)]\\&\quad-[(2\ 000+1\ 000)\times(1+1\%)+500]\\&=982(元)\end{aligned}$$

通过比较可知，第二种方案较好。

3. 分析实现目标利润的有关条件

上面的分析，以影响利润的诸因素为已知数，利润是待求的未知数。在企业里有时会碰到另一种相反的情况，即利润是已知数而其他因素是待求的未知数。例如，经营承包合同规定了利润目标，主管部门下达了利润指标，或者根据企业长期发展和职工生活福利的需要企业必须达到特定利润水平等。在这种情况下，我们应当研究如何利用企业现有资源，合理安排产销量、收入和成本支出，以实现特定利润，也就是分析实现目标利润所需要的有关条件。

(1) 采取单项措施以实现目标利润

假设例 11.2 的企业欲使利润增加 50%，即达到 1 500 元，可以从以下几个方面着手采取相应的措施：

①减少固定成本

减少固定成本，可使利润相应增加。现在的问题是确定需减少多少固定成本，才能使原来的利润增加 50%，达到 1 500 元。

现将固定成本（FC）作为未知数，目标利润 1 500 元作为已知数，其他因素不变，代入量本利关系方程式：

$$1\ 500=1\ 000\times10-1\ 000\times6-FC$$

$$FC=2\ 500(元)$$

如其他条件不变，固定成本从 3 000 元减少到 2 500 元，降低 16.7%，可保证实现目标利润。

②减少变动成本

按上述同样方法，将单位变动成本（VC）作为未知数代入量本利关系方程式：

$$1\ 500=1\ 000\times10-1\ 000\times VC-3\ 000$$

$$VC=5.50\ (\text{元})$$

如其他条件不变，单位变动成本从 6 元降低到 5.50 元，减少 8.3%，可保证实现目标利润。

③提高售价

按上述同样方法，将单位产品的售价（SP）作为未知数代入量本利关系方程式：

$$1\ 500=1\ 000\times SP-1\ 000\times6-3\ 000$$

$$SP=10.50\ (\text{元})$$

如其他条件不变，单位产品的售价从 10 元提高到 10.50 元，提高 5%，可保证实现目标利润。

④增加产销量

按上述同样方法，将产销数量（V）作为未知数代入量本利关系方程式：

$$1\ 500=V\times10-V\times6-3\ 000$$

$$V=1\ 125\ (\text{件})$$

如其他条件不变，产销量从 1 000 件增加到 1 125 件，增加 12.5%，可保证实现目标利润。

（2）采取综合措施以实现目标利润

在现实经济生活中，影响利润的诸因素是相互关联的。企业为了提高产量，往往需要增加固定成本。与此同时，企业为了把它们顺利地销售出去，有时又需要降低售价或增加广告费等固定成本。因此，企业很少采取单项措施来提高利润，而大多采取综合措施以实现利润目标，这就需要进行综合计算和反复平衡。

会计师可按下述步骤去落实目标利润：

假设例 11.2 中，企业有剩余的生产能力，可以进一步增加产量，但由于售价偏高，使销路受到限制。为了打开销路，企业经理拟降价 10%，采取薄利多销的方针，争取实现利润 1 500 元。

①计算降价后实现目标利润所需的销售量

$$\text{销售量}=\frac{\text{固定成本}+\text{目标利润}}{\text{单位边际贡献}}=\frac{(2\ 000+1\ 000)+1\ 500}{10\times(1-10\%)-6}=1\ 500\ (\text{件})$$

如果销售部门认为，降价 10%后可使销量达到 1 500 件，生产部门也可以将其生产出来，则目标利润就可以落实了。否则，还需要继续分析并进一步落实。

②计算既定销量下实现目标利润所需要的单位变动成本

假设销售部门认为，上述 1 500 件的销量是达不到的，降价 10%后只能使销量增至 1 300 件。为此，需要在降低成本上挖潜。

$$\text{单位变动成本}=\frac{\text{单价}\times\text{销量}-(\text{固定成本}+\text{目标利润})}{\text{销量}}$$

$$=\frac{10\times(1-10\%)\times1\ 300-(3\ 000+1\ 500)}{1\ 300}=5.54\ (\text{元})$$

为了实现目标利润，企业在降价 10%的同时，还须使单位变动成本从 6 元降至 5.54 元。如果生产部门认为，通过降低原材料和人工成本，这个目标是可以实现的，则预定的利润目标可以落实。否则，还要在固定成本的节约方面想办法。

③计算既定产销量和单位变动成本下实现目标利润所需的固定成本

假设生产部门认为，通过努力，单位变动成本可望降低到 5.60 元。为此，企业还需要压缩固定成本支出。

$$固定成本=销量\times单位边际贡献-目标利润$$
$$=1\ 300\times[10\times(1-10\%)-5.60]-1\ 500=2\ 920（元）$$

为了实现目标利润，在降价 10%，使销量增至 1 300 件，单位变动成本降至 5.60 元的同时，还须压缩固定成本 80（3 000-2 920）元，则目标利润可以落实。否则，销售部门与生产部门可以返回去再次协商，寻找进一步增收节支的办法，重新分析计算并分别落实，或者向经理汇报，请其考虑修改目标利润。

第四节 利润分配管理

利润分配，是企业将实现的净利润，按照国家财务制度规定的分配形式和分配顺序，在国家、企业和投资者之间进行分配。利润分配的过程与结果，关系到所有者的合法权益能否得到保护，企业能否长期、稳定发展，为此，企业必须加强利润分配的管理和核算。

一、利润分配的原则

利润分配是企业财务管理中的重要内容，关系到企业有经济利益关系的各种当事人，包括国家、投资者、企业债权人和企业职工的切身利益，分配不当会影响企业的生存和发展。因此，企业利润分配必须遵循以下基本原则：

（一）依法分配的原则

企业利润分配的对象是在一定会计期间内实现的税后利润。税后利润是企业投资者拥有的权益，对这部分权益的处置与分配，以《公司法》为核心的有关法律都有明确的规定和要求，并制定了缴税、提留、分红的基本程序。企业的税前利润首先应按国家规定做出相应调整，增减应纳税所得额，然后依法缴纳所得税。税后利润的分配应按顺序弥补以前年度亏损，提取法定公积金、公益金，再向投资者分配利润。

（二）利润激励的原则

在保障投资者应分配利润的前提下，如何确保经营者和职工的利益，以提高职工的主人翁意识，调动职工的积极性，是现代企业管理层面临的重要而又特别的课题。我国现行法规规定，税后利润应当提取公益金，用于职工集体福利设施的开支；在现行企业中，使用税后可供分配利润对具有一定工作年限或做出较大贡献的职工发送红股，使员工也成为企业的主人参与企业利润的分配。这种红股虽然在其转让、继承等方面作了一定的限制，但对提高职工的归属感和参与意识无疑具有积极的意义；有部分企业试行的“内部职工股”与“期权”，也是一种积极有效的探索。

(三) 权益对等的原则

企业在利润分配中应遵守公平、公正、公开的原则，企业的投资者在企业中只有以其股权比例享有合法权益，不得在企业中谋取私利，企业的获利情况应当向所有的投资人及时公开，利润的分配方案应交股东会讨论，并充分考虑小股东的意见，利润分配的方式应当对所有股东一视同仁。

(四) 盈利确认的原则

进行利润分配的企业当年必须要有可确认盈余利润，或有历年来分配利润结余及留存盈利。凡在年终会计核算中没有确认的账面盈利或没有留存盈利的企业不得分配利润。

(五) 资本保全的原则

利润的分配是对投资者资本增值部分的分配，而不是投资者资本金的返回。利润分配中不允许企业在无盈利或亏损情况下用资金向投资者分配。这与盈利确认原则的要求是一致的，只是比盈利确认原则作了进一步的限制。

(六) 保护债权人权利的原则

利润分配中要体现对债权人权利的保护，企业在没有偿还完所有债权人到期的债务之前，不得分配利润。另外，在所有到期债务偿还结束后分配利润，也要注意保持企业一定的偿债能力（还有未到期和即将到期的债务要支付），也就是说，要有一定比例的未分配利润和留存盈利。

二、利润分配的程序

向股东支付投资利润（股利）是一项税后净利润的分配，但不是利润分配的全部。按照我国《公司法》的规定，公司利润分配的项目和顺序如下：

(一) 亏损弥补

企业存在的历年亏损在进行分配前必须予以弥补，补亏有税前补亏和税后补亏两种方式。税前补亏在所得税部分已经讲解，在税前不能完全弥补亏损时必须用税后利润补亏。

税后补亏一是用利润当年的净利润弥补，二是用提取的法定盈余公积弥补。这种“补亏”是按账面数字进行的，与所得税法的亏损后转无关，关键在于不能用资本发放股利，也不能在没有累计盈余的情况下提取公积金。

(二) 计提法定盈余公积金

当企业有累计盈余的情况下应该提取法定公积金。

法定盈余公积金按照税后累计净利润的10%提取。法定盈余公积金已达注册资本的50%时可不再提取。企业提取的法定盈余公积金用于弥补以前年度亏损或转增资本金。但转增资本金后留存的法定盈余公积金不得低于注册资本的25%。

(三) 可分配利润的确定

严格意义上讲，只有提取法定盈余公积金后剩余的累计净利润，企业才能自由支配，此时的累计净利润才是真正意义上的可分配利润。

企业可将本年净利润（或亏损）与年初未分配利润（或亏损）合并，计算出可供分配的利润。如果可供分配的利润为负数（即亏损），则不能进行后续分配；如果可供分配利润为正数（即本年累计盈利），则进行后续分配。

可供分配利润提取法定盈余公积后就是可分配利润。

（四）计提任意公积金

公司从税后利润中提取法定公积金后，经股东会或者股东大会决议，还可以从税后利润中提取任意公积金。

（五）向投资人分配利润

公司提取公积金之后，可以将剩余利润向投资者（股东）分配利润（支付股利）。

股利（利润）的分配应以各股东（投资者）持有股份（投资额）的数额为依据，每一股东（投资者）取得的股利（分得的利润）与其持有的股份数（投资额）成正比。股份有限公司原则上应从累计盈利中分派股利，无盈利不得支付股利，即所谓“无利不分”。但若公司用公积金抵补亏损以后，为维护其股票信誉，经股东大会特别决议，也可用公积金支付股利。

上市公司股东大会对利润分配方案做出决议后，公司董事会须在股东大会召开后两个月内完成股利（或股份）的派发事项。

公司股东会或董事会违反上述利润分配顺序，在抵补亏损和提取法定公积金之前向股东分配利润的，必须将违反规定发放的利润退还公司。

三、股利分配理论

股利分配作为财务管理的一部分，同样要考虑其对公司价值的影响。在股利分配对公司价值的影响这一问题上，存在不同的观点，主要有：

（一）股利无关论

股利无关论认为股利分配对公司的市场价值（或股票价格）不会产生影响。这一理论建立在这样的假定之上：①不存在个人或公司所得税；②不存在股票的发行和交易费用（即不存在股票筹资费用）；③公司的投资决策与股利决策彼此独立（即投资决策不受股利分配的影响）；④公司的投资者和管理当局可相同地获得关于未来投资机会的信息。上述假定描述的是一种完美无缺的市场，因而股利无关论又被称为完全市场理论。

股利无关论认为：

1. 投资者并不关心公司股利的分配

若公司留存较多的利润用于再投资，会导致公司股票价格上升；此时尽管股利较低，但需用现金的投资者可以出售股票换取现金。若公司发放较多的股利，投资者又可以用现金再买入一些股票以扩大投资。也就是说，投资者对股利和资本利得并无偏好。

2. 股利的支付比率不影响公司的价值

既然投资者不关心股利的分配，公司的价值就完全由其投资的获利能力所决定，公司的盈余在股利和保留盈余之间的分配并不影响公司的价值（即使公司有理想的投资机会而又支付了高额股利，也可以募集新股，新投资者会认可公司的投资机会）。

（二）股利相关论

股利相关论认为公司的股利分配对公司市场价值有影响。在现实生活中，不存在无关论提出的假定前提，公司的股利分配是在种种制约因素下进行的，公司不可能摆脱这些因素的影响。

影响股利分配的因素有：

1. 法律限制

为了保护债权人和股东的利益，有关法规对公司的股利分配经常作如下限制：

（1）资本保全。规定公司不能用资本（包括股本和资本公积）发放股利。

（2）企业积累。规定公司必须按净利润的一定比例提取法定盈余公积金。

（3）净利润。规定公司年度累计净利润必须为正数时才可发放股利，以前年度亏损必须足额弥补。

（4）超额累积利润。由于股东缴纳的股利所得税高于其进行股票交易的资本利得税，于是许多国家规定公司不得超额累积利润，一旦公司的保留盈余超过法律认可的水平，将被加征额外税额。我国法律对公司累积利润尚未做出限制性规定。

2. 经济限制

股东从自身经济利益需要出发，对公司的股利分配往往产生这样一些影响：

（1）稳定的收入和避税。一些依靠股利维持生活的股东，往往要求公司支付稳定的股利，若公司留存较多的利润，将受到这部分股东的反对。另外，一些高股利收入的股东又出于避税的考虑（股利收入的所得税高于股票交易的资本利得税），往往反对公司发放较多的股利。

（2）控制权的稀释。公司支付较高的股利，就会导致留存盈余减少，这又意味着将来发行新股的可能性加大，而发行新股必然稀释公司的控制权，这是公司原有的持有控制权的股东们所不愿看到的局面。因此，他们若拿不出更多的资金购买新股以满足公司的需要，宁肯不分配股利而反对募集新股。

3. 财务限制

就公司的财务需要来讲，也存在一些限制股利分配的因素：

（1）盈余的稳定性。公司是否能获得长期稳定的盈余，是其股利决策的重要基础。盈余相对稳定的公司能够较好地把握自己，有可能支付比盈余不稳定的公司较高的股利；而盈余不稳定的公司一般采取低股利政策。对于盈余不稳定的公司来讲，低股利政策可以减少因盈余下降而造成的股利无法支付、股价急剧下降的风险，还可将更多的盈余再投资，以提高公司权益资本比重，减少财务风险。

（2）资产的流动性。较多地支付现金股利，会减少公司的现金持有量，使资产的流动性降低；而保持一定的资产流动性，是公司经营所必需的。

（3）举债能力。具有较强举债能力（与公司资产的流动项相关）的公司因为能够及时地筹措到所需的现金，有可能采取较宽松的股利政策；而举债能力弱的公司则不得不多滞留盈余，因而往往采取较紧的股利政策。

（4）投资机会。有着良好投资机会的公司，需要有强大的资金支持，因而往往少发放股利，将大部分盈余用于投资；缺乏良好投资机会的公司，保留大量现金会造成资金的闲置，于是倾向于支付较高的股利。正因为如此，处于成长中的公司多采取低股利政策；处于经营收缩期的公司多采取高股利政策。

（5）资本成本。与发行新股相比，保留盈余不需花费筹资费用，是一种比较经济的筹资渠道。所以，从资本成本考虑，如果公司有扩大资金的需要，也应当采取低股利政策。

（6）债务需要。具有较高债务偿还需要的公司，可以通过举借新债、发行新股筹集资金偿还债务，也可直接用经营积累偿还债务。如果公司认为后者适当的话（比如，前者资本成本高或受其他限制难以进入资本市场），将会减少股利的支付。

4. 其他限制

（1）债务合同约束。公司的债务合同，特别是长期债务合同，往往有限制公司现金支付程度的条款，这使公司只得采取低股利政策。

（2）通货膨胀。在通货膨胀的情况下，公司折旧基金的购买力水平下降，会导致没有足够的资金来源重置固定资产。这时盈余会被当作弥补折旧基金购买力水平下降的资金来源，因此在通货膨胀时期公司股利政策往往偏紧。

由于存在上述种种影响股利分配的限制，股利政策与股票价格就不是无关的，公司的价值或者说股票价格不会仅仅由其投资的获利能力所决定。

四、股利分配政策

支付给股东的盈余与留在企业的保留盈余，存在此消彼长的关系。所以，股利分配既决定给股东分配多少红利，也决定有多少净利留在企业。公司减少股利分配，会增加保留盈余，减少外部筹资需求。股利决策也是内部筹资决策。

在进行股利分配的实务中，公司经常采用的股利政策如下：

（一）剩余股利政策

1. 股利分配方案的确定

以上谈到，股利分配与公司的资本结构相关，而资本结构又是由投资所需资金构成的，因此实际上股利政策要受到投资机会及其资金成本的双重影响。剩余股利政策就是在公司有着良好的投资机会时，根据一定的目标资本结构（最佳资本结构），测算出投资所需的权益资本，先从盈余当中留用，然后将剩余的盈余作为股利予以分配。

公司采用剩余股利政策时，应遵循四个步骤：①设定目标资本结构，即确定权益资本与债务资本的比率，在此资本结构下，加权平均资本成本将达到最低水平；②确定目标资本结构下投资所需的股东权益数额；③最大限度地使用保留盈余来满足投资方案所需的权益资本数额：④投资方案所需权益资本已经满足后若有剩余盈余，再将其作为股利发放给股东。

［例11.4］某公司上年税后利润为600万元，今年年初公司讨论决定股利分配的数额。公司预计今年需要增加投资资本800万元。公司的目标资本结构是权益资本占60%，债务资本占40%，今年继续保持。按法律规定，公司至少要提取10%的公积金。公司采用剩余股利政策。筹资的优先顺序是留存利润、借款和增发股份。问：公司应分配多少股利？

解答：利润留存=800×60%=480（万元）

股利分配=600−480=120（万元）

2. 采用本政策的理由

奉行剩余股利政策，意味着公司只将剩余的盈余用于发放股利。公司这样做的根本理由是为了保持理想的资本结构，使加权平均资本成本最低。在例 11.4 中，如果公司不按剩余股利政策发放股利，将可向股东分配的 600 万元全部留用于投资（这样当年将不发放股利），或全部作为股利发放给股东（这样当年每股股利将达到 6 元），然后再去筹借债务，这两种做法都会破坏目标资本结构，导致加权平均资本成本的提高，不利于提高公司的价值（股票价格）。

（二）固定或持续增长的股利政策

1. 分配方案的确定

这一股利政策是将每年发放的股利固定在某一固定的水平上并在较长的时期内保持不变，只有当公司认为未来盈余会显著地、不可逆转地增长时，才提高年度的股利发放额。

2. 采用本政策的理由

固定或持续增长股利政策的主要目的是避免出现由于经营不善而削减股利的情况。公司采用这种股利政策的理由在于：

（1）稳定的股利向市场传递着公司正常发展的信息，有利于树立公司良好形象，增强投资者对公司的信心，稳定股票的价格。

（2）稳定的股利额有利于投资者安排股利收入和支出，特别是对那些对股利有着很高依赖性的股东更是如此。而股利忽高忽低的股票，则不会受这些股东的欢迎，股票价格会因此而下降。

（3）稳定的股利政策可能会不符合剩余股利理论，但考虑到股票市场会受到多种因素的影响，其中包括股东的心理状态和其他要求，因此为了使股利维持在稳定的水平上，公司即使推迟某些投资方案或者暂时偏离目标资本结构，也可能要比降低股利或降低股利增长率更为有利。

该股利政策的缺点在于股利的支付与盈余相脱节。当盈余较低时公司仍要支付固定的股利，这可能导致资金短缺，财务状况恶化；同时该股利政策不能像剩余股利政策那样保持较低的资本成本。

（三）固定股利支付率政策

1. 分配方案的确定

固定股利支付率政策，是公司确定一个股利占盈余的比率，长期按此比率支付股利的政策。在这一股利政策下，各年股利额随公司经营的好坏而上下波动，获得较多盈余的年份股利额高，获得盈余少的年份股利额低。

2. 采用本政策的理由

主张实行固定股利支付率的人认为，这样做能使股利与公司盈余紧密地配合，以体现多盈多分、少盈少分、无盈不分的原则，才算真正公平地对待了每一位股东。但是，在这种政策下各年的股利变动较大，极易造成公司不稳定的感觉，对于稳定股票价格不利。

（四）低正常股利加额外股利政策

1. 分配方案的确定

低正常股利加额外股利政策，是公司一般情况下每年只支付固定的、数额较低的股利；在盈余多的年份，再根据实际情况向股东发放额外股利。但额外股利并不固定化，不意味着公司永久地提高了规定的股利率。

2. 采用本政策的理由

(1) 这种股利政策使公司具有较大的灵活性。当公司盈余较少或投资需用较多资金时，可维持设定的较低但正常的股利，股东不会有股利跌落感；而当盈余有较大幅度增加时，则可适度增发股利，把经济繁荣的部分利益分配给股东，使他们增强对公司的信心，这有利于稳定股票的价格。

(2) 这种股利政策可使那些依靠股利度日的股东每年至少可以得到虽然较低，但比较稳定的股利收入，从而吸引住这部分股东。

以上各种股利政策各有所长，公司在分配股利时应借鉴其基本决策思想，制定适合自己具体实际情况的股利政策。

课后思考与练习

一、思考题

1. 在营业收入中，常用的定性和定量预测方法主要有哪几种？

2. 主营业务收入结构分析与管理中运用的各种比率说明了什么问题？这对企业财务管理工作有何启示？

3. 除了直接材料差异、直接人工差异、变动制造费用差异以及固定制造成本差异这些成本的差异分析之外，你觉得关于销售收入可以设计出哪些差异分析方法呢？

4. 股利政策有哪几种？公司采用每种股利政策的理由是什么？

5. 据规定，公司利润分配的程序是亏损弥补、计提法定盈余公积金、确定可分配利润、计提任意公积金、向投资人分配利润。那么，向员工发放工资及奖金以及偿还债务属于利润分配吗？为什么？

二、计算题

1. 2007 年城镇某品牌彩电普及率为 13.48 万/百户，预计 2008 年年底达 13.63 万/百户，城镇居民家庭为 58.6 万户，年增长率为 0.35%。居民彩电需求量占社会需求量的 87%。

要求：按产品寿命周期分析法预测该品牌在这个城镇的销售量。

2. 2014 年某企业对其生产的某产品销售情况进行调查。该产品已试销 1 年，截至当年年底在本市已拥有 30 000 用户，本市共有居民 1 500 000 户。据悉 2015 年外地从本市订货该产品 3 500 台，本市从外地订货该类产品 1 600 台。假定该产品寿命周期的试销期为 3~5 年，产品普及率为 1%~5%，按产品寿命周期分析法预测该厂 2015 年销售量为 12 200 台。

要求：求该厂的市场占有率。

3. 某产品本月成本资料如下：

(1) 单位产品标准成本如表 11.2 所示。

表 11.2　单位产品标准成本

直接项目	用量标准	价格标准	标准成本
直接材料	50 千克	9 元/千克	450 元/件
直接人工	45 小时	4 元/小时	180 元/件
变动制造费用	45 小时	3 元/小时	135 元/件

表11.2(续)

直接项目	用量标准	价格标准	标准成本
固定制造费用	45 小时	2 元/小时	90 元/件
合计			855 元/件

本企业该产品预算产量的标准工时为 1 000 小时。

(2) 本月实际产量为 20 件，实际耗用材料为 900 千克，实际人工工时为 950 小时，实际成本如下表 11.3 所示。

表 11.3 实际成本

直接材料	900 元
直接人工	3 325 元
变动制造费用	2 375 元
固定制造费用	2 850 元
合计	17 550 元

要求：(1) 计算本月产品成本差异总额。

(2) 计算直接材料价格差异和用量差异。

(3) 计算直接人工效率差异和工资率差异。

(4) 计算变动制造费用耗费差异和效率差异。

(5) 计算固定制造费用耗费差异、闲置能量差异、效率差异。

4. 某企业生产电饭煲，其设计生产能力为年产 15 万台，目前材料供应充足，产量完全可以达到这个水平。该产品价格为每台 200 元，单位变动成本为 150 元，月固定成本为 120 000 元，预计全年固定费用为 120 000×12=1 440 000 元。

要求：(1) 求月盈亏临界点销售量、销售额。

(2) 求企业产量达到生产能力时可实现的利润。

(3) 假设单位变动成本提高 1%，求对利润的影响。

(4) 产销量增加 1 个百分点时，求对利润的影响。

5. 某公司执行剩余股利政策，目标资本结构的资产负债率为 50%，本年税后利润为 100 万元，若不增发新股，公司的最大投资支出是多少？可支付的股利是多少？

第十二章　财务分析与评价

学习目标

要求学生通过本章学习，明确财务分析与评价的目的和作用，对财务分析与评价的资料依据有一个全面的认识和了解，掌握财务分析的评价标准和基本方法，尤其是比率分析法和杜邦分析法。

本章内容

财务分析与评价概述：财务分析与财务评价的关系，财务信息的使用者，财务分析的依据，财务分析应注意的问题，财务分析的内容与种类，财务分析的程序；**财务分析方法**：趋势分析法，因素分析法；**财务比率分析**：偿债能力分析，营运能力分析，盈利能力分析，发展能力分析，上市公司特殊财务比率；**综合分析法**：综合分析法的基本思路，杜邦财务分析法，改进的财务综合分析体系，财务比率综合分析法。

第一节　财务分析与评价概述

一、财务分析与财务评价的关系

（一）财务评价

财务评价常常在两种场合使用：项目财务评价和企业财务评价。

1. 项目财务评价

项目财务评价是根据国家现行财税制度和价格体系，分析、计算项目直接发生的财务效益和费用，编制财务报表，计算评价指标，考查项目的盈利能力、清偿能力以及外汇平衡等财务状况，据以判别项目的财务可行性的方法。

项目财务评价多用静态分析与动态分析相结合，以动态为主的办法进行。动态指标主要有内部收益率、净现值，静态指标主要有投资回收期。我们将项目的财务评价指标分别和相应的基准参数——基准收益率、行业平均投资回收期、平均投资利润率、投资利税率等相比较，以判断项目在财务上的可行性。财务评价是项目可行性研究的核心内容，其评价结论是决定项目取舍的重要决策依据。

2. 企业财务评价

企业财务评价是在财务分析的基础上，运用财务综合评价方法对企业财务活动过程和财务效果得出综合结论的方法。一般而言，财务分析的结果只反映企业某一方面或某一环节的财务状况或财务成果，我们要想对整个企业的财务状况和财务成果得出总体结论，必须在财务综合分析的基础上对企业财务状况和财务成果进行综合评价。

企业财务评价以会计核算资料和报表资料等为依据的，采用一系列专门的财务分析技术和方法，对企业过去和现在的经营成果、财务状况及其他相关项目所作的一种客观判断和分析。其根本目的是为管理者服务。

企业财务评价主要有以下两个方面的作用：

第一，企业财务评价是财务决策的依据。财务决策是财务管理和企业管理的关键环节，财务评价既是判别过去财务决策是否正确的依据，也是将来正确财务决策的基础。在投资决策中，企业通过财务评价可确定被投资企业在同行业中的水平和地位，可明确投资潜力与投资风险；在企业重组决策中，通过财务评价可确定哪些企业应合并、哪些企业应分立、哪些企业应破产等。

第二，企业财务评价是完善激励机制的基础。激励机制是现代企业经营机制的重要组成部分，激励机制的基础在于评价，特别是财务评价。我们通过企业财务评价可明确经营者的经营业绩水平，通过对部门的财务评价可明确部门经营者的经营业绩水平，通过对职工责任指标的评价可明确职工的业绩水平。激励机制正是在明确业绩水平基础上实施的奖励与惩罚。

企业财务评价的方法有综合指数法、综合评分法、功效系数法、分析判断法等。评价指标与财务分析的常用指标是通用的。

（二）财务分析

财务分析是以会计核算和报表资料及其他相关资料为依据，采用一系列专门的分析技术和方法，对企业等经济组织的过去和现在有关筹资活动、投资活动、经营活动的偿债能力、盈利能力和营运能力状况等进行分析与评价，为企业的投资者、债权人、经营者以及其他关心企业的组织或个人了解企业过去、评价企业现状、预测企业未来、做出正确决策提供准确的信息或依据的经济应用方法。

广义的财务分析包括会计分析、财务分析和综合分析。会计分析包括筹资活动分析、投资活动分析、经营活动分析和分配活动分析；财务分析包括偿债能力分析、盈利能力分析、营运能力分析和增长能力分析；综合分析包括财务综合分析、财务综合评价、财务预测分析和企业价值评估。

（三）财务评价与财务分析的关系

财务评价与财务分析都涉及企业筹资活动、投资活动、经营活动和分配活动，都需要分析或评价偿债能力、盈利能力、营运能力和增长能力，使用的方法、指标体系基本相同。科学的财务评价必须建立在财务分析的基础上。

财务评价关注的是结果，财务分析注重结果的原因探究；财务评价得出的往往是一个总括性结论，无法反映存在的问题以及产生问题的根本症结，而财务分析却能够对评价结果进行更深层次的解释和说明。

财务分析包括了指标计算和指标比较，而指标比较就带有评价的职能；财务评价之前需要比较详细的分析作为结论的支撑。故，财务评价与财务分析常常被混同使用，无论是理论上或是实务中一般都未对其加以严格区分。

二、财务信息的使用者

财务信息是财务分析与评价的基础数据，财务信息的使用者大体上分为两类：内部使用者和外部使用者。内部使用者包括企业管理者与员工，他们既是企业财务信息的生产者，也是财务信息的使用者，他们使用财务信息主要是为了改进自己的经营管理工作。外部使用者是并不参与企业经营活动的个人和单位，他们必须依赖企业提供的信息。一般而言，内部信息使用者多使用内部信息，外部信息使用者使用外部信息。由于外部信息按照统一规定产生，具有可比性与公开性的特点。故，财务评价与分析使用的财务信息是外部信息。

（一）内部使用者

内部使用者使用内部信息，内部信息是专门为内部决策者设计的，不需要满足统一的格式要求，但针对性和时效性极强。由于内部信息不要求公开，且具有一定的保密性，所以，我们研究财务信息及其使用者时一般不将内部信息作为重点。

（二）外部使用者

财务信息外部使用者很多，其使用信息的目的也不相同。

（1）债权人。金融机构、债券持有人和其他一些借款给企业的人，他们利用财务信息寻找借款人是否有能力定期支付利息、到期偿还本金的证明。

（2）权益投资者，包括公司现有和潜在的股东。现有股东需要财务信息以确定是继续持有该公司股票，还是应把它卖掉；潜在股东需要财务信息以帮助他们在竞争性的投资机会中做出选择。权益投资者通常对评价公司的未来获利能力和风险感兴趣。

（3）董事会。完全两权分离下的董事会也是外部使用者，受股东委托监督管理当局的行为，这个受托责任的完成和履行情况需要财务信息。

（4）审计师。审计师为减少审计风险需要评估公司的盈利性和破产风险信息；为确定审计的重点，需要分析财务数据的异常变动。

（5）监管机构。监管机构使用财务信息以实施监督职能，如证券交易委员会监视企业公开财务信息是否符合证券法律。一些价格管制行业，如公用事业，为了制定收费率需要向监管机构递交财务信息资料。政府为履行政府职能，需要了解公司纳税情况、遵守政府法规和市场秩序的情况以及职工的收入和就业状况。

（6）客户。客户为决定是否建立长期合作关系，需要分析公司的长期盈利能力和偿债能力；为决定信用政策，需要分析公司的短期偿债能力。

（7）并购分析师。并购分析师需要信息确定潜在兼并对象的经济价值和评估其财务上和经营上的兼容性。

三、财务分析的依据

财务分析以企业的会计核算资料为依据，通过对会计所提供的核算资料进行加工整理，得出一系列科学的、系统的财务指标进行比较、分析和评价。这些会计核算资料通常包括日常核算资料和财务报告，但财务分析主要是以财务报告为依据，日常核算资料只作为财务分析的一种补充资料。企业的财务报告主要包括资产负债表、利润表、现金流量表、会计报表附表、会计报表附注以及财务状况说明书等。

（一）资产负债表

资产负债表是反映企业某一特定时期财务状况的会计报表。我们利用该表可以分析资产的分布状况、负债和所有者权益的构成情况，据以评价企业的资产、资本结构是否正常、合理；可以分析企业资产的流动性或变现能力，以及长、短期债务金额及偿债能力，评价企业的财务弹性以及承担风险的能力；利用资产负债表还有助于分析企业的获利能力，评价企业的经营业绩。

（二）利润表

利润表又称损益表或收益表，是反映企业在一定期间内经营成果的报表。通过利润表提供的收入、费用等情况，我们能够知晓企业生产经营的收益和成本的耗费，评价企业生产经营成果；通过利润表提供的不同时期的比较数字，可以分析企业获利能力以及利润增减变化的原因，预测企业的发展趋势，了解投资者投入资本的完整性。

（三）现金流量表

现金流量表是以现金及现金等价物为基础编制的财务状况变动表，是联系资产负债表及利润表的纽带，它提供企业一定会计期间内现金及现金等价物流入和流出的信息，以便于报表使用者了解和评价企业现金和现金等价物的能力，并据以预测企业未来的现金流量。

现金流量表提供的信息有助于利益相关者评价企业在未来创造有利的净现金流量的能力，评价企业偿还债务的能力、分派股利的能力、对外融资的需求，确定净收益与相关现金收支之间产生差异的原因，评估当期的现金和非现金投资及理财交易对企业财务状况的影响。

（四）会计报表附表

会计报表的趋势是内容精炼化、概括化，将大量详细、重要的信息在附表中列示。因此，附表对揭示财务状况正发挥着越来越重要的作用。我国目前外报的附表主要包括利润分配表、资产减值准备明细表、所有者权益增减变动表、分部报表以及其他报表。

（五）会计报表附注

会计报表附注是对会计报表本身无法或难以充分表达的内容和项目所作的补充说明和详细解释，以提高表内信息的可理解性。附注主要内容包括：企业一般情况，不符合会计核算前提的说明，关联方关系及其交易的说明，重要资产转让及其出售的说明，企业合并、分立的说明，会计报表重要项目的说明，收入，有助于理解和分析会计报表需要说明的其他事项。

（六）财务状况说明书

财务状况说明书是企业一定会计期间内生产经营、资金周转、利润实现及分配等情况的综合性分析报告，是年度财务决算报告的重要组成部分。财务状况说明书主要包括：企业生产经营的基本情况，利润实现、分配及企业亏损情况，资金增减和周转情况，所有者权益增减变动及国有资本保值增值情况，对企业财务状况、经营成果和现金流量有重大影响的其他事项，针对本年度企业经营管理中存在的问题，新年度拟采取的改进管理和提高经营业绩的具体措施，以及业务发展计划。

四、财务分析应注意的问题

1. 财务报表的真实性问题

财务报表失真是指企业的管理层和会计人员违反会计法律、法规，为了小集团甚至个人利益而编造利润，粉饰经营业绩，或者掩盖真实财务情况。其动因一是经济利益驱动（资本市场“圈钱”、偷税），二是政治利益驱动（职位升迁、追逐荣誉、树立形象）。

案例：万福生科财务造假案

2012 年湖南证监局上市公司检查组发现万福生科 2012 年半年报预付账款存在重大异常：公开披露的资产负债表显示，预付账款余额为 1.46 亿元，而科目余额表显示，万福生科预付账款余额超过 3 亿元，预付账款“账表不符”。财务总监解释称为了让报表好看一点，将一部分预付账款重分类至“在建工程”等其他科目，但检查组职业敏感让其意识到如此畸高的预付账款绝对不正常，因为上年同期才只有 0.2 亿元，那么这些预付款去哪里了？

检查组立即追查银行追踪资金真实去向，结果不查不知道，一查吓一跳。银行真实的资金流水显示，账列预付 8 036 万元设备供应款根本就没有打给供应商（法人），而是打给自然人；再一比对，发现下游回款根本不是客户（法人）打进来的，而是自然人打进来的。现场检查组发现万福生科银行回单涉嫌造假重大违法事实之后，湖南证监局立即于 2012 年 9 月 14 日宣布对其立案调查。案情上报之后得到证监会高度重视，9 月 17 日中国证监会稽查总队宣布对其立案调查。

在铁的事实面前，财务总监无奈交出私人控制的 56 张个人银行卡，稽查大队又在现场截获存有 2012 年上半年真实收入数据的 U 盘，从此揭开了一个伪造银行回单 14 亿元、虚构收入 9 亿多元的惊天大案。

2. 注意报表本身的局限性问题

财务报表是会计的产物，会计有特定的假设前提，并要执行统一的规则。因此，我们只能在规范意义上使用报表数据进行分析，不能认为报表揭示了企业的全部实际情况。

3. 企业会计政策的不同选择影响可比性

对同一会计事项的账务处理，会计准则允许使用几种不同的规则和程序，企业可以自行选择。一般来说，企业财务报表附注中对会计政策的选择会有一定的表述，财务分析人员应当研读报表附注对会计政策选择的说明，完成可比性的调整工作。

4. 比较基础问题

企业进行财务分析时，常常要将几个有关的数据加以比较，以揭示差异和矛盾。作为比较基础的有经验数据、本企业历史数据、同行业数据和本企业计划预算数据。其中，经验数据和计划预算数据均带有一定的主观性；过去被实践证明是比较合理的经验数据，随着时间和经济环境的变化可能变得不太合理了。将实际数据与计划预算进行差异分析时，如果计划偏高，企业难以完成，如果计划偏低，企业轻易超额完成，这都是计划预算数据本身缺乏科学性造成的。所以我们在进行财务分析时，对比较基础要准确理解，切忌简单化和绝对化，以免判断失误。

5. 非货币信息的使用

企业的财务状况及发展前景等问题有些是难以用货币来表示的，但这些非货币信息对企业的信息使用者来说往往比货币信息更重要。例如，两个财务状况相同（从报表信息看）的同类企业，一个处于上升期，一个处于下滑期。它们只是在上升和下滑的过程中的某一时点表现为相同的财务状况。但是，这种上升和下滑的趋势就不一定能从报表中反映出来，特别是无法从一个会计年度的报表信息中体现。因此，财务分析人员应特别注意对企业的非货币信息的收集和分析。

6. 定性分析与定量分析相结合

我们在进行财务分析时，既要借助文字语言工具来归纳、分解各种技术经济指标，阐述各种经济指标的含义及其质的变化，还要借助数学语言工具表达各种技术经济指标的规模和水平，说明计划要求与实际状况之间的关系，判定各种因素对经济指标的影响程度。

五、财务分析的内容与种类

广义的财务分析内容与种类包括财务活动分析、财务报表分析和综合分析。

（一）财务活动分析

1. 筹资活动分析

筹资活动分析是指利益相关者在对企业筹资活动总括了解的基础上，判断资金来源的合理性，分析企业相关会计政策对筹资活动的影响，进而对企业的筹资政策、筹资规模与筹资结构进行客观评价。

2. 投资活动分析

投资活动分析是指利益相关者通过对企业不同时期的资产规模以及变动情况的分析与比较，了解企业资产规模增减变动的原因，发现投资活动中存在的问题；通过对企业不同时期的资产结构以及变动情况的分析与比较，了解企业经济资源的配置情况，判断企业资产结构是否合理，进而优化企业的资产结构；通过对企业投资活动所采用的会计政策、会计估计以及变更情况的发现与评价，确定企业靠近报表各项资产项目信息披露与实际财务状况的偏差，并进行调整，尽量消除会计信息失真，从而为进一步利用会计信息进行财务分析奠定基础，并保证财务分析结论的可靠性。

3. 经营活动分析

利润分析是经营活动分析的核心。我们通过对利润进行会计分析，可确定利润的会计原则、会计政策等因素变动，纠正利润偏差，更好地实现利润分析的作用。

4. 分配活动分析

利益相关者依据利润分配表的资料，分析企业净利润在企业与投资者之间以及企业内部各项基金之间分配的情况及变动状况，从而确定各主要分配渠道分配额的增减变动幅度、利润分配去向结构是否合理、合法。

（二）财务报表分析

1. 偿债能力分析

企业偿还债务的能力是企业财务状况的重要内容，对其进行分析有利于投资者进行正确的投资决策、经营者进行正确的经营决策、债权人进行正确的借贷决策。

2. 营运能力分析

利益相关者通过对反映企业资产营运效率（周转速度）与效益（投入与产出比）的指标进行计算与分析，评价企业的营运能力，为企业提高经济效益指明方向。

3. 盈利能力分析

利益相关者通过盈利能力的有关指标了解和衡量企业经营业绩，通过分析发现经营管理中存在的问题。

4. 增长能力分析

企业未来生产经营趋势和发展水平对企业相关利益团体至关重要，企业价值在很大程度上取决于企业未来的获利能力，所以对企业增长能力的深入分析构成财务分析的内容。

（三）综合分析

1. 财务综合分析

利益相关者对四大活动和四大能力的分析是从某一角度或某一方面来深入分析研究企业的财务状况与财务成果的，很难对企业财务总体状况和业绩的关联性及水平得出综合结论，因而有必要在会计分析和财务能力单项分析的基础上进行财务综合分析。

利益相关者通过财务综合分析可明确企业盈利能力、营运能力、偿债能力及发展能力之间的相互关系，找出制约企业发展的“瓶颈”所在；财务综合分析是财务综合评价的基础，利益相关者通过财务综合分析有利于综合评价企业经营业绩，明确企业的经营水平与位置。

2. 财务预测分析

财务预测分析是利益相关者根据企业过去一段时期财务活动的历史资料，依据现实条件并考虑企业的发展趋势，运用定量分析法以及根据预测人员的主观判断，对企业未来一定时期的财务状况和经营成果所进行的分析、测算或估计。

由于未来的财务活动存在很多的不确定性，所以财务预测分析是一种特殊的财务分析，它需要在分析过去、把握现在的基础上，掌握财务活动发展的一般规律，以便对未来的财务活动进行较为准确的预测分析。

3. 财务综合评价

财务综合评价是指利益相关者在财务综合分析的基础上，运用财务综合评价方法对财务活动过程和财务效果得出的综合结论。财务综合评价是进行财务决策的依据，是完善激励机制的基础。常见的财务综合评价方法有综合指数法、综合评分法、功效系数法和分析判断法。

4. 企业价值评估

价值评估是对企业全部或部分价值进行评估的过程。资本增值是资本所有者投资的根本目的，而资本增值的衡量离不开价值评估，价值是衡量业绩的最佳标准，价值增加有利于企业各利益主体，价值评估是企业种种重要财务活动的基本行为准则。

六、财务分析的程序

财务分析的程序与步骤可以归纳为四个阶段十个步骤：

1. 财务分析信息收集整理阶段

（1）明确财务分析的目的。相关人员只有确定了财务分析的目的，才能正确地收集整理信息，选择正确的分析方法，从而得出正确的结论。

（2）制订财务分析计划。计划包括财务分析人员组成及分工、时间进度安排、分析内容及拟采用的分析方法等。

（3）收集整理财务分析信息。信息的收集整理应根据分析的目的和计划进行。

2. 战略分析与会计分析阶段

（1）企业战略分析。战略分析包括行业分析和企业竞争策略分析。

（2）财务报表分析。财务报表分析指评价企业会计所反映的财务状况与经营成果的真实程度，包括对会计政策、会计方法、会计披露的评价以揭示会计信息的质量，以及对会计灵活性、会计估计的调整，修正会计数据。它为财务分析奠定基础，并保证财务分析结论的可靠性。

3. 财务分析实施阶段

（1）财务指标分析。财务指标包括绝对指标和相对指标，正确选择与计算财务指标是正确判断和评价企业财务状况的关键所在。

（2）基本因素分析。基本因素分析是指相关人员在报表整体分析和财务指标分析的基础上，对一些主要指标的完成情况，从其影响因素角度，深入进行定量分析，确定各因素对其影响方向和程度，为企业正确进行财务评价提供最基本的依据。

4. 财务分析综合评价阶段

（1）财务综合分析与评价。相关人员在应用各种财务分析方法进行分析的基础上，将定量分析结果、定性分析判断及实际调查情况结合起来，以得出财务分析结论。结论的正确与否是判断财务分析质量的唯一标准。

（2）财务预测与价值评估。财务分析不仅要在事后分析原因、得出结论，而且要对企业未来发展及价值状况进行分析与评价。

（3）财务分析报告。相关人员将财务分析的基本问题、财务分析结论，以及针对问题提出的措施建议以书面的形式表示出来，为财务分析主体及财务分析报告的其他受益者提供决策依据。

以上是完整意义上的财务分析程序，而一般书籍只介绍其中部分程序。

第二节　财务分析方法

财务分析通常包括定性分析和定量分析两种类型。定性分析是指分析人员根据自己的知识、经验，以及对企业内部情况、外部环境的了解程度做出的非量化的分析和评价；定量分析是指分析人员运用一定的量化技术方法和分析工具、分析技巧对有关指标做出的数量化分析。本章主要介绍定量分析方法。

常见的财务定量分析方法有比率分析法、趋势分析法、因素分析法和综合分析法。由于比率分析和综合分析法内容较多，将分别在第三节和第四节讲解。

一、趋势分析法

趋势分析法是指分析人员通过比较企业连续数期的会计报表，了解企业经营成果与财务状况的变化趋势，并以此来预测企业未来经营成果与财务状况。在趋势分析中经常会用到比较会计这种形式，它是将两期或两期以上的会计报表所提供的信息并行予以列示，互相比较，以便揭示差距，寻找原因，进而预测变化趋势。一般来讲，趋势分析主要应用于会计报表的横向比较和会计报表的纵向比较。

（一）横向比较法

横向比较法又称水平分析法，是最简单的一种分析方法。具体分析方法是：分析人员将某特定企业连续若干会计年度的报表资料在不同年度间进行横向对比，确定不同年度间的差异额或差异率，以分析企业各报表项目的变动情况及变动趋势。横向比较法有两种：比较分析法和定基百分比分析。

1. 比较分析法

比较分析法是将企业连续两个会计年度的财务报表进行比较分析，旨在找出单个项目各年之间的不同，以便发现某种趋势。在进行比较分析时，分析人员除了可以针对单个项目研究其趋势，还可以对特定项目之间的关系进行比较，以揭示出隐藏的问题。

［例 12.1］A 公司的比较利润表如表 12.1 所示。

表 12.1　比较利润表（比较分析）

编制单位：A 公司　　　　单位：万元

项目	2006 年 ①	2007 年 ②	差异（金额） ③=②-①	差异（%） ④=③÷①
一、主营收入	1 500.00	1 600.00	100.00	6.67
减：营业成本	720.00	800.00	80.00	11.00
营业税金及附加	60.00	64.00	4.00	6.67
销售费用	60.00	66.00	6.00	10.00
管理费用	90.00	130.00	40.00	44.44
勘探费用				
财务费用	16.00	32.00	16.00	100.00
资产减值损失				
加：公允价值变动净收益				
投资收益	10.00	15.00	5.00	50.00
其中：对联营企业和合营企业的投资权益				
影响营业利润的其他科目				
二、营业利润	564.00	523.00	-41.00	-7.27
加：补贴收入				
营业外收入	8.00	10.00	2.00	25.00
减：营业外支出	25.00	28.00	3.00	12.00
其中：非流动资产处置净损失				
加：影响利润总额的其他科目				
三、利润总额	547.00	505.00	-42.00	-7.68
减：所得税	136.75	126.25	-10.50	-7.68
加：影响利润的其他科目				
四、净利润	410.25	378.75	-31.50	-7.68
归属于母公司所有者的净利润				
少数股东损益				

从表 12.1 可以看出，公司营业收入增长 6.67%，而营业成本、销售费用、管理费用和财务费用却分别上涨了 11.11%、10%、44.44%和 100.00%，尽管投资收益有 50%的增长，但投资收益比重太小，最终导致营业利润下降 7.27%；营业外支出和营业外

收入比重不大，小幅影响利润总额，利润总额减小的幅度为 7.68%；由于所得税是按利润总额的 25%的比例缴纳，净利润减少幅度与利润总额相同。

2. 定基百分比分析

当比较 3 年以上的财务报表时，比较分析法就变得很麻烦，于是就产生了定基百分比分析。定基百分比分析的具体方法是，在分析连续几年的财务报表时，选择一年的报表作为基期报表，将基期报表上各项数据的指数均定为 100，把其他各年度会计报表的数据也均转换为基期数据的百分数，然后比较分析相对数的大小，查明各项目的变化趋势。

比较年度的指数=（比较年度数据÷基期数据）×100%

［例 12.2］B 公司的定基百分比比较利润表如表 12.2 所示。

表 12.2　B 公司比较利润表（定基百分比分析）

项目	2012 年		2013 年		2014 年	
	数据	定基	数据	指数	数据	指数
一、主营收入	200	100	240	120	300	150
减：营业成本	100	100	160	160	125	125
营业税金及附加	16	100	16	100	20	125
销售费用	20	100	22	110	20	100
管理费用	20	100	22	110	20	100
勘探费用						
财务费用	8	100	8	100	8	100
资产减值损失						
加：公允价值变动净收益						
投资收益	50	100	6	12	6	12
其中：对联营企业和合营企业的投资权益						
影响营业利润的其他科目	8	100	10	125	14	175
二、营业利润	94	100	28	30	127	135
加：补贴收入	2	100	2	100	2	100
营业外收入	6	100	6	100	6	100
减：营业外支出	2	100	2	100	2	100
其中：非流动资产处置净损失						
加：影响利润总额的其他科目						
三、利润总额	100	100	34	34	133	133
减：所得税	25	100	8.5	34	33.25	133
加：影响利润的其他科目						
四、净利润	75	100	25.5	34	99.75	133
归属于母公司所有者的净利润						
少数股东损益						

从表 12.2 可以看出，B 公司营业收入稳定增长，但营业成本在 2013 年出现大幅的上

涨，投资收益在2012年很大，以后两年均只有2012年的12%，说明2012年获得高额投资收益只是一种非正常情况。2013年的营业成本大幅上涨和投资收益的大幅下滑导致营业利润只有2012年的30%。公司其他收入和费用支出较平稳，没有大的变动。由于营业利润大幅波动致使公司净利润波动很大，2013年公司净利润只有2012年的34%。

（二）纵向比较法

纵向比较法又称垂直分析法，是将常规的会计报表换算成结构百分比形式的报表，然后将本期和前一期或前几期的结构百分比报表汇编在一起，查明各特定项目在不同年度所占的比重变化情况，并进一步判断企业经营成果与财务状况的发展趋势。

同一报表中不同项目的结构百分比=（部分÷总体）×100%

通常，损益表的“总体”是“业务收入”，资产负债表的“总体”是“总资产（或资产总额）”，现金流量表的“总体”是“流动资产（营运资金）来源合计”。

［例12.3］C公司的结构百分比比较利润表如表12.3所示。

表12.3　　C公司比较利润表（结构百分比）

项目	2012年	2013年	2014年
一、主营收入	100	100	100
减：营业成本	53.5	52	54.5
营业税金及附加	12	11	12
销售费用	8	10	6.5
管理费用	13	11	10
勘探费用			
财务费用	6	6	13
资产减值损失			
加：公允价值变动净收益			
投资收益	14	7	11
其中：对联营企业和合营企业的投资权益			
影响营业利润的其他科目	6	7	
二、营业利润	27.5	23	15
加：补贴收入	2	2	2
营业外收入	2	4	2
减：营业外支出	1	1	1
其中：非流动资产处置净损失			
加：影响利润总额的其他科目			
三、利润总额	30.5	28	18
减：所得税	7.63	7	4.5
加：影响利润的其他科目			
四、净利润	22.87	21	13.5
归属于母公司所有者的净利润			
少数股东损益			

从表 12.3 可看出，该公司营业成本率比较稳定，而投资收益的比重不太稳定，净利润则有稳步下降的趋势。

横向比较分析侧重于同一项目在不同年度的金额增减百分比变化分析，而纵向比较分析侧重于某一项目在不同年度比重（重要性程度）的变化，两者结合，更有利于我们正确评价、预测企业经营成果与财务状况的演变。

此外，比较分析的参照标准除选用本公司历史数据外，还可以选用同业数据和计划预算数据。

横向比较时需要使用同业标准。同业的平均数只有一般性的指导作用，不一定有代表性，不是合理性的标志。选一组有代表性的公司求其平均数，作为同业标准，可能比整个行业的平均数更有意义。近年来，公司更重视以竞争对手的数据作为分析基础。不少公司实行多种经营，没有明确的行业归属，同业比较更加困难。

趋势分析以本公司历史数据作为比较基础。历史数据代表过去，并不一定具有合理性。经营环境是变化的，公司今年利润比上年提高了，不一定说明已经达到应该达到的水平，甚至不一定说明管理有了改进。会计规范的改变会使财务数据失去直接可比性，公司要恢复其可比性，成本很大，甚至缺乏必要的信息。

实际与计划的差异分析，以计划预算作为比较基础。实际和预算出现差异，可能是执行中有问题，也可能是预算不合理，对两者的区分并非易事。

总之，我们对比较基础本身要准确理解，并且要在限定意义上使用分析结论，避免简单化和绝对化。

二、因素分析法

因素分析法是依据分析指标与其影响因素的关系，从数量上确定各因素对分析指标影响方向和影响程度的一种方法。公司采用这种方法的出发点在于，当有若干因素对分析指标产生影响时，假定其他各个因素都无变化，顺序确定每个因素单独变化所产生的影响。因素分析法具体有两种：连环替代法和差额分析法。

（一）连环替代法

连环替代法是将分析指标分解为各个可计量的因素，并根据各个因素之间的依存关系，顺序用各因素的比较值（通常即本期值或实际值）替代基准值（通常即前期值或计划值），据以测定各因素对分析指标的影响。

［例 12.4］某铝业有限公司的相关资料如表 12.4 所示。

表 12.4　　某铝业有限公司相关资料

项目	2013 年	2014 年
权益净利率	14.64%	8.19%
资产净利率	6%	4.55%
权益乘数	2.44	1.8

从表 12.4 可知，2014 年权益净利率比 2013 年减少了 6.45%，这是资产净利率和权益乘数共同作用的结果。下面用连环替代法分析这两个因素对权益净利率的影响程度。

①前期指标（2013 年）：6%×2. 44＝14. 64%

②第一次替代：4. 55%×2. 44＝11. 102%

③第二次替代：4. 55%×1. 8＝8. 19%

②－①＝－3. 538%：资产净利率增加的影响

③－②＝－2. 912%：权益乘数增加的影响

③－①＝－6. 45%：全部因素的影响

（二）差额分析法

差额分析法是连环替代法的一种简化形式，它是利用各个因素的比较值和基准值之间的差额，来计算各因素对分析指标的影响。

仍以表 12.4 所列数据为例，我们可采用差额分析法计算确定各因素变动对材料费用的影响。

资产净利率增加对权益净利率的影响：（4. 55%－6%）×2. 44＝－3. 538%

权益乘数增加对权益净利率的影响：（1. 8－2. 44）×6%＝－3. 84%

（三）应用因素分析法时应注意的问题

因素分析法既可以全面分析各因素对某一经济指标的影响，又可以单独分析某个因素对某一经济指标的影响，在财务分析中应用颇为广泛。企业在应用这一方法时必须注意以下几个问题：

1. 因素分析的关联性

构成经济指标的因素，必须是客观上存在着因果关系，能够反映形成该项指标差异的内在构成原因的因素，否则就失去了其存在价值。

2. 因素替代的顺序性

企业在选择替代因素时，必须按照各因素的依存关系，排成一定的顺序并依次替代，不可随意加以颠倒，否则就会得出不同的计算结果。一般而言，确定正确排列因素替代顺序的原则是，按分析对象的性质，从诸因素相互依存关系出发，并使分析结果有助于分清责任。

3. 顺序替代的连环性

连环替代法在计算每一个因素变动的影响时，都是在前一次计算的基础上进行的，并采用连环比较的方法确定因素变化影响结果。因此，只有保持计算程序上的连环性，才能使各个因素影响之和等于分析指标变动的差异，以全面说明分析指标变动的原因。

4. 计算结果的假定性

连环替代法计算的各因素变动的影响数，会因替代计算顺序的不同而有差异，因而计算结果不免带有假定性，即它不可能使每个因素计算的结果都达到绝对的准确。它只能是在某种假定前提下的影响结果，离开了这种假定前提条件，也就不是这种影响结果了。为此，财务人员应力求使这种假定合乎逻辑，具有实际经济意义。这样，计算结果的假定性才不至于妨碍分析的有效性。

第三节 财务比率分析

财务比率分析是将会计报表中的相关项目的金额进行对比，得出一系列具有一定意义的财务比率，以此揭示、分析企业的经营业绩和财务状况。所谓的相关项目，可以取自同一张会计报表，也可以取自两张不同的会计报表，然而不论如何选择，都要求各项目之间存在一定的逻辑关系，这样比率才有经济意义。

比率分析的应用非常广泛，可供分析的指标种类繁多，使用者根据自己的需要会选择不同的比率指标进行分析。本书着重讨论人们普遍关注并采用的比率指标，分为偿债能力比率、营运能力比率、盈利能力比率和发展能力比率。

一、偿债能力分析

偿债能力是指企业偿还债务（包括本息）的能力。偿债能力的衡量方法有两种：一种是比较债务与可供偿债资产的存量，资产存量超过债务存量较多，则认为偿债能力强；另一种是比较偿债所需现金和经营活动产生的现金流量，如果经营活动产生的现金超过需要的现金较多，则认为偿债能力强。

企业保持适当的偿债能力，具有重要意义。对股东来说，不能及时偿债可能导致企业破产，但是提高流动性必然降低盈利性，因此他们希望企业权衡收益和风险，保持适当的偿债能力。对于债权人来说，企业偿债能力不足可能导致他们无法及时、足额收回债权本息，因此他们希望企业具有尽可能强的偿债能力。在偿债能力问题上，股东和债权人的利益并不一致。股东更愿意拿债权人的钱去冒险，如果冒险成功，超额报酬全部归股东，债权人只能得到固定的利息而不能分享冒险成功的额外收益。如果冒险失败，债权人有可能无法收回本金，要承担冒险失败的部分损失。对企业管理者来说，为了股东的利益他们必须权衡企业的收益和风险，保持适当的偿债能力。为了能够取得贷款，他们必须考虑债权人对偿债能力的要求。他们从自身的利益考虑，更倾向于维持较高的偿债能力。如果企业破产，股东失掉的只是金钱，而经理人不仅会丢掉职位，而且他们作为经理人的“无形资产”也会大打折扣。对企业的供应商和消费者来说，企业短期偿债能力不足意味着企业履行合同的能力较差。企业如果无力履行合同，供应商和消费者的利益将受到损害。

偿债能力分析包括短期偿债能力分析和长期偿债能力分析。

（一）短期偿债能力分析

短期偿债能力是指企业流动资产对流动负债及时足额偿还的保证程度，是衡量企业当前财务能力，特别是流动资产变现能力的重要标志。

1. 营运资本

营运资本是指流动资产超过流动负债的部分。企业短期债务的存量，是资产负债表中列示的各项流动负债年末余额。可以用来偿还这些债务的资产，是资产负债表中列示的流动资产年末余额。流动负债需要在一年内用现金偿还，流动资产将在一年内变成现金，因此两者的比较可以反映短期偿债能力。

$$营运资本=流动资产-流动负债$$

如果流动资产与流动负债相等，并不足以保证偿债，因为债务的到期与流动资产的现金生成，不可能同步同量。企业必须保持流动资产大于流动负债，即保有一定数额的营运资本作为缓冲，以防止流动负债“穿透”流动资产。因此，营运资本越多，流动负债的偿还越有保障，短期偿债能力越强。

营运资本之所以能够成为流动负债的“缓冲垫”，是因为它是长期资本用于流动资产的部分，不需要在一年内偿还。

营运资本=流动资产-流动负债

=（总资产-非流动资产）-（总资产-股东权益-非流动负债）

=（股东权益+非流动负债）-非流动资产

=长期资本-长期资产

当流动资产大于流动负债时，营运资本为正数，表明长期资本的数额大于长期资产，超出部分被用作流动资产。营运资本的数额越大，财务状况越稳定。若全部流动资产都由营运资本提供资金来源，则企业没有任何偿债压力。

当流动资产小于流动负债时，营运资本为负数，表明长期资本小于长期资产，有部分长期资产由流动负债提供资金来源。由于流动负债在 1 年内需要偿还，而长期资产在 1 年内不能变现，企业偿债所需现金不足，必须设法另外筹资，则财务状况不稳定。

营运资本的比较分析，主要是与本企业上年数据的比较，通常称之为变动分析。

2. 流动比率

流动比率与后面的速动比率、现金比率均属于短期债务的存量比率。

流动比率=流动资产÷流动负债

流动比率假设全部流动资产都可以用于偿还短期债务，表明每 1 元流动负债有多少流动资产作为偿债的保障。

流动比率和营运资本配置比率所反映的偿债能力是相同的，它们可以互相换算：

流动比率=1÷（1-营运资本/流动资产）

流动比率是相对数，排除了企业规模不同的影响，更适合同业比较以及本企业不同历史时期的比较。流动比率的计算简单，得到广泛应用。

不存在统一的、标准的流动比率数值。不同行业的流动比率，通常有明显差别。营业周期越短的行业，合理的流动比率越低。过去很长时期，人们认为生产型企业合理的最低流动比率是 2。这是因为流动资产中变现能力最差的存货金额约占流动资产总额的一半，剩下的流动性较好的流动资产至少要等于流动负债，才能保证企业最低的短期偿债能力。这种认识一直未能从理论上证明。最近几十年，企业的经营方式和金融环境发生很大变化，流动比率有降低的趋势，许多成功企业的流动比率都低于 2。

如果流动比率与上年相比发生较大变动，或与行业平均值相比出现重大偏离，企业就应对构成流动比率的流动资产和流动负债各项目逐一进行分析，寻找形成差异的原因。为了考察流动资产的变现能力，有时还需要分析其周转率。

流动比率有某些局限性，企业在使用时应注意：流动比率假设全部流动资产都可以变为现金并用于偿债，全部流动负债都需要还清。实际上，有些流动资产的账面金额与变现金额有较大差异，如产成品等；经营性流动资产是企业持续经营所必需的，不能全部用于偿债；经营性应付项目可以滚动存续，无须动用现金全部结清。因此，流动比率是对短期偿债能力的粗略估计。

3. 速动比率

构成流动资产的各个项目的流动性有很大差别。其中的货币资金、交易性金融资产和各种应收、预付款项等，可以在较短时间内变现，称之为速动资产。另外的流动资产，包括存货、待摊费用、一年内到期的非流动资产及其他流动资产等，称为非速动资产。

非速动资产的变现时间和数量具有较大的不确定性：①存货的变现速度比应收款项要慢得多；部分存货可能已损失报废但还没做处理，或者已抵押给某债权人，不能用于偿债；存货估价有多种方法，可能与变现金额相差悬殊。②待摊费用不能出售变现。③一年内到期的非流动资产和其他流动资产的数额有偶然性，不代表正常的变现能力。因此，将可偿债资产定义为速动资产，计算出来的短期债务存量比率更令人可信。

速动资产与流动负债的比值，称为速动比率，其计算公式为：

速动比率=速动资产÷流动负债

速动比率假设速动资产是可以用于偿债的资产，表明每1元流动负债有多少速动资产作为偿还保障。如同流动比率一样，不同行业的速动比率有很大差别。例如，采用大量现金销售的商店，几乎没有应收账款，速动比率大大低于1是很正常的。相反，一些应收账款较多的企业，速动比率可能要大于1。

影响速动比率可信性的重要因素是应收账款的变现能力。账面上的应收账款不一定都能变成现金，实际坏账可能比计提的准备要多；季节性的变化，可能使报表上的应收账款数额不能反映平均水平。这些情况，外部分析人不易了解，而内部人员却有可能做出估计。

案例：茅台公司的流动比率和速动比率

流动比率是流动资产比流动负债，用于衡量企业在某一时点偿还即将到期的债务的能力。一般来说，企业的流动比率越高，其短期偿债能力越强，流动比率在2∶1时比较理想。近五年来茅台公司的流动比率几乎都在2以上，接近于3，短期偿债能力很好。与其他公司对比，可看出，茅台的流动比率大大高于其他公司。但流动比率并非越高越好，存货的积压也可能是流动比率过高的一个因素，因而我们需要结合速动比率分析。

速动比率是速动资产比流动负债，剔除了存货等非速动资产，是衡量企业在某一个时点上运用随时可变现的资产偿付到期债务的能力。一般情况下，该指标正常值是1∶1。茅台的速动比率保持在2以上，较行业其他公司来讲也是较高。其中的货币资金的大量持有也是流动比率和速动比率维持在较高水平的原因之一。

4. 现金比率

速动资产中，流动性最强、可直接用于偿债的资产称为现金资产。现金资产包括货币资金、交易性金融资产等。它们与其他速动资产有区别，其本身就是可以直接偿债的资产，不像速动资产，需要等待不确定的时间，才能转换为不确定数额的现金。

现金资产与流动负债的比值称为现金比率，其计算公式如下：

现金比率=（货币资金+交易性金融资产）÷流动负债

现金比率假设现金资产是可偿债资产，表明1元流动负债有多少现金资产作为偿还保障。

5. 短期债务与现金流量的比较

短期债务的数额是偿债需要的现金流量，经营活动产生的现金流量是可以偿债的现金流量，两者相除称为现金流量比率。其计算公式为：

现金流量比率=经营现金净流量÷流动负债

现金流量比率表明每1元流动负债的经营现金流量保障程度。该比率越高，偿债越有保障。

6. 影响短期偿债能力的其他因素

上述短期偿债能力比率，都是根据财务报表中资料计算的。还有一些表外因素也会影响企业的短期偿债能力，影响可能相当大。财务报表的使用人应尽可能了解这方面的信息，有利于做出正确的判断。

（1）增强短期偿债能力的因素

增强短期偿债能力的表外因素主要有：

①可动用的银行贷款指标：银行已同意、企业未办理贷款手续的银行贷款限额，可以随时增加企业的现金，提高支付能力。这一数据不反映在财务报表中，但会在董事会决议中披露。

②准备很快变现的非流动资产：企业可能有一些长期资产可以随时出售变现，而不出现在“一年内到期的非流动资产”项目中。例如，储备的土地、未开采的采矿权、目前出租的房产等，在企业发生周转困难时，将其出售并不影响企业的持续经营。

③偿债能力的声誉：如果企业的信用很好，在短期偿债方面出现暂时困难比较容易筹集到短缺的现金。

（2）降低短期偿债能力的因素

降低短期偿债能力的表外因素有：

①与担保有关的或有负债，如果它的数额较大并且可能发生，就应在评价偿债能力时给予关注。

②经营租赁合同中承诺的付款，很可能是需要偿付的义务。

③建造合同、长期资产购置合同中的分阶段付款，也是一种承诺，应视同需要偿还的债务。

（二）长期偿债能力比率

衡量长期偿债能力的财务比率，也分为存量比率和流量比率两类。

从长期来看，企业所有的债务都要偿还。因此，反映长期偿债能力的存量比率是总债务、总资产和股东权益之间的比例关系，常用比率包括资产负债率、产权比率、权益乘数和长期资本负债率。反映长期偿债能力的流量比率有利息保障倍数、现金流量利息保障倍数和长期资本负债率。

1. 资产负债率

资产负债率是负债总额占资产总额的百分比：

$$资产负债率 = (负债 \div 资产) \times 100\%$$

资产负债率反映总资产中有多大比例是通过负债取得的。它可以衡量企业在清算时保护债权人利益的程度。资产负债率越低，企业偿债越有保证，债权人的债权越安全。资产负债率还代表企业的举债能力。一个企业的资产负债率越低，举债越容易。如果资产负债率高到一定程度，没有人愿意提供贷款了，则表明企业的举债能力已经用尽。

通常，资产在破产拍卖时的售价不到账面价值的50%，因此资产负债率高于50%则债权人的利益就缺乏保障。各类资产变现能力有显著区别，房地产变现的价值损失小，专用设备则难以变现。不同企业的资产负债率不同，与其持有的资产类别有关。

2. 产权比率和权益乘数

产权比率和权益乘数是资产负债率的另外两种表现形式，它和资产负债率的性质一样。

$$产权比率=负债总额÷股东权益$$

$$权益乘数=总资产÷股东权益$$

$$=1+产权比率$$

$$=\frac{1}{1-资产负债率}$$

产权比率表明 1 元股东权益借入的债务数额。权益乘数表明 1 元股东权益拥有的总资产。它们是两种常用的财务杠杆，可以反映特定情况下资产利润率和权益利润率之间的倍数关系。财务杠杆表明债务的多少，与偿债能力有关，并且可以表明权益净利率的风险，也与盈利能力有关。

3. 长期资本负债率

长期资本负债率是指非流动负债占长期资本的百分比：

$$长期资本负债率=［非流动负债÷（非流动负债+股东权益）］×100\%$$

长期资本负债率反映企业长期资本的结构。由于流动负债的数额经常变化，资本结构管理大多使用长期资本结构。

4. 利息保障倍数

利息保障倍数是指息税前利润为利息费用的倍数：

$$利息保障倍数=息税前利润÷利息费用$$

$$=（净利润+利息费用+所得税费用）÷利息费用$$

通常，我们可以用财务费用的数额作为利息费用，也可以根据报表附注资料确定更准确的利息费用数额。

长期债务不需要每年还本，却需要每年付息。利息保障倍数表明 1 元债务利息有多少倍的息税前收益作保障，它可以反映债务政策的风险大小。如果企业一直保持按时付息的信誉，则长期负债可以延续，举借新债也比较容易。利息保障倍数越大，利息支付越有保障。如果利息支付尚且缺乏保障，归还本金就很难指望。因此，利息保障倍数可以反映长期偿债能力。

如果利息保障倍数小于 1，表明企业自身产生的经营收益不能支持现有的债务规模。利息保障倍数等于 1 也是很危险的，因为息税前利润受经营风险的影响，是不稳定的，而利息的支付却是固定数额。利息保障倍数越大，企业拥有的偿还利息的缓冲资金越多。

5. 现金流量利息保障倍数

现金流量基础的利息保障倍数，是指经营现金净流量为利息费用的倍数：

$$现金流量利息保障倍数=经营现金净流量÷利息费用$$

现金基础的利息保障倍数表明，1 元的利息费用有多少倍的经营现金流量作保障。它比以收益为基础的利息保障倍数更可靠，因为实际用以支付利息的是现金，而不是收益。

6. 现金流量债务比

现金流量与债务比，是指经营活动所产生的现金净流量与债务总额的比率。其计算公式为：

经营现金流量与债务比=（经营现金流量÷债务总额）×100%

该比率表明企业用经营现金流量偿付全部债务的能力。比率越高，企业承担债务总额的能力越强。

7. 影响长期偿债能力的其他因素

上述衡量长期偿债能力的财务比率是根据财务报表数据计算的，还有一些表外因素影响企业的长期偿债能力，必须引起足够的重视。

（1）长期租赁

当企业急需某种设备或厂房而又缺乏足够的资金时，可以通过租赁的方式解决。财产租赁的形式包括融资租赁和经营租赁。融资租赁形成的负债大多会反映于资产负债表，而经营租赁形成的负债则没有反映于资产负债表。当企业的经营租赁量比较大、期限比较长或具有经常性时，就形成了一种长期性筹资，这种长期性筹资，到期时必须支付租金，会对企业的偿债能力产生影响。因此，如果企业经常发生经营租赁业务，应考虑租赁费用对偿债能力的影响。

（2）债务担保

担保项目的时间长短不一，有的涉及企业的长期负债，有的涉及企业的流动负债。我们在分析企业长期偿债能力时，应根据有关资料判断担保责任带来的潜在长期负债问题。

（3）未决诉讼

未决诉讼一旦判决败诉，便会影响企业的偿债能力，因此在评价企业长期偿债能力时要考虑其潜在影响。

案例：未决诉讼对公司长期偿债能力的影响

2012年12月31日，甲公司存在一项未决诉讼。根据类似案例的经验判断，该项诉讼败诉的可能性为90%。如果败诉，甲公司将赔偿对方100万元并承担诉讼费用5万元，但很可能从第三方收到补偿款10万元。2012年12月31日，甲公司就此项未决诉讼确认的预计负债金额为105万元。同时，由于补偿款未基本确定收到，不能确认资产。这一项未决诉讼，会造成甲公司利润总额下降105万元，长期来看会影响其长期偿债能力。

二、营运能力分析

营运能力分析是指对企业资金周转状况进行的分析，也称为资产管理比率分析。一般而言，资金周转得越快，说明资金利用率越高，企业的经营管理水平也就越好。

常用的比率有应收账款周转率、存货周转率、流动资产周转率、非流动资产周转率、总资产周转率和营运资本周转率等。

（一）应收账款周转率

应收账款周转率是应收账款与销售收入的比率。它有三种表示形式：应收账款周转次数、应收账款周转天数和应收账款与收入比。

应收账款周转次数=销售收入÷应收账款

应收账款周转天数=365÷应收账款周转次数

应收账款与收入比=应收账款÷销售收入

应收账款周转次数，表明应收账款一年中周转的次数，或者说明 1 元应收账款投资支持的销售收入。应收账款周转天数，也称为应收账款的收现期，表明从销售开始到回收现金平均需要的天数。应收账款与收入比，表明 1 元销售收入需要的应收账款投资。

在计算和使用应收账款周转率时应注意以下问题：

1. 销售收入的赊销比例问题

从理论上说应收账款是赊销引起的，其对应的流量是赊销额，而非全部销售收入。因此，我们在计算时应使用赊销额取代销售收入。但是，外部分析人无法取得赊销的数据，只好直接使用销售收入计算。这相当于假设现金销售是收现时间等于零的应收账款。只要现金销售与赊销的比例是稳定的，这不妨碍与上期数据的可比性，只是一贯高估了周转次数。问题是与其他企业比较时，不知道可比企业的赊销比例，也就无从知道应收账款是否可比。

2. 应收账款年末余额的可靠性问题

应收账款是特定时点的存量，容易受季节性、偶然性和人为因素影响。企业在将应收账款周转率用于业绩评价时，最好使用多个时点的平均数，以减少这些因素的影响。

3. 应收账款的减值准备问题

统一财务报表上列示的应收账款是已经提取减值准备后的净额，而销售收入并没有相应减少。其结果是，提取的减值准备越多，应收账款周转天数越少。这种周转天数的减少不是好的业绩的反映，反而说明应收账款管理欠佳。如果减值准备的数额较大，企业就应进行调整，使用未提取坏账准备的应收账款计算周转天数。报表附注中应披露应收账款减值的信息，可作为调整的依据。

4. 应收票据是否计入应收账款周转率

大部分应收票据是销售形成的，只不过是应收账款的另一种形式，应将其纳入应收账款周转天数的计算，称为“应收账款及应收票据周转天数”。

5. 应收账款周转天数是否越少越好

应收账款是赊销引起的，如果赊销有可能比现金销售更有利，周转天数就不是越少越好。收现时间的长短与企业的信用政策有关。例如，甲企业的应收账款周转天数是 18 天，信用期是 20 天；乙企业的应收账款周转天是 15 天，信用期是 10 天。前者的收款业绩优于后者，尽管其周转天数较多。改变信用政策，通常会引起企业应收账款周转天数的变化。信用政策的评价涉及多种因素，不能仅仅考虑周转天数的缩短。

6. 应收账款分析应与销售额分析、现金分析联系起来

应收账款的起点是销售，终点是现金。正常的情况是销售增加引起应收账款增加，现金的存量和经营现金流量也会随之增加。如果一个企业应收账款日益增加，而销售和现金日益减少，则可能是销售出了比较严重的问题，促使放宽信用政策，甚至随意发货，而现金收不回来。

总之，我们应当深入应收账款的内部，并且要注意应收账款与其他问题的联系，才能正确评价应收账款周转率。

（二）存货周转率

存货周转率是销售收入与存货的比值。也有三种计量方式：

存货周转次数=销售收入÷存货

存货周转天数=365÷（销售收入÷存货）

存货与收入比=存货÷销售收入

在计算和使用存货周转率时，应注意以下问题：

1. 计算存货周转率时，使用“销售收入”还是“销售成本”作为周转额，要看分析的目的

企业在短期偿债能力分析中，为了评估资产的变现能力需要计量存货转换为现金的数量和时间，应采用“销售收入”；在分解总资产周转率时，为系统分析各项资产的周转情况并识别主要的影响因素，应统一使用“销售收入”计算周转率；如果是为了评估存货管理的业绩，应当使用“销售成本”计算存货周转率，使其分子和分母保持口径一致。实际上，两种周转率的差额是毛利引起的，用哪一个计算都能达到分析目的。

2. 存货周转天数不是越低越好

存货过多会浪费资金，存货过少不能满足流转需要，在特定的生产经营条件下存在一个最佳的存货水平，所以存货不是越少越好。

3. 应注意应付款项、存货和应收账款（或销售）之间的关系

一般说来，销售增加会拉动应收账款、存货、应付账款增加，不会引起周转率的明显变化。但是，当企业接受一个大的订单时，先要增加采购，然后依次推动存货和应收账款增加，最后才引起收入上升。因此，在该订单没有实现销售以前，先表现为存货周转天数增加。这种周转天数增加，没有什么不好。与此相反，企业预见到销售会萎缩时，先行减少采购，依次引起存货周转天数的下降。这种周转天数下降不是什么好事，并非资产管理的改善。因此，任何财务分析都以认识经营活动的本来面目为目的，不可根据数据的高低做出简单结论。

4. 应关注构成存货的产成品、自制半成品、原材料、在产品和低值易耗品之间的比例关系

各类存货的明细资料以及存货重大变动的解释，在报表附注中应有披露。正常的情况下，它们之间存在某种比例关系。如果产成品大量增加，其他项目减少，很可能是企业销售不畅，放慢了生产节奏。此时，总的存货金额可能并没有显著变动，甚至尚未引起存货周转率的显著变化。因此，我们在分析时既要重点关注变化大的项目，也不能完全忽视变化不大的项目，其内部可能隐藏着重要问题。

（三）流动资产周转率

流动资产周转率是销售收入与流动资产的比值，也有三种计量方式：

流动资产周转次数=销售收入÷流动资产

流动资产周转天数=365÷（销售收入÷流动资产）

=365÷流动资产周转次数

流动资产与收入比=流动资产÷销售收入

流动资产周转次数，表明流动资产一年中周转的次数，或者说是1元流动资产所支持的销售收入。流动资产周转天数表明流动资产周转一次所需要的时间，也就是期末流动资产转换成现金平均所需要的时间。流动资产与收入比，表明1元收入所需要的流动资产投资。

通常，流动资产中应收账款和存货占绝大部分，因此它们的周转状况对流动资产周转具有决定性影响。

(四) 非流动资产周转率

非流动资产周转率是销售收入与非流动资产的比值，也有三种计量方式：

非流动资产周转次数=销售收入÷非流动资产

非流动资产周转天数=365÷（销售收入÷非流动资产）

=365÷非流动资产周转次数

非流动资产与收入比=非流动资产÷销售收入

非流动资产周转率反映非流动资产的管理效率。我们主要是针对投资预算和项目管理，分析投资与其竞争战略是否一致，收购和剥离政策是否合理等。

(五) 总资产周转率

总资产周转率是销售收入与总资产之间的比率。它有三种表示方式：总资产周转次数、总资产周转天数、总资产与收入比。

1. 总资产周转率及其计算

总资产周转次数表示总资产在一年中周转的次数：

总资产周转次数=销售收入÷总资产

在销售利润率不变的条件下，周转的次数越多，形成的利润越多，所以它可以反映盈利能力。它也可以理解为1元资产投资所产生的销售额。产生的销售额越多，说明资产的使用和管理效率越高。习惯上，总资产周转次数又称为总资产周转率。

以时间长度表示的总资产周转率，称为总资产周转天数。其计算公式为：

总资产周转天数=365÷（销售收入/总资产）=365÷总资产周转次数

总资产周转天数表示总资产周转一次所需要的时间。时间越短，总资产的使用效率越高，盈利性越好。

总资产周转次数的倒数，称为“总资产与收入比”：

总资产与收入比=总资产÷销售收入=1/总资产周转次数

总资产与收入比表示1元收入需要的总资产投资。收入相同时，需要的投资越少，说明总资产的盈利性越好或者说总资产的使用效率越高。

2. 总资产周转率的驱动因素

总资产是由各项资产组成的，在销售收入既定的条件下，总资产周转率的驱动因素是各项资产。我们通过驱动因素的分析，可以了解总资产周转率变动是由哪些资产项目引起的，以及影响较大的因素，为进一步分析指出方向。

资产周转率的驱动因素分析，通常可以使用“资产周转天数”或“资产与收入比”指标，不使用“资产周转次数”。因为各项资产周转次数之和不等于总资产周转次数，不便于分析各项目变动对总资产周转率的影响。

三、盈利能力分析

盈利能力就是企业赚取利润的能力，是各方面都日益重视和关心的指标。一般而言，企业的盈利能力只涉及正常的营业状况。非正常的营业状况也会给企业带来收益或损失，但只是特殊情况下的个别结果，并不能说明企业的能力。

反映企业盈利能力的指标很多，通常使用的有以下一些指标：

(一) 销售利润率

销售利润率又被称为“销售净利率”或简称“利润率”。通常，在“利润”前面没有加任何定语，就是指“净利润”；某个利润率，如果前面没有指明计算比率使用的分母，则以销售收入为分母。

销售利润率是指净利润与销售收入的比率，通常用百分数表示：

销售利润率=（净利润÷销售收入）×100%

它表明1元销售收入与其成本费用之间可以“挤”出来的净利润。该比率越大则企业的盈利能力越强。

它的派生指标有主营业务利润率：

主营业务利润率=（主营业务利润÷主营业务收入净额）×100%

(二) 资产利润率

1. 资产利润率及其计算

资产利润率是指净利润与总资产的比率，它反映公司从1元受托资产（不管资金来源）中得到的净利润。

资产利润率=（净利润÷总资产）×100%

与它相似的指标为总资产报酬率：

总资产报酬率=（息税前利润总额÷平均资产总额）×100%

资产利润率是企业盈利能力的关键。虽然股东的报酬由资产利润率和财务杠杆共同决定，但提高财务杠杆会同时增加企业风险，往往并不增加企业价值。此外，财务杠杆的提高有诸多限制，企业经常处于财务杠杆不可能再提高的临界状态。因此，驱动权益净利率的基本动力是资产利润率。

2. 资产利润率的驱动因素

影响资产利润率的驱动因素是销售利润率和资产周转率。

$$资产利润率=\frac{净利润}{总资产}=\frac{净利润}{销售收入}\times\frac{销售收入}{总资产}$$

$$=销售利润率\times总资产周转次数$$

总资产周转次数是1元资产创造的销售收入，销售利润率是1元销售收入创造的利润，两者共同决定了资产利润率即1元资产创造的利润。

(三) 权益净利率

权益净利率是净利润与股东权益的比率，它反映1元股东资本赚取的净收益，可以衡量企业的总体盈利能力，也称为净资产收益率。

权益净利率=（净利润÷股东权益）×100%

权益净利率的分母是股东的投入（包括积累等），分子是股东的所得。对于股权投资人来说，它具有非常好的综合性，概括了企业的全部经营业绩和财务业绩。

案例：通威股份回归主业净资产收益率（ROE）连续增长

通威股份在2011—2013年的净资产收益率情况分别为6.01%、6.61%和16.34%。

分析公司近年来的财务情况，就可以发现它最近三年无论是毛利率还是存货周转率都是不断提高的。其产品毛利率并不高，但是从2011年的7.33%，提高到了2013年的9.79%，而存货周转率也从2011年的11.99，提高到了2013年的13.8。

通威股份近几年业绩的增长是因为将精力放回到了主业——饲料业务上。公司之前将精力、资源放到新能源业务上，饲料业务增速缓慢。从2010年开始，公司将精力重新放回到饲料业务上来。

（四）资本保值增值率

资本保值增值率=(扣除客观因素后的年末所有者权益÷年初所有者权益)×100%

资本保值增值率是根据“资本保全”原则设计的指标，更加谨慎、稳健地反映了企业资本保全和增值状况，也充分体现了经营者的主观努力程度和利润分配中的积累情况。

该指标越高，表明企业的资本保全状况越好，所有者的权益增长越快。当该指标小于100%时，表明企业资本受到侵蚀，没有实现资本保全，损害了所有者权益，妨碍了企业进一步发展壮大，企业应予以充分重视。

（五）盈余现金保障倍数

盈余现金保障倍数=（经营现金净流量÷净利润）×100%

该指标反映企业当期净利润中现金收现的保障程度，真实反映了企业盈余的质量，从现金流入和流出的动态角度，对企业收益的质量进行评价，对企业的实际收益能力进行再次修正。

该指标在收付实现制基础上，充分反映出企业当期净收益中有多少是有现金保障的，挤掉了收益中的水分，体现出企业当期收益的质量状况，同时，减少了权责发生制会计对利润的操纵。

一般而言，当企业当期净利润大于0时，该指标应当大于1。该指标越大，表明企业经营活动产生的净利润对现金的贡献越大。但是，由于指标分母变动较大，致使该指标的数值变动也较大，故该指标应根据企业实际效益状况有针对性地进行分析。

（六）成本费用利润率

成本费用利润率=（利润总额÷成本费用总额）×100%

该指标表示企业为取得利润而付出的代价，从企业支出方面补充评价企业的收益能力，有利于促进企业加强内部管理，节约支出，提高经营效益。该指标越高，表明企业为取得收益所付出的代价越小，企业成本费用控制得越好，企业的获利能力越强。

四、发展能力分析

发展能力是企业在生存的基础上，扩大规模、壮大实力的潜在能力。分析发展能力主要有以下五个比率：

（一）销售（营业）增长率

销售增长率=（本年主营业务收入增长额÷上年主营业务收入额）×100%

本年主营业务收入增长额=本年主营业务收入额-上年主营业务收入额

本指标是衡量企业经营状况和市场占有能力、预测企业经营业务拓展趋势的重要指标，也是企业扩张增量和存量资本的重要前提。不断增加主营业务收入，是企业生存的基础和发展的条件。

该指标若大于0，表示企业本年的销售收入有所增长，指标值越高，表明增长速度越快，企业市场前景越好；若该指标小于0，则表明企业或是产品不适销对路、质次价高，或是在售后服务等方面存在问题，产品销售不出去，市场份额萎缩。该指标在实际操作时，应结合企业历年的主营业务水平、企业市场占有情况、行业未来发展及其他影响企业发展的潜在因素进行前瞻性预测，或者结合企业主营业务收入增长率做出趋势性分析判断。

（二）资本积累率

资本积累率=（本年所有者权益增长额÷年初所有者权益）×100%

本年所有者权益增长额=所有者权益年末数-所有者权益年初数

该指标体现了企业资本的积累情况，是企业发展强盛的标志，也是企业扩大再生产的源泉，展示了企业的发展潜力，还反映了投资者投入企业资本的保全性和增长性。该指标越高，表明企业的资本积累越多，企业资本保全性越强，应付风险、持续发展的能力越大。该指标如为负值，表明企业资本受到侵蚀，所有者利益受到损害，应予充分重视。

（三）三年资产平均增长率

$$三年资产平均增长率=\left(\sqrt[3]{\frac{当年年末资产总额}{三年前年末资产总额}}\right)\times100\%$$

如评价2015年的企业绩效状况，三年前指2012年。

一般增长率指标在分析时具有“滞后”性，且仅反映当期情况，而该指标却能够反映企业资本积累或资本扩张的历史发展状况，以及企业稳步发展的趋势。该指标越高，表明企业所有者权益得到的保障程度越大，企业可以长期使用的资金越充足，抗风险和持续发展的能力越强。

（四）三年销售平均增长率

$$三年销售平均增长率=\left(\sqrt[3]{\frac{当年主营业务收入总额}{三年前主营业务收入总额}}\right)\times100\%$$

该指标能够反映企业的主营业务增长趋势和稳定程度，体现企业的连续发展状况和发展能力，避免因少数年份业务波动而对企业发展潜力的错误判断。该指标越高，表明企业主营业务持续增长势头越好，市场扩张能力越强。

（五）技术投入比率

$$技术投入比率=\frac{当年技术转让费支出与研究投入}{当年主营业务收入净额}\times100\%$$

该指标从企业的技术创新方面反映企业的发展潜力和可持续发展能力。

五、上市公司特殊财务比率

（一）每股盈余

每股盈余=可供普通股股东分配的净收益÷年末普通股股份总数

每股盈余指标越高，在利润质量较好的情况下，表明股东的投资效益越好，股东获取较高股利的可能性也越大。

(二) 每股股利

每股股利=股利总额÷年末普通股股份总额

该指标表明实际回到股东手中的每股投资回报额。

(三) 股票收益率

股票收益率=(普通股每股股利÷普通股每股市价)×100%

股票价格的波动和股利水平的任何变化均会导致股票收益率的变化,它粗略地计量了如果当年投资当年收回的情况下收益的比率。

(四) 市盈率

市盈率=普通股每股市价÷普通股每股盈余

市盈率反映市场对公司的期望的指标,比率越高,市场对公司的未来越看好。但由于市盈率与公司的增长率相关,不同行业的增长率不同,在不同行业的公司之间比较这个比率没有意义。同时,会计利润受到各种公认会计政策的影响,又使市盈率在公司间的比较产生困难。

案例:疯狂市盈率

2015 年 1 月以来,创业板指数从 1 600 点飙升至如今的 3 500 点,平均市盈率高达 125. 27 倍。这已经将 2000 年的纳斯达克互联网泡沫远远抛在身后。

在创业板疯牛狂奔的同时,产业资本正以前所未有的速度逃离。2015 年以来,创业板总共有 229 家公司发生了重要股东的净减持,净减持金额合计为 459 亿元。大股东的行为实际上是用脚投票,表明了他们并不认同市场估价,创业板风险正在积聚,或许投资者及时撤出才是理性的。

(五) 股利支付率

股利支付率=(普通股每股股利÷普通股每股盈余)×100%

该指标反映普通股股东从全部获利中实际可获取的股利份额,单纯从股东眼前利益讲,此比率越高,股东所获取的回报越多。我们可以通过该指标分析公司的股利政策。我国的情况比较特殊,通常支付现金股利的公司股票不会迅速增长,配股或者送股的公司股票反而会上涨很多,这与其他国家的情况有很大不同。

(六) 每股净资产

每股净资产=年末净资产÷年末普通股股数

每股净资产在理论上提供了企业普通股每股的最低价格。

(七) 股利保障倍数

股利保障倍数=普通股每股盈余÷普通股每股股利

这是对安全性的一种计量,可以分析在什么条件下公司的盈利仍能保障目前股利的分配。此比率越大,表明公司留存的利润越多。如果资产质量比较好,公司有好的投资项目,将利润更多地留作投资资金,则有利于公司将来的发展,而公司未来的发展潜力越大,越有利于公司股东。

第四节 综合分析法

综合分析就是将营运能力、偿债能力、盈利能力和发展能力等诸方面的分析纳入一个有机整体之中，全面地对企业经营状况、财务状况进行解剖和分析，从而对企业经济效益的优劣做出准确的评价与判断。

一、综合分析法的基本思路

综合分析一般分为三步：

(一) 综合浏览

首先进行综合浏览，应当主要关注下列方面：

1. 企业所处的行业以及生产经营的特点

这些特点很大程度上决定了企业的资产结构、资本结构、收益的确认方式、费用的结构、盈利模式以及现金流量的特征等，也为企业间财务状况的比较奠定了基础。

2. 企业的主要股东，特别是控制性股东

掌握股东“背景”或者“后盾”，我们要判断他们对企业的支持是什么，除资本投入外对企业的发展是否有其他贡献，其控制企业的目的是什么，能否对企业长期健康发展起支持作用。

3. 企业的发展沿革

企业的发展沿革可以在一定程度上对企业未来的发展轨迹做出判断。

4. 企业高级管理人员的结构及其变化情况

我们可以对高级管理人员的背景、能力以及协作性等方面展开分析。

(二) 比率分析

我们重点考察获利能力比率和财务状况比率，计算主要比率后，可对年度间的相同比率进行比较。

(三) 结合报表附注中关于报表主要项目的详细披露材料，对主表进行比较分析

1. 对利润表进行分析

对利润表的分析包括：毛利率的走向；各项费用的绝对额在年度间的走向以及各项费用对营业收入相对比的百分比走势；营业利润与投资收益之间是否出现了互补性变化趋势；企业现金股利分配政策。

2. 对现金流量表进行分析

对现金流量表的分析包括：经营活动现金流量的充分程度；投资活动的现金流出量与企业投资计划的吻合程度；筹资活动的现金流量与经营活动；投资活动现金流量之和的适应程度。

3. 对资产结构、变化，资产质量以及资本结构进行分析

对资产结构、变化，资产质量以及资本结构的分析包括：企业资产与企业经营特点的吻合程度；企业资产负债表中重大变化项目、变化原因以及变化结构对企业财务状况的影响；企业的税务环境、融资环境等内容。

二、杜邦财务分析法

杜邦财务分析法由美国杜邦公司在20世纪20年代首创，经过多次改进，逐渐把各种财务比率结合成一个体系。

杜邦财务分析法的基本结构如图12.1所示。

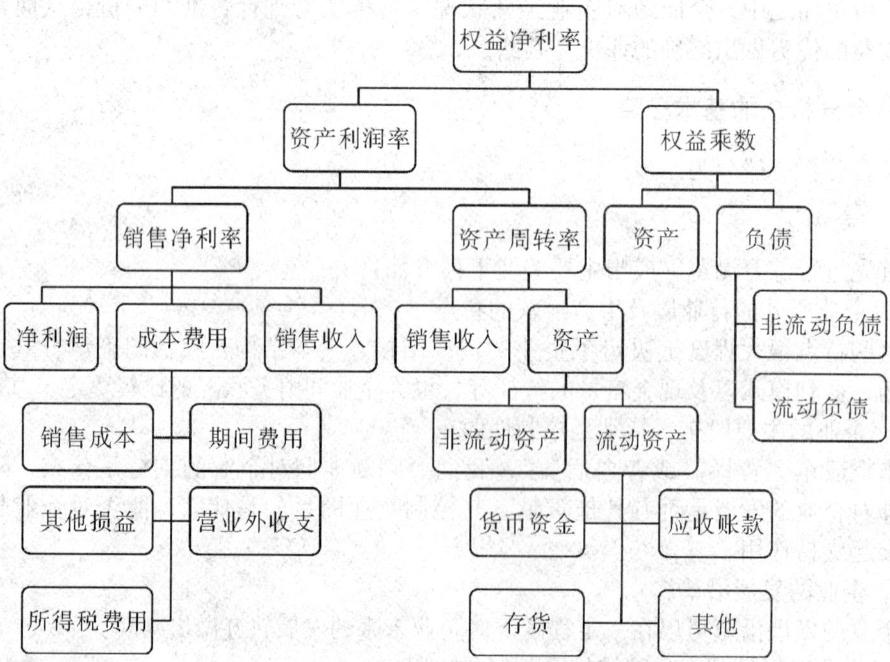

图12.1　杜邦财务分析法基本结构图

该体系是一个多层次的财务比率分解体系。各项财务比率，在每个层次上与本企业历史或同业的财务比率比较，比较之后向下一级分解。各项财务比率逐级向下分解，逐步覆盖企业经营活动的每一个环节，可以实现系统、全面评价企业经营成果和财务状况的目的。

（一）杜邦财务分析法的核心比率

权益净利率是分析体系的核心比率，它有很好的可比性，可以用于不同企业之间的比较。由于资本具有逐利性，总是流向投资报酬率高的行业和企业，使得各企业的权益净利率趋于接近。如果一个企业的权益净利率经常高于其他企业，就会引来竞争者，迫使该企业的权益净利率回到平均水平。如果一个企业的权益净利率经常低于其他企业，就得不到资金，会被市场驱逐，使得幸存企业的股东权益净利率提升到平均水平。

权益净利率不仅有很好的可比性，而且有很强的综合性。为了提高股东权益净利率，管理者有三个可以使用的杠杆：

$$\text{权益净利率}=\frac{\text{净利润}}{\text{销售收入}}\times\frac{\text{销售收入}}{\text{总资产}}\times\frac{\text{总资产}}{\text{股东权益}}$$

$$=\text{销售净利率}\times\text{总资产周转率}\times\text{权益乘数}$$

无论提高其中的哪一个比率，权益净利率都会提升。其中，“销售净利率”是利润表的概括，“销售收入”在利润表的第一行，“净利润”在利润表的最后一行，两者相除可以概括全部经营成果；“权益乘数”是资产负债表的概括，表明资产、负债和股东权益的比例关系，可以反映最基本的财务状况；“总资产周转率”把利润表和资产负债表联系起来，使权益净利率可以综合整个企业的经营活动和财务活动的业绩。

（二）财务比率的比较和分解

该分析体系要求在每一个层次上进行财务比率的比较和分解。通过与上年比较，我们可以识别变动的趋势，通过同业的比较可以识别存在的差距。分解的目的是识别引起变动（或产生差距）的原因，并计量其重要性，为后续分析指明方向。

（三）杜邦财务分析法的局限性

传统财务分析体系虽然被广泛使用，但是也存在某些局限性。

（1）计算总资产利润率的“总资产”与“净利润”不匹配。首先被质疑的是资产利润率的计算公式。总资产是全部资产提供者享有的权利，而净利润是专门属于股东的，两者不匹配。由于总资产净利率的“投入与产出”不匹配，该指标不能反映实际的回报率。为了改善该比率的配比，要重新调整其分子和分母。

为公司提供资产的人包括股东、有息负债的债权人和无息负债的债权人，后者不要求分享收益。因此，我们需要计量股东和有息负债债权人投入的资本，并且计量这些资本产生的收益，两者相除才是合乎逻辑的资产报酬率，才能准确反映企业的基础盈利能力。

（2）没有区分经营活动损益和金融活动损益。传统财务分析体系没有区分经营活动和金融活动。对于多数企业来说金融活动是净筹资，它们从金融市场上主要是筹资，而不是投资。筹资活动没有产生净利润，而是支出净费用。这种筹资费用是否属于经营活动的费用，即使在会计规范的制定中也存在争议，各国的会计规范对此的处理也不尽相同。从财务管理的基本理念看，企业的金融资产是投资活动的剩余，是尚未投入实际经营活动的资产，应将其从经营资产中剔除。与此相适应，金融费用也应从经营收益中剔除，才能使经营资产和经营收益匹配。因此，正确计量基础盈利能力的前提是区分经营资产和金融资产，区分经营收益与金融收益（费用）。

（3）没有区分有息负债与无息负债。既然我们要把金融（筹资）活动分离出来单独考察，就会涉及单独计量筹资活动的成本。负债的成本（利息支出）仅仅是有息负债的成本。因此，我们必须区分有息负债与无息负债，利息与有息负债相除，才是实际的平均利息率。此外，区分有息负债与无息负债后，有息负债与股东权益相除，可以得到更符合实际的财务杠杆。无息负债没有固定成本，本来就没有杠杆作用，将其计入财务杠杆，会歪曲杠杆的实际作用。

针对上述问题，人们对传统的财务分析体系做了一系列的改进，逐步形成了一个新的分析体系。

三、改进的财务综合分析体系

（一）改进的财务分析体系的主要概念

1. 资产负债表的有关概念

基本等式：

净经营资产=净金融负债+股东权益

其中：

净经营资产=经营资产-经营负债

净金融负债=金融负债-金融资产

改进的财务分析体系与传统分析体系相比，主要的区别是：

（1）区分经营资产和金融资产。经营资产是指用于生产经营活动的资产。与总资产相比，它不包括没有被用于生产经营活动的金融资产。严格说来，保持一定数额的现金是企业生产经营活动所必需的，但是外部分析人无法区分哪些金融资产是必需的，哪些是投资的剩余，为了简化都将其列入金融资产，视为未投入运营的资产。应收项目大部分是无息的，应将其列入经营资产。区分经营资产和金融资产的主要标志是有无利息，如果能够取得利息则列为金融资产。例如，短期应收票据如果以市场利率计息就属于金融资产；否则应归入经营资产，它们只是促进销售的手段。只有短期权益性投资是个例外，它是暂时利用多余现金的一种手段，所以是金融资产，应以市价计价。至于长期权益性投资，则属于经营资产。

（2）区分经营负债和金融负债。经营负债是指在生产经营中形成的短期和长期无息负债。这些负债不要求利息回报，是伴随经营活动出现的，而非金融活动的结果。金融负债是企业筹资活动形成的有息负债。划分经营负债与金融负债的一般标准是有无利息要求。应付项目的大部分是无息的，故将其列入经营负债；如果是有息的，则属于金融活动，应列为金融负债。

金融负债减去金融资产，是企业的“净金融负债”，简称“净负债”。这里有一个重要的概念，就是金融资产是“负”的金融负债，它可以立即偿债并使金融负债减少。企业真正背负的偿债压力是借入后已经用掉的钱，即净负债。净负债是债权人实际上已投入生产经营的债务资本。

2. 利润表的有关概念

基本等式：

净利润=经营利润-净利息费用

其中：

经营利润=税前经营利润×（1-所得税税率）

净利息费用=利息费用×（1-所得税税率）

改进的财务分析体系对收益分类的主要特点是：

（1）区分经营活动损益和金融活动损益。金融活动的损益是净利息费用，即利息收支的净额。金融活动收益和成本，不应列入经营活动损益，两者应加以区分。利息支出包括借款和其他有息负债的利息。从理论上说，利息支出应包括会计上已经资本化的利息，但是实务上很难这样去处理，因为分析时找不到有关的数据。资本化利息不但计入了资产成本，而且通过折旧的形式列入费用，进行调整极其困难。利息收入包括银行存款利息收入和债权投资利息收入。如果没有债权投资利息收入，则可以用“财务费用”作为税前“利息费用”的估计值。金融活动损益以外的损益，全部视为经营活动损益。经营活动损益与金融活动损益的划分，应与资产负债表对经营资产与金融资产的划分对应。

（2）经营活动损益内部，可以进一步区分主要经营利润、其他营业利润和营业外收支。主要经营利润是指企业日常活动产生的利润，它等于销售收入减去销售成本及有关的期间费用，是最具持续性和预测性的收益；其他营业利润，包括资产减值、公允价值变动和投资收益，它们的持续性不易判定，但肯定低于主要经营利润；营业外收支不具持续性，没有预测价值。这样的区分，有利于评价企业的盈利能力。

（3）法定利润表的所得税是统一扣除的。为了便于分析，我们需要将其分摊给经营利润和利息费用。分摊的简便方法是根据实际的所得税税率比例分摊。严格的办法是分别根据适用的税率计算应负担的所得税。后面的举例采用简单办法处理。

（二）调整资产负债表和利润表

根据上述概念，我们重新编制经调整的资产负债表和利润表。

（三）改进的财务分析体系的核心公式

该体系的核心公式如下：

$$\text{权益净利率}=\frac{\text{经营利润}}{\text{股东权益}}-\frac{\text{净利息}}{\text{股东权益}}$$

$$=\frac{\text{经营利润}}{\text{净经营资产}}\times\frac{\text{净经营资产}}{\text{股东权益}}-\frac{\text{净利息}}{\text{净负债}}\times\frac{\text{净负债}}{\text{股东权益}}$$

$$=\frac{\text{经营利润}}{\text{净经营资产}}\times\left(1+\frac{\text{净负债}}{\text{股东权益}}\right)-\frac{\text{净利息}}{\text{净负债}}\times\frac{\text{净负债}}{\text{股东权益}}$$

$$=\text{经营资产利润率}+(\text{经营资产利润率}-\text{净利息率})\times\text{产权比率}$$

根据该公式，权益净利率的高低取决于三个驱动因素：净经营资产利润率（可进一步分解为销售经营利润率和净经营资产周转率）、净利息率和产权比率。

（四）权益净利率的驱动因素分解

各影响因素对权益净利率变动的影响程度，可使用连环代替法测定。

（五）杠杆贡献率的分析

权益净利率被分解为净经营资产利润率和杠杆贡献率两部分，为分析财务杠杆提供了方便。影响杠杆贡献率的因素是净债务的利息率、净经营资产利润率和净财务杠杆：

$$\text{杠杆贡献率}=(\text{净经营资产利润率}-\text{净利息率})\times\text{净财务杠杆}$$

1. 净利息率的分析

净利息率的分析，需要使用报表附注的明细资料。

2. 经营差异率的分析

经营差异率是净经营资产利润率和净利息率的差额，他表示每借入1元债务资本投资与经营资产产生的收益，偿还利息后剩余的部分。该剩余归股东享有。利息越低，经营利润越高，剩余的部分越多。

经营差异率是衡量借款是否合理的重要依据之一。如果经营差异率为正值，借款可以增加股东收益；如果它为负值，借款会减少股东收益。从增加股东收益来看，净经营资产利润率是企业可以承担的借款净利息率上限。

3. 杠杆贡献率的分析

杠杆贡献率是经营差异率和净财务杠杆的乘积。如果经营差异率不能提高，是否可以进一步提高财务杠杆呢？

以“净负债/股东权益”衡量的财务杠杆，表示每1元权益资本配置的净债务。如果公司有比较高的负债比率，再进一步增加借款，会增加财务风险，推动利息率上升，使经营差异率进一步缩小。因此，进一步加大财务杠杆可能不是明智之举。依靠财务杠杆提高杠杆贡献率是有限度的。

四、财务比率综合分析法

在进行财务分析时，人们遇到的一个主要困难就是计算出财务比率之后，无法判断它是偏高或是偏低。与本企业的历史比较，也只能看出自身的变化，难以评价其在市场竞争中的优劣地位。

亚历山大·沃尔选择了 7 个财务比率，并赋予各自的权重，然后确定指标比率，并与实际比率相比较，评出每项指标的得分，最后得出总评分。但沃尔评分法有两个缺陷：一是所选定的 7 项指标缺乏证明力，二是当某项指标严重异常时，会对总评分产生不合逻辑的重大影响。

现在一般认为，企业财务评价的内容主要是盈利能力，其次是偿债能力、营运能力和成长能力，它们之间的比重大致为 3：1：1：1。盈利能力主要用 3 个常用指标，偿债能力用 2 个指标，营运能力用 2 个指标，成长能力用 3 个指标。如果以 100 分为总评分，则评分的标准分配如表 12.5 所示。

表 12.5　综合评分的标准

指标	评分值（标准）	标准比率（%）	行业最高比率（%）	最高评分	最低评分	每分比率的差
盈利能力：						
总资产净利率	20	10	20	30	10	1
销售净利率	20	4	20	30	10	1.6
净资产收益率	10	16	20	15	5	0.8
偿债能力：						
自有资本比率	8	40	100	12	4	15
流动比率	8	150	400	12	4	75
营运能力：						
应收账款周转率	8	600	1 200	12	4	150
存货周转率	8	800	1 200	12	4	100
成长能力：						
销售增长率	6	15	30	9	3	5
净利润增长率	6	10	20	9	3	3.3
人均净利增长率	6	10	20	9	3	3.3
合计	100			150	50	

标准比率应以本行业平均数为基础，适当进行理论修正。

我们在给每个指标评分时，应规定上限与下限，以减少个别指标异常对总分造成不合理的影响。上限可定为正常评分值的 1.5 倍，下限定为正常评分值的 1/2。此外，给分时不采用“乘”的关系，而采用“加”或“减”的关系处理。例如，销售净利率的标准值为 4%，标准评分为 20 分，行业最高比率为 20%，最高评分为 30 分，则每分的财务比率差为 1.6% [（20%-4%）÷（30-20）]。销售净利率每提高 1.6%，多给 1

分，但该项得分不超过 30 分。

课后思考与练习

一、思考题

1. 财务指标自身存在滞后性、不完全性、主观性，如何克服？或者说有什么更加科学合理的方法来反映企业的发展状况？

2. 财务报表分析方法主要有哪些？其优缺点、适用条件是什么？

3. 截至目前，沪深两市（按照申银万国行业分类）142 家上市房企 2015 年中报已经披露完毕。据 Wind 资讯统计数据显示，142 家上市房企上半年负债合计接近 3.4 万亿元，同比增长幅度约达 13%。不过，这 142 家上市房企的资产总计为 4.41 万亿元，同比增长幅度约达 14%，与负债增长水平持平。根据 Wind 资讯统计数据计算，2015 年上半年，142 家上市房企的平均负债率为 76.8%。截至 2015 年中期，资产负债率大于 80%的房企占 22.54%，在 70%～80%的房企占比为 20.42%，在 60%～70%的房企占比为 20.4%。

如何看待房地产企业如此高的资产负债率？

4. 某公司近三年主要财务数据如表 12.6 所示：

表 12.6　　某公司三年主要财务数据

	20×3 年	20×4 年	20×5 年
销售额（万元）	4 000	4 300	3 800
总资产（万元）	1 430	1 560	1 695
所有者权益合计（万元）	600	650	650
流动比率	1.19	1.25	1.2
平均收现期（天）	18	22	27
存货周转率	8.0	7.5	5.5
债务/所有者权益	1.38	1.40	1.61
长期债务/所有者权益	0.5	0.46	0.46
销售毛利率	20.0%	16.3%	13.2%
销售净利率	7.5%	4.7%	2.65%
总资产周转率	2.80	2.76	2.24
总资产净利率	21%	13%	6%

思考：(1) 分析该公司总资产净利率的变化原因。

(2) 分析该公司资产、负债和所有者权益的变化及原因。

(3) 在下一年应从哪些方面改善公司的财务状况和经营业绩。

二、练习题

1. 某公司有关财务资料如表 12.7 所示：

表 12.7 某公司财务资料 单位：万元

项目	2012 年	2013 年	2014 年
年末资产总额	1 000	1 200	2 000
年末负债总额	600	1 000	1 500
营业收入	1 200	1 600	2 500
净利润	100	160	300

要求：（1）分别计算 2013 年、2014 年该公司的权益净利率、销售净利率、总资产周转率、权益乘数。

（2）用差额分析法和连环替代法分析该公司的销售净利率、总资产周转率、权益乘数对权益净利率的影响。

2. 某公司有关财务报表资料如表 12.8 所示：

表 12.8 资产负债表

2014 年 12 月 31 日 单位：万元

资产	年初数	年末数	负债及所有者权益	年初数	年末数
货币资金	50	40	应付账款	70	90
应收账款	60	80	应付票据	70	60
存货	95	120	其他流动负债	90	95
待摊费用	45	40	长期负债	220	230
流动资产合计	250	280	负债合计	450	475
固定资产净值	500	520	实收资本	300	300
			所有者权益合计	300	325
总计	750	800	总计	750	800

该公司 2013 年度的销售净利率为 18%，总资产周转率为 0.8，权益乘数为 2.6，资产利润率为 14.4%，2014 年的销售收入为 300 万元，净利润为 50 万元。

（1）计算该公司 2014 年度的资产周转率、销售净利率、资产利润率、权益乘数、权益净利率。

（2）运用改进后的杜邦分析体系分析该公司权益净利率变化的原因。

3. 青岛啤酒相关财务资料如表 12.9、表 12.10 所示。

表 12.9

资产负债表

2014 年 12 月 31 日

单位：元

资产	年末余额	年初余额	负债及股东权益	年末余额	年初余额
流动资产：			流动负债：		
货币资金	6 388 650 779.00	8 531 720 086.00	短期借款	432 952 595.00	101 080 110.00
交易性金额资产			交易性金融负债		
应收票据	41 600 000.00	84 760 000.00	应付票据	91 748 125.00	138 382 882.00
应收账款	125 421 629.00	152 292 736.00	应付账款	2 494 168 939.00	2 707 070 770.00
预付款项	191 672 927.00	132 345 527.00	预收款项	787 924 958.00	980 497 616.00
其他应收款	163 583 950.00	183 395 467.00	应付职工薪酬	866 668 648.00	823 317 140.00
应收关联公司款			应交税费	249 195 538.00	332 033 368.00
应收利息	171 660 445.00	188 461 377.00	应付利息	4 739 860.00	1 202 929.00
应收股利			应付股利		
存货	2 486 827 106.00	2 534 551 935.00	其他应付款	4 299 312 050.00	4 231 981 495.00
其中：消耗性生物资产			应付关联公司款		
一年内到期的非流动资产			一年内到期的非流动负债	1 561 421.00	1 797 167 198.00
其他流动资产	782 631 150.00	466 863 422.00	其他流动负债		
流动资产合计	10 352 047 986.00	12 274 390 550.00	流动负债合计	9 228 272 134.00	11 113 753 508.00
非流动资产：			非流动负债：		
可供出售金融资产	308 642.00		长期借款	2 784 731.00	4 881 294.00
持有至到期投资			应付债券		
长期应收款			长期应付款		

表12.9(续)

资产	年末余额	年初余额	负债及股东权益	年末余额	年初余额
长期股权投资	1 536 262 375.00	1 271 947 380.00	专项应付款	324 837 574.00	450 935 656.00
投资性房地产	10 960 292.00	7 924 988.00	预计负债		
固定资产	9 118 776 190.00	8 740 310 277.00	递延所得税负债	158 467 740.00	173 745 333.00
在建工程	1 051 916 065.00	506 624 256.00	其他非流动负债	491 150 976.00	1 748 079 711.00
工程物资			非流动负债合计	2 488 358 554.00	2 377 641 994.00
固定资产清理	17 965 978.00	5 368 759.00	负债合计	11 716 630 688.00	13 491 395 502.00
			股东权益：		
生产性生物资产			实收资本（或股本）	1 350 982 795.00	1 350 982 795.00
油气资产			资本公积	4 079 399 151.00	4 078 793 635.00
无形资产	2 780 584 276.00	2 533 027 393.00	盈余公积	1 216 339 469.00	1 059 469 127.00
开发支出			减：库存股		
商誉	1 307 103 982.00	1 079 925 496.00	未分配利润	8 663 818 498.00	7 505 514 981.00
长期待摊费用	32 574 517.00	21 525 082.00	少数股东权益	-100 279 746.00	-147 088 008.00
递延所得税资产	718 786 072.00	700 162 187.00	外币报表折算价差		25 798 505.00
其他非流动资产	76 626 751.00	223 660 169.00	非正常经营项目收益调整		
非流动资产合计	16 651 865 140.00	15 090 475 987.00	股东权益合计	15 287 282 438.00	13 873 035.00
资产总计	27 003 913 126.00	27 364 866 537.00	负债和股东权益合计	27 003 913 126.00	27 364 866 537.00

表 12.10　　利润表

2014 年度　　单位：元

项目	本年金额	上年金额
一、营业收入	29 049 321 166.00	28 290 978 428.00
减：营业成本	17 899 291 275.00	17 007 893 969.00
营业税金及附加	2 182 624 248.00	2 227 776 340.00
销售费用	5 682 981 368.00	5 610 693 817.00
管理费用	1 362 297 511.00	1 572 544 494.00
勘探费用		
财务费用	−334 652 990.00	−251 391 313.00
资产减值损失	−3 513 780.00	1 744 922.00
加：公允价值变动净收益		
投资收益	23 959 509.00	229 225 467.00
其中：对联营企业和合营企业的投资权益	23 840 743.00	9 465 953.00
影响营业利润的其他科目		
二、营业利润	2 284 253 043.00	2 350 941 666.00
加：补贴收入		
营业外收入	469 416 868.00	563 993 284.00
减：营业外支出	70 671 089.00	248 401 282.00
其中：非流动资产处置净损失	62 932 536.00	104 922 138.00
加：影响利润总额的其他科目		
三、利润总额	2 682 998 822.00	2 666 533 668.00
减：所得税	663 466 755.00	691 609 875.00
加：影响净利润的其他科目		
四、净利润	2 019 532 067.00	1 974 923 793.00
归属于母公司所有者的净利润	1 990 098 044.00	1 973 372 097.00
少数股东损益	29 434 023.00	1 551 696.00

要求：

①基于青岛啤酒管理用财务报表有关数据，计算表 12.11 列出的财务比率。

表 12.11　　主要财务比率变动表

财务比率	2014 年	2013 年	变动
销售净利率			
净经营资产周转次数			
净经营资产净利率			
税后利息率			

表12.11(续)

财务比率	2014年	2013年	变动
经营差异率			
净财务杠杆			
杠杆贡献率			
权益净利率			

②计算青岛啤酒2014年权益净利率与2013年权益净利率的差异，并使用因素分析法对差异进行定量分析。

附 表

附表一 一元终值（$FVIF_{i,n}$）

N	0.5%	1%	1.5%	2%	2.5%	3%	3.5%	4%	5%
1	1.005	1.010	1.051	1.020	1.025	1.030	1.035	1.040	1.050
2	1.010	1.020	1.030	1.040	1.050	1.060	1.071	1.081	1.102
3	1.015	1.030	1.045	1.061	1.076	1.092	1.108	1.124	1.157
4	1.020	1.041	1.061	1.082	1.103	1.125	1.147	1.169	1.125
5	1.025	1.051	1.077	1.104	1.131	1.159	1.187	1.216	1.276
6	1.030	1.061	1.093	1.126	1.159	1.194	1.229	1.265	1.340
7	1.035	1.072	1.109	1.148	1.188	1.229	1.272	1.315	1.407
8	1.040	1.082	1.126	1.171	1.213	1.266	1.316	1.368	1.477
9	1.045	1.093	1.143	1.195	1.248	1.304	1.362	1.423	1.551
10	1.051	1.104	1.160	1.218	1.280	1.343	1.410	1.480	1.628
11	1.056	1.115	1.177	1.243	1.312	1.384	1.459	1.539	1.710
12	1.061	1.126	1.195	1.268	1.344	1.425	1.511	1.601	1.795
13	1.066	1.138	1.213	1.293	1.378	1.468	1.563	1.665	1.885
14	1.072	1.149	1.231	1.319	1.412	1.512	1.618	1.731	1.979
15	1.077	1.160	1.250	1.345	1.448	1.557	1.675	1.800	2.078
16	1.083	1.172	1.268	1.372	1.484	1.604	1.733	1.872	2.182
17	1.088	1.184	1.288	1.400	1.521	1.652	1.794	1.947	2.292
18	1.093	1.190	1.307	1.428	1.559	1.702	1.857	2.025	2.406
19	1.099	1.208	1.326	1.456	1.598	1.753	1.922	2.106	2.526
20	1.104	1.220	1.346	1.485	1.638	1.806	1.989	2.191	2.653
21	1.110	1.232	1.367	1.515	1.679	1.860	2.059	2.278	2.785
22	1.115	1.244	1.387	1.545	1.721	1.916	2.131	2.369	2.925
23	1.121	1.257	1.408	1.576	1.764	1.973	2.206	2.464	3.071
24	1.127	1.269	1.429	1.608	1.808	2.032	2.283	2.563	3.225
25	1.132	1.282	1.450	1.640	1.853	2.093	2.363	2.665	3.386
26	1.138	1.295	1.472	1.673	1.900	2.156	2.445	2.772	3.555
27	1.144	1.308	1.494	1.706	1.947	2.221	2.531	2.883	3.733
28	1.149	1.321	1.517	1.741	1.996	2.287	2.620	2.998	3.920
29	1.155	1.334	1.539	1.775	2.046	2.356	2.711	3.118	4.116
30	1.161	1.347	1.563	1.811	2.097	2.427	2.806	3.243	4.321
31	1.167	1.361	1.586	1.847	2.150	2.500	2.905	3.373	4.538
32	1.173	1.374	1.610	1.884	2.203	2.575	3.006	3.508	4.764
33	1.178	1.388	1.634	1.922	2.258	2.625	3.111	3.648	5.003
34	1.184	1.402	1.658	1.960	2.315	2.731	3.220	3.794	5.253
35	1.190	1.416	1.683	1.999	2.373	2.813	3.333	3.946	5.516

附表一（续1）

N	0.5%	1%	1.5%	2%	2.5%	3%	3.5%	4%	5%
36	1.196	1.430	1.709	2.039	2.432	2.898	3.450	4.103	5.791
37	1.202	1.445	1.734	2.080	2.493	2.985	3.571	4.268	6.081
38	1.208	1.459	1.760	2.122	2.555	3.074	3.696	4.438	6.385
39	1.214	1.474	1.787	2.164	2.619	3.167	3.825	4.616	6.704
40	1.220	1.488	1.814	2.208	2.685	3.262	3.959	4.801	7.039
41	1.226	1.503	1.841	2.252	2.752	3.359	4.097	4.993	7.391
42	1.233	1.518	1.868	2.297	2.820	3.460	4.241	5.192	7.761
43	1.239	1.533	1.896	2.343	2.891	3.564	4.389	5.400	8.149
44	1.245	1.545	1.925	2.390	2.963	3.671	4.543	5.616	8.557
45	1.251	1.564	1.954	2.437	3.037	3.781	4.702	5.841	8.985
46	1.257	1.580	1.983	2.486	3.113	3.895	4.866	6.074	9.340
47	1.264	1.596	2.013	2.536	3.191	4.011	5.037	6.317	9.905
48	1.270	1.612	2.043	2.587	3.271	4.132	5.213	6.570	10.401
49	1.276	1.628	2.075	2.638	3.353	4.256	5.896	6.833	10.921
50	1.283	1.644	2.105	2.691	3.437	4.383	5.584	7.106	11.467
51	1.289	1.661	2.136	2.745	3.523	4.515	5.780	7.390	12.040
52	1.296	1.677	2.168	2.800	3.611	4.650	5.982	7.686	12.642
53	1.302	1.694	2.201	2.856	3.701	4.790	6.192	7.994	13.274
54	1.309	1.711	2.234	2.913	3.973	4.934	6.408	8.313	13.938
55	1.315	1.728	2.267	2.971	3.888	5.082	6.633	8.646	14.645
56	1.322	1.745	2.301	3.031	3.985	5.231	6.865	8.992	15.367
57	1.328	1.763	2.336	3.091	4.085	5.391	7.105	9.351	16.135
58	1.335	1.780	2.371	3.153	4.187	5.553	7.354	9.725	16.942
59	1.342	1.798	2.407	3.216	4.292	5.720	7.611	10.115	17.789
60	1.348	1.861	2.443	3.281	4.399	5.891	7.878	10.518	18.679
61	1.355	1.834	2.479	3.346	4.509	6.068	8.153	10.940	19.613
62	1.362	1.853	2.517	3.413	4.622	6.250	8.439	11.378	20.593
63	1.369	1.871	2.554	3.481	4.738	6.437	8.734	11.833	21.623
64	1.376	1.890	2.593	3.551	4.856	6.631	9.040	12.306	22.704
65	1.382	1.909	2.632	3.622	4.977	6.829	9.356	12.798	23.839
70	1.417	2.006	2.835	3.999	5.632	7.917	11.112	15.571	30.426
75	1.453	2.109	3.054	4.415	6.372	9.178	13.198	18.945	38.832
80	1.490	2.216	3.290	4.875	7.209	10.640	15.675	23.094	49.561
90	1.566	2.448	3.818	5.943	9.228	14.300	22.112	34.119	80.730
100	1.646	2.704	4.432	7.244	11.813	19.218	31.191	50.504	131.50

附表一（续2）

N	6%	7%	8%	9%	10%	15%	20%	25%	30%
1	1.060	1.070	1.080	1.090	1.100	1.150	1.200	1.250	1.300
2	1.123	1.144	1.166	1.188	1.210	1.322	1.440	1.562	1.690
3	1.191	1.225	1.259	1.295	1.331	1.520	1.728	1.593	2.197
4	1.262	1.310	1.360	1.411	1.464	1.749	2.073	2.441	2.856
5	1.338	1.402	1.469	1.538	1.610	2.011	2.488	3.051	3.712
6	1.418	1.500	1.586	1.677	1.771	2.313	2.985	3.814	4.826
7	1.503	1.605	1.713	1.828	1.948	2.660	3.583	4.768	6.274
8	1.593	1.718	1.850	1.992	2.143	3.059	4.299	5.960	8.157
9	1.689	1.838	1.990	2.171	2.357	3.517	5.159	7.450	10.604
10	1.790	1.967	2.158	2.367	2.593	4.045	6.191	9.131	13.785
11	1.898	2.104	2.331	2.580	2.853	4.652	7.430	11.641	17.921
12	2.012	2.252	2.518	2.812	3.138	5.350	8.916	14.551	23.298
13	2.132	2.409	2.719	3.065	3.452	6.152	10.699	18.189	30.287
14	2.260	2.578	2.937	3.341	3.797	7.075	12.839	22.737	39.373
15	2.396	2.759	3.127	3.642	4.177	8.137	15.407	28.421	51.185
16	2.540	2.952	3.425	3.970	4.594	9.357	18.488	35.527	66.541
17	2.692	3.158	3.700	4.327	5.054	10.761	22.186	44.408	86.504
18	2.854	3.379	3.996	4.717	5.559	12.375	26.623	55.511	112.45
19	3.025	3.616	4.315	5.141	6.116	14.231	31.947	69.388	146.19
20	3.207	3.869	4.660	5.604	6.727	16.366	38.337	86.736	190.04
21	3.399	4.140	5.033	6.108	7.400	18.821	46.005	108.42	247.06
22	3.603	4.430	5.436	6.658	8.140	21.644	55.206	135.52	321.18
23	3.819	4.740	5.871	7.257	8.954	24.891	66.247	169.40	417.53
24	4.048	5.072	6.341	7.911	9.849	28.625	79.246	211.75	542.80
25	4.291	5.427	6.848	8.623	10.834	32.918	95.396	264.69	705.64
26	4.549	5.807	7.396	9.399	11.918	37.856	114.47	330.87	917.33
27	4.822	6.213	7.988	10.245	13.109	43.535	137.37	413.59	1 192.5
28	5.111	6.648	8.627	11.167	14.420	50.605	164.84	516.98	1 550.2
29	5.418	7.114	9.317	12.172	15.863	57.575	197.81	646.23	2 015.3
30	5.743	7.612	10.062	13.267	17.449	66.211	237.37	807.79	2 619.9
31	6.088	8.145	10.867	14.461	19.194	76.143	284.85	1 009.7	3 405.9
32	6.453	8.715	11.737	15.763	21.113	87.565	341.82	1 262.1	4 427.7
33	6.840	9.325	12.676	17.182	23.225	100.69	410.18	1 577.7	5 756.1
34	7.251	9.978	13.690	18.728	25.547	115.80	492.22	1 972.1	7 482.9
35	7.686	10.676	14.785	20.413	28.102	133.17	590.68	2 465.1	9 727.8

附表一（续3）

N	6%	7%	8%	9%	10%	15%	20%	25%	30%
36	8. 143	11. 423	15. 968	22. 251	30. 912	153. 15	708. 801	308. 487	12 646. 218
37	8. 636	11. 223	17. 245	24. 253	34. 003	176. 12	850. 562	3 851. 859	16 440. 084
38	9. 154	13. 079	18. 625	26. 436	37. 404	202. 54	1 020. 674	4 814. 824	21 372. 109
39	9. 703	13. 994	20. 115	28. 815	41. 144	232. 92	1 224. 809	6 018. 531	27 783. 742
40	10. 258	14. 974	21. 724	31. 409	45. 259	267. 86	1 469. 771	7 623. 163	36 118. 864
41	10. 902	16. 022	23. 462	34. 236	49. 785	308. 04	1 763. 725	9 403. 95	46 954. 524
42	11. 557	17. 144	25. 339	37. 313	54. 763	354. 24	2 116. 471	11 754. 94	61 040. 881
43	12. 250	18. 344	27. 366	40. 676	60. 240	407. 38	2 539. 765	14 693. 67	79 353. 145
44	12. 985	19. 628	29. 555	44. 336	66. 264	468. 49	3 047. 718	18 367. 09	103 159. 08
45	13. 764	21. 002	31. 920	48. 327	72. 890	538. 76	3 657. 261	22 958. 87	134 106. 81
46	14. 590	22. 472	34. 474	52. 676	80. 179	619. 58	4 388. 714	28 698. 59	174 338. 86
47	15. 465	24. 045	37. 232	57. 417	88. 179	712. 52	5 266. 457	35 873. 24	226 640. 52
48	16. 393	25. 728	40. 210	62. 858	97. 017	819. 40	6 319. 748	44 841. 55	294 632. 67
49	17. 377	27. 529	43. 427	68. 217	106. 71	942. 31	7 538. 698	56 051. 93	383 022. 47
50	18. 420	29. 457	46. 901	74. 357	117. 39	1 083. 6	9 100. 438	70 064. 92	497 929. 22
51	19. 525	31. 519	50. 635	81. 094	129. 12	1 246. 2	10 920. 525	87 581. 15	647 307. 98
52	20. 696	33. 725	54. 706	88. 344	142. 04	1 433. 1	13 104. 630	109 476. 44	841 500. 38
53	21. 938	36. 086	59. 082	96. 295	156. 24	1 648. 1	15 725. 557	136 845. 55	1.09×10^6
54	23. 255	38. 612	63. 809	104. 96	171. 87	1 895. 3	18 870. 688	171 056. 94	1.42×10^6
55	24. 650	41. 315	68. 913	114. 40	189. 05	2 179. 6	22 644. 802	213 821. 17	1.84×10^6
56	21. 129	44. 207	74. 426	124. 70	207. 96	2 506. 5	27 173. 762	267 276. 47	2.40×10^6
57	27. 697	47. 301	80. 381	135. 92	228. 76	2 882. 5	32 608. 515	334 095. 58	3.12×10^6
58	29. 358	50. 612	86. 811	148. 16	251. 63	3 314. 9	39 130. 218	417 619. 48	4.06×10^6
59	31. 120	54. 155	93. 756	161. 49	276. 80	3 812. 1	46 956. 261	522 024. 35	5.28×10^6
60	32. 987	57. 946	101. 25	176. 03	304. 48	4 383. 9	56 347. 514	652 530. 44	6.86×10^6
61	34. 966	62. 002	109. 35	191. 87	334. 92	5 041. 5	67 617. 017	815 663. 05	8.92×10^6
62	37. 064	66. 342	118. 10	209. 14	368. 42	5 797. 8	81 140. 420	1.01×10^6	1.16×10^7
63	39. 288	70. 986	127. 55	227. 96	405. 26	6 667. 5	97 368. 504	1.27×10^6	1.50×10^7
64	41. 646	75. 955	137. 75	248. 48	445. 79	7 667. 6	116 842. 20	1.59×10^6	1.96×10^7
65	44. 144	81. 272	148. 77	270. 84	490. 37	8 817. 7	140 210. 64	1.99×10^6	2.54×10^7
70	59. 075	113. 98	218. 60	416. 73	789. 74	17 736	348 888. 95	6.07×10^6	9.46×10^7
75	79. 056	159. 87	321. 20	641. 19	1 271. 8	35 673	868 147. 36	1.85×10^7	3.51×10^8
80	105. 79	224. 23	471. 95	986. 55	2 048. 4	71 751	2 160 228. 4	5.65×10^7	1.30×10^9
90	189. 46	441. 10	1 018. 9	2 335. 5	5 313. 0	290 272	1.33×10^7	5.27×10^8	1.79×10^{10}
100	339. 30	876. 71	2 199. 7	5 529. 1	13 780	1 174 313	8.28×10^7	4.90×10^9	2.47×10^{11}

附表二　　一元现值（$PVIF_{i,n}$）

N	1%	2%	3%	4%	5%	6%	8%	10%	12%	14%	15%
1	0. 990	0. 980	0. 970	0. 962	0. 952	0. 943	0. 926	0. 909	0. 893	0. 877	0. 870
2	0. 980	0. 961	0. 942	0. 925	0. 907	0. 890	0. 857	0. 826	0. 797	0. 769	0. 756
3	0. 971	0. 942	0. 915	0. 889	0. 863	0. 840	0. 794	0. 751	0. 712	0. 675	0. 658
4	0. 961	0. 924	0. 888	0. 855	0. 822	0. 792	0. 735	0. 683	0. 636	0. 592	0. 572
5	0. 951	0. 906	0. 862	0. 822	0. 783	0. 747	0. 681	0. 621	0. 567	0. 519	0. 407
6	0. 942	0. 888	0. 837	0. 790	0. 740	0. 705	0. 630	0. 564	0. 507	0. 450	0. 432
7	0. 933	0. 871	0. 813	0. 760	0. 710	0. 665	0. 583	0. 513	0. 452	0. 400	0. 376
8	0. 923	0. 853	0. 789	0. 731	0. 676	0. 627	0. 540	0. 467	0. 404	0. 351	0. 327
9	0. 914	0. 837	0. 766	0. 703	0. 644	0. 592	0. 500	0. 424	0. 361	0. 308	0. 284
10	0. 905	0. 820	0. 744	0. 676	0. 613	0. 558	0. 463	0. 386	0. 322	0. 271	0. 247
11	0. 896	0. 804	0. 722	0. 650	0. 584	0. 527	0. 429	0. 350	0. 287	0. 237	0. 215
12	0. 887	0. 788	0. 701	0. 625	0. 556	0. 497	0. 397	0. 319	0. 257	0. 208	0. 187
13	0. 879	0. 773	0. 680	0. 601	0. 530	0. 469	0. 368	0. 290	0. 220	0. 182	0. 163
14	0. 870	0. 758	0. 661	0. 577	0. 505	0. 442	0. 340	0. 263	0. 205	0. 160	0. 141
15	0. 861	0. 743	0. 641	0. 555	0. 481	0. 417	0. 315	0. 239	0. 183	0. 140	0. 123
16	0. 853	0. 728	0. 623	0. 534	0. 458	0. 394	0. 292	0. 218	0. 163	0. 123	0. 107
17	0. 844	0. 714	0. 605	0. 513	0. 436	0. 371	0. 270	0. 198	0. 146	0. 108	0. 093
18	0. 836	0. 700	0. 587	0. 494	0. 415	0. 350	0. 250	0. 180	0. 130	0. 095	0. 081
19	0. 828	0. 686	0. 570	0. 476	0. 395	0. 331	0. 232	0. 164	0. 116	0. 083	0. 070
20	0. 820	0. 673	0. 553	0. 465	0. 376	0. 312	0. 215	0. 149	0. 104	0. 073	0. 061
21	0. 811	0. 660	0. 537	0. 439	0. 358	0. 294	0. 199	0. 135	0. 093	0. 064	0. 053
22	0. 803	0. 647	0. 521	0. 422	0. 341	0. 278	0. 184	0. 123	0. 083	0. 056	0. 046
23	0. 795	0. 643	0. 506	0. 406	0. 325	0. 262	0. 170	0. 112	0. 074	0. 049	0. 040
24	0. 788	0. 622	0. 491	0. 390	0. 310	0. 247	0. 158	0. 102	0. 066	0. 043	0. 035
25	0. 780	0. 610	0. 477	0. 375	0. 295	0. 233	0. 146	0. 092	0. 059	0. 038	0. 030
26	0. 772	0. 598	0. 463	0. 361	0. 281	0. 220	0. 135	0. 084	0. 053	0. 033	0. 026
27	0. 764	0. 586	0. 450	0. 347	0. 267	0. 207	0. 125	0. 076	0. 047	0. 029	0. 023
28	0. 757	0. 574	0. 437	0. 333	0. 255	0. 196	0. 116	0. 069	0. 042	0. 026	0. 020
29	0. 749	0. 563	0. 424	0. 321	0. 242	0. 185	0. 107	0. 063	0. 037	0. 022	0. 017
30	0. 742	0. 552	0. 411	0. 308	0. 231	0. 174	0. 099	0. 057	0. 033	0. 020	0. 015
40	0. 672	0. 453	0. 306	0. 208	0. 142	0. 097	0. 046	0. 022	0. 011	0. 005	0. 004
50	0. 608	0. 372	0. 228	0. 141	0. 087	0. 054	0. 021	0. 009	0. 003	0. 001	0. 001

附表二（续）

N	16%	18%	20%	22%	24%	25%	30%	35%	40%	45%	50%
1	0.862	0.847	0.833	0.802	0.806	0.800	0.769	0.741	0.714	0.690	0.667
2	0.743	0.718	0.694	0.672	0.650	0.640	0.592	0.549	0.510	0.476	0.444
3	0.641	0.609	0.579	0.551	0.524	0.512	0.455	0.406	0.364	0.328	0.296
4	0.552	0.516	0 482	0.451	0.423	0.410	0.350	0.301	0.260	0.226	0.198
5	0.476	0.437	0.402	0.370	0.341	0.328	0.269	0.223	0.186	0.156	0.132
6	0.410	0.370	0.335	0.303	0.275	0.262	0.207	0.165	0.133	0.108	0.088
7	0.354	0.314	0.279	0.249	0.222	0.210	0.159	0.122	0.095	0.074	0.059
8	0.305	0.266	0.233	0.204	0.179	0.168	0.123	0.091	0.068	0.051	0.039
9	0.263	0.225	0.194	0.167	0.144	0.134	0.094	0.067	0.048	0.035	0.026
10	0.227	0.191	0.162	0.137	0.116	0.107	0.073	0.050	0.035	0.024	0.017
11	0.195	0.162	0.135	0.112	0.094	0.086	0.056	0.037	0.025	0.017	0.012
12	0.168	0.137	0.112	0.092	0.076	0.069	0.043	0.027	0.018	0.012	0.008
13	0.145	0.116	0.093	0.075	0.061	0.055	0.033	0.020	0.013	0.008	0.005
14	0.125	0.099	0.078	0.062	0.049	0.044	0.025	0.015	0.009	0.006	0.003
15	0.108	0.084	0.065	0.051	0.040	0.035	0.020	0.011	0.006	0.004	0.002
16	0.093	0.071	0.054	0.042	0.032	0.028	0.015	0.008	0.005	0.003	0.002
17	0.080	0.060	0.045	0.034	0.026	0.023	0.012	0.006	0.003	0.002	0.001
18	0.069	0.051	0.038	0.028	0.021	0.018	0.009	0.005	0.002	0.001	0.001
19	0.060	0.043	0.031	0.023	0.017	0.014	0.007	0.003	0.002	0.001	
20	0.051	0.037	0.026	0.019	0.014	0.012	0.005	0.002	0.001	0.001	
21	0.044	0.031	0.022	0.015	0.011	0.009	0.004	0.002			
22	0.038	0.026	0.018	0.013	0.009	0.007	0.003	0.001	0.001		
23	0.033	0.022	0.015	0.010	0.007	0.006	0.002	0.001	0.001		
24	0.028	0.019	0.013	0.008	0.006	0.005	0.002	0.001			
25	0.024	0.014	0.010	0.007	0.005	0.004	0.001	0.001			
26	0.021	0.014	0.009	0.006	0.003	0.003	0.001				
27	0.018	0.011	0.007	0.005	0.003	0.002	0.001				
28	0.016	0.010	0.006	0.004	0.002	0.002	0.001				
29	0.014	0.008	0.005	0.003	0.002	0.002	0.001				
30	0.012	0.007	0.004	0.003	0.002	0.001					
40	0.003	0.001	0.001								
50	0.001										

附表三　　一元年金终值（$FVIFA_{i,n}$）

N	0.5%	1%	1.5%	2%	2.5%	3%	3.5%	4%	5%
1	1.000	1.000	1.000	1.000	1.000	1.000	1.000	1.000	1.000
2	2.005	2.010	2.015	2.020	2.025	2.030	2.035	1.040	2.050
3	3.015	3.030	3.045	3.060	3.075	3.090	3.106	3.121	3.152
4	4.030	4.060	4.090	4.120	4.152	4.183	4.214	4.426	4.310
5	5.050	5.101	5.152	5.204	5.256	5.309	5.362	5.416	5.525
6	6.075	6.152	6.229	6.308	6.387	6.468	6.550	6.682	6.801
7	7.105	7.213	7.322	7.434	7.547	7.662	7.779	7.808	8.142
8	8.141	8.285	8.432	8.582	8.736	8.892	9.051	9.214	9.549
9	9.182	9.368	9.559	9.754	9.954	10.159	10.368	10.532	11.206
10	10.228	10.462	10.702	10.949	11.203	11.463	11.731	12.006	12.577
11	11.279	11.566	11.836	12.168	12.483	12.807	13.141	13.486	14.206
12	12.335	12.682	13.041	13.412	13.795	14.192	14.601	15.025	15.917
13	13.397	13.809	14.236	14.680	15.140	15.617	16.113	16.626	17.712
14	14.464	14.947	15.450	15.937	16.518	17.030	17.676	18.291	19.598
15	15.536	16.096	16.682	17.293	17.931	18.598	19.295	20.023	21.578
16	16.614	17.257	17.932	18.639	19.380	20.156	20.971	21.824	23.657
17	17.697	18.430	19.201	20.012	20.864	21.761	22.705	23.697	25.810
18	18.785	19.614	20.489	21.412	22.386	23.414	24.499	25.645	28.132
19	19.879	20.810	21.796	22.840	23.946	25.116	26.357	27.671	30.539
20	20.979	22.019	23.123	24.297	25.544	26.870	28.279	29.778	33.065
21	22.084	23.239	24.470	25.783	27.183	28.676	30.269	31.969	35.715
22	23.194	24.471	25.873	27.298	28.862	30.536	32.328	34.247	38.505
23	24.310	25.716	27.225	28.844	30.584	32.452	34.460	36.617	41.430
24	25.431	26.973	28.633	30.421	32.349	34.426	36.668	39.083	44.501
25	26.559	28.243	30.063	32.030	34.157	36.450	38.949	41.654	47.727
26	27.691	29.525	31.513	33.670	36.011	38.553	41.313	44.311	51.113
27	28.830	30.820	32.986	35.344	37.912	40.709	43.759	47.084	54.669
28	29.974	32.129	34.481	37.051	39.859	42.930	46.290	49.976	58.402
29	31.124	33.450	35.998	38.792	41.856	45.218	48.910	52.966	62.322
30	32.280	34.784	37.538	40.568	43.902	47.575	51.622	56.084	66.438
31	33.441	36.132	39.101	42.397	46.000	50.002	54.592	59.328	70.760
32	34.608	37.494	40.688	44.227	48.150	52.502	57.334	62.701	75.298
33	35.781	38.869	42.298	46.111	50.354	55.077	60.341	66.209	80.063
34	36.960	40.257	43.933	48.033	52.612	57.730	63.453	69.807	85.066
35	38.145	41.660	45.592	49.994	54.928	60.462	66.674	73.602	90.320

附表三（续 1）

N	0. 5%	1%	1. 5%	2%	2. 5%	3%	3. 5%	4%	5%
36	39. 336	43. 076	47. 575	51. 994	57. 301	63. 275	70. 007	77. 598	95. 836
37	40. 532	44. 507	48. 985	54. 034	59. 733	66. 174	73. 457	81. 702	101. 628
38	41. 735	45. 952	50. 719	56. 114	62. 227	69. 159	77. 028	85. 970	107. 709
39	42. 944	47. 412	52. 480	58. 237	64. 782	72. 234	80. 724	90. 409	114. 095
40	44. 158	48. 886	54. 267	60. 401	67. 402	75. 401	84. 550	95. 025	120. 799
41	45. 379	50. 375	56. 081	62. 610	70. 087	78. 663	88. 509	99. 826	127. 839
42	46. 606	51. 878	57. 923	64. 862	72. 839	82. 023	92. 607	104. 819	135. 231
43	47. 839	53. 397	59. 791	67. 159	75. 660	85. 483	96. 848	110. 012	142. 993
44	49. 078	54. 931	61. 688	69. 502	78. 552	89. 048	101. 238	115. 412	151. 143
45	50. 324	56. 481	63. 614	71. 892	81. 516	92. 719	105. 781	121. 092	159. 700
46	51. 575	58. 045	65. 568	74. 330	84. 554	96. 501	110. 484	126. 870	168. 685
47	52. 883	59. 626	67. 551	76. 817	87. 667	100. 396	115. 350	132. 945	178. 119
48	54. 097	61. 222	69. 565	79. 353	90. 859	104. 408	120. 388	139. 263	188. 025
49	55. 368	62. 834	71. 608	81. 940	94. 131	108. 540	125. 001	145. 833	198. 426
50	56. 645	64. 463	73. 682	84. 579	97. 484	112. 796	130. 997	152. 667	209. 347
51	57. 928	66. 107	75. 788	87. 720	100. 921	117. 180	126. 582	159. 773	220. 815
52	59. 218	67. 768	77. 924	90. 016	104. 444	121. 696	142. 363	167. 164	232. 865
53	60. 514	69. 446	80. 093	92. 816	108. 055	126. 347	148. 345	174. 851	245. 498
54	61. 816	71. 141	82. 295	95. 673	111. 756	131. 137	154. 538	182. 845	258. 773
55	63. 125	72. 852	84. 529	98. 586	115. 550	135. 071	160. 946	191. 159	272. 712
56	64. 441	74. 580	86. 797	101. 558	119. 439	141. 153	167. 580	199. 805	287. 346
57	65. 763	76. 326	89. 099	104. 589	123. 425	146. 388	174. 445	208. 797	302. 745
58	67. 092	78. 090	91. 435	107. 631	127. 511	151. 780	181. 550	218. 149	318. 851
59	68. 427	79. 870	93. 807	110. 834	131. 699	157. 333	188. 905	227. 875	335. 794
60	69. 770	81. 669	96. 214	114. 051	135. 991	163. 053	196. 516	237. 990	353. 583
61	71. 118	83. 486	98. 657	117. 332	140. 391	168. 945	204. 394	248. 510	372. 262
62	72. 474	85. 321	101. 137	120. 679	144. 901	175. 013	212. 548	259. 450	391. 876
63	73. 836	87. 174	103. 654	124. 092	149. 523	181. 263	220. 988	270. 828	412. 469
64	75. 206	89. 046	106. 209	127. 574	154. 261	187. 701	229. 722	282. 661	434. 093
65	76. 582	90. 936	108. 802	131. 126	159. 118	194. 332	238. 762	294. 968	456. 798
70	83. 566	100. 676	122. 363	149. 977	185. 284	230. 594	288. 937	364. 290	588. 528
75	90. 726	110. 912	136. 972	170. 791	214. 888	272. 630	348. 530	448. 631	756. 653
80	98. 007	121. 671	152. 710	193. 771	248. 382	321. 363	419. 306	551. 244	971. 228
90	113. 310	184. 863	187. 929	247. 156	329. 154	443. 348	603. 205	827. 983	1 594. 61
100	129. 333	207. 481	228. 803	312. 232	432. 548	607. 287	862. 611	1 237. 62	2 610. 02

附表三（续2）

N	6%	7%	8%	9%	10%	15%	20%	25%	30%
1	1.000	1.000	1.000	1.000	1.000	1.000	1.000	1.000	1.000
2	2.060	2.070	2.080	2.090	2.100	2.150	2.200	2.250	2.030
3	3.183	3.214	3.246	3.278	3.310	3.472	3.640	3.812	3.990
4	4.374	4.439	4.506	4.573	4.461	4.993	5.668	7.765	6.187
5	5.637	5.750	5.866	5.984	6.105	6.742	7.440	8.207	9.043
6	6.975	7.153	7.355	7.532	7.715	8.753	9.929	11.258	12.756
7	8.393	8.654	8.922	9.200	9.487	11.066	12.915	15.073	17.582
8	9.897	10.259	10.636	11.028	11.435	13.726	16.499	19.841	23.857
9	11.491	11.977	12.487	13.021	13.579	16.785	20.798	25.802	32.014
10	13.180	13.816	14.486	15.192	15.937	20.303	25.958	33.252	42.619
11	14.971	15.783	16.645	17.500	18.351	24.349	32.150	42.566	56.405
12	16.869	17.888	18.977	20.140	21.384	29.011	39.580	54.207	74.326
13	18.882	20.140	21.495	22.953	24.522	34.351	43.496	68.759	97.625
14	21.015	22.550	24.214	26.019	27.947	44.504	59.195	86.949	127.912
15	23.275	25.129	27.152	29.360	31.772	47.580	72.035	109.686	167.286
16	25.672	27.888	30.324	33.003	35.949	55.717	87.442	138.108	218.472
17	28.212	30.840	33.750	36.973	40.544	65.075	105.930	173.635	285.013
18	30.905	33.999	37.450	41.301	45.599	75.836	128.116	218.044	371.518
19	33.759	37.378	41.446	46.081	51.159	88.211	154.739	273.555	483.973
20	36.885	40.995	45.761	51.160	57.274	102.443	186.687	342.944	630.165
21	39.992	44.865	50.442	56.764	64.002	118.810	225.025	429.680	820.215
22	43.392	49.005	55.546	62.873	71.402	137.631	271.030	538.101	1 067.27
23	46.995	53.436	60.893	69.531	79.543	159.276	326.236	673.626	1 388.46
24	50.815	58.176	66.764	76.789	88.497	184.167	392.484	843.032	1 806.00
25	54.864	63.249	73.105	84.700	98.347	212.793	471.981	1 054.79	2 348.80
26	59.156	68.676	79.954	93.323	109.181	245.711	567.377	1 319.48	3 054.44
27	63.705	74.483	87.350	102.733	121.099	283.568	681.852	1 650.36	3 971.77
28	68.525	80.697	95.338	112.968	134.209	327.104	819.223	2 063.95	5 164.31
29	73.639	87.346	103.965	124.935	148.630	377.169	984.067	2 580.93	6 714.60
30	79.058	94.460	113.283	136.307	164.494	434.745	1 181.88	3 227.17	8 729.98
31	84.801	102.073	123.345	149.575	181.943	500.956	1 419.25	4 043.96	11 349.9
32	90.889	110.218	134.213	164.036	201.137	577.100	1 704.10	5 044.70	14 755.9
33	97.343	118.933	145.950	179.800	222.251	664.665	2 045.93	6 306.88	19 183.7
34	104.183	128.258	158.626	196.982	245.467	765.365	2 456.11	7 884.60	24 939.8
35	111.434	138.236	172.316	215.710	271.024	881.170	2 948.34	9 856.76	32 422.8

附表三（续 3）

N	6%	7%	8%	9%	10%	15%	20%	25%	30%
36	119. 120	148. 913	187. 102	236. 124	299. 126	1 014. 34	3 539. 01	12 321. 95	42 150. 72
37	127. 268	160. 337	203. 070	258. 375	330. 039	1 167. 49	4 247. 81	15 403. 44	54 796. 94
38	135. 904	172. 561	220. 315	282. 629	364. 043	1 343. 62	5 098. 37	19 255. 29	71 237. 03
39	145. 058	185. 640	238. 941	309. 006	401. 447	1 546. 16	6 119. 04	24 072. 12	92 609. 14
40	154. 761	199. 635	259. 056	337. 882	442. 592	1 779. 09	7 343. 85	30 088. 65	120 392. 88
41	165. 047	214. 609	280. 781	369. 291	487. 851	2 046. 95	8 813. 62	37 611. 81	156 511. 74
42	175. 950	230. 632	304. 243	403. 528	537. 636	2 354. 99	10 577. 35	47 015. 77	203 466. 27
43	187. 507	247. 776	329. 538	440. 845	592. 400	2 709. 24	12 693. 82	58 770. 71	264 507. 15
44	199. 758	266. 120	356. 949	481. 521	652. 640	3 116. 63	15 233. 59	73 464. 39	343 860. 29
45	212. 743	285. 749	386. 505	525. 858	718. 904	3 585. 12	18 281. 31	91 381. 49	447 019. 38
46	226. 508	306. 751	418. 426	574. 186	791. 795	4 123. 89	21 938. 57	114 790. 4	581 126. 20
47	241. 098	329. 224	452. 990	626. 862	871. 947	4 743. 48	26 327. 28	143 488. 9	755 465. 06
48	256. 564	353. 270	490. 132	684. 280	960. 172	5 456. 00	31 593. 74	179 362. 2	982 105. 58
49	272. 958	378. 998	530. 342	746. 865	1 057. 18	6 275. 40	37 913. 49	224 203. 7	1 276 738. 2
50	290. 335	406. 528	573. 770	815. 083	1 163. 98	7 217. 71	45 497. 19	280 225. 7	1 659 760. 7
51	308. 756	435. 985	620. 671	889. 441	1 281. 19	8 301. 37	54 597. 62	350 320. 6	2 157 689. 9
52	328. 281	467. 504	671. 325	970. 490	1 410. 42	9 547. 57	65 518. 15	437 901. 7	2 804 997. 9
53	348. 978	501. 230	726. 031	1 058. 83	1 552. 47	10 980. 7	78 622. 78	547 378. 2	3 646 498. 3
54	370. 917	537. 316	785. 114	1 155. 13	1 780. 71	12 628. 8	94 348. 34	684 223. 7	4 740 448. 8
55	394. 172	575. 928	848. 923	1 263. 09	1 880. 59	14 524. 1	113 219. 0	855 280. 7	6 162 584. 4
56	418. 822	617. 243	917. 837	1 374. 50	2 069. 65	16 703. 7	135 864. 8	1 069 102	8 011 360. 8
57	444. 951	661. 450	992. 264	1 499. 20	2 277. 61	19 210. 3	163 375. 5	1 336 378	10 414 770
58	472. 048	708. 752	1 072. 64	1 635. 13	2 586. 37	22 092. 8	195 646. 1	1 670 474	13 539 202
59	502. 007	759. 364	1 159. 45	1 783. 29	2 758. 01	25 407. 8	234 776. 3	2 088 093	17 600 963
60	533. 128	813. 520	1 253. 21	1 944. 79	3 034. 81	29 219. 9	281 732. 5	2 610 117	22 881 253
61	566. 115	871. 466	1 354. 47	2 120. 82	3 339. 29	33 603. 9	338 080. 0	3 262 648	29 745 631
62	601. 082	933. 469	1 463. 82	2 312. 69	3 674. 22	38 645. 5	405 697. 1	4 078 311	38 669 321
63	638. 147	999. 812	1 581. 93	2 521. 84	4 042. 65	44 443. 4	486 837. 5	5 097 890	50 270 118
64	677. 436	1 070. 79	1 709. 48	2 749. 80	4 447. 91	51 110. 9	584 206. 0	6 372 363	65 351 155
65	719. 082	1 146. 75	1 847. 24	2 998. 28	4 893. 70	58 778. 5	701 048. 2	7 965 455	84 956 503
70	967. 932	1 614. 13	2 720. 08	4 619. 22	7 887. 46	118 231	1 744 439	24 308 649	3.15×10^{8}
75	1 300. 94	2 269. 65	4 002. 55	7 113. 23	12 708. 9	237 812	4 340 731	74 184 112	1.17×10^{9}
80	1 746. 59	3 189. 06	5 886. 93	10 950. 5	20 474. 0	478 332	10 801 137	2.26×10^{8}	4.34×10^{9}
90	3 141. 07	6 287. 18	12 723. 9	25 939. 1	53 120. 0	1 935 142	66 877 821	2.10×10^{9}	5.99×10^{10}
100	5 638. 36	12 381. 6	27 484. 5	61 422. 6	137 796	7 828 749	4.14×10^{8}	1.96×10^{10}	8.26×10^{11}

附表四　　一元年金现值（$PVIFA_{i,n}$）

N	1%	2%	3%	4%	5%	6%	8%	10%	12%	14%	15%
1	0.990	0.980	0.970	0.962	0.952	0.943	0.926	0.909	0.893	0.877	0.870
2	1.970	1.942	1.913	1.886	1.859	1.833	1.783	1.736	1.690	1.647	1.626
3	2.941	2.884	2.328	2.775	2.723	2.673	2.577	2.487	2.402	2.332	2.283
4	3.092	3.808	3.717	3.630	3.545	3.465	3.312	3.170	3.037	2.914	2.855
5	4.353	4.713	4.579	4.452	4.329	4.212	3.993	3.791	3.605	3.443	3.352
6	5.795	5.601	5.417	5.242	5.075	4.917	4.623	4.355	4.111	3.889	3.784
7	6.278	6.472	6.230	6.002	5.786	5.582	5.206	4.868	4.564	4.288	4.160
8	7.652	7.352	7.019	6.733	6.463	6.210	5.747	5.335	4.968	4.639	4.487
9	8.566	8.162	7.786	7.435	7.107	6.802	6.247	5.759	5.328	4.946	4.772
10	9.471	8.983	8.530	8.111	7.721	7.360	6.710	6.145	5.650	5.210	5.019
11	10.368	9.787	9.252	8.760	8.306	7.887	7.139	6.495	5.937	5.453	5.233
12	11.255	10.575	9.954	9.385	8.863	8.384	7.536	6.814	6.194	5.660	5.421
13	12.134	11.343	10.634	9.986	9.393	8.853	7.904	7.103	6.424	5.842	5.583
14	13.004	12.106	11.296	10.563	9.989	9.295	8.244	7.367	6.628	6.002	5.724
15	13.865	12.849	11.937	11.118	10.379	9.712	8.559	7.606	6.811	6.142	5.847
16	14.718	13.578	12.561	11.652	10.837	10.106	8.851	7.824	6.974	6.265	5.954
17	15.562	14.292	13.166	12.166	11.274	10.477	9.122	8.002	7.120	6.373	6.047
18	16.398	14.992	13.753	12.659	11.689	10.828	9.372	8.201	7.250	6.467	6.128
19	17.226	15.678	14.323	13.134	12.085	11.158	9.604	8.365	7.366	6.550	6.198
20	18.046	16.351	14.877	13.590	12.462	11.470	9.818	8.514	7.469	6.623	6.230
21	18.857	17.001	15.415	14.029	12.821	110 764	10.017	8.649	7.562	6.687	6.310
22	19.660	17.658	15.936	14.451	13.163	12.042	10.201	8.772	7.615	6.743	6.320
23	20.456	18.292	16.443	14.857	13.488	12.303	10.371	8.883	7.718	6.792	6.380
24	21.243	18.914	16.935	15.247	13.798	12.550	10.529	8.985	7.784	6.839	6.434
25	22.023	19.523	17.413	15.622	14.093	12.783	10.675	9.077	7.843	6.873	6.461
26	22.795	20.121	17.876	15.982	14.375	13.003	10.810	9.161	7.896	6.906	6.491
27	23.560	20.707	18.327	16.330	14.643	13.211	10.935	9.237	7.943	6.935	6.514
28	24.316	21.281	18.764	16.663	14.989	13.406	11.051	9.307	7.984	6.961	6.534
29	25.066	21.844	19.188	16.984	15.141	13.591	11.158	9.370	8.022	6.983	6.551
30	25.808	22.396	19.600	17.292	15.372	13.765	11.258	9.427	8.055	7.003	6.566
40	32.835	27.355	23.114	19.793	17.159	15.046	11.925	9.779	8.244	7.105	6.642
50	39.196	31.424	25.729	21.482	18.255	15.762	12.234	9.915	8.304	7.133	6.661

附表四（续）

N	16%	18%	20%	22%	24%	25%	30%	35%	40%	45%	50%
1	0.862	0.847	0.833	0.820	0.806	0.800	0.769	0.741	0.714	0.690	0.667
2	1.605	1.566	1.528	1.492	1.457	1.440	1.361	1.289	1.224	1.165	1.111
3	2.246	2.174	2.106	2.042	1.981	1.952	1.816	1.696	1.589	1.493	1.407
4	2.798	2.690	2.589	2.494	2.404	2.362	2.166	1.997	1.849	1.720	1.605
5	3.274	3.127	2.991	2.864	2.745	2.689	2.436	2.220	2.035	1.876	1.737
6	3.685	3.498	3.326	3.167	3.020	2.951	2.643	2.385	2.168	1.983	1.824
7	4.039	3.812	3.605	3.416	3.242	3.161	2.802	2.508	2.263	2.057	1.883
8	4.344	4.078	3.837	3.619	3.421	3.329	2.925	2.598	2.331	2.108	1.922
9	4.607	4.303	4.031	3.786	3.566	3.463	3.019	2.665	2.379	2.144	1.948
10	4.833	4.494	4.192	3.923	3.682	3.571	3.092	2.715	2.414	2.168	1.965
11	5.029	4.656	4.327	4.035	3.776	3.656	3.147	2.752	2.438	2.185	1.977
12	5.197	4.793	4.439	4.127	3.851	3.725	3.190	2.779	2.456	2.196	1.985
13	5.342	4.910	4.533	4.203	3.912	3.780	3.223	2.799	2.468	2.204	1.990
14	5.468	5.008	4.611	4.265	3.962	3.824	3.249	2.814	2.477	2.210	1.993
15	5.575	5.902	4.675	4.315	4.001	3.859	3.268	2.825	2.484	2.214	1.995
16	5.669	5.162	4.730	4.357	4.003	3.887	3.286	2.834	2.489	2.216	1.997
17	5.749	5.222	4.775	4.391	4.059	3.910	3.295	2.840	2.492	2.218	1.998
18	5.818	5.273	4.812	4.419	4.080	3.928	3.304	2.844	2.494	2.219	1.999
19	5.877	5.316	4.844	4.442	4.097	3.942	3.311	2.848	2.496	2.220	1.999
20	5.929	5.353	4.870	4.460	4.110	3.954	3.316	2.850	2.497	2.221	1.999
21	5.973	5.384	4.891	4.476	4.121	3.963	3.320	2.852	2.498	2.221	2.000
22	6.011	5.410	4.909	4.488	4.130	3.970	3.323	2.853	2.498	2.222	2.000
23	6.044	5.432	4.925	4.499	4.137	3.976	3.325	2.854	2.499	2.222	2.000
24	6.073	5.451	4.937	4.507	4.143	3.981	3.327	2.855	2.499	2.222	2.000
25	6.097	5.467	4.948	4.514	4.147	3.985	3.329	2.856	2.499	2.222	2.000
26	6.118	5.480	4.956	4.520	4.151	3.988	3.330	2.856	2.500	2.222	2.000
27	6.136	5.492	4.964	4.524	4.154	3.990	3.331	2.856	2.500	2.222	2.000
28	6.152	5.502	4.970	4.528	4.157	3.992	3.331	2.857	2.500	2.222	2.000
29	6.166	5.510	4.975	4.531	4.159	3.994	3.332	2.857	2.500	2.222	2.000
30	6.177	5.517	4.979	4.534	4.160	3.995	3.332	2.857	2.500	2.222	2.000
40	6.234	5.548	4.997	4.544	4.166	3.999	3.333	2.857	2.500	2.222	2.000
50	6.246	5.554	4.999	4.545	4.167	4.000	3.333	2.857	2.500	2.222	2.000

参考文献

1. 赵德武. 财务管理［M］. 北京：高等教育出版社，2000.

2. 财政部注册会计师考试委员会. 财务成本管理［M］. 大连：东北财经大学出版社，2000.

3. 王庆成，郭复初. 财务管理学［M］. 北京：高等教育出版社，2000.

4. 罗福凯. 战略财务管理［M］. 青岛：海洋出版社，2000.

5. 中国注册会计师教育教材编审委员会. 财务管理［M］. 北京：经济科学出版社，1995.

6. 谷祺，夏乐书，乔世震. 财务管理学［M］. 大连：东北财经大学出版社，1995.

7. 郑毅. 财务管理学［M］. 武汉：中南工业大学出版社，1996.

8. 漆江娜，黄元生. 企业财务管理［M］. 广州：中山大学出版社，1994.

9. 章道云，财务管理［M］. 北京：中国农业出版社，1999.

10. 章道云. 财务管理学［M］. 2 版. 重庆：重庆大学出版社，2008.

11. 张盟胜. 财务管理［M］. 北京：高等教育出版社，2006.

12. 潘一萍. 财务管理［M］. 北京：高等教育出版社，2006.

13. 刘惠娟，等. 财务管理［M］. 北京：高等教育出版社，2007.

14. 古华，李长智. 财务管理［M］. 沈阳：东北大学出版社，2004.

15. 荆新，王化成. 财务管理学［M］. 北京：中国人民大学出版让，2002.

16. 魏亚平，等. 财务管理实验教程［M］. 北京：中国经济科学出版社，2005.

17. 王化成，汤谷良. 财务案例［M］. 杭州：浙江出版社，2003.

18. 沈维涛. 财务管理学［M］. 厦门：厦门大学出版社，2001.

图书在版编目(CIP)数据

财务管理/章道云,罗华伟主编.—2版.—成都:西南财经大学出版社,2015.12

ISBN 978-7-5504-2178-3

Ⅰ.①财… Ⅱ.①章…②罗… Ⅲ.①财务管理—教材
Ⅳ.①F275

中国版本图书馆CIP数据核字(2015)第306842号

财务管理(第二版)

主　编:章道云　罗华伟

副主编:孙维章　张才志　王文兵　张正国

责任编辑:张　岚

助理编辑:高　玲

封面设计:杨红鹰　张姗姗

责任印制:封俊川

出版发行	西南财经大学出版社(四川省成都市光华村街55号)
网　　址	http://www.bookcj.com
电子邮件	bookcj@foxmail.com
邮政编码	610074
电　　话	028-87353785　87352368
照　　排	四川胜翔数码印务设计有限公司
印　　刷	四川森林印务有限责任公司
成品尺寸	185mm×260mm
印　　张	20.5
字　　数	500千字
版　　次	2015年12月第2版
印　　次	2015年12月第1次印刷
印　　数	1—2000册
书　　号	ISBN 978-7-5504-2178-3
定　　价	38.00元